La psicoterapia y la persona altamente sensible

Elaine N. Aron

La psicoterapia y la persona altamente sensible

Cómo obtener mejores resultados con esa minoría de personas que constituyen la mayoría de nuestros clientes

EDICIONES OBELISCO

Si este libro le ha interesado y desea que le mantengamos informado
de nuestras publicaciones, escríbanos indicándonos qué temas son de su interés
(Astrología, Autoayuda, Psicología, Artes Marciales, Naturismo,
Espiritualidad, Tradición…) y gustosamente le complaceremos.

Puede consultar nuestro catálogo en www.edicionesobelisco.com

*Los editores no han comprobado la eficacia ni el resultado de las recetas,
productos, fórmulas técnicas, ejercicios o similares contenidos en este libro.
Instan a los lectores a consultar al médico o especialista de la salud ante
cualquier duda que surja. No asumen, por lo tanto, responsabilidad alguna
en cuanto a su utilización ni realizan asesoramiento al respecto.*

Colección Psicología
LA PSICOTERAPIA Y LA PERSONA ALTAMENTE SENSIBLE
Elaine N. Aron

1.ª edición: marzo de 2024

Título original: *Psychotherapy and the Highly Sensitive Person*

Traducción: *Antonio Cutanda*
Maquetación: *Rodrigo Lascano*
Corrección: *Sara Moreno*
Diseño de cubierta: *Enrique Iborra*

© 2010, Taylor and Francis Group, LLC.
Obra publicada por Routledge, miembro de Taylor and Francis Group LLC,
quien autoriza a traducir su obra publicada en inglés
(Reservados todos los derechos)
© 2024, Ediciones Obelisco, S. L.
(Reservados los derechos para la presente edición)

Edita: Ediciones Obelisco, S. L.
Collita, 23-25. Pol. Ind. Molí de la Bastida
08191 Rubí - Barcelona - España
Tel. 93 309 85 25 - Fax 93 309 85 23
E-mail: info@edicionesobelisco.com

ISBN: 978-84-1172-104-2
DL B 2160-2024

Impreso en los talleres gráficos de Romanyà/Valls S. A.
Verdaguer, 1 - 08786 Capellades - Barcelona

Printed in Spain

Prefacio

C ada niño, cada niña, tiene un temperamento único. Sabemos que los progenitores no se inventan nada cuando dicen cosas como «Mi hijo es un bebé muy fácil» o «La niña es más inquieta de lo que fue su hermano». Obviamente, estos niños y niñas se convertirán en personas adultas conservando su temperamento, pero, cuando nos enfrentamos a un paciente adulto, nos puede resultar bastante más difícil saber qué es innato en su temperamento y qué es aprendido. Sabemos que los rasgos básicos siguen estando ahí y que hay que tenerlos en cuenta en tanto en cuanto son un sustrato invariable de nuestros pacientes, pero ¿de qué modo podríamos ayudarles a mantener una buena relación con su constitución genética, sobre todo cuando esto significa ser una persona altamente sensible?

La alta sensibilidad, tal como la he definido en mis investigaciones (Aron y Aron, 1997), se encuentra en alrededor del 20 % de la población (Kagan, 1994; Suomi, 1991, en su estudio sobre primates), de modo que seguro que tienes amigos, amigas o familiares altamente sensibles, así como un elevado porcentaje de tus pacientes. Estas personas captan fácilmente los detalles sutiles y se ven más afectadas que los demás ante elevados niveles de estimulación, como ruidos fuertes, lugares bulliciosos, temperaturas extremas o un largo día de visitas turísticas. Son personas que muestran intensas respuestas emocionales y que necesitan más tiempo de reposo, y son normalmente reflexivas y observadoras. En torno al 70 % de ellas son introvertidas y, aunque en ciertos aspectos pueden parecer más vulnerables, se las ingenian no obstante para abrirse camino en la vida. (Para obtener una imagen más clara del rasgo, *véase* el Apéndice A, la Escala de la Persona Altamente Sensible [PAS]).

¿Por qué un nuevo rasgo a estas alturas?

Este rasgo no es nuevo, evidentemente, pues se encuentra tanto en seres humanos como en animales (Sih y Bell, 2008; Suomi, 1991; Wilson, Coleman, Clark y Biederman, 1993; Wolf, van Doorn y Weissing, 2008), de modo que está dando vueltas por ahí desde hace mucho tiempo. Se le ha denominado de diversas maneras, dependiendo de cual sea el enfoque de la investigación en la cual se haya estudiado; por ejemplo, en la infancia, se le ha denominado «umbral sensorial bajo» (Chess y Thomas, 1987); «tardo para entrar en calor» (Thomas, Chess y Birch, 1968); «negatividad afectiva» (Marshall y Fox, 2005); «inhibición» (Kagan, 1994); «susceptibilidad diferencial» tanto para entornos positivos como negativos (Belsky, Bakermans-Kranenburgh y Van Ijzendoorn, 2007); «reactividad psicobiológica» (Boyce *et al.,* 1995; Gannon, Banks y Shelton, 1989); y «sensibilidad biológica al contexto» (Boyce y Ellis, 2005). Sin embargo, el término «sensibilidad» es algo así como un paraguas que refleja en gran medida la subyacente estrategia innata de supervivencia que se oculta detrás de este rasgo, una tendencia que se encuentra tanto en el sistema inmunológico como en el sistema nervioso central, y no sólo en los seres humanos, sino también en más de 100 especies animales (Wolf *et al.,* 2008), desde las moscas de la fruta hasta los peces, los caninos y los monos Rhesus. Se trata de una estrategia que le permite al individuo procesar a fondo la información antes de responder.

¿Qué relación guarda este rasgo con la psicoterapia?

Aunque este rasgo se encuentra en el 20 % de la población, su ocurrencia se eleva hasta casi un 50 % entre los pacientes de la mayoría de prácticas profesionales de psicoterapia. Las personas que muestran este rasgo han tenido, normalmente, una infancia problemática, lo cual las hace más proclives a la depresión, la ansiedad y la timidez que las personas no sensibles, aunque aquéllas que han tenido una buena infancia no exhiben más este tipo de problemas que las personas no sensibles (Aron, Aron y Davies, 2005; Liss, Timmel, Baxley y Killingsworth, 2005). De hecho, existen evidencias considerables que indican que los niños y las niñas sensibles se benefician más que los demás de una buena infancia (para revisiones de esta cada vez más abundante literatura véase Belsky *et al.,* 2009; Boyce y Ellis, 2005). Ésta es una de las muchas razones que nos deberían hacer entender que nos encontramos ante un rasgo y no ante un trastorno, y de ahí el motivo por el cual este libro se titula *La psicoterapia y la persona altamente sensible,* y no *para* la persona altamente sensible.

Otro motivo igualmente importante de por qué tantas personas altamente sensibles buscan terapia es porque creen que padecen un trastorno, aunque no sea así. Se trata de un colectivo minoritario muy poco comprendido, al punto que ni siquiera se comprenden a sí mismos, de manera que llegan buscando explicaciones de por qué son tan diferentes de los demás.

También es probable que vengan a tratamiento y que pidan más sesiones que otros pacientes porque les interesa más todo lo psicológico, son más conscientes de sus síntomas y de sus consecuencias a largo plazo, y son más capaces de ver y de superar su resistencia inicial. También necesitan más sesiones de terapia porque les lleva más tiempo alcanzar una confianza plena, y van a necesitar tiempo para comprender su rasgo y adaptarse a él, así como para trabajar sobre el problema que presentan. También obtienen más del proceso de terapia si ésta se extiende más en el tiempo, y probablemente lo disfruten más. En términos generales, el porcentaje de personas altamente sensibles entre la población de pacientes será más elevado en un momento dado debido a su necesidad de terapia, a que la aprecian más y a que están más tiempo en tratamiento.

Así pues, habiendo tantos pacientes sensibles yendo a terapia por diversos motivos, convendrá que sepamos cómo diferenciar la sensibilidad de los muchos trastornos con los que se puede confundir. Por otra parte, habrá que tener en cuenta que la sensibilidad se suele presentar junto con otros problemas y trastornos, de modo que convendrá saber cómo diferenciar estos problemas en los pacientes sensibles y cómo el hecho de comprender su sensibilidad puede mejorar los resultados de nuestro trabajo con ellos. El objetivo de este libro es aclarar estos puntos, al tiempo que sugerimos vías a través de las cuales puedes adaptarte a las necesidades de estos pacientes.

¿Para qué me va a servir este libro?

En primer lugar, vas a recibir una formación rápida, aunque completa, acerca de la alta sensibilidad. Aunque este libro pretende ser una obra académica y profesional sólida, está escrito para ahorrarte tiempo, pues cuenta con resúmenes al principio y al final de cada capítulo y con resúmenes de «conclusión» en cada sección. También se ilustran los contenidos con estudios de casos y con diálogos de muestra a lo largo de sus páginas. El primer capítulo te ofrecerá los conocimientos básicos sobre las principales características y las investigaciones científicas de este rasgo (si bien dispones de mucha más información acerca de investigaciones en el Apéndice C), en tanto que el segundo capítulo te ayudará reconocer a una persona altamente sensible en cuanto se presente en tu consulta. Los capítulos tercero, cuarto y quinto te ofrecen vías para ayudar a estos pacientes con sus problemas más habituales y para que adaptéis vuestro trabajo conjunto a fin de que obtengáis los mejores resultados. Los capítulos sexto, séptimo y octavo se centran en las relaciones y el puesto de trabajo, mientras que el último capítulo pretende ayudarte a identificar la sensibilidad en medio de un amplio surtido de otras variaciones posibles de personalidad, incluyendo variaciones entre los altamente sensibles.

En términos generales, con este libro conseguirás mejorar en gran medida la calidad de vida de todos los pacientes altamente sensibles de tu práctica profesional actual y futura. Podrás informarles acerca de su rasgo, validarlo y, merced a ello, lograr una mejoría permanente en su autoestima, al tiempo que les ayudarás a diferenciar su temperamento innato del resto de cosas que puedan ocurrirles. También descubrirán contigo las ventajas que tiene este rasgo y aprenderán a gestionar lo que podrían ser sus desventajas. Y, en definitiva, el hecho de que comprendas este rasgo tan importante, y tan a menudo pasado por alto o mal entendido por otros profesionales, se convertirá en la base de la confianza del paciente en ti, favoreciendo la consecución de otros objetivos del tratamiento.

Pero, posiblemente, lo más satisfactorio que te pueda proporcionar este libro sea el ver cómo estos pacientes se benefician más que otros de tus esfuerzos psicoterapéuticos. Como ya he dicho más arriba, cada vez hay más investigaciones que demuestran que los niños y niñas sensibles tienen una «sensibilidad biológica al contexto» (Boyce y Ellis, 2005), lo cual les permite beneficiarse de un entorno propicio y enriquecedor más que otros niños. Y, aunque son sensibles a los entornos negativos, los niños y niñas con una sensibilidad acrecentada ante los procesos psicológicos «podrían ser también más capaces de percibir aquellas pistas sociales que denotan estímulo y aceptación» (p. 420). Es muy probable que una buena psicoterapia tenga los mismos efectos diferenciales positivos en los adultos sensibles, ayudándoles a convertir la vulnerabilidad en una clara susceptibilidad a todo lo bueno que les rodea.

Con todo, esta «hipersensibilidad», ¿no supone cierta deficiencia?

La pregunta persiste de forma natural, en gran medida porque las investigaciones citadas arriba sobre la normalidad y los beneficios de este rasgo no se conocen suficientemente. Además, los terapeutas no pueden ver desde una perspectiva transversal a la totalidad de las personas sensibles, porque aquéllas que se desarrollaron en buenos entornos no suelen tener problemas de adaptación, al pasar desapercibidas y seleccionar discretamente aquellas situaciones en las que se desenvuelven mejor, evitando las demás. Va a ser difícil que detectes a estas personas, aunque las conozcas bien, pues no son el tipo de personas en el que vas a pensar cuando pienses en una elevada sensibilidad.

Por otra parte, debido a su mayor vulnerabilidad, es más probable encontrar personas sensibles entre aquéllas que sufren de angustia psicológica, y también que estas personas sean más evidentes que las demás. El sufrimiento y la sensibilidad parecen ir de la mano en nuestra cabeza e, incluso entre no pacientes, tendemos a percatarnos de las personas sensibles sólo cuando pensamos que sus sentimientos han sido heridos con «demasiada» facilidad o cuando «se molestan en exceso por un poco de ruido». Además, siendo una minoría, no se les tiene por «normales» (y en el sentido en que no son como la mayor parte de las personas (y como la mayor parte de los terapeutas). Sin embargo, lo cierto es que las personas altamente sensibles son muy diferentes. En la Escala PAS hay personas que responden sí a todas las preguntas y personas que responden que no a todas las preguntas. El rango de comportamientos es considerable, pero es totalmente normal.

Otro punto de confusión emerge por el hecho de que el rasgo de la alta sensibilidad puede tener ciertas similitudes con determinados trastornos. Por ejemplo, las personas altamente sensibles tienen reacciones emocionales más intensas, lo cual puede llevarnos a confundir el rasgo con una ciclotimia, aunque este trastorno pueda llegar a darse en algunas personas sensibles. La necesidad que tienen de hacer pausas para hacer comprobaciones antes de adentrarse en una situación novedosa puede parecer, o puede incluso llegar a convertirse en, timidez. Su tendencia a revisar los mapas cognitivos tras un fracaso, en lugar de lanzarse de cabeza de nuevo inmediatamente a la acción (Patterson y Newman, 1993), se puede tomar por un comportamiento compulsivo. Y su necesidad de tomar en consideración todas las consecuencias de un rumbo posible de acción puede asemejarse a una ansiedad crónica; aunque, una vez más, haya personas sensibles que puedan desarrollar estos trastornos.

Pero, por encima de todo, el potencial de sobreestimulación que acompaña al rasgo puede llevar a una excitación cortical excesiva en esas situaciones que son tan importantes para cualquier persona, y tal excitación (lo mismo que el déficit de excitación) puede llevar a cualquier persona a sentir malestar y a un mal desempeño a corto plazo, así como a una merma en la autoestima y una menor asunción de riesgos a largo plazo. De ahí que, si se confunden algunas consecuencias naturales del rasgo con el rasgo en sí, pueda parecer que nos encontramos ante un trastorno o un síndrome. Sin embargo, el rasgo, en sí, no supone deficiencia ni discapacidad alguna. De hecho, puede suponer grandes ventajas.

¿Es como ser tímido de nacimiento?

La sensibilidad nos ofrece una idea más precisa de lo que se halla detrás de aquellos comportamientos que etiquetamos como tímidos, ansiosos, inhibidos, reactivos, neuróticos o retraídos. Estos términos suelen aplicarse cuando un individuo, sobre todo en estudios acerca de niños o animales, no hace nada inusual a simple vista, por lo que se hace un intento plantear una hipótesis que explique tal inacción. Pero términos como «tímido» o «tímida» no cubren en modo alguno todas las posibilidades. Estrictamente hablando, la timidez lleva implícito un temor al enjuiciamiento social. ¿Y acaso podemos estar seguras de que un niño que duda antes de entrar en el aula duda por temor? El término *alta sensibilidad* es más preciso en tanto en cuanto plantea una estrategia de aprendizaje acerca del entorno en la que el individuo prefiere observar antes que explorar. Desde esta perspectiva se contemplaría la posibilidad de que, si un niño sensible ha aprendido que es probable que le rechacen al entrar en el aula, aumentarán las probabilidades de que ese niño se vuelva tímido.

El término *sensible* es, por otra parte, menos negativo; o, al menos, tiene tantas connotaciones positivas como negativas. Al fin y al cabo, el término que le apliquemos al rasgo va a determinar en gran medida cómo lo vamos a ver, y tendremos que reconocer que no existen términos neutrales. Por ejemplo, la espontaneidad es un rasgo que se contempla de forma positiva, en tanto que la impulsividad se ve negativamente, y lo mismo se puede decir de la persistencia y la terquedad, o de la extraversión y el no tener límites. En el caso de este rasgo, la mayoría de los términos que se le aplican se centran en lo que en ocasiones, pero no siempre, puede traer consigo. Me refiero, por ejemplo, al retraimiento social, el temor, la rumiación, una baja autoestima, la timidez y el pesimismo. De hecho, ninguno de estos comportamientos son una consecuencia inherente a la sensibilidad, pues pueden aparecer debido a la interacción del rasgo innato con distintas experiencias y dificultades de la vida. Por tanto, el uso de términos negativos va a suponer un etiquetado contraproducente para muchas personas sensibles que no exhiben tales comportamientos negativos, un etiquetado que no sólo va a perjudicar a estas personas, sino que va a desorientar a los investigadores y a confundir a los terapeutas.

¿De verdad que no estamos hablando de introversión?

La sensibilidad y la introversión son lo mismo si nos atenemos a cómo Carl Jung (1921/1961) utilizó estos términos en un principio; es decir, como la preferencia por comprender las experiencias subjetivamente, a través de su comparación con otras experiencias previas, en vez de explorar sus cualidades objetivas. Por otra parte, las investigaciones sobre introversión (Koelega, 1992) señalan una y otra vez que las personas introvertidas son más sensibles en muchos aspectos que las extravertidas. Sin embargo, todo el mundo, incluido Jung, habla después de la introversión como si toda introversión fuera introversión social. Si bien es cierto que en torno al 70 % de las personas sensibles son introvertidas sociales, el otro 30 % puede calificarse claramente como de extravertidos sociales que reflexionan mucho sobre sus experiencias y que necesitan más reposo que otros extravertidos para poder hacer esto. Por tanto, si equiparamos sensibilidad con introversión, esta gente quedaría fuera, y se trata de un colectivo que, por encima de todo, necesita ser comprendido.

La sensibilidad parece ser algo más fundamental e innato. Y, en tanto que la introversión es el resultado de diversas causas, la sensibilidad es el resultado de una única causa. Aunque introversión y extraversión sean términos ciertamente muy útiles, cuando a un paciente sensible se le llama sensible, su terapeuta captará con mayor precisión su constitución subyacente; e, igualmente importante, el paciente se sentirá más comprendido y reconocerá mejor sus experiencias bajo este término, por situarse más allá de los comportamientos sociales.

¿Por qué tendría que ser diferente la terapia en el caso de las personas sensibles?

Todo comienza en la sala de espera y en la consulta del terapeuta, pues las personas sensibles reaccionan intensamente ante el entorno, de modo que, si eres consciente de ello, puedes adecuar fácilmente las cosas para que se sientan cómodas. La primera sesión también será diferente, pues estarán más nerviosas de lo que estarían otras personas, lo cual puede dar lugar a malas interpretaciones o exageraciones que pueden hacerlas sufrir innecesariamente.

A medida que avance la terapia, estos pacientes reaccionarán muy positivamente si se les trata con amabilidad y no se les estimula en exceso. La sobreexcitación cortical dificulta el aprendizaje en cualquier persona, y esto será más fácil que suceda con estos pacientes, por lo que convendrá que ajustes tu estilo a sus características. También son más sensibles a las críticas y más proclives a la culpabilidad. Estas reacciones se pueden evitar si dices lo que tengas que decir de una forma más suave de la que lo harías con otra persona. Éstas son sólo algunas indicaciones.

¿Y no será esto un tema más de autoayuda popular?

Este tema apareció por vez primera en un libro mío que estaba dirigido al público en general, no a profesionales de la psicología. El libro se titulaba *El don de la sensibilidad,* y fue publicado en Estados Unidos en 1996, antes de que apareciera la primera investigación empírica en 1997.[1] Este libro recibió una considerable atención por parte del público, pero para mí era, por encima de todo, un tema de investigación. Nunca fue mi intención escribir un libro popular sobre la alta sensibilidad ni nada por el estilo. Pero en la época en la que comencé a investigar yo estaba afiliada a la Universidad de California en Santa Cruz, y desde la universidad hicieron una nota de prensa sobre ello, noticia que terminó apareciendo en la sección dominical de un periódico de la zona. Y, aunque sólo apareció impreso mi nombre, durante las dos semanas siguientes cientos de personas se las ingeniaron para localizarme, me llamaban por teléfono o me escribían con la intención de saber más de aquel asunto. Accedí a dar una charla en una biblioteca pública y hubo mucha gente que se quedó de pie. Posteriormente, comenzaron a llegar peticiones para que hiciera algún tipo de curso sobre la sensibilidad. Yo no tenía ni idea de qué podría enseñarles, más allá de lo que ya había contado en

---

1. Publicado en castellano por Ediciones Obelisco, Barcelona, 2006.

la biblioteca. Pero accedí a ofrecer un pequeño curso y me descubrí de pronto escuchando más que enseñando, mientras decenas de personas sensibles comparaban experiencias sobre cómo gestionaban sus vidas.

No tardé en tener páginas y páginas de «estrategias para gestionar la sensibilidad», material que terminé compartiendo durante tres cursos más. Sin embargo, yo no tenía ningún interés en dedicarme a los seminarios de autoayuda, de ahí que pensara que escribir un libro sería la mejor manera de satisfacer la necesidad de tanta gente por acceder a tal información. De hecho, aquello me pareció casi una obligación ética, dado el enorme interés despertado, aunque la investigación aún no se hubiera publicado. Cuando el libro se convirtió en un superventas, dispuse de muchas más oportunidades para conocer a otras personas sensibles, y eso me llevó a intentar ayudarlas con el *Manual de trabajo para la persona altamente sensible,* publicado en inglés en 1999,[2] *El don de la sensibilidad en el amor,* publicado en inglés en 2001,[3] y que era un tema del todo natural para mí, dado que mi marido y yo habíamos colaborado durante años en investigaciones sobre la atracción y la intimidad, y *El don de la sensibilidad en la infancia,* publicado en inglés en 2002.[4] Este último libro me pareció muy necesario, debido a las exploraciones que había estado realizando en los años previos sobre la interacción estadística entre los entornos familiares pobres y la sensibilidad como generadora de ansiedad, depresión y timidez en la edad adulta.

El intento por proporcionar al público general la información que solicitaban me dejó poco tiempo para seguir investigando y para asistir a congresos donde discutir el tema. Esto habría propiciado la realización de más investigaciones por parte de otros investigadores y habría permitido alcanzar la masa crítica necesaria para que la idea fuera bien conocida en círculos académicos. Es por esto por lo que todavía hay quien considera que éste no es un tema serio dentro de la psicología académica.

---

2. Publicado en castellano por Ediciones Obelisco, Barcelona, 2019.
3. En castellano, de la mano de Ediciones Obelisco, Barcelona, 2017.
4. Asimismo en castellano por Ediciones Obelisco, Barcelona, 2017.

¿Y qué hay de la autora?

Yo soy también altamente sensible y, aunque mi propia sensibilidad podría parecer una amenaza para mi objetividad al tratar este asunto, significa también que conozco el rasgo desde dentro. Esto me ha resultado sumamente útil, dado que la alta sensibilidad lleva consigo muchos comportamientos no observables. Además, siendo psicoterapeuta, y habiéndome especializado poco a poco en el tratamiento de pacientes sensibles, he llegado a acumular miles de horas de experiencia clínica de trabajo con este colectivo. También tengo muchas horas de experiencia en la enseñanza, entrevistas y orientación con esa población, mucho más grande, de personas altamente sensibles que no padecen problemas clínicos, lo cual me ha permitido comparar ambos grupos. He intentado utilizar todo este material de la manera más objetiva posible y, siendo como soy una persona escéptica, también existe la posibilidad de que haya sido excesivamente conservadora en mis apreciaciones.

¿Cómo utilizar este libro?

Los contenidos que se ofrecen en este volumen deberían ser útiles para todo tipo de psicoterapeutas con independencia de cuál sea su orientación teórica. He intentado no decantarme por ningún enfoque en particular, aunque en ocasiones puedan percibirse mis propios planteamientos. Las sugerencias que se ofrecen en este libro pueden transformarse en tareas para casa dentro de una terapia cognitiva conductual, o bien se pueden usar como conocimientos adquiridos gradualmente para su uso en el trabajo psicodinámico a largo plazo. Los ejemplos ilustrativos son, en su mayor parte, de pacientes con problema complejos, con tratamientos prolongados, en tanto en cuanto no se necesitan tantos ejemplos de cómo trabajar con aquellas personas que sólo necesitan un poco de orientación acerca de su rasgo.

Los casos que se presentan son en realidad combinaciones (y de ahí que los nombres sean pseudónimos). He tenido dudas acerca de si ésta sería la solución más adecuada, dado que toda combinación supone inventar una persona que quizás nunca llegue a existir, pero es posible que toda descripción clínica adolezca de este problema.

Por favor, no pases por alto los apéndices. Aunque, en principio, podría parecer sensato comenzar el libro con las investigaciones realizadas sobre el rasgo, sentí que no estaba claro obligar a los lectores a comenzar la lectura intentando digerir varios capítulos que quizás no les interesaran, de ahí que los detalles de las investigaciones se presenten en el Apéndice C.

Además, el capítulo 2, relativo a la evaluación, me pareció que precisaba de alguna mención a las categorías del *Manual diagnóstico y estadístico de los trastornos mentales (DSM* por sus siglas en inglés), de la Asociación Estadounidense de Psiquiatría, en la medida en que la sensibilidad podría confundirse con diversos trastornos y podría cambiar asimismo el «aspecto» de éstos en algunos pacientes sensibles. Pero también esto me pareció que sería un poco aburrido para comenzar, de manera que ese material se convirtió en el Apéndice B.

Terminología

Los términos «alta sensibilidad», «sensibilidad» y «sensibilidad del procesamiento sensorial» se utilizan de forma indistinta. Sin embargo, cuando utilizo el término «persona sensible» hago referencia a una persona que forma parte del colectivo de personas altamente sensibles en la población general; y cuando utilizo el término «paciente sensible» me estoy refiriendo a una persona del subconjunto compuesto por quienes buscan psicoterapia. Esta distinción es importante.

Por otra parte, el hecho de que utilice con más frecuencia el término «paciente» que el término «cliente» queda mejor explicado en las reflexiones que hace Patt Denning en su prefacio a *Practicing Harm Reduction Psychotherapy (La práctica de la psicoterapia de reducción de daños)* (2000/2004).

Cuando digo de alguien que es «mi paciente», siento una mayor responsabilidad, una responsabilidad más profunda, en mi papel como terapeuta. Soy consciente de que esta persona ha llegado hasta mí dolida y, con frecuencia, con mucho miedo. […] Prometo ofrecerme como ancla y como una ayuda activa, siendo consciente de su vulnerabilidad y cuidando de no degradarla ni controlar su vida. De algún modo, para mí, la palabra «cliente» no me transmite esta sensación de profunda responsabilidad, respeto e intimidad que me transmite la palabra «paciente» (pp. XX-XXI).

Agradecimientos

Me gustaría dar las gracias a mis propios pacientes y a tantas otras personas sensibles a las que he encontrado en el camino, pues me han enseñado mucho de lo que aparece en este libro. El mero concepto de sensibilidad no habría llegado siquiera a tantas personas, con tal claridad y validez empírica, sin la ayuda de mi marido, Art Aron. Las aportaciones de Jim Nageotte, un antiguo editor, también fueron muy valiosas en este sentido. Y George Zimmer, de Routledge, es el motivo último por el cual estás leyendo este libro. George ha sido siempre muy entusiasta con el proyecto.

Pero hubo otras personas que colaboraron con nosotros en la investigación, principalmente Kristen Davies, Hal Ersner-Hershfield y Jadzia Jagiellowicz. Además, Chauncy Irvine, Carole Kennedy, Gary Linker, Ellen Nakhnikian, Ellen Siegelman y otros psicoterapeutas aportaron valiosas sugerencias clínicas.

Le debo mucho a mi querida amiga y colega Jan Kristal, que falleció demasiado pronto para compartir todo lo que sabía acerca del temperamento. Este libro se lo dedico a ella.

Capítulo 1

Los pacientes altamente sensibles

Quiénes son, quiénes no son y por qué es importante todo esto

Yo creo en la aristocracia, no obstante; si ésa es la palabra correcta y si es que un demócrata puede utilizarla. No en una aristocracia del poder [...] sino [...] de los sensibles, de los considerados. [...] Sus miembros se pueden encontrar en cualquier nación y en cualquier clase social, y en todas las épocas y se reconocen entre ellos cuando se encuentran. Estas personas representan la verdadera tradición humana, la única victoria permanente de nuestra extraña especie sobre la crueldad y el caos. Miles de ellas perecen en la oscuridad, y unas pocas dejan su nombre para la posteridad. Son tan sensibles para los demás como para sí mismos [...] consideradas sin ser quisquillosas, su atractivo no estriba en que destaquen, sino en su poder de resistencia.

—E. M. Forster, «Lo que creo», en *Two Cheers for Democracy*

Este capítulo describe cómo es una persona altamente sensible, aunque no necesariamente un paciente sensible, antes de centrarnos en aquellas personas sensibles que sí lo son. Proporciona una definición de la alta sensibilidad, diferenciándola de aquellos trastornos que precisan de tratamiento, y la compara con otros rasgos de personalidad bien conocidos. Se ofrece aquí también una lista de características de las personas sensibles y, por último, se discuten las investigaciones que indican que las personas sensibles con una infancia difícil parecen más proclives a la depresión, la ansiedad y la timidez que el resto de la población.

«Yo siempre he sido tímida». «Todo el mundo dice que soy demasiado sensible». «No lo entiendo. Hay personas con una infancia mucho peor y no necesitan terapia. No están deprimidas ni tienen ansiedad». En terapia se suelen escuchar comentarios como éstos durante la primera sesión con un paciente, en la que se suelen tomar en consideración diversas hipótesis acerca de la causa subyacente al problema. ¿Es suficiente ser tímido para tener fobia social? ¿Ser «demasiado sensible» es una señal de trastorno de personalidad? ¿Por qué sufre tanto esta persona, dados sus antecedentes?

Muchos terapeutas le han aplicado el término «sensible» a un paciente o han visto casualmente la palabra en la literatura especializada. Por ejemplo, «Las personas que han sido sobreestimuladas por causa de las necesidades parentales, o que son especialmente sensibles por naturaleza, pueden sentir intensamente tanto el placer como el dolor» (Perera, 1986, p. 34). Y, en la primera página del primer capítulo de *The Inner World of Trauma (El mundo interior del trauma)*, Donald Kalsched dice: «En la mayoría de los casos, estos pacientes eran personas sumamente brillantes y sensibles, que habían sufrido por causa de la misma sensibilidad algún trauma emocional agudo o acumulativo en una temprana edad» (1996, pp. 11-12). Sin embargo, estos autores, como la mayoría de terapeutas, no se aventuran a definir el término.

Definición y prevalencia

La sensibilidad, la alta sensibilidad y la sensibilidad del procesamiento sensorial son términos que se utilizan en este libro para identificar un singular rasgo de temperamento innato que se caracteriza por una conciencia acrecentada de los detalles sutiles en todo tipo de estímulos, así como por el potencial para que la persona se sienta abrumada ante un exceso de estímulos (Aron y Aron, 1997; se puede acceder a una discusión completa de las investigaciones sobre este rasgo en el Apéndice C). Esta percepción acrecentada no es una cualidad que radique en los órganos sensoriales, sino en el cerebro, que recurre a una estrategia de procesamiento de la información especialmente pormenorizada. De ahí que los comportamientos observables que se derivan de tal estrategia muestren una amplia diversidad, como se hace evidente en el extenso rango de ítems de la Escala PAS, que se ofrece en el Apéndice A.

La sensibilidad se encuentra en el entorno del 15 al 20 % de la población (Kagan, 1994; Kristal, 2005). Pero, curiosamente, también se ha encontrado en alrededor del mismo porcentaje en la mayoría de los animales, desde las moscas de la fruta (Renger, Yao, Sokolowski y Wu, 1999) hasta los primates (Suomi, 1987, 1991), si bien su forma y su expresión genéticas varían, claro está, con las especies. Su distribución es bimodal, en vez de normal (Kagan, 1994; Korte, Koolhaas, Wingfield y McEwen, 2005); es decir, los individuos tienden a tener el rasgo o no lo tienen en absoluto. No hay demasiadas personas en los espacios intermedios.

Actualmente, las disciplinas biológicas especifican dos estrategias generales en los animales, que dan lugar a dos tipos de personalidad innatos con nombres diversos, como audaz frente a tímido (Wilson *et al.,* 1993), halcón frente a paloma (Korte *et al.,* 2005), o no receptivo frente a receptivo (Wolf *et al.,* 2008). Los primeros de estos tres pares constituyen normalmente la estrategia seguida por la mayoría de la población. Se trata de una estrategia que lleva al individuo a moverse con rapidez, enérgicamente incluso si es necesario, ante cualquier oportunidad que se presente de alimentarse o aparearse, sin demasiada observación previa de la situación. En comparación con ese 80 % más impulsivo o audaz, la minoría sensible parece haber desarrollado evolutivamente en enfoque de supervivencia basado en la evitación de riesgos mediante la observación cuidadosa de pequeños detalles en cualquier situación antes de decidirse a actuar. Ambas estrategias —«piensa primero» frente a «actúa ya»— pueden ser eficaces, dependiendo de las condiciones del entorno.

En los seres humanos, la estrategia de las personas sensibles, que las lleva a hacer un escaneo del entorno y a prestar atención a los detalles de la estimulación, se ha podido constatar en imágenes por resonancia magnética funcional (IRMf; Jagiellowicz, Xu *et al.,* en prensa) y, de forma más general, en el hecho de pensar y sentir antes y durante un comportamiento. Esta estrategia da lugar a un incremento de la conciencia de las sutilezas y de las consecuencias de las acciones; lo cual, a su vez, lleva, por ejemplo, a elevados niveles de minuciosidad y creatividad. En cuanto a lo negativo, este procesamiento de información tan elaborado aumenta las probabilidades de que la persona padezca de sobreestimulación y de perturbaciones significativas ante acontecimientos estresantes.

En lo relativo al género, nacen tantos hombres como mujeres sensibles (Buss, 1989; Rothbart, 1989), y aunque la testosterona puede tener algún efecto posteriormente, la mayor parte de las personas van a vivir su sensibilidad de forma diferente en función de la cultura en la que se desarrollen. Si su cultura desaprueba que un hombre sea sensible, estos hombres aprenderán a encubrir su sensibilidad con el fin de dar el aspecto del típico macho. En la Escala PAS (Apéndice A), suelen obtener puntuaciones bajas, aunque se hayan eliminado de la escala los ítems sesgados por género. Por ejemplo, en un principio, en la escala se preguntaba si la persona lloraba fácilmente, pregunta a la que muchas personas respondían afirmativamente, pero los hombres lo hacían mucho menos que las mujeres. De hecho, había menos probabilidades entre los hombres sensibles de que reconocieran que lloraban fácilmente que entre los hombres no sensibles. Sin embargo, tras eliminar ítems como éste, no se observaron cambios en el efecto general por géneros, que llevaba a los hombres a puntuar más bajo. Esto probablemente se deba a su impresión general de la escala. Los hombres sensibles presentan problemas claramente diferentes a las mujeres sensibles y, en términos generales, probablemente se enfrentan a problemas más grandes. Sobre los problemas a los que se enfrenta cada género se ahondará en el capítulo 5.

Conclusión: La sensibilidad es un rasgo innato que se presenta en el 20 % de los seres humanos, así como en la mayoría de los animales. Parece ser el resultado de una estrategia de procesamiento de la información mediante la cual se observa todo cuidadosamente antes de actuar, y que da como resultado una conciencia acrecentada de las sutilezas, pero también una mayor propensión a la sobreestimulación. Hay tantos hombres como mujeres sensibles, pero los hombres intentan ocultar este rasgo y, normalmente, tienen más dificultades con él.

La sensibilidad en la práctica clínica

La alta sensibilidad es una variación normal del temperamento innato, que tiene una elevada prevalencia y supone muchas ventajas. No se trata de una categoría diagnóstica, sino que se proyecta de forma ortogonal sobre el concepto de trastorno mental. Hay personas sensibles que padecen trastornos diagnosticables, al igual que ocurre con las personas no sensibles. Pero la mayoría de ellas no se encuentra en este caso, lo mismo que sucede con la mayoría de las personas no sensibles.

Sin embargo, sí que se ha constatado que las personas altamente sensibles son más vulnerables a la depresión, la ansiedad y la timidez si han pasado por una infancia complicada. Aunque, con una infancia suficientemente buena, las evidencias no marcan diferencias entre este colectivo y el de las personas no sensibles (Aron *et al.,* 2005; Liss *et al.,* 2005). De hecho, tal como hemos mencionado en el prefacio, los niños y las niñas sensibles parecen beneficiarse más que los demás de una buena infancia (para revisiones sobre este campo creciente de literatura véase Belsky *et al.,* 2009; Boyce y Ellis, 2005). Con todo, muchas personas presentan déficits en diversos grados, sobre todo en estados de ánimo y trastornos de ansiedad.

Por otra parte, te encontrarás con muchas personas altamente sensibles a las que, sin tener trastorno alguno, se las ha diagnosticado con algún trastorno, como verás, asimismo, personas con algún trastorno pero que han recibido un diagnóstico erróneo. (Incluso te encontrarás con algunos pacientes que creen ser altamente sensibles, por haber leído acerca de ello, y que probablemente lo que tienen es un trastorno). De los diagnósticos *DSM* concretos que podrían confundirse con la sensibilidad se habla a fondo en el Apéndice B. Un ejemplo de ello es el trastorno del espectro autista. En ocasiones, se dice que el rasgo de la sensibilidad se encuentra en el extremo superior de este espectro. Sin embargo, los criterios que se siguen para diagnosticar un trastorno autista o un síndrome de Asperger no se solapan con la alta sensibilidad tal como se define aquí y como se encuentra en el 20 % de la población. Cierto es que muchas personas autistas se estresan con altos niveles de determinados tipos de estimulación, pero ni se inmutan con otros tipos, sobre todo en contextos sociales. En cambio, las personas sensibles pueden tolerar altos niveles de estimulación sin sumirse en la confusión total ni ponerse violentas, y recurren a métodos cada vez más eficaces para reducir la estimulación a medida que maduran. Además, la alta sensibilidad en el autismo es la consecuencia de un uso deficiente de la información sensorial, al no procesarla en niveles más profundos. Las personas sensibles no perseveran en la forma en que lo hacen las personas autistas, y muestran también unos altos niveles de empatía, así como unas habilidades sociales entre adecuadas y excelentes, sobre todo en el entorno familiar.

Los problemas de integración sensorial también se confunden con la sensibilidad del procesamiento sensorial. Pero la disfunción o trastorno de la integración sensorial hace referencia a leves problemas neurológicos concretos que, normalmente, responden bien al tratamiento. Algunas personas sensibles (y, sin duda, la mayor parte de las personas sedentarias, sea cual sea su temperamento) podrían mejorar con estos tratamientos, pero no conseguirán hacer desaparecer las características que se relacionan abajo.

Una enfermedad es algo que tú esperas que cambie o que se mitigue. Y, aunque la vida de las personas sensibles puede mejorar con la adquisición de conocimientos acerca de su rasgo y pueden aprender a adaptarse a él, ningún tratamiento eliminará la alta sensibilidad innata, ni hay razón alguna para desear que ocurra esto, dadas las ventajas que ofrece en algunos contextos.

Conclusión: La alta sensibilidad, tal como se describe en este libro, no es un trastorno.

Una diferencia como el género y el grupo étnico

Se puede ver este rasgo más bien como una diferencia individual ampliamente difundida, algo así como el género, pero que se encuentra en una minoría de personas, algo así como un grupo étnico concreto. Dado que muchas personas responden que sí a todos los ítems de la Escala PAS (*véase* el Apéndice A), mientras que otras muchas responden que no a todos los ítems, se podría afirmar que esta diferencia es un factor al menos tan potente en sus efectos como el género o el grupo étnico. Además, se trata de una diferencia en gran medida invisible, cosa que genera dificultades sociales ciertamente singulares para las personas que la poseen (Frable, 1993).

Al igual que ocurre con el género y el grupo étnico, el hecho de ser altamente sensible está asociado a problemas específicos, algunos de los cuales se deben al rasgo en sí, como ocurre con la facilidad para la sobreexcitación cortical, en tanto que otros se deben a la cultura en la cual se encuentra la persona. Por ejemplo, en China, los niños de la escuela elemental que poseen este rasgo son bastante populares, mientras que en Canadá no lo son (Chen, Rubin y Sun, 1992). Así, dependiendo de la cultura, las personas sensibles pueden tener una autoestima más elevada o más baja.

También existen trastornos que no tienen nada que ver con la sensibilidad y que, sin embargo, la sensibilidad los dota de cierta peculiaridad. Por ejemplo, muchas personas sensibles con trastornos de pánico mejoran con relativa facilidad en cuanto comprenden el papel que la sobreestimulación juega en sus síntomas, en tanto que es poco probable que los ataques de pánico se resuelvan de este modo en personas no sensibles.

Conclusión: Este rasgo tiene un efecto diferencial individual similar al género o el grupo étnico.

Comparación con otros rasgos de personalidad

Las medidas de la Escala PAS se solapan con las medidas de las escalas de la introversión, si bien unas y otras no miden las mismas cosas (véanse Aron y Aron, 1997, y Apéndice B), dado que en torno al 30 % de las personas sensibles son extravertidas. Esta cifra estará en función de la escala de medida de introversión que se utilice (las correlaciones van desde .12 a .52, Aron y Aron, 1997), dado que las escalas de medida de introversión no correlacionan bien entre sí.

En cuanto al neuroticismo, la correlación es normalmente más elevada. Un motivo de ello es que, una vez más, las personas altamente sensibles que pasaron por una infancia complicada son más proclives a la depresión, los estados de ansiedad y la timidez –es decir, tienen un afecto más negativo (la definición general de neuroticismo como rasgo de personalidad)– que las personas no sensibles con un nivel similar de traumas y dificultades en la infancia. En una muestra aleatoria, las personas sensibles que hayan tenido una infancia difícil elevarán la media de las puntuaciones de neuroticismo de todo el subconjunto de las personas sensibles, a menos que se controle estadísticamente el entorno de infancia.

La timidez muestra el mismo patrón, pero sólo está presente si también hay un afecto negativo (Aron *et al.,* 2005). Es decir, es más probable que las personas sensibles sean tímidas si han tenido una infancia difícil *y si, además,* esto trajo como consecuencia elevados niveles de afecto negativo. Pero no todas las infancias complicadas en personas sensibles llevan a un afecto negativo. Tanto la timidez como el afecto negativo son el resultado de experiencias desafortunadas, no del rasgo en sí.

Conclusión: La alta sensibilidad no es lo mismo que la introversión, el neuroticismo o la timidez.

Lista de características diferenciadoras

El procesamiento de información más profundo, común a todas las personas altamente sensibles, trae consigo las características que se relacionan abajo. Salvo allí donde se indique, esta lista se basa en los datos que yo misma y otros investigadores han publicado, o bien en algunos casos de mi amplia experiencia clínica y en entrevistas mantenidas durante las investigaciones. Ninguna persona sensible va a exhibir todas estas características, pero mostrará al menos una amplia variedad de ellas. Sin embargo, si una persona exhibe pocas de estas características (por ejemplo, el no involucrarse o solamente ser escrupuloso), podría no ser una persona sensible y deberse a algo distinto a una diferencia genética fundamental.

- Prefieren no involucrarse, estar en los márgenes de una situación durante un tiempo antes de entrar en ella, ya que, normalmente, exploran más las situaciones a través de la observación y la reflexión que introduciéndose en ellas. «A veces preferiría que la gente me dejara en paz en un rincón para que yo pudiera observar antes de implicarme». «Me gusta comprobar las cosas primero, ver en qué me estoy metiendo».

- Son muy conscientes de las sutilezas y de cambios pequeños. «He visto que, en su mensaje de respuesta, se refiere usted a sí misma como "doctora". ¿Preferiría que me dirija a usted así?». «Ese cuadro (alfombra, peinado, etc.) es nuevo, ¿no?».

- Intentan tomar en consideración cada detalle y cada consecuencia posible antes de actuar –«hazlo bien a la primera»–, a diferencia de la tendencia mayoritaria, que toman las decisiones con más rapidez. Esto trae como resultado, por ejemplo, que tardan más que las personas no sensibles en tomar decisiones, que son más conscientes de los riesgos y las ventajas, y que se las ve indecisas, pero acertadas. «Soy terrible para tomar decisiones». (De hecho, son lentas en la toma de decisiones, pero éstas suelen ser acertadas). «Soy un verdadero perfeccionista».

- Son más conscientes de lo que piensan o sienten los demás, debido a que obtienen más información de los detalles no verbales y debido a que intuyen mejor que los demás los efectos más probables de una situación. «A veces tengo la sensación de que puedo leer la mente de los demás». «Me afectan realmente los estados de ánimo de los demás».

- Un mal entorno, en la infancia o en la edad adulta, les perjudica más que a los demás, pero posiblemente se benefician más que éstos de los entornos inusualmente favorables (p. ej., con una crianza o enseñanza de calidad en la infancia o con una gestión reflexiva en la edad adulta).

- Actúan de una manera más meticulosa debido a que sintonizan muy bien con las causas y las consecuencias –con cómo son las cosas y cómo se desarrollan en función de lo que se haga–. Piensan con más frecuencia, «¿Qué pasaría si todo el mundo se dejara la basura?». «Si no termino mi trabajo a tiempo, voy a retrasar el trabajo de los demás».

- Se preocupan mucho por la justicia social y medioambiental, y manifiestan un grado inusual de compasión, incluso en la infancia. «No me podía quedar ahí viendo lo que le ocurría». «Llevo años intentando hacer comprender a los demás lo que pasa con el calentamiento global».

- Se sobreestimulan con facilidad, y de ahí que se sobreexciten fácilmente. Tanto si eres sensible como si no, cuanta más estimulación, tendrás más excitación cortical, y la sobreexcitación lleva a un peor desempeño. Pero las personas sensibles necesitan menos estimulación para sobreexcitarse, de ahí que den cuenta de más dificultades o fracasos en situaciones altamente estimulantes (p. ej., competiciones, recitales, hablar en público, cuando se reúnen con alguien desconocido a quien respetan, durante una formación o bajo observación, en pruebas cronometradas y también en lugares que son ruidosos, masificados, etc.). «Es humillante: se me dan bien los entrenamientos, pero soy terrible en los partidos». «Simplemente, no puedo someterme a pruebas».

- Tienen dotes artísticas, o bien les apasionan las artes. «Me chifla la ópera desde los cinco años, en que escuché una ópera por la radio».

- Les interesa mucho la espiritualidad y suelen practicar alguna metodología espiritual concreta. «La oración es esencial en mi vida». «Soy budista; medito todos los días».

- Dicen tener intensas reacciones emocionales ante los mismos acontecimientos que evocan emociones de menor intensidad en los demás. «Lloro a la más mínima». «Todo el mundo estaba disgustado, pero yo estaba devastado».

- Los cambios les provocan un estrés inusual. «No tenía ni idea de que la mudanza me resultaría tan agobiante». «Me está costando mucho adaptarme a este cambio aparentemente tan pequeño en mi vida».

- Si se les pregunta, dan cuenta de sueños inusualmente vívidos. «Yo siempre sueño en colores». «Mis sueños parecen ser eternos y llenos de detalles».

- Recuerdan que algunas de estas características las exhibían ya en la infancia. «Todo el mundo decía que yo era muy sensible». «Me gustaba esconderme debajo de las mesas, tras los matorrales o en los armarios para escuchar simplemente lo que se decía».
- Se quejan de los entornos sobreestimulantes o poco estéticos. «No soporto las luces fluorescentes». «Tuve que mudarme dos veces hasta que encontré un apartamento silencioso». (Los adolescentes sensibles parecen tolerar mejor la música ruidosa, las muchedumbres y las multitareas, pero esto cambia cuando se aproximan a los 30 años de edad).
- Muestran sensibilidades de carácter físico –se sobresaltan con facilidad, tienen un sistema inmunológico más reactivo (p. ej., tienen más alergias de contacto; Bell, 1992)– y tienen una mayor sensibilidad al dolor, a los estimulantes (p. ej., a la cafeína), y a multitud de medicinas (Jagiellowicz, Aron y Aron, 2007). «No puedo tomar café; me pone nerviosísima». «A mi médico le resulta difícil creer que pueda notar algo con tan pequeña dosis, pero lo noto, y si tomo más tengo todo tipo de efectos secundarios».
- Hablan a los demás de forma considerada, aunque a veces sueltan indirectas. «¿No hace un poco de calor aquí?». «Le sugerí que quizás podríamos salir a comer. Estaba demasiado cansado para cocinar».
- La naturaleza les proporciona un efecto inusualmente curativo o calmante, o se sienten más conmovidos por su belleza. Les encantan los animales, las plantas y estar cerca del agua, o bañarse.

Qué papel juega su emocionalidad acrecentada

Uno de los motivos por los cuales los pacientes sensibles son tan interesantes y tan complejos para trabajar con ellos, así como tan proclives a recibir un diagnóstico erróneo, es porque todas las personas sensibles reaccionan de un modo más profundo, aunque dentro de la normalidad, ante cualquier situación que pueda generar respuestas emocionales. Éste es un punto que no está directamente representado en el cuestionario, en parte para evitar los sesgos de género.

Si esa preferencia por procesar la información de forma más profunda es lo que se halla en el origen de los comportamientos que diferencian a las personas altamente sensibles, ¿qué relación podría guardar esto con el hecho de que muestren reacciones emocionales más intensas? Cabría esperar que tal reflexión profunda tuviera un efecto calmante, pero lo cierto es que la sensibilidad de procesamiento sensorial trae consigo una mayor emocionalidad, al menos por dos motivos. En primer lugar, la emoción genera un procesamiento cognitivo, ya que nada se procesa durante mucho tiempo sin una evaluación emocional que indique que es importante o interesante hacerlo. Y, en segundo lugar, el procesamiento genera a su vez una emoción, en tanto que, cuanto más tiempo se procesa algo que tiene un significado emocional, más emoción producirá.

Esta emocionalidad mayor guarda relación con algo de lo que ya hemos hablado, que las personas sensibles que han tenido una infancia problemática son más vulnerables a la depresión, la ansiedad y la timidez que las personas no sensibles en las mismas circunstancias. Sin embargo, los altamente sensibles son también más proclives a las emociones positivas intensas (Aron y Aron, 1997), como ocurre cuando reciben algún tipo de recompensa (Bar-Haim *et al.,* 2009). Denominar este rasgo como «alta vulnerabilidad» innata o «propensión al afecto negativo», o incluso como «neuroticismo», sería tan absurdo como calificar de «propensión al cáncer de piel» al hecho de tener la piel clara. Sin embargo, no deja de ser cierto que las personas altamente sensibles tienen reacciones emocionales más intensas, un factor que deberá tenerse en cuenta durante la psicoterapia. Una crítica leve puede avergonzarles profundamente, del mismo modo que una alabanza leve puede elevarlos hasta la euforia, aunque también puede llevarlos a malinterpretar tus sentimientos.

Conclusión: Las personas altamente sensibles tienen afectos más intensos, tanto positivos como negativos.

Qué no solemos ver en las personas altamente sensibles

También convendrá ver algunas de las características de las personas que *no* son altamente sensibles, pues, dado que constituyen la mayor parte de la población, podemos discernir mucho teniendo en cuenta, simplemente, aquellas cosas de las que la mayoría de las personas disfruta o, al menos, no les molesta. A las personas no sensibles no suele molestarles el ruido, la sobreestimulación visual, los cambios repentinos u otros aspectos del entorno o de la experiencia que serían sobreestimulantes para una persona sensible. Esto se evidencia con claridad en lo que consideraríamos un nivel aceptable de estimulación en un entorno de trabajo y un nivel grato de estimulación en entornos recreativos y en los medios de comunicación. La mayoría de las personas no sensibles disfrutan normalmente de la sucesión de cambios en la estimulación visual que se aprecia en los videojuegos, los anuncios de televisión y las películas de acción. Les gustan las ferias en las calles, los eventos deportivos importantes y sumergirse en centros comerciales los días festivos. A muchas de estas personas les gustan las películas de terror, los deportes de riesgo y los dramas donde se representan escenas de una violencia impactante. Tampoco reflexionan demasiado sobre el futuro hasta que se les señalan o les salen caras las consecuencias de algún comportamiento. Por ejemplo, un gran número de personas no se hacen pruebas para la prevención del cáncer de próstata, colon o pecho.

Basándonos una vez más en lo que sería el comportamiento común, la mayor parte de la gente asume riesgos sin tantos preparativos. («No esperaba que pudiera ocurrir eso»). Las personas altamente sensibles también asumen riesgos, pero lo hacen con cuidado. Por ejemplo, en los deportes de riesgo, suelen ser expertas en seguridad, y es mucho menos probable que se lesionen. Si fracasan en algo, las personas no sensibles quieren intentarlo de nuevo inmediatamente, en vez de reflexionar sobre lo que ha podido fallar con el fin de cambiar de estrategia, como hacen las personas sensibles (Patterson y Newman, 1993). La mayor parte de la población disfruta de múltiples formas de juegos de azar o apuestas. No les afectan tanto las pérdidas económicas, reales o imaginarias, ni tampoco se sumen en el desasosiego por el hecho de haber cometido un error. En términos generales, son emocionalmente menos reactivos, si bien pueden hacer una gran exhibición emocional, como la de manifestar su cólera ante un servicio mal realizado, aunque la expresión pública de ira sea socialmente arriesgada y altamente estimulante. También es normal para la mayoría de las personas hablar de forma directa durante la mayor parte del tiempo, sin preocuparse tanto por el efecto que tendrá en la otra persona el tono que emplean o una mala elección de las palabras, porque esperan que los demás sean como ellas, relativamente imperturbables.

A muchas personas les gusta la naturaleza y pueden encontrarse cómodas en ella. Pero las personas no sensibles la suelen ver más como un entorno donde llevar a cabo actividades, y están menos preocupadas por el sufrimiento de los animales, a menos que se trate de sus propias mascotas. Quizás practiquen alguna religión, pero la cuestionan menos, y relativamente pocos se preocupan por cuestiones espirituales, filosóficas o por «el significado de la vida». Pero volvamos a tomar el pulso de las personas altamente sensibles, haciendo una descripción de cómo podría presentarse en tu consulta.

Conclusión: Puede resultar útil tomar nota de las diferencias entre los pacientes sensibles y los no sensibles en el sentido en que estos últimos no se sobreestimulan con facilidad (no se suelen ver afectados por los ruidos o los cambios bruscos, por ejemplo) y es menos probable que perciban sutilezas, como los cambios pequeños que hayas podido hacer en tu consulta. Aunque lo que viene a continuación es una sobregeneralización, los pacientes no sensibles se encontrarán a gusto con los videojuegos, las multitudes, los deportes de equipo y las películas de acción; no se alterarán demasiado con la violencia, asumirán más riesgos y disfrutarán con ello; prepararán menos sus actividades y hablarán de manera más directa, sin hacer sugerencias. Tenderán a utilizar la naturaleza como espacio recreativo más que como lugar de solaz, y, si son espirituales, se cuestionarán menos sus creencias.

Un caso ilustrativo

Susan, 34 años, es un ejemplo de paciente que estaba necesitando ayuda para adecuar su vida a su nivel de sensibilidad, aunque podría haber sido evaluada y tratada de un modo diferente por alguien que no estuviera al tanto de su rasgo. Poco después de entrar en la consulta y sentarse en su primera sesión, se puso a llorar. «Sentía pánico» sólo de pensar que tendría que volver al trabajo después de la baja por maternidad, y no hacía más que darle vueltas a la idea de que pudiera sucederle algo a su hija Katy, de ocho meses. «Pero más que nada estoy *abrumada* –dijo sollozando–. *No puedo soportarlo*». Después se sobrepuso. «Pero tengo que hacerlo y lo haré, claro está. No se preocupe por mí. Estaré bien». Su tono indicaba que no deseaba molestarme y que no se trataba de un cambio repentino de postura.

Susan había tenido un importante ascenso en el trabajo antes del parto, con un aumento de sueldo significativo, pero ahora tenía que trabajar en una planta sin despachos individuales, con el fin de «fomentar al máximo la comunicación» con la gente a la que iba a dirigir en la compañía. Para ella, aquello había supuesto un caos, porque el resto de la gente podía estar observándola en cualquier momento, mientras aprendía a desempañarse en su nuevo rol. Su director ejecutivo le había dado instrucciones para que entregara un trabajo en un plazo muy breve, pero Susan se había dado cuenta enseguida de que aquel producto no iba a satisfacer a la larga las necesidades de los clientes. Cuando decía lo que pensaba en las reuniones, la criticaban diciéndole que era «una Casandra», que nunca le parecía bien nada.

También surgieron problemas en el puesto de trabajo al regresar tras el parto. Para desplazarse a trabajar, Susan tenía que emplear mucho tiempo, por lo que se vio obligada a elegir entre estar menos tiempo con su hija o dormir menos. Susan optaba normalmente por lo último, reconociendo que estaba «llevándose al límite», pero conocía a otras muchas mujeres que ostentaban cargos similares y llevaban el mismo tipo de vida que ella, aunque parecía que lo llevaban mejor.

Susan había obtenido un Máster en Administración de Empresas inmediatamente después de graduarse en la universidad, pero desde entonces había tenido que cambiar de empleo con bastante frecuencia. Yo escuchaba con atención en busca de posibles manías, signos de impulsividad o narrativas de victimización, fuera real o imaginaria. Pero las explicaciones que daba para haber cambiado de empleo me parecieron en todo momento razonables. En una ocasión se sintió muy afectada por la deficiente conducta ética de la compañía en los negocios. En otra, mostró serias dudas sobre el valor del producto. Normalmente, ascendía puestos con rapidez en la escala de responsabilidades de su campo; a veces, incluso, al cabo de unos pocos meses, y había transferido con éxito los aprendizajes realizados en los empleos anteriores a especialidades totalmente nuevas, al igual que había hecho en esta ocasión.

Pensaba que su matrimonio discurría razonablemente bien, salvo por el hecho de que su marido, Phil, también estaba teniendo mucho éxito en su profesión y también iba escaso de tiempo. Cuando ella volvió al trabajo, cinco meses atrás, tuvieron que contratar a una niñera, pues pensaron que no tenían otra opción, ya que ambos estaban trabajando a tiempo completo.

Susan hablaba de su madre con cariño. Decía que había sido una madre cariñosa, que había estado en casa con sus dos hijas, hasta que empezaron a ir a la escuela. Madre e hija hablaban una vez a la semana por teléfono, e incluso ahora con más frecuencia, dado que compartían cada nuevo paso adelante de la pequeña Katy en su desarrollo. A su madre no le gustaba la idea de que la crianza de Katy estuviera en manos de una niñera, pero apoyaba todas las decisiones que tomaran Susan y su marido.

En cuanto al padre, Susan tenía una conexión muy estrecha con él. Era un banquero de inversiones de gran éxito, por lo que no había estado tan disponible para ella como Susan hubiera deseado. Esto la llevó a desarrollar el hábito de hablar con él acerca de su trabajo, el trabajo de él, claro. De hecho, Susan se convirtió en un prodigio de las inversiones. Su padre exhibía orgulloso en su despacho un gráfico con las ganancias que había hecho su hija con las acciones que ella misma había elegido y que luego él le había comprado para ella. Había quien bromeaba diciendo que irían a pedirle consejo a Susan en vez de a él. A los 12 años, ella aprendió a jugar al golf, de modo que el padre se la llevaba consigo cuando necesitaban un jugador más para hacer un cuarteto.

Susan era de algún modo consciente de que su padre había sido el motivo por el cual ella estaba en el mundo de los negocios, con la pretensión de ser algún día directora ejecutiva de una gran compañía. Él siempre se había sentido muy orgulloso de ella, aunque también se había dado cuenta de que, recientemente, Susan estaba muy tensa, y le sugería que rebajara un poco el estrés.

Dado que parecía haber tenido una infancia razonablemente feliz y que había tenido el afecto adecuado, decidí enfocarme en su sensibilidad. Susan había leído mi libro, de modo que le recordé algunas de las cosas que allí decía. Poco después se puso a llorar de nuevo, diciendo que estaba sometida a un grandísimo estrés. Sus sentimientos maternales eran muy intensos, y anhelaba tener otro hijo o hija, pero le encantaba el mundo de los negocios. Quería que yo le explicara por qué ella no podía gestionar un trabajo similar y las responsabilidades familiares tal como hacían otras mujeres que habían escalado hasta lo más alto.

—¿No dices en tu libro que la sensibilidad nos hace más creativas? Si soy tan creativa, ¿por qué no encuentro una *solución* a todo esto? Me paso el tiempo llorando. ¿Es de esto de lo que va ser sensible? ¿Por qué no dijiste eso en tu libro?

—Sí que lo hice –le dije con mucho cariño–. Pero me temo que, comprensiblemente, no quieres ver esos aspectos.

—¿Significa esto que tengo que quedarme en casa con Katy, como hizo mi madre con nosotras? Me volvería loca de aburrimiento.

Le pedí que se observara a sí misma como observaría a alguien que estuviera bajo su dirección en la compañía. ¿Qué tal lo estaba haciendo? Me reconoció que lo estaba haciendo muy mal.

—Entonces, ¿qué te parece? ¿Crees que hay que cambiar algo?

Asintió con la cabeza, pero se aferraba a su deseo de tener éxito en su trabajo, de modo que nos centramos en buscar nuevas estrategias. Susan establecería unos horarios de trabajo escalonados, para llegar más temprano a la oficina y marcharse antes. De este modo, reduciría el tiempo de desplazamiento entre su casa y el trabajo, dispondría de algún tiempo de tranquilidad en la oficina, con lo cual no tendría que llevarse trabajo a casa, y dispondría también de más tiempo para estar con Katy.

Hablamos del talante crítico de su jefe, y me dijo que era un chico normal, que simplemente estaba agobiado y no era demasiado sensible. Susan decidió que hablaría con él acerca de su manera sensible de trabajar, y le diría que su desempeño era mejor cuando le decían que estaba en el sendero correcto, ya que, de lo contrario, podía tener una reacción excesiva ante las críticas y alterarse mucho. Además, dado que había salas de juntas de sobra que previamente habían sido oficinas, le dijo que le gustaría convertir una de ellas en un despacho para poder disponer de un espacio íntimo y tranquilo donde concentrarse sobre el proyecto y hablar en privado, de forma individual, con los miembros del equipo.

Decidió que pondría freno a su escepticismo referente a los diseños de productos en las reuniones y que se abstendría de decir nada en tanto no convenciera a al menos otras dos personas, en privado, de que aquello no iba a funcionar y que sería mejor que la apoyaran cuando planteara sus dudas. Además, decidió que animaría a esta personas a que plantearan también sus argumentos a otros miembros de la junta, de tal modo que hubiera más gente que pudiera estar de su parte antes de las reuniones. Acordamos que nos volveríamos a ver en el plazo de un mes, dado que no disponía de tiempo para venir con más frecuencia.

En nuestra segunda sesión, Susan me pareció aún más demacrada. Había intentado poner en práctica las ideas que habíamos planteado, pero ahora estaba yendo a trabajar antes y regresando a casa más tarde. Aquél era el resultado del creciente respeto de su jefe por su trabajo, que se había traducido en darle más responsabilidades. Su nuevo despacho privado tuvo como consecuencia que ahora iban a consultarle aún más que antes. Y seguía disponiendo de muy poco tiempo para Katy.

Le señalé que todo aquello era el resultado de ser muy buena en lo que estaba haciendo, y que su sensibilidad probablemente jugaba un papel importante en eso. Ella era la única en la compañía y en casa que era altamente sensible. Ellos podían trabajar 14 horas diarias, y estaban encantados con ella por su sensibilidad y su creatividad, por su meticulosidad y entusiasmo.

—Por cierto, las madres no sensibles detestan también no poder estar con sus hijos, pero tú sufres más en esa escala.

El tema de aquella sesión fue el de las madres y los hijos sensibles. Katy también era altamente sensible, y a Susan le preocupaba que su niñera no hubiera llegado a comprender esto. Y Phil no ayudaba.

—La niñera y mi marido intentan empujarla cuando ella se retrae. Exactamente lo contrario de lo que hay que hacer para sacarla de ahí. Creen que Katy necesita que se la empuje para hacer aquello que teme hacer, aunque llore y suplique. Yo sé lo que se siente.

Su hija nos había llevado de pronto a su infancia.

—¿Tu padre?

—Hasta donde yo recuerdo, mi padre me hacía «enfrentarme a mis miedos». Aprendí a forzarme por él. Le encantaba exhibirme. Aquello me suponía mucha presión. Me enseñó a jugar al golf para que yo pudiera completar la cuadrilla. Se me daba bien el *putt* jugando al golf.

—Era por tu sensibilidad, ¿no?

—¡Pero si me llamaban Suzy Pelota Perdida!

Su primer recuerdo era el de haberse escondido bajo un arbusto para impedir que la llevaran a la peluquería a que le cortarán el cabello. Ella imaginaba que aquello debía hacer daño. Cuando su padre se enteró de esto, la llevó a la peluquería y le contó a todo el mundo allí presente el miedo que aquello le daba.

—Aquellas escandalosas mujeres montaron un lío enorme conmigo, y yo lloraba y lloraba. Pero él decía que yo nunca conseguiría nada en el mundo si no aprendía a…

—A vencer tus miedos. ¿Qué edad tenías?

—Tres años.

Casi me dio un ataque.

—Es por eso que quieres abordar los temores de Katy de un modo diferente, claro.

—No es difícil. Katy terminará haciéndolo todo si nos tomamos el tiempo necesario, si se le muestra cómo hacerlo. Pero ella quiere complacer a su padre y me da miedo que lo único que aprenda sea a soportar los malos tragos.

—Como tú. Aprender a soportarlo todo, a ir más allá de tus propios límites, sin protestar.

Susan sacó a colación el deseo que tenía de tener otro hijo y admitió que no podría hacerlo mientras estuviera en un empleo como el que tenía en aquel momento. Pero la idea de renunciar al trabajo era para ella como «rajarse».

Creo que es importante apoyar ambas posturas en un asunto como éste, para que el conflicto siga siendo interno, de modo que le sugerí que siguiéramos explorando los pros y los contras de los diversos cursos de acción, y eso hicimos durante los dos meses siguientes.

Mientras tanto, ella siguió cayendo: llena de dudas, perdiendo peso, cada vez más ansiosa, con dificultades para concentrarse y sin dormir, aunque tuviera tiempo para ello. Le expliqué que se estaba quedando sin gasolina –neurotransmisores–. Tras valorarlo detenidamente, y tras hacer ella una revisión en profundidad de las investigaciones publicadas al respecto, decidió probar con un antidepresivo durante seis meses. (Las psiquiatras con las que me relaciono saben que hay que comenzar con dosis muy bajas cuando recetan para pacientes sensibles, dado que estos sufren más efectos secundarios o bien necesitan probar con varios medicamentos antes de encontrar el adecuado).

Susan no tardó en recobrar su peso normal, lloraba menos y se concentraba más. El problema subyacente seguía estando allí, pero ahora podía pensar en él de manera más objetiva. Exploramos mucho más a fondo cómo imitaba las actitudes enormemente competitivas de su padre. Según los libros que había escrito su padre sobre cómo tener éxito en el mundo de los negocios, uno tiene que superar toda debilidad y aprovecharse de las debilidades de los demás. Ahora Susan podía hablar del lado oscuro de todo aquello, tanto en su padre como en ella misma.

A partir del lema «Nada de debilidades», terminamos dando con el sustrato rocoso del problema: su desagrado hacia su propia sensibilidad. Susan necesitaba escuchar con frecuencia las ventajas que le proporcionaba su rasgo y cómo los demás se aprovechaban de tales ventajas, al tiempo que rechazaban todo lo que de ella no les gustaba.

—Ellos no se dan cuenta de que va todo en el lote, que lo que a ellos les encanta de ti viene acompañado de aquello que preferirían eliminar en ti. La misma sensibilidad que te hace destacar con la compra de acciones en los negocios y que te convierte en una buena madre te lleva a fallar bajo la presión cuando le das a una bola con el palo de golf o cuando intentas hacer demasiadas cosas a la vez.

Pero Susan no dejó de detestar su rasgo de inmediato, pues creyó que había obtenido lo suficiente con nuestro trabajo juntas como para «resolver el problema por mí misma». Casi podía escuchar como rechinaban sus dientes.

Un año más tarde recibí el anuncio de su nuevo negocio, especializado en acoplar progenitores primerizos y con empleos exigentes con asistentes personales de la más alta calidad profesional y proveedores de cuidados infantiles. En el margen de la tarjeta, Susan escribió: «He dejado la medicación. Deberías estar orgullosa de mí, pues me ocupo de este negocio a tiempo parcial; poco tiempo de momento. Dentro de dos meses tendremos otro hijo, y me siento más descansada y preparada que nunca. Simplemente, me encanta ser la presidenta de mi propia empresa, y estoy convencida de que alcanzaremos prestigio a nivel nacional… cuando *yo* esté preparada para ello».

La mejoría de Susan

Susan era el tipo de paciente sensible que más se beneficia de captar en profundidad todo lo que implica ser sensible y de qué modo interactuó su sensibilidad con unos progenitores cariñosos y adecuados, aunque con una peculiar filosofía de la crianza. En nuestra primera sesión, Susan estuvo muy emotiva –lágrimas y sentimientos de pánico–, por lo que hubo que tomar en consideración la posibilidad de que estuviéramos ante una grave depresión o un trastorno de ansiedad. Sin embargo, parecía funcionar bien, quizás demasiado bien, en su trabajo. Era del todo normal, habiendo tenido una infancia suficientemente buena y una excelente educación, que hubiera avanzado tan rápidamente en su profesión, aunque no fuera la mejor profesión para una persona sensible. Los muchos cambios de empleo son también típicos de las personas sensibles, como explicaré en el capítulo 8.

Naturalmente, una persona sensible con tantas ventajas y talentos querría disfrutar de todas las oportunidades que éstos le proporcionaran: matrimonio, promoción en el empleo, hijas… Este estilo de vida es muy exigente para cualquier mujer, pero puede serlo mucho más para una persona sensible, sea cual sea su género, si no dispone del mejor apoyo externo. De ahí que algunas de las tensiones del trabajo y de la familia se exacerbaran debido al rasgo. No pude evitar una sonrisa cuando supe que la llamaban Casandra, porque Apolo maldijo a esta pobre mujer condenándola a saber siempre la verdad y que nunca la creyeran. Las personas sensibles se pueden sentir así en las reuniones de negocios.

Debido a los conflictos a los que se enfrentaba Susan, no debería sorprendernos que detestara su sensibilidad, pues para ella significaba tener que renunciar a algo. Tuvo que aprender a recordarse a sí misma una y otra vez que su rasgo era, tal como me gusta describirlo, un lote completo. Le había proporcionado muchísimas oportunidades, pero también le había generado muchas restricciones. El tener que decidir a qué renuncias lleva a un conflicto interior, conflicto que se intensificó con su fuerte respuesta emocional debida a su profundo procesamiento de lo que cada cosa significaba para ella, en el presente y en el futuro. Deseaba intensamente tanto realizarse en su trabajo como en la maternidad, de ahí que se sintiera tan mal al pensar en tener que renunciar a una de las dos cosas.

Esta paciente había crecido sin saber nada acerca de su rasgo, y aún sabía menos de cómo convivir con él. Intentar criar niños o niñas con variaciones de temperamento normales, aunque extremas, suele traer mucha desdicha a todos los implicados. Los progenitores tienen miedo de que haya algo mal en ellos o en sus hijos. Los presionan mucho, los protegen mucho o los llevan a orientación, o bien consienten en medicarlos, todo lo cual transmite a los hijos el mensaje de que hay algo que no funciona bien en ellos.

Estos niños y niñas necesitan un «buen encaje» (Kristal, 2005; Thomas y Chess, 1977), lo cual no significa que deban tener progenitores con el mismo temperamento, sino progenitores y docentes que estructuren el entorno del niño o la niña de tal modo que potencie los mejores aspectos de su temperamento.

Por desgracia, las niñas y los niños sensibles suelen portarse tan bien que nadie hace esfuerzo alguno por adaptarse a ellos. Son ellos los que se adaptan a los demás. Y, cuando se hagan adultos, tú, en tanto que terapeuta suyo, tendrás que ayudarles a que creen un «buen encaje». Estos pacientes tienen que desarrollar un nuevo conjunto de instrucciones operativas, y tienen que hacerlo sin tener la sensación de que todo eso es debido básicamente a sus limitaciones. Es una lástima que probablemente no lo lleguen a hacer hasta que sufran una crisis de salud física o mental.

La alta sensibilidad y la búsqueda de sensaciones fuertes

Las personas altamente sensibles pueden ser también buscadoras de sensaciones fuertes (Zuckerman, 1993). Esto puede resultar contra-intuitivo, pero convendrá que lo abordemos lo antes posible para que reconozcas esta importante variación en el rasgo. Susan es un ejemplo de ello. Estos dos rasgos están controlados por vías cerebrales distintas, por lo que son independientes entre sí. Hasta el momento, se cree que la búsqueda de sensaciones intensas viene causada por unas áreas cerebrales de recompensas que son inusualmente activas y que están asociadas con un aumento de la dopamina. La sensibilidad es más difícil de dilucidar, pero probablemente sea causada, al menos en parte, por una mayor excitación de las áreas cerebrales que regulan la inhibición de la acción y activan la atención de alerta. Este patrón parece estar asociado con una baja serotonina, lo cual crea las condiciones ideales para procesar la información de una manera más profunda. Por tanto, no deberíamos ver la alta sensibilidad como un intento por evitar la estimulación, aunque lleve a una evitación de la sobreestimulación, pues las personas sensibles reaccionan con más intensidad que los demás ante el éxito y las recompensas. Más bien, la motivación fundamental que se halla tras este rasgo sería la necesidad de procesar cualquier situación antes de actuar, de manera que lo opuesto a la alta sensibilidad sería la impulsividad.

Las personas sensibles que buscan sensaciones fuertes son susceptibles al aburrimiento. Como decía Susan, ella no podría ser una buena madre encerrada en casa, sin otros proyectos vitales. Normalmente, estas personas preferirán probar gastronomías originales o restaurantes nuevos, no ir al mismo sitio de siempre (a menos que suponga una sobreestimulación). A Susan le gustaba probar nuevos empleos. No les gusta ver la misma película dos veces, a menos que sea una buena película. Pueden volar en un ala delta o viajar a lugares exóticos, haciendo todo lo posible por garantizarse la seguridad. Puede que les guste lo novedoso, pero no les gusta correr riesgos ni sufrir sobresaltos. Sin embargo, un «subidón» de ambos rasgos puede ser difícil de gestionar, dado que el sistema de recompensa basado en la dopamina motiva fuertemente a la persona para que actúe o aborde algo de manera inmediata, mientras que el propósito del sistema inhibitorio es precisamente inhibir la respuesta con el fin de hacer una pausa y comprobarlo todo antes. Como decía una persona que tenía esta combinación innata, «Es como vivir con un pie en el acelerador y el otro en el freno».

Conclusión: La persona altamente sensible puede ser también una buscadora de sensaciones fuertes, en tanto que se trata de rasgos independientes. Lo opuesto a la sensibilidad es la impulsividad, no necesariamente el desagrado ante lo novedoso.

Un caso ilustrativo

Julian, 28 años, periodista *freelance* con un historial por otra parte normal, vino a mi consulta a causa de una «reacción excesiva» debida al hecho de haber presenciado el escenario de un atentado terrorista con bomba. Estaba de vacaciones con su esposa, también periodista, en la zona del atentado, en una región donde no eran de esperar acciones terroristas, por lo que ellos eran el único medio de comunicación en el escenario, a sólo unos minutos de la explosión.

En resumen, ambos consideraron que sería una gran oportunidad periodística. Pero, en tanto que su mujer se mantuvo ecuánime en medio de la curiosidad propia de su profesión, reuniendo detalles y entrevistando a los supervivientes, Julian no se pudo quedar allí durante mucho tiempo. Se puso a vomitar, casi se desmayó, y tuvo que retirarse a un hotel cercano. Estuvo llorando descontroladamente durante días, y las imágenes del atentado no dejaban de acudir a su memoria después de seis meses. Estaba sufriendo un trastorno de estrés postraumático, en tanto que su esposa no sensible, buscadora de sensaciones fuertes, no había sufrido ningún trauma.

Con anterioridad a este acontecimiento, Julian siempre había pensado que estaba perfectamente capacitado para su trabajo. Le encantaba la idea de viajar y de ir a sitios tan distintos, cosa que combinaba a la perfección con su habilidad para reflexionar, encontrar ángulos creativos desde los cuales contar las cosas. Ahora, sin embargo, dudaba de ser capaz de nada de todo esto. Se sentía fracasado profesionalmente y como hombre. Aunque su esposa insistía en que eso no era cierto, él tenía la sensación de que ella había perdido el respeto por él. Fue ella la que le recomendó venir a verme, siendo que la sensibilidad no era algo obvio para ella. Al igual que con Susan, la mayor parte del tratamiento consistió en llevarle a aceptar y apreciar las ventajas de su rasgo.

Otros significados de la sensibilidad que no se hallan implícitos aquí

Habrá que decir una vez más que la sensibilidad, tal como se define aquí, no es lo mismo que la introversión, simplemente porque un tercio de las personas altamente sensibles son extravertidas. Ni tampoco es una cuestión de ser «sensible» en el sentido de cuidar de los demás y de responsabilizarse por ellos. Las personas más sensibles están sumamente motivadas y capacitadas para la empatía, pero muchas personas no sensibles están igualmente o más motivadas y capacitadas, y se muestran también sensibles en este otro sentido. Al mismo tiempo, las personas sensibles, si están sobreexcitadas, pueden ser temporalmente cualquier otra cosa menos empáticas, y algunas de ellas, si tienen trastornos de personalidad, pueden no llegar a ser empáticas, al menos en situaciones que les parecen amenazadoras.

La sensibilidad tampoco se centra en lo de ser sensible a las críticas, como cuando alguien te acusa de «ser demasiado sensible» o de «tomarte las cosas muy a pecho». Aunque es bien cierto que las personas sensibles, tal como se definen aquí, parecen procesar más las críticas y mostrar una reacción emocional más intensa ante ellas, esto no forma parte de la esencia del rasgo.

Conclusión: La sensibilidad, tal como se trabaja aquí, no debería equipararse con el cuidado y la solicitud con otras personas, ni sólo con ser hipersensible a las críticas.

La persona sensible y el paciente sensible

A lo largo del resto de este libro nos ocuparemos principalmente de los pacientes sensibles, de modo que convendrá repetir que hay personas sensibles no-pacientes por todas partes. Incluso tú puedes ser una persona altamente sensible. Los altamente sensibles funcionan normalmente bastante bien. Espero que no suene demasiado a búsqueda de raíces, pero estas personas suelen necesitar al menos una, porque en su mayoría se adaptan y a veces es difícil diferenciarlas. Cierto es que, normalmente, no les gustan las multitudes, y que van a preferir una mesa tranquila en un restaurante. Necesitan vivir en un lugar que no sea demasiado ruidoso y mantener relaciones profundas, además de un trabajo que tenga sentido y que no suponga languidecer durante largas horas. No les gustan las luces fluorescentes, pero las toleran por el bien del medioambiente.

Por lo que respecta a los beneficios, las personas sensibles lo ponderan todo en profundidad, aunque no vayan compartiendo por ahí sus sólidas convicciones acerca de Dios, de la muerte o el universo. Pueden guardar silencio en conversaciones sobre asuntos mundanos, pero, si alguien les pregunta su opinión, siempre tendrán algo interesante que decir.

Suelen formar parte del colectivo de personas que más empatiza con los problemas de la Tierra y de otras personas en lugares lejanos. Dan más dinero para buenas causas y suelen estar activas en ellas. Frecuentemente, son las que te escuchan, las que se acuerdan de ti y las que se preocupan por ti antes de que ninguna otra persona se percate de que te pasa algo. Si te gustan los masajes o si recurres a medicinas alternativas, hay muchas probabilidades de que la persona que se ocupe de ti sea altamente sensible.

Sentimos su presencia entre algunos de los líderes políticos o empresariales más sabios y callados. Suelen dedicarse a la invención, la educación, la abogacía, la ciencia, la historia, etc. y son en general benefactores de la humanidad.

Esto no significa que no puedan ser exasperantes. Puedes comportarse de forma exigente, quisquillosa e irritable cuando están sobreestimuladas, y pueden ser muy críticas (tanto consigo mismas como con los demás), aunque les resulte más difícil aguantar las críticas. Son lentas a la hora de decidir, aunque sus decisiones suelen ser acertadas. No les gustan los riesgos, de manera que compran más seguros y tienen más ahorros de lo que otras personas piensan que es necesario, e intentan que todas las personas a las que quieren hagan lo mismo.

Suelen tomarse tiempo para responder al teléfono o al correo electrónico y rechazan invitaciones, o bien terminan agotadas porque no saben hacerlo. El problema que tienen es que caen bien a la mayoría de las personas. Quizás no entren bien en una primera impresión, pero con el tiempo terminan siendo amigas o miembros de grupo enormemente valoradas.

En resumen, son personas a las que vale la pena ayudar si piden ayuda, personas que precisan de una crianza y un entorno adecuados para florecer. En un experimento que no podría haberse hecho con seres humanos, Suomi (1987, 1997) tomó un grupo de monos recién nacidos que eran «reactivos» (otro término del rasgo) y los puso bajo la crianza de madres cualificadas, y descubrió que los monos reactivos se convirtieron en adultos excepcionalmente bien adaptados, normalmente los líderes del colectivo. Volviendo a los seres humanos, hay investigaciones (Silverman, 1994) donde se equipara a los altamente sensibles con las personas altamente dotadas, si bien esto no encaja con el porcentaje estimado de población superdotada, que es del 3 %.

El estudio de Sumoi descubrió también que los monos reactivos que crecieron con madres no cualificadas se situaron posteriormente en los rangos más bajos, eran enormemente susceptibles al estrés y proclives a la ansiedad y la depresión, un resultado que viene a confirmar otros estudios de los que ya se ha hablado, en los que se observa que la interacción entre sensibilidad y una infancia complicada dan lugar a más depresión, ansiedad y timidez. Si la crianza y el aprendizaje tienen tanta importancia en estos casos, los pacientes sensibles adultos van a depender en gran medida de ti, de su psicoterapeuta.

Conclusión: Los pacientes altamente sensibles son, antes que nada, personas altamente sensibles, capaces de hacer valiosas aportaciones, pero que en gran medida dependen de cómo se las trate.

Un modelo de rol

Mi amigo Jim pertenece a una buena familia, respetada y sociable, que le animó a sacarse el doctorado y a volcar lo aprendido en él en beneficio de los desfavorecidos, cosa que hace con un maravilloso entusiasmo. Jim es una de las personas más encantadoras, cariñosas, amables y sanas mentalmente que he conocido, y está claro también que *no* es una persona altamente sensible. Es incansable a la hora de hablar y su umbral de dolor es alto, pues ha soportado varias lesiones jugando al Ultimate Freesbee hasta los 40 años.

Jim y su mujer tienen dos hijas. La mayor, Betsy, es como Jim. La segunda, Lily, se mostró desde las primeras semanas como una niña buena y tranquila, en la medida en que la casa estuviera tranquila y tuviera sus necesidades satisfechas. Lily era también una observadora aguda de todo cuanto la rodeaba, pero, desde el punto de vista de Jim, quizás fuera demasiado ansiosa. No obstante, la niña pasó por todos los hitos evolutivos tempranos a su debido tiempo, de modo que la familia no se preocupó demasiado.

A los dos años, Jim empezó a preocuparse, y me pidió que le hablara más de mis investigaciones. Estaba empezando a darse cuenta de algo que yo ya había reconocido en Lily, que era una niña altamente sensible. Jim se sintió aliviado al saber que la sensibilidad era normal, aunque no fuera característico de la parte de su familia. La niña podría tener una vida tan feliz como él, aunque sería feliz de otras maneras. Sin embargo, nuestra conversación sumió a Jim en un estado de cuestionamiento permanente: cómo podría ser él el mejor padre posible para una niña sensible.

Para comenzar, juró que nunca más volvería a interpretar el comportamiento de su hija como un defecto, una decepción para él o un motivo de preocupación para nadie. Tampoco quería que su hija se perdiera experiencias de las cuales pudiera disfrutar o que creciera con miedo a conocer gente nueva. Jim tomó la determinación de abrirle la puerta a cualquier oportunidad potencialmente placentera de la vida, desde disfrutar con las olas en el océano, trepar a un árbol o saborear comidas nuevas hasta las reuniones familiares, el fútbol o ponerse ropas variadas, en lugar de llevar siempre algo cómodo y uniforme.

En casi todas las ocasiones, Lily pensaba en un principio que todas aquellas experiencias novedosas no eran una buena idea, y Jim *siempre* respetaba su opinión. Nunca la forzaba, aunque él podía ser muy persuasivo. Simplemente, le contaba a Lily cómo veía él la situación: la seguridad y los placeres que suponía, las similitudes con otras cosas que a la niña ya le gustaban, etc. Él siempre esperaba a que apareciera aquel brillo en los ojos de Lily que le indicaba que finalmente deseaba unirse a los demás, aunque aún no estuviera del todo preparada.

Jim evaluaba siempre estas situaciones con sumo cuidado, para asegurarse de que la niña no terminaría asustándose, sino que podría vivirlo como algo agradable y como un logro. A veces, la retenía hasta que veía que estaba realmente preparada. Pero, por encima de todo, él padecía un conflicto interior, no un conflicto entre él y la niña. Él se esforzaba mucho por darle tiempo a Lily para que lo observara todo, al tiempo que ejercía un poco de presión para que no retrocediera ante el conflicto. Por lo que contaba, no me costaba imaginar a Jim y a Lily abrazados a orillas de un lago, de un escenario o de una pista de esquí, discutiendo a fondo los pros y los contras de la actividad planteada.

A pesar de que, normalmente, Jim era el que finalmente se salía con la suya –o quizás precisamente por eso–, cuando se enfrenta a algo nuevo, Lily sigue prefiriendo tener al lado a su padre, en vez de a su madre, que es ligeramente más ansiosa. Y si Lily o cualquier otra persona comenta algo acerca de lo callada o dubitativa que es, Jim siempre responde: «Ése es tu estilo. Cada persona tiene su propio estilo. Pero éste es el tuyo. A ti te gusta tomarte tu tiempo y estar segura».

Jim también sabe que una parte del «estilo» de Lily consiste en entablar amistad con cualquier persona de la que los demás se burlan, hacer las cosas con sumo cuidado, darse cuenta de todo lo que ocurre en la familia y ser la mejor estratega de la liga de fútbol. En resumen, Jim está particularmente orgulloso de su hija altamente sensible.

Ofrezco aquí la historia de Jim para que te hagas una idea de lo que necesita un niño o una niña altamente sensible de sus progenitores, y de lo que tus pacientes sensibles adultos necesitan de ti: aceptación y estímulo, y que sientas orgullo por sus logros y por todo lo bueno que supone su sensibilidad.

Por qué es importante comprender la sensibilidad innata en la práctica clínica

Por excelente que haya sido la crianza de una persona, la mayoría de los pacientes sensibles no han tenido un progenitor como Jim. Quizás se les haya apreciado por ser sensibles, intuitivos, compasivos, creativos y meticulosos, pero rara vez los demás se percatan de que estas cualidades admirables forman parte de un lote en el que también se incluye el que son demasiado quisquillosos con los calcetines, con las etiquetas en la ropa, las costuras y la lana; que se molestan con rapidez ante la más mínima reprimenda o que son obstinadamente precavidos ante toda situación novedosa. De ahí que, como adultos, necesiten también desesperadamente a alguien tan comprensivo como Jim con su hija.

Dicho de un modo más sistemático, comprender este rasgo es clínicamente valioso en muchos aspectos. En primer lugar, porque, aunque estas personas hayan tenido una buena infancia, es muy probable que necesiten ayuda en algún punto de sus existencias para comprender por qué son diferentes de los demás. Son personas que suelen ser objeto de las críticas de otros a quienes les molesta que sean tan singulares. De modo que, si reciben una respuesta errónea por parte de su terapeuta, sobre todo si de algún modo confirma lo que dicen los demás, las consecuencias pueden ser muy negativas.

En segundo lugar, te vendrá bien comprender qué es la sensibilidad, porque hará que la evaluación, el diagnóstico y la planificación del tratamiento sean más acertados. Será menos probable que des por supuesto que los pacientes son como tú o deberían ser como tú.

En tercer lugar, tal comprensión del rasgo lleva a resultados más positivos, porque no estarás esperando que un paciente sensible termine siendo no sensible, es decir, que actúe con más rapidez ante situaciones novedosas o que sea más espontáneo, ruidoso, asertivo, impasible emocionalmente, relajado ante las críticas, etc. Las personas sensibles pueden ser más espontáneas, pero jamás tomarán decisiones con rapidez, sin preocuparse por las consecuencias. Podrán ser más asertivas, pero sin hacer demasiado ruido. Podrán regular mejor sus emociones, pero no eliminar la intensidad de éstas. Podrán interpretar las críticas con más precisión, pero jamás aceptarlas de forma relajada.

Cuarto, la alianza terapéutica se fortalece cuando se trata del tema de la sensibilidad con un paciente desde el mismo principio del tratamiento y cuando se debate sobre ello cuantas veces sea necesario posteriormente. Normalmente, los pacientes sensibles se sienten enormemente aliviados cuando se les reconoce este aspecto, y valorarán de manera extraordinariamente positiva que seas tú la primera persona que les hace ver las ventajas de un rasgo diferencial que, posiblemente, ellos siempre hayan visto como una desventaja.

Quinto, quizás puedas evitar así algunos tipos de *impasses* o de callejones sin salida, en los cuales parece casi imposible conseguir que un paciente deje de quejarse y decir que no le comprendes.

Por último, tu trabajo será más gratificante, en el sentido en que elevarás la autoestima de estos pacientes con rapidez celebrando el lado positivo de su sensibilidad, así como alertándolos frente a sus propias actitudes negativas hacia el rasgo, desarrolladas culturalmente y a través de las personas que los rodean. Además, teniendo en cuenta los resultados de las investigaciones, según las cuales las personas sensibles pueden destacar por encima de los demás en algunos aspectos si disponen de la crianza adecuada, quizás puedas proporcionarles el sustitutivo parcial de una buena crianza precoz y verles mejorar mucho más de lo que hubiera sido sensato esperar.

Resumen y conclusiones

La alta sensibilidad (también sensibilidad de procesamiento sensorial) hace referencia a un singular rasgo de temperamento innato que lleva a la persona a ser más consciente de las sutilezas de los estímulos, así como a la posibilidad de verse abrumada por un exceso de estímulos. Las evidencias sugieren que este rasgo, que se encuentra en entre el 15 y el 20 % de la población, constituye una estrategia evolutiva de procesamiento de la información que lleva a realizar procesos más profundos antes de actuar, en contraposición a la actitud que lleva a emprender la acción con mayor rapidez (estas dos estrategias fundamentales se hallan en más de 100 especies).

Hay tantos hombres como mujeres que nacen con el rasgo de la alta sensibilidad, y la gente puede tener el rasgo o no tenerlo en absoluto; es decir, que su distribución es bimodal, con un corte evidente entre una sección de la población y la otra, en lugar de seguir una única curva, como la trazada por la campana de Gauss. La sensibilidad no es lo mismo que la timidez, los comportamientos de inhibición o la introversión. De hecho, en torno al 30 % de las personas sensibles son extravertidas. Sin embargo, estas personas también pueden ser buscadoras de sensaciones fuertes, en la medida en que se trata de rasgos innatos independientes.

Lo opuesto a la sensibilidad es la impulsividad, y no necesariamente el desagrado ante lo novedoso.

Entre las muchas características que se derivan de un procesamiento cuidadoso de la información, las personas altamente sensibles tienden a ser meticulosas, creativas, inusualmente conscientes de los estados de ánimo de los demás, se ven más afectadas negativamente por estímulos desagradables y tienen afectos más intensos, tanto positivos como negativos. Una consecuencia de todo esto, si han tenido una infancia complicada, es que son más proclives a la depresión, la ansiedad y la timidez. De otro modo, no van a ser más propensos a estos trastornos que las personas no sensibles. De hecho, con un buen entorno, sus resultados superan a los del resto. Es decir, la alta sensibilidad no es un trastorno o simplemente una vulnerabilidad ante los trastornos.

Este rasgo tiene muchas implicaciones clínicas, al igual que las tienen los grupos étnicos o el género. De hecho, las diferencias de temperamento innato pueden ser tan importantes como las diferencias en estos otros colectivos, si bien son más fáciles de ignorar debido a su invisibilidad. Hay muchas personas sensibles que responden sí a todos los ítems de la Escala PAS (en el Apéndice A) y muchas personas no sensibles que responden no a todos los ítems de este cuestionario. Esto supone una gran diferencia; sin embargo, aquellas personas que puntúan alto en esta escala tienen que vivir en un mundo donde la mayoría puntúa bajo, y los profesionales de la terapia pueden ayudar mucho en este aspecto.

El concepto de sensibilidad de procesamiento sensorial no exige que los clínicos abandonen sus métodos y sus teorías actuales. Simplemente, los potencia y les permite ajustarse mejor ante una importante diferencia individual. Con ello, pueden atender de forma más adecuada a un segmento indudablemente amplio de su población de clientes.

Capítulo 2

La evaluación de la alta sensibilidad

En realidad, [el hecho de que un paciente sea sensible] no es una cuestión de una u otra cosa [de constitución o experiencia]. Una cierta sensibilidad innata lleva a una particular prehistoria, a una particular vivencia de los acontecimientos de la infancia que, a su vez, influye en el desarrollo de la visión del mundo del niño. Los sucesos asociados a impresiones intensas no pueden pasar sin dejar rastro en las personas sensibles. Algunos de ellos siguen afectándolas a lo largo de toda su vida, y tales acontecimientos pueden tener una influencia decisiva sobre el desarrollo mental íntegro de la persona.

—Carl Jung, *Obra completa,* Volumen 4, 1913, párr. 399

Este capítulo ofrece orientación para evaluar la alta sensibilidad centrándose en cuatro amplios aspectos del rasgo, hace sugerencias sobre las preguntas que se deberían formular al realizar el historial y discute cómo podemos evitar hacer falsos positivos y falsos negativos. Utilizando casos ilustrativos, identifica también aquellos casos que resultan más difíciles de evaluar debido a que tienen una personalidad *muy adaptativa y aquellos otros que son extravertidos y buscadores de sensaciones fuertes.*

La interacción de la alta sensibilidad con las experiencias vitales a la cual hace referencia Jung aquí podría parecer que confunde la evaluación, pero no suele ser éste el caso. El motivo es que la alta sensibilidad es un rasgo que afecta a casi todos los comportamientos de la persona. Los indicadores, como pueden ser la precaución o la creatividad, tomados de uno en uno, podría parecer que son el resultado de algo más. Pero el patrón amplio de características clarifica, normalmente, si nos encontramos ante un estilo general de conducta o ante el resultado de un trauma, que normalmente afecta a conductas concretas. Por ejemplo, el miedo a las críticas puede ser el resultado de un padre excesivamente crítico y aparecer sólo en torno a hombres con autoridad, o puede ser un miedo generalizado que, en los pacientes sensibles, se suele encontrar asociado al deseo de hacer las cosas bien, de sentir vergüenza con facilidad y de un temor profundo a confrontaciones que pudieran ser excesivamente estimulantes.

Dado que la sensibilidad es un rasgo innato, debería hallarse presente desde el mismo nacimiento. Un aspecto clave a la hora de evaluar la sensibilidad es cómo progenitores y docentes veían al paciente en su infancia. Quizás utilizaran términos inapropiados, como tímido, quisquilloso o difícil; pero algunos progenitores se percatarían de que su hijo o hija era simplemente sensible, «demasiado» sensible o «súper» sensible.

La Escala PAS (Apéndice A) pretende evaluar la sensibilidad en un entorno de investigación y no debería utilizarse nunca de manera exclusiva para decidir si un paciente en concreto tiene el rasgo. No existen normas ni límites, y el hecho de que sea un autoinforme lo hace estar sujeto siempre al algún sesgo. Por ejemplo, algunas personas, sobre todo hombres, puede que no quieran ser etiquetadas como altamente sensibles, en tanto que otras puede que quieran ser etiquetadas como tales, aunque en realidad no lo sean.

Conclusión: La sensibilidad, siendo un estilo operativo innato del sistema nervioso, se puede observar en el patrón general del estilo de una persona. No tiene lugar en un área exclusiva de la vida. Progenitores y docentes probablemente la detectaron en la primera infancia. La Escala PAS puede ayudar a identificar la sensibilidad, pero no está diseñada para ello y no debería ser utilizada de forma exclusiva.

Los cuatro indicadores

Habrá que repetir que la sensibilidad afecta a todas las áreas de la vida, pero agrupar sus signos dentro de cuatro categorías nos puede facilitar las cosas. Si te gustan los acrónimos como dispositivos mnemotécnicos, quizás te resulte más fácil recordarlas como PIES, por las iniciales de profundidad de procesamiento, intensidad emocional, excitabilidad acrecentada y sensibilidad sensorial. Me detendré en cada una de ellas en términos de conductas, problemas que presentan, historial y de qué modo aparecerían en una interacción de sensibilidad y un historial de trauma o estrés elevado.

Conclusión: Cuando evalúes la sensibilidad, convendrá que recuerdes PIES, acrónimo de Profundidad de procesamiento, Intensidad emocional, Excitabilidad acrecentada y Sensibilidad sensorial.

Indicadores de la profundidad de procesamiento

La profundidad de procesamiento es el rasgo clave de estos pacientes, pero no se puede observar directamente como una conducta, de modo que tendrás que imaginar lo que provoca esa profundidad de procesamiento.

Conducta

Este indicador de sensibilidad podría aparecer bajo la forma de reflexiones *(en mayor medida que el resto de la gente)* sobre «hacia dónde va el mundo», el significado de la vida o de la línea de trabajo del paciente; elucubraciones sobre la dirección que puede tomar una relación en función de determinados acontecimientos; conjeturas sobre cómo las cosas han llegado al punto en el que están o es probable que lleguen; o bien una conciencia o moralidad que parece surgir de una reflexión inusual acerca de los resultados de un comportamiento, en lugar de una adherencia al código ético formulado por los demás.

Para no tener que escuchar una simple respuesta socialmente deseable (como «Tienes razón. Le doy muchas vueltas a las cosas»), prueba con algo como esto: «En tus dificultades para tomar esta decisión, he captado que te preocupan mucho los efectos que esa decisión podría tener a largo plazo en ti y en los demás. ¿Es ésta una tendencia general en ti? ¿O es un caso especial?».

La profundidad de procesamiento se muestra también en sentimientos más profundos y de empatía por los demás. Por ejemplo, la mayoría de las personas sensibles se muestran inusualmente preocupadas por los sufrimientos de los demás, incluyendo el sufrimiento de los animales, y por las injusticias sociales. De hecho, suelen trabajar activamente en alguna causa. Y no se trata de compulsiones aisladas, como la de cuidar de decenas de gatos callejeros, sino de temas más amplios que les apasionan. Normalmente, descubriremos cierto sentido en el modo en que actúan a partir de estos sentimientos; o, al menos, estas personas podrán explicar por qué sienten del modo en que sienten.

Las personas sensibles evidencian también cierta meticulosidad en lo relativo al marco terapéutico, parte de lo cual atribuyo a su profundidad de procesamiento. Son personas que pagan puntualmente, llegan y se van a la hora fijada, y respetan todos los límites, como si fueran capaces de ponerse en tu lugar.

Esta mayor profundidad de procesamiento no es la extraña atención totalmente concentrada que podríamos esperar en un trastorno del espectro del autismo, como sería la de poder identificar todos los tipos de bombillas luminosas o polillas (excluyendo a los jóvenes científicos en ciernes, por supuesto). Es, más bien, una profundidad de procesamiento que está conectada con las emociones, con los demás y con el mundo. Sin embargo, gran parte de este procesamiento puede ser inconsciente, de tal modo que muchos de estos pacientes funcionan a base de corazonadas o «sentimientos viscerales». También tienen sueños más vívidos que el resto de las personas.

La profundidad de procesamiento también puede mostrarse bajo la forma de un sorprendente grado de comprensión ya adquirida sobre uno mismo y los demás; un sentido de las consecuencias a largo plazo, de modo que hay pocos antecedentes de impulsividad y de asunción de riesgos; o una comprensión inusualmente rápida de tus interpretaciones o preguntas –respuestas rápidas del tipo «Ya veo adónde quieres llegar»–.

Problemas que se presentan

Un problema habitual que presenta esta faceta de la alta sensibilidad es que los pacientes sienten que necesitan ayuda para tomar decisiones importantes, sienten que les cuesta tomar decisiones en general. Cuando explores este problema, constata si esto es el resultado previsible del hecho de reflexionar más a fondo las decisiones. Por ejemplo, yo preguntaría, medio en broma, si sus decisiones suelen ser acertadas, o bien si lo que ocurre es producto de un miedo a que ocurra algo en concreto como consecuencia de la decisión en particular que está intentando tomar.

Respecto a las decisiones que los pacientes sienten que fueron erróneas, yo intento valorar si, teniendo en cuenta su sensibilidad, fueron realmente equivocadas o no. Por ejemplo, una persona altamente sensible puede decidir no aceptar un ascenso de empleo que le supondría tener que viajar al extranjero con más frecuencia, y luego arrepentirse de ello al saber que otra persona ha aceptado ese ascenso.

El problema que se presenta en torno a la toma de decisiones podría deberse a lo que yo he dado en llamar el trauma decisorio. Éste vendría generado por una situación del pasado en la cual la persona tomó una decisión terriblemente importante que, a poco que la hubiera valorado, habría visto que terminaría lamentando, como sería la decisión de casarse a temprana edad. Las personas sensibles se esfuerzan tanto por tomar la decisión correcta que el proceso en sí, sobre todo si se lamenta posteriormente, puede convertirse en algo temible.

El procesamiento de la información puede venir sugerido en otros problemas que pueden presentarse también: la sensación de que los demás no les comprenden, el hecho de encontrar aburridas a la mayor parte de las personas y las conversaciones, o el tener un mal desempeño en áreas de conocimientos que precisan de una respuesta correcta.

En el historial

En las primeras sesiones, la sobreexcitación cortical puede interferir con la profundidad de procesamiento, de tal modo que el historial ofrecido resulte incompleto. Sin embargo, también suele ocurrir que el historial indique un pensamiento profundo de la persona acerca de sí misma, de su pasado, de su vida familiar, de la elección profesional o de los tipos de personas que eligen como amistades íntimas. La sensibilidad se deja entrever también cuando los pacientes admiten que se les reconoce por hacer buenas predicciones, por ser «pensadores profundos» o por mostrar una inusual creatividad. Una vez más, pregunta cómo les veían sus progenitores y sus docentes en su infancia. Quizás fueran recordados por formular «las más asombrosas preguntas» o por inventarse historias fantásticas; por gustar de la música o el arte a temprana edad; por ser feliz durante horas jugando en su imaginación; por tener las mejores ideas en la escuela o en los juegos; por mostrar interés en temas profundos como la existencia de una divinidad, la muerte o por qué existe el sufrimiento; o, cuando había discusiones en casa, por guardar silencio y observar.

Convendrá preguntar al paciente si realiza alguna práctica espiritual, de autoayuda, o algo similar que haya tenido una influencia importante en su vida. Además de la información que pueda aportar, el hecho de que se extienda en la respuesta será también un indicio. De hecho, en mis entrevistas (Aron y Aron, 1997), ésta era la última pregunta en mi protocolo, pero el tema surgía antes, normalmente, de forma espontánea en todos los casos, pues la gente podía hablar de cosas tales como una intensa fe religiosa desde la infancia o de experiencias acerca de fantasmas o ángeles. En un caso en concreto, la persona manifestó un vehemente ateísmo, pero los argumentos eran convincentes e iban más allá de la típica pregunta de por qué Dios permite que la gente buena sufra.

En la interacción de la sensibilidad con acontecimientos negativos en la infancia

La profundidad de procesamiento probablemente sea el motivo principal de la conocida interacción que hace que las personas sensibles se vean más afectadas que las demás ante acontecimientos similares en la infancia (Aron *et al.*, 2005; Liss *et al.*, 2005) o en la edad adulta (Aron *et al.*, 2005, Estudio 4; Kemler, 2006; estos estudios utilizaron la Escala PAS, pero se pueden encontrar los mismos resultados en otros muchos estudios que identificaron el rasgo de otras maneras, p. ej., Mangelsdorg, Gunnar, Kestenbaum, Lang y Andreas, 1990). Las personas sensibles parecen ponderar estos acontecimientos de un modo más profundo, desarrollando lo que podríamos imaginar que son esquemas emocionales más densos. Tal ponderación lleva a una reacción emocional más intensa, que retroalimenta a su vez el procesamiento profundo. Todo el mundo procesa más aquellos acontecimientos que les han conmovido emocionalmente. Pero encontrar que un paciente se ha visto más afectado que los demás ante el mismo tipo de acontecimientos pasados o presentes (ante las críticas, por ejemplo) es, en sí, un buen indicador de sensibilidad.

Tales efectos más intensos pueden emerger bajo la forma de una autoestima inusualmente baja, una timidez extrema o un temor al juicio social, un estilo de apego inseguro en adultos que muestra elevados niveles de ansiedad y de preocupación por los demás, y que lleva a ver la vida como algo sin sentido; es decir, al plantearse las consecuencias a largo plazo o el significado de su actual angustia.

Conclusión: La profundidad de procesamiento aparece indirectamente, sea como pensamientos o como sentimientos profundos. Ejemplo de ello sería que la persona pensaría mucho las cosas antes de hablar o actuar, lo cual daría como resultado cierta dificultad en la toma de decisiones, aunque normalmente serían decisiones acertadas; que la persona captaría con rapidez tus ideas; y una vida espiritual surgida de, o que implica, una considerable reflexión.

Indicadores de intensidad emocional

Las respuestas emocionales intensas son fáciles de observar, pero es más complicado discernir si son los efectos de un trauma o de un pasado difícil. La diferencia estriba en que las personas sensibles tienen una mayor reactividad emocional ante cualquier acontecimiento. Pueden sentirse ansiosas al llegar a tu consulta, pero, si tienen la sensación de que puedes ayudarlas, mostrarán una satisfacción y un agradecimiento muy marcados.

La persona no sensible traumatizada expresará en gran medida un afecto negativo. Comparemos a un perro sensible con un perro maltratado. El perro sensible te mirará desde la distancia, te observará con atención, y mostrara señales de que quiere acercarse. Y, en cuanto lo aceptes, probablemente ya no te olvidará. En cambio, un perro maltratado evitará tu mirada y mostrará señales de gran conflicto o agitación. Cuanto más intentes acercarte a él, aunque sea de forma amistosa, más agitado se mostrará, a menos que dispongas de las habilidades para tratar con este tipo de animales. Con todo, lo más probable es que tengas que repetir el proceso muchas veces, dado que el perro recordará más los malos tratos de lo que te recuerda a ti. ¿Qué pasaría si tuvieras que tratar con un perro sensible maltratado? No lo sé. He llegado a los límites de mis conocimientos sobre genética y etología canina. En este caso, será más fácil que nos mantengamos dentro de los límites humanos, que pueden hablar y contarte su historia y lo que sienten a cada instante.

Conducta

La mejor manera de diferenciar a un paciente sensible es que la reactividad emocional es generalizada, no específica o principalmente marcada por un estado de alerta ante cualquier cosa que pueda parecer una pérdida, una traición, sexo o violencia. El paciente sensible se siente impactado por muchas cosas. Quizás sea un «sentimental» con respecto al pasado o muestre una profunda compasión (no sólo preocupación) por los desfavorecidos. Son personas que tienen una gran propensión a afectos intensos, tanto positivos como negativos, y en situaciones donde cualquiera expresaría sus emociones, aunque quizás con menor intensidad. Verás que pueden llegar a conmoverse hasta derramar lágrimas de alegría, de gratitud o de alivio. Pero aquellas personas sensibles que no están demasiado dañadas también se parten de risa, sea por una tontería o por una ironía sutil.

En la primera sesión, puede que manifiesten sentimientos más intensos que los demás por el simple hecho de estar en tu consulta. Al hablar de sus problemas, será más probable que lloren. Posteriormente, para dilucidar la causa, quizás podrías preguntar: «¿Lloras con facilidad? Parece que estabas profundamente conmovida hace un momento, cuando dijiste…». O bien, «Dijiste que estás muy deprimido ahora, pero me pregunto si, en el pasado, también has sido de esas personas que se sienten muy bien en determinadas circunstancias». (Si estás intentando diferenciar entre un caso de sensibilidad y un trastorno del espectro del autismo, verás que las personas altamente sensibles muestran normalmente una mayor intensidad emocional en lo relativo a emociones sociales, como la vergüenza, la culpabilidad, el desprecio, la compasión y el miedo al abandono, que pueden parecer ausentes o de alguna manera tensionados en los trastornos del espectro del autismo).

Otra conducta observable típica de pacientes altamente sensibles es que, cuando sienten emociones intensas (recuerda que pueden ser tanto positivas como negativas), puede que hablen de hacer cambios drásticos en su vida –quizás digan que están dispuestas a casarse con su nuevo amor o a dejar su empleo–, pero normalmente no van a hacer un cambio súbito como éstos, sino que lo valorarán durante un tiempo; en tanto que los pacientes no sensibles es probable que actúen impulsivamente cuando tienen un sentimiento intenso acerca de algo.

La reactividad emocional significa que las personas sensibles reaccionan también con más intensidad ante las emociones de los demás. Quizás te encuentres en la tesitura de que un paciente sensible sepa lo que estás sintiendo mucho mejor de lo que otros serían capaces. Tal sintonización tiene lugar con todas las emociones y en la mayoría de las situaciones, no sólo en aquéllas en las que un historial de abusos o de abandono requiere del paciente que esté alerta ante los estados de ánimo negativos de los demás.

Problemas que se presentan

Con este aspecto de la sensibilidad, un problema que se suele presentar es la preocupación del paciente ante sus «reacciones excesivas» a nivel emocional. Otros problemas habituales son los trastornos emocionales diagnosticables, entre los cuales hay que incluir la depresión (normalmente, no bipolar) y la ansiedad. Esto se debe a que emociones tales como la pena o el miedo, si se hacen crónicas y no se regulan, llevan a una ansiedad generalizada y a trastornos del estado de ánimo. De manera que, al tratar con estos problemas, convendría mirar también la sensibilidad.

En el historial

En la infancia, las personas altamente sensibles se mostraban emocionalmente aún más reactivas, por carecer de habilidades de regulación de los afectos, aunque algunas pudieron aprenderlas con gran rapidez. Los hombres sensibles pueden contarte cuándo fue la primera vez que lloraron en la escuela, que normalmente fue el primer día, y les instaron a dejar de llorar. Humillados, decidieron que no volverían a cometer ese «error». Otros pueden ser muy expresivos emocionalmente (tenían rabietas cuando se sentían frustrados, eran «chicos malhumorados» o «reinas del drama») y poco a poco aprendieron a moderarse. Fuera niño o niña, un paciente sensible fue probablemente una persona interiorizadora, quizás ansiosa y deprimida sin causa obvia. Muchas se habrán encauzado hacia el arte con el fin de expresar sus sentimientos. Si se les pregunta, es posible que quieran compartir alguna de sus creaciones de este período; por ejemplo, poesías, relatos cortos, letras de canciones o dibujos. Sea cual sea su nivel de habilidad, percibirás una profundidad de sentimientos inusual para su edad cuando realizaron esa obra.

También darán cuenta de un mayor nivel emocional a lo largo de toda su vida, en todos los aspectos. Dirán que se angustiaban con los cuentos de hadas, con las películas de miedo, con las injusticias o el acoso en la escuela, con la idea de que se matara a los animales para comérselos o, simplemente, por estar exhaustos o hambrientos. En la escuela, dirán que hacían amistad con rapidez con el más indefenso, y que respondían rápidamente cuando se les corregía, pero malamente cuando se les castigaba. El trato con el sexo opuesto les resultaba bastante difícil, y la presión de los pares les generaba grandes conflictos. Quizás te cuenten que se sintieron tan sobrepasados en su boda que difícilmente recuerdan algo, y que se sentían nerviosísimos cuando comenzaban en un nuevo empleo, que adoraban a sus hijos e hijas y que se sintieron terriblemente desolados ante el fallecimiento de una amiga o amigo.

Compara sus reacciones emocionales con lo que sería una reacción típica. Sería de esperar que un soldado tenga un trastorno de estrés postraumático después de estar seis meses en zona de combate, pero no después de pasar por el campo de entrenamiento militar. La mayoría de los niños le tienen miedo al agua, pero aprenden a nadar en torno a los 10 años, no cuando están ya en el instituto. La mayoría va de campamento y echa de menos el hogar familiar, pero a algunos hay que enviarlos a casa porque no aguantan la situación. Hay chicos de los que se burlan y éstos devuelven la broma, y los hay que se apartan y se sienten profundamente dolidos.

Los pacientes con una infancia más segura tendrán recuerdos no ya agradables, sino extáticos, de las vacaciones familiares, de las tradiciones festivas o de los atributos especiales de su padre o su madre. Probablemente, les encantó la escuela y tuvieron amistades inusualmente estrechas. También aquí, existen evidencias de que los niños y niñas sensibles se ven más afectados por sus entornos, tanto si fueron problemáticos como si fueron positivos (Belsky *et al.*, 2009; Ellis, Essex y Boyce, 2005).

Y, cómo no, siempre puedes preguntar directamente: «Comentaste algo sobre intensas reacciones emocionales… ¿Esto ha sido siempre así en tu caso, o vino como consecuencia de algún acontecimiento o cambio?».

En la interacción de la sensibilidad con acontecimientos negativos en la infancia

Si existe un historial negativo, la pregunta aquí es si la persona es *también* altamente sensible. Yo comenzaría con el historial –con el grado o el tipo de acontecimientos negativos– y luego, una vez más, intentaría discernir si este paciente se angustia más con el mismo tipo de sucesos que otros pacientes que tú conozcas. Intenta discernir también el tipo de apego que tuvo en la infancia. («¿Crees que a tu madre le gustaban los niños y, sobre todo, crees le gustaba la crianza? ¿Estaba pasando por una situación tensa para cuando tú naciste?»). Las niñas y los niños sensibles parecen verse más afectados que los demás por el hecho de no haber tenido un apego seguro o un apoyo adecuado por parte de las personas que cuidaban de ellos (Manglesdorf *et al.*, 1992; Nachmias *et al.*, 1996; Pluess y Belsky, 2009).

En segundo lugar, toma en consideración la amplitud de la reactividad emocional del paciente. ¿Es elevada en otras áreas o con otro tipo de emociones, además de aquéllas que serían de esperar teniendo en cuenta las especificidades negativas de su historial? Por ejemplo, la mayoría de los pacientes sensibles se sienten mal cuando expresan su ira. Pero, si un paciente se deja llevar por la ira, toma nota de la intensidad del resto de emociones, incluida la vergüenza cuando se les responde también con ira. Más difíciles de discernir serían el miedo y la tristeza provocados por un trauma, pero fíjate en los extremos de la regulación del afecto –es decir, si hay un exceso o un déficit de regulación–, no sólo en sus vidas, sino también en tu consulta.

La interiorización de las emociones es mucho más habitual, dado que la exhibición externa de emociones es en exceso estimulante, así como aparentemente peligrosa para estas personas. Sin embargo, las emociones emergerán a la superficie, probablemente, cuando estos pacientes parezcan hallarse más corticalmente excitados, por ejemplo, cuando hablen rápido, o estén proporcionando muchos más detalles de sus observaciones. Puede que se sienten literalmente en el borde de la butaca o en alguna otra posición incómoda. En momentos más tranquilos, pueden mostrar cierta compulsión por parecer buenos, o mostrarse amables contigo, incluso pueden ir más allá de la amabilidad y adoptar actitudes tímidas o sumisas. Los hombres sensibles con historiales problemáticos pueden mostrarse muy reservados emocionalmente, adoptando un tono de voz quedo y racional ya desde la primera llamada telefónica. Pero normalmente percibirás un exceso de control, en la medida en que no hay nada de relajado ni casual en ello.

Conclusión: La intensidad emocional como indicador de la alta sensibilidad se encuentra tanto en las emociones positivas como en las negativas, en todas las situaciones en las cuales pueda ser apropiada una emoción. Se puede observar durante la sesión cuando el paciente está más emocionado de lo habitual, si dice «reaccionar de forma excesiva» o cuando muestra un exceso o un déficit de regulación.

Indicadores de excitabilidad acrecentada

Altos niveles de estimulación traen consigo altos niveles de excitación cortical, y los altos niveles de excitación generan malestar en todas las personas, así como un bajo rendimiento (Yerkes y Dodson, 1908). También se da una reducción en la capacidad cognitiva (cuánto podemos retener en memoria de trabajo), lo cual genera confusión, problemas de memoria y cierta incapacidad para pensar, o bien para encontrar las palabras adecuadas para expresar los pensamientos. Suele darse también un incremento en la excitación del sistema nervioso simpático (respuesta de lucha o huida), en el ritmo cardíaco y la sudoración de manos, sumándose a ello la sensación de tener el estómago revuelto. La sobreexcitación puede influir, por ejemplo, en la realización de exámenes, al hablar en público o en el rendimiento (en los deportes, en conciertos, etc.), a la hora de entablar conversación con un extraño, en una cita, cuando hay que hacer muchas cosas a la vez, cuando la persona se siente observada durante una formación y también en la manera en que el paciente se comporta contigo, sobre todo en las primeras sesiones. Aquellos pacientes que se sobreestimulan o se excitan en demasía en múltiples situaciones son probablemente altamente sensibles.

Conductas

La sobreexcitación temporal suele hacerse evidente en las primeras sesiones de terapia bajo la forma de un mayor nerviosismo de lo que sería habitual en otros pacientes ante la misma situación. Los pacientes sensibles pueden ser incapaces de mirarte a los ojos, pueden llorar de puro nerviosismo, jugar con un pañuelo o suspirar inaudiblemente. Les puede costar concentrarse y pueden sumirse de pronto en un largo silencio. Pueden temer no tener nada que decir y resolverlo viniendo a la consulta con una agenda. Aunque tales comportamientos pueden tener diversas causas, pueden ser un buen punto de partida para plantearse si el paciente es altamente sensible.

Problemas que se presentan

La sobreexcitación crónica suele ser el problema con el que el paciente se presenta; la persona se siente estresada, quemada, abrumada, con la sensación de no poder gestionar más su situación. Con ello, se verá afectado su descanso, su salud y, con el tiempo, su desempeño laboral o familiar. Normalmente, las personas altamente sensibles lo último que permiten que se vea afectado son sus deberes y compromisos; y esto es en parte el problema, porque vienen a terapia al verse en un callejón sin salida y pensar que hay algo mal en ellas, algo que no pueden manejar como el resto del mundo.

La sobreexcitación se suele cebar en ellas más que en el resto de la gente durante transiciones importantes de la vida, dado que estas situaciones suponen cambios rápidos en la estimulación, en el enfoque del pensamiento y en los comportamientos, cuando, por su propia naturaleza, son personas que preferirían reflexionar sobre lo que está ocurriendo. Incluso los cambios agradables, como irse de vacaciones, mudarse a una nueva casa, casarse, un ascenso, la paternidad o maternidad, o la jubilación, pueden tener un efecto colateral adverso al sumirlas en la inquietud, al generarles insomnio y una reactividad emocional mayor de la habitual. Frecuentemente, el problema es perfectamente observable en la consulta, al principio y al final de las sesiones, por no mencionar el principio y el final de una separación más larga del terapeuta. (Esto iría más allá de la angustia de separación debida a la historia personal).

De vez en cuando, una persona sensible hablará de ataques de pánico, a veces como consecuencia de una experiencia de intensa sobreestimulación que pudo llevar a la persona a sentir pánico ante la idea de no poder gestionarlo. Pero estos ataques se diferencian de los ataques de pánico más habituales en que se resuelven con rapidez en cuanto se explica la causa y se sugieren unas cuantas medidas para remediarlo.

Otro efecto comportamental de la sobreexcitación es que simplemente se evita, tanto si la persona es consciente de ello como si no. En la inmensa mayoría de las personas, la sobreexcitación está asociada con situaciones de fracaso y humillación. Es muy difícil distinguirla del miedo, si es que existe diferencia alguna en ciertos pacientes. Muchos de los problemas que se presentan pueden estar relacionados con la evitación de un exceso de estímulos y de excitación cortical, desde el problema para hacer amistades (porque la persona jamás frecuenta lugares que no le resultan familiares) hasta el aburrimiento.

Las personas altamente sensibles que son, al mismo tiempo, buscadoras de sensaciones fuertes tienen que caminar por el filo de la navaja entre el exceso y el déficit de excitación y, frecuentemente, yerran el tiro o aceptan vivir sobreexcitadas permanentemente, dejando que el buscador de sensaciones en ellas triunfe sobre la parte sensible.

En el historial

Para verificar si existe una tendencia a sobreexcitarse fácilmente, se podría preguntar: «Hay personas que necesitan más tiempo de descanso o inactividad que otras tras una experiencia muy estimulante, como puede ser un día de visitas turísticas o tras un gran acontecimiento. ¿Sería éste su caso?». Esta pregunta se centra en los efectos posteriores a la sobreexcitación, y evita preguntas con las cuales los buscadores de sensaciones fuertes no estarían de acuerdo, como «¿Sueles evitar lugares excesivamente estimulantes?». Preguntar sobre los efectos posteriores, en lugar de preguntar «¿Sueles sentirte sobreexcitado?», también puede servirnos en el caso de aquellas personas que han aprendido a evitar los niveles elevados de excitación, como suele ocurrir con las personas sensibles de más edad.

Pregúntale qué decían sus progenitores al respecto; por ejemplo, si en la infancia lloraba o se quejaba cuando estaba cansado o permanecía mucho tiempo en lugares ruidosos o concurridos. Si emerge un recuerdo de infancia que pudiera haber llevado a una sobreexcitación o pudiera ser consecuencia de una sobreexcitación, yo haría comentarios o preguntas tales como, «Da la impresión de que te sentías peor que otros niños cuando estabas fuera de casa mucho tiempo, ¿no? ¿Fuiste alguna vez de acampada? ¿Recuerdas cómo te sentiste en los primeros días de campamento?». Para evaluar en concreto la sobreexcitación en esta situación, sería de esperar que la persona informara de haber padecido un insomnio mayor de lo esperado, de sentir el estómago revuelto o tener vómitos, y de recordar haber tenido un peor rendimiento del habitual en actividades que requirieran coordinación.

La sobreexcitación cortical puede aparecer también en el historial del paciente bajo la forma de arrepentimiento por determinadas decisiones tomadas, oportunidades desperdiciadas y, cómo no, fracasos inexplicables reiterados, en los que, a pesar de haberse preparado a conciencia, fracasó debido a la presión. Fracasos y arrepentimientos pueden tener lugar por múltiples motivos, por lo que tendrás que indagar de forma amable y compasiva las razones por las que no se aprovechó una oportunidad o bajo qué circunstancias suelen darse los fracasos. Por ejemplo: «Te escuché decir que lamentabas haber dejado la carrera en el primer curso y que incluso lo vives como un fracaso, pero ¿me podrías decir por qué dejaste los estudios ahí?».

Si seguir indagando no parece adecuado, yo añadiría: «¿Podría ser que tu primer año en la universidad te resultara excesivamente estimulante en tu caso concreto? El primer año puede ser muy difícil, sobre todo si es la primera vez que te independizas del hogar familiar; tienes que tomar decisiones académicas, estudiar, hacer exámenes, gestionar el dinero, lavar la ropa, entablar relación con desconocidos, hacer amistades, vivir en un espacio pequeño con otra persona y otras muchas cosas, ¿no? Son demasiadas cosas en las que pensar y de las que estar pendiente a la vez, y me pregunto si eso no te resultaría excesivo cuando empezaste a trabajar y te evaluaron tan mal».

En la interacción de la sensibilidad con acontecimientos negativos en la infancia

Cuando una persona nace con la tendencia innata a sobreexcitarse ante la estimulación, el niño o la niña se sobreexcitará habitualmente en circunstancias estresantes, como sería al dejarlo solo a muy temprana edad o demasiado tiempo, o ante la experiencia del divorcio de los progenitores. Los niños y las niñas sensibles precisan de una mayor sensación de seguridad en estas circunstancias, algo que raramente reciben si tienen una familia disfuncional. Los esquemas emocionales que se establecen en estos momentos quedan como fuentes internas de elevados niveles de estimulación y excitación cortical. Por ejemplo, el niño sensible inseguro, sobreestimulado durante años por unos progenitores que no le daban el apoyo suficiente, se sentirá más angustiado ante situaciones novedosas y exhibirá mayores niveles de cortisol en esas situaciones que los niños sensibles seguros (Nachmias, Gunnar, Mangelsdorf, Parritz y Buss, 1996).

Conclusión: La sobreexcitación se hace evidente cuando los pacientes muestran un nerviosismo inusual, se quejan de estrés crónico o de problemas con las transiciones, dan cuenta de muchos «fracasos» o de arrepentirse recurrentemente por decisiones tomadas, se les recuerda como quisquillosos o torpes en los deportes de equipo o inusualmente callados en la escuela, o bien evitan en general las situaciones altamente estimulantes. También si tienen un historial de trauma o de elevado estrés y han mostrado señales de sobreexcitación crónica, sobre todo en situaciones novedosas o hallándose lejos de sus cuidadores habituales.

Indicadores de sensibilidad sensorial

Estos indicadores también son fáciles de detectar, pero deberían ser generales, no específicos de determinadas situaciones. Normalmente, la sensibilidad sensorial surge del procesamiento de los estímulos, no de los órganos sensoriales en sí. Una persona puede necesitar gafas, pero, no obstante, puede ser muy observadora. A veces se da el caso de que el procesamiento de un sentido es más agudo, teniendo un «ajuste perfecto». En ocasiones, la sensibilidad sensorial se manifiesta como un umbral de percepción bajo, en ocasiones como la capacidad para distinguir sutilezas y en ocasiones como una baja tolerancia a niveles elevados de estimulación sensorial. Incluso, con frecuencia, estas tres posibilidades están presentes. Pero esta sensibilidad no debería restringirse a los estímulos que la mayoría de las personas captan normalmente, tanto en lo positivo, como al responder a un perfume, como en lo negativo, como al reaccionar ante el olor de heces.

Conductas

Las primeras pistas de sensibilidad sensorial te pueden llegar cuando un paciente entra por vez primera en tu consulta, o bien, posteriormente, si haces algún pequeño cambio en tu despacho. Casi todas las personas sensibles lo mirarán todo a su alrededor, o bien te observarán a ti personalmente con atención. Si la consulta les resulta agradable, ya en la primera sesión, o poco después, harán algún comentario sobre algún detalle en el que raramente repararía otra persona. O, si te observan con atención, quizás tengas la sensación de que te están haciendo un escrutinio, mirándote de arriba abajo. Si algo no les encaja, verás que toman nota de ello, pero que rara vez hacen algún comentario al respecto.

En situaciones como ésta, quizás puedas tantear si se da este tipo de sensibilidad preguntando, de manera sumamente amable y afectuosa, algo así como, «Cuando has entrado lo has observado todo a tu alrededor, como Sherlock Holmes, por lo que no puedo evitar preguntarte qué impresión has sacado». No obstante, ten cuidado al preguntar, no sea que la persona lo sienta como una presión. También puedes desarrollar buenas preguntas a partir de los ítems del autoexamen relacionados con las sensaciones.

El propio aspecto de estos pacientes puede darte otra pista sobre su sensibilidad sensorial pues, normalmente, no se visten con prendas llamativas. Llevan manga larga o chaqueta cuando el clima es ligeramente fresco y dicen tener mucho calor cuando el clima es ligeramente cálido.

Suelen ser más pulcros que despreocupados en su aspecto y también en su manera de moverse por una estancia.

Con el tiempo, quizás les escuches decir cosas como, «Detesto pasar frío» o «Siempre corto las etiquetas en mis prendas de ropa», o bien «No sé por qué, pero sé que está enfadado conmigo» (porque ha observado gestos muy sutiles o pistas conductuales). Estos pacientes parecen estar obsesionados con el ruido, sea donde sea que vivan o trabajen. Quizás expresen su deseo de irse a vivir al campo o de dejar el trabajo porque el entorno laboral, los viajes diarios entre el puesto de trabajo y el hogar, las responsabilidades o la política de la oficina son «simplemente excesivos». Tienen más efectos secundarios que el resto de los humanos con los medicamentos y, en muchos casos, necesitan dosis más pequeñas. En caso de necesitar antidepresivos, pueden sentir efectos secundarios sutiles y adversos si se les da la dosis inicial estándar.

La sensibilidad sensorial tiene también sus aspectos positivos, pues se expresa en los intereses de estas personas y en aquellas actividades en las que utilizan tal sensibilidad, como el arte, la música, la sanación, una vida en estrecho contacto con la naturaleza o el trabajo con animales.

En todos los casos, si alguien da cuenta de una sensibilidad exacerbada en alguna situación, tendrás que indagar más para asegurarte de que se trata de una sensibilidad generalizada, pues la sobrecarga sensorial de una persona en el trabajo podría ser debida a un empleo que sería excesivo para cualquier persona, del mismo modo que el amor por la música podría derivar en una pasión por el rock duro escuchado a todo volumen.

Problemas que se presentan

Pocas de estas personas esperan que un terapeuta o una terapeuta resuelva los problemas que les genera su propia sensibilidad sensorial. Ocasionalmente, vendrán a consulta en busca de diagnóstico para su sensibilidad, si es normal o no. Quizás la sensibilidad sensorial les ha generado problemas con otras personas para quienes es algo molesto, piensan que el paciente se lo está inventando todo o creen que las reacciones de la persona se deben a alguna debilidad o a un trastorno psicosomático. O quizás necesiten que, simplemente, reconozcas una forma de sufrimiento, como una lacerante sensibilidad al sonido, que el resto de humanos no padece.

En el historial

Los pacientes recuerdan normalmente haber tenido tal sensibilidad sensorial desde la infancia, ya que la propia persona o sus progenitores se percataron de que se veía más adversamente afectada que otros niños ante una comida desconocida, al contacto con determinados alimentos, al peinarse el cabello, al contacto con prendas de lana, al ponerse ropa ceñida, al calzar zapatos que no le iban bien, al roce con las costuras de los calcetines o las etiquetas de las prendas, al mero hecho de llevar ropa húmeda o con restos de arena, a las detonaciones de los fuegos artificiales, etc. Mi formulario de ingreso inicial no sólo indaga sobre la salud, los medicamentos y el uso de drogas o alcohol, sino también sobre los efectos de la cafeína, dado que la mayoría de las personas sensibles responden de forma más acusada a todas estas cosas. (La ingestión de cafeína suele dar como resultado síntomas similares a los de la ansiedad, incluso puede provocarla, si bien las personas altamente sensible jóvenes pueden no ser conscientes de ello). Normalmente, pregunto sobre posibles alergias, dado que las personas sensibles suelen informar de ello debido a su bajo umbral ante el dolor, por ejemplo, durante un parto o tras una lesión. Pueden tener trastornos físicos que podrían deberse al estrés, pero que también podrían ser la consecuencia de su bajo umbral ante el dolor. Entre tales trastornos habría que incluir los dolores de cuello y espalda, las migrañas, la fibromialgia, la fatiga crónica, alergias inusuales, sensibilidades medioambientales o el síndrome extremo premenstrual. (Estos problemas pueden presentarse también en personas no sensibles, claro está, sobre todo si tienen un historial de trauma). Por último, en el ingreso al tratamiento, es posible que oigas a estas personas decir que utilizan bastante las medicinas alternativas, en parte porque estos tratamientos y las personas que los ofrecen suelen tener más en cuenta la sensibilidad sensorial.

En la interacción de la sensibilidad con acontecimientos negativos en la infancia

Tengo la impresión de que, cuando ha habido un estrés inusual en el pasado, algunas sensibilidades sensoriales se agravan, y tiene sentido pensar que los pacientes sensibles quizás expresen sus dificultades emocionales a través de la sensibilidad sensorial, pues sería una manera de alejar la atención de su intensa angustia emocional y quizás les proporcione un sentido de identidad o de importancia por el hecho de poseer capacidades sensoriales inusuales que compensen su bajísima autoestima en otros aspectos de la vida.

También aquí, si un paciente da cuenta de una infancia difícil o traumática, intenta discernir si esto tiene alguna expresión a través de sensibilidades sensoriales –incluida la sensibilidad a las sensaciones corporales– o si las reacciones del paciente son ciertamente extremas, casi como si el paciente estuviera proyectando algo siniestro sobre la fuente de los estímulos perturbadores. Un paciente tapió y aisló acústicamente su casa para no oír la algarabía de los niños de una escuela cercana. Otro construyó una caseta aparte para alojar su refrigerador, pues hasta la marca más silenciosa le sonaba demasiado fuerte. (Y cuando se dio cuenta de que todavía lo oía, se tuvo que buscar otra casa porque, entonces, su esposa le pidió el divorcio). Otro paciente estaba metido en una demanda judicial con una empresa de transportes cercana a su casa cuyos camiones comenzaban a moverse a las seis de la mañana. Este hombre no podía aceptar que, dado que a ninguno de sus vecinos les molestara, tuviera que ser él el único en demandar a la empresa.

A veces, los pacientes son sensibles a estímulos que yo, personalmente, no percibo, y esto lo escucho con más frecuencia en aquellas personas que tienen un historial de trauma y abusos, pero eso no significa que su experiencia no sea real. Una paciente que tuve decía que podía percibir el correr del agua y, dado que sentía que corría agua por debajo de mi consulta, optó por dejar de venir a consulta. Algunos dan cuenta de reacciones intensas ante los campos electromagnéticos, que están ya por todas partes, incluso el propio campo electromagnético del Sol, pero que también los generan muchos dispositivos. Estas personas están más preocupadas que las demás por el espectro de ondas de radio de los campos eléctricos que generan las transmisiones de televisión y radio, los teléfonos móviles y las antenas de telefonía. Además, muchas personas sensibles reportan experiencias inusuales que podrían calificarse generalmente como de psíquicas.

Las investigaciones en torno a estas sensibilidades inusuales se polarizan por el hecho de que, para molestarse en llevarlas a cabo, una tendría que desear intensamente probar o rebatir la realidad de estas personas. Mi consejo es que no desestimes tales sensibilidades y que mantengas un benigno interés en ellas hasta que veas cómo encaja todo eso en el cuadro general.

Conclusión: La sensibilidad sensorial es fácil de evaluar a través de las adecuadas preguntas, así como observando las reacciones de la persona en tu consulta en la primera visita o después de hacer algún cambio en tu despacho. Esta sensibilidad habrá estado presente desde la infancia y puede adoptar un giro extraño en aquellas personas que tengan un doloroso pasado.

Otros posibles indicadores y problemas que se presentan

Además de los problemas relacionados con el acrónimo PIES que acabamos de describir, existen otros que a menudo apuntan a la sensibilidad porque son problemas habituales en estos pacientes. Ninguno de los relacionados abajo son un resultado directo del rasgo, sino que son indirectos, y tienen que ver frecuentemente con la cultura del paciente o con otras circunstancias individuales.

Un desarrollo más lento

En general, cuando se observa su historial, los pacientes sensibles pertenecientes a una cultura individualista parecen quedarse rezagados con respecto a sus pares en los tránsitos por los principales hitos de desarrollo. Abandonan el hogar familiar más tarde o siguen viviendo con sus progenitores, se gradúan en la universidad después de haberse tomado todo el tiempo que necesitaban, no se afianzan en su profesión hasta los 30 años o más tarde, se casan y tienen hijos más tarde y probablemente se jubilen más tarde si el trabajo en el que se ocupaban les resultaba significativo. (Podemos ver incluso que fallecen más tarde, dado su interés por las prácticas de salud preventivas y por los hallazgos de los que hemos hablado antes, y también que enferman menos y se lesionan menos que los demás si en el entorno no hay un estrés excesivo).

Varias terapias previas

Cuando preguntes a un paciente sensible si ha pasado previamente por psicoterapia, si dice que ha pasado por muchos terapeutas y por muchos tratamientos «fallidos», no te asustes. Como suele ocurrir a muchas personas, estos pacientes quizás crean que todos los terapeutas saben lo que están haciendo, sin pensar demasiado en lo importante que es encajar bien con el o la terapeuta. Lo que les suele ocurrir es que quieren darle una oportunidad a alguien, o bien generan cierto apego con la persona que los trata. Yo intento explorar el tema a fondo (o bien pido permiso para hablar con los terapeutas previos) con el fin de ver si los múltiples tratamientos se han podido deber a que el terapeuta no estaba al tanto del rasgo. Por ejemplo, estos pacientes no pueden hacer grandes progresos si se les trata de forma brusca o a través de duros enfrentamientos. El «fracaso» puede venir después de muchos años, como si fuera un verdadero *impasse*, pero en realidad el paciente debería haber abandonado la terapia tras la primera sesión, aunque quizás no se sentía capaz de sobrellevar todo lo que eso hubiera supuesto.

Lo cierto es que los pacientes sensibles se pueden sentir arrastrados fácilmente a terapia como simple respuesta a la bondad y el interés inicial de un terapeuta. Y los terapeutas pueden estar anhelando llevar un caso como el suyo, al ver que se trata de personas brillantes y concienzudas; o sea, un «paciente fácil». Pero si los terapeutas no son conscientes de este rasgo, pueden intentar eliminar sus efectos y, si esto no funciona, uno o ambos pueden dar por concluida la relación.

Problemas laborales

Muchos pacientes sensibles se presentarán en consulta con problemas laborales. Quizás se lamenten de que su trabajo no les satisface, o que les resulta satisfactorio pero que tienen demasiado trabajo, o que sería satisfactorio si no fuera por las intolerables condiciones físicas o tensiones sociales del puesto de trabajo. Con frecuencia tienen la sensación de no ser asertivos, de que no se les valora o se les paga menos de lo que aportan en su trabajo, y es muy posible que veas razonables sus quejas. Quizás el jefe sea duro, negativo o interesado, todo lo cual afectará más a una persona sensible que a una no sensible. Ser el jefe o la jefa en sí también puede suponer un angustioso problema, en tanto en cuanto tienen que hablar con personas no sensibles de maneras que desearían no tener que hacerlo. En resumen, si han cambiado de empleo con frecuencia, el motivo puede ser perfectamente razonable en su caso.

Problemas de relaciones

Si un paciente llega a terapia porque tienen dificultades para quedar con alguien que le gusta, es muy probable que sea una persona altamente sensible. Esto se debe a que las relaciones les aburren con facilidad (datos no publicados aún). Claro está que será más habitual que vengan a consulta con el temor de no caer bien a nadie, aunque parezcan personas con las que cualquiera gustaría de compartir un rato. Pero, debido a que les cuesta decidir y a que no son impulsivas, es probable que estas personas busquen ayuda para decidir si deberían o no comprometerse con alguien. Si tienen ya una relación, con un compromiso firme, pero que no funciona bien, es probable que busquen ayuda para decidir si deben continuar con la relación o no. (Los pacientes no sensibles suelen venir a consulta, más bien, cuando se dan cuenta de que decidieron mal).

En una relación en curso, los pacientes sensibles son, o sienten que son, los que más partido sacan de la relación. Si una pareja tiene conflictos porque uno de sus miembros necesita más tiempo solo, ésa persona será la altamente sensible de la pareja. Con frecuencia, el paciente sensible es aquel al que se identifica como «paciente», cuando lo cierto es que suele estar menos perturbado que su criticona pareja no sensible.

Un paciente puede ser altamente sensible si dice que es codependiente sin satisfacer la definición en su verdadero sentido, es decir, sin consentir ni colaborar con los comportamientos malsanos de la otra persona. Lo que ocurre es que empatiza con el problema en el que se halla esa persona, o bien no está dispuesto a abandonar la relación sin cerciorarse primero de que es un caso imposible y/o disponer de una alternativa mejor.

A algunas de estas personas se les ha dicho que son demasiado complacientes con los demás, que son perfeccionistas o que son demasiado sensibles a las críticas. Todo esto puede ser cierto, pero las raíces pueden hallarse más en su sensibilidad que en su patología. De hecho, el problema con el cual se presentan en consulta puede ser el problema de otro u otros, que inducen a la persona a buscar diagnóstico para sus «extraños» comportamientos o sentimientos.

Atenciones personales deficientes

Aunque muchas de estas personas están aquejadas de enfermedades producidas por la interacción de su rasgo con unos malos tratos en la infancia, las atenciones que se prestan a sí mismas pueden ser peores que las de otros pacientes, a diferencia del resto de personas sensibles en general, que están muy atentas a su estado de salud. Las personas sensibles con problemas suelen descuidar su necesidad de reposo, ignoran su sensibilidad ante las drogas y aceptan tratamientos dolorosos a pesar de su bajo umbral ante el dolor. Soportan sus síntomas casi como un sacrificio, hasta que ya no pueden seguir ignorándolos.

Disociación

Tengo la impresión de que los pacientes sensibles se disocian más que los demás, quizás porque se ven más afectados por el trauma y se abruman con más facilidad, de tal manera que las experiencias excesivamente excitantes jamás se llegan a procesar en la memoria. Pero rara vez niegan, por ejemplo, haber sufrido abusos en el pasado.

Baja autoestima

Casi todos los pacientes altamente sensibles tienen una baja autoestima, como ocurre con la mayoría de los pacientes que entran en terapia. Sin embargo, en el caso de los primeros, la baja autoestima estará directamente asociada con su rasgo y con su manera diferente de sentir. Mediante la mera evaluación de la sensibilidad es posible mejorar su autoestima con bastante rapidez, al menos en este dominio.

Conclusión: Otros efectos indirectos posibles de la sensibilidad pueden aparecer más tarde, cuando no se encuentra la relación o el trabajo adecuados, o cuando se tienen problemas en ambos campos por el hecho de no ser comprendidos por los demás. Algunos de estos pacientes habrán pasado por varios terapeutas, aunque con motivos razonables, y aquellos que se hallen en peor estado normalmente mostrarán deficiencias en la atención a sus necesidades como personas sensibles, así como una mayor disociación que pacientes no sensibles similares.

Cuando el problema con el que se presenta la persona en consulta es la timidez

La timidez o miedo social crónico puede tener múltiples explicaciones, tanto en las personas altamente sensibles como en las no sensibles, y será conveniente que dilucides las causas antes de decidir el tratamiento. Las personas altamente sensibles desarrollan comportamientos tímidos habitualmente para evitar el exceso de estimulación que puede suponer conversar con desconocidos, lo cual trae como consecuencia que la persona no desarrolle las habilidades necesarias, con el consiguiente incremento progresivo de la excitación ante la expectativa de tener que hablar con personas extrañas. Al no conducirse de la manera que se espera de ellas, la preocupación aumenta y, con ella, la excitación, con lo que su desempeño social es cada vez peor y el problema deviene crónico.

Además, muchas de estas personas han sufrido algún rechazo doloroso por ser «demasiado calladas» o por «estar en las nubes», por ejemplo, y no quieren correr el riesgo de ser rechazadas de nuevo. Sin embargo, disfrutan estando con aquellas personas que las aceptan tal cual son. Yo normalmente pregunto al paciente sobre sus relaciones, con la esperanza de escuchar que disfrutan de amistades adecuadas, sólidas y de larga duración, pues esto es lo más probable en el caso de las personas sensibles que vienen a terapia planteando un problema de timidez.

Convendrá que determines si la persona sensible dispone de las habilidades sociales necesarias, porque, si dispone de ellas, el problema se reducirá a una falta de confianza y al exceso de excitación que le impide utilizar tales habilidades. Esto es algo que podrás constatar a medida que os vayáis conociendo, pues un paciente sensible se sobreexcitará cada vez menos en tu presencia.

Recuerda también que la timidez es un temor a ser enjuiciado socialmente, lo cual no es innato, sino aprendido, y se presenta sólo en determinadas situaciones. Todo el mundo se comporta de forma tímida en algún momento. El paciente que se queja de su timidez puede que no sea tímido en modo alguno, sino que simplemente esté haciendo la típica pausa que hacen las personas sensibles antes de sumergirse en una situación o dar media vuelta si esa situación le resulta excesivamente estimulante, o si prefiere una conversación más profunda.

En ocasiones, los pacientes suponen que son tímidos cuando en realidad se da una atribución errónea de la sobreexcitación física que puede darse en grandes eventos sociales. Pero, en cuanto le dan a esto el nombre de timidez, se convierte en una especie de profecía autocumplida. Todo lo dicho arriba puede ser útil cuando se intenta diferenciar la timidez de la sensibilidad.

Conclusión: Se puede diferenciar la timidez de la sensibilidad mediante la evaluación de la frecuencia y las causas. La timidez puede deberse a una deficiencia de habilidades sociales, a un exceso de excitación ante el uso de estas habilidades o a un desinterés social; o bien la persona puede parecer que es tímida porque desea hacer una pausa antes de sumergirse en una situación social o por no estar dispuesta a asumir riesgos, no sea que se lleve otro rechazo.

La máscara en la primera sesión

La evaluación se puede complicar por el hecho de que algunos pacientes sensibles pueden dar la impresión de funcionar mucho mejor de lo que su historial podría sugerir. Aun en el caso de que lloren, no lo harán durante mucho tiempo, pues tienen miedo de exponer demasiado sus debilidades básicas. Existen algunos indicadores de sensibilidad, pero el paciente puede parecer que está dando cuenta de un pasado turbulento tal como lo haría una persona no sensible.

Las personas sensibles pueden adaptarse exquisitamente a los requerimientos del mundo no sensible haciendo uso de su sensibilidad para captar las pistas sutiles que les indiquen lo que los demás sienten, qué puede ser apropiado en un momento determinado y qué es lo que se espera de ellas. Además, al adoptar las respuestas emocionales de los demás cuando éstas son tranquilas o socialmente apropiadas, disponen de un método fiable de regulación del afecto. Cuando una niña o un niño sensible consigue adaptarse de esta manera, solemos decir que está presentando un «falso yo» preconsciente (Winnicott, 1965). Estos pacientes han limitado dramáticamente su desarrollo psicológico y no son demasiado conscientes de sus propias necesidades y deseos. De ahí que alberguen frecuentemente una profunda sensación de impotencia, ansiedad ante la idea de que descubran que son máscaras vacías o que repriman su cólera al ser dominados por otros por el hecho de tener que imitarles. En un ambiente de aceptación y de armonía emocional, esa *personalidad* camaleónica se disipará, a veces de forma rápida. Sin embargo, puede enturbiar tu evaluación inicial de un individuo sensible, que puede presentarse en tu consulta como una persona muy bien adaptada y emocionalmente regulada, pues no hace otra cosa que mostrarse exactamente tan razonable y calmada como tú.

No obstante, algunos pacientes sensibles llevan otro tipo de máscara, pues pueden exagerar sus dificultades o traumas del pasado pensando que lo que realmente ocurrió no justificaría del todo sus intensos síntomas y su necesidad de tratamiento. No saben que en realidad experimentan más angustia que el resto de personas ante el mismo trauma. Un paciente me estuvo hablando en las primeras sesiones de los reiterados abusos sexuales que había sufrido por parte de un tío suyo. Al cabo de un tiempo de trabajo en la consulta (durante el cual me encontré con una resistencia considerable cada vez que intentaba abordar el tema de los abusos), finalmente confesó, sintiéndose tremendamente culpable, que la intrusión sexual sólo había tenido lugar en una ocasión. Pensó que, sin esta exageración, yo no me iba a tomar en serio sus intensas reacciones ante lo que era para él una infancia relativamente normal. (De hecho, para un niño sensible, había sido una infancia muy complicada).

Caso ilustrativo de una máscara que encubría una profunda angustia

Anna apareció en mi consulta muy bien vestida, esbelta y eficiente, diciendo que mantenía una relación estable y que tenía un empleo de responsabilidad en una inmobiliaria. Su única queja era un problema que limitaba su creciente carga de trabajo, un problema habitual en personas sensibles con un buen desempeño. Y, cuando le pregunté por su infancia, Anna me reveló un historial impactante. Su madre había sido prostituta, y nunca supo quién había sido su padre biológico. La madre no sólo tuvo desatendida a Anna en su infancia, sino que incluso le permitía estar en la habitación cuando trabajaba. No hacía esto por mera necesidad o ignorancia, pues la madre había insistido en una especie de fusión de ambas. Compartían la misma habitación, vestían la misma ropa y tenían que sentir las mismas cosas. Tan desastrosa maternidad parecía ser el resultado de la deficiente maternidad que había sufrido a su vez la madre, pues había crecido en un orfanato y en una serie de casas de acogida. Anna estaba llenando el profundo vacío de apego de su madre.

El único punto luminoso de esta historia había sido la formación universitaria de Anna. Algunos profesores y profesoras se habían interesado por ella, pues se le daba bien hacer que los demás se preocuparan por ella. En la universidad había hecho amistades con notable facilidad, y permitía que éstas cuidaran de ella en el mundo. A cambio, ella se mostraba tan encantadora como le resultaba posible, y hacía cuanto podía por satisfacer sus necesidades y defenderlas, lo mismo que hacía con otras muchas personas necesitadas del vecindario. Las notas en los exámenes fueron desalentadoras, y esto la llevó al agobiante empleo que tenía cuando vino a verme, trabajando en una agencia que habían puesto en marcha sus amistades.

Durante el tratamiento, la disociación y las habilidades de supervivencia que la habían llevado a desarrollar una *personalidad* tan bien adaptada no tardaron en desmoronarse, cosa bien necesaria. Al cabo de tres meses, también perdió su empleo y su relación, esta última en una larga serie de fracasos que no había mencionado previamente. Anna desarrolló una intensa transferencia idealizadora, que la llevó a una profunda depresión y a frecuentes arrebatos de ira al no poder yo ofrecerle lo que necesitaba, en particular consuelo físico. Su trastorno de personalidad debería haber sido obvio para mí desde un principio.

Conclusión: Si una persona sensible informa de un importante trauma de infancia, sus efectos están ahí, sea cual sea la imagen externa que el paciente pueda ofrecer.

Pacientes sensibles extravertidos y buscadores de sensaciones fuertes

Puede resultar difícil reconocer a una persona altamente sensible que sea extravertida, sobre todo si es también una buscadora de sensación fuertes, porque la mayoría de las personas sensibles no son ni una cosa ni la otra. Si no reconoces esta característica y te imaginas a una persona sensible como alguien siempre callado, orientado hacia el interior o tímido, no vas a poder identificar a un tercio de los pacientes sensibles. Este tercio de pacientes suelen ser intérpretes de un modo u otro (inclusive en la enseñanza) o bien están inmersos en ocupaciones sociales altamente estimulantes, pero suelen mostrarse inusualmente retraídos cuando no se hallan en estos entornos. Un ejemplo de ello son esas celebridades que mantienen su vida privada estrictamente alejada de los focos, mientras otras celebridades, extravertidas, pero no altamente sensibles, prefieren estar constantemente en el candelero o en compañía de quienes las admiran.

Un conflicto neurótico o un verdadero trastorno pueden ser motivo de comportamientos contrapuestos extremos, claro está, pero te sugiero que busques siempre los rasgos duales de la sensibilidad y la búsqueda de sensaciones. Estos impulsos contrapuestos pueden salvar muy bien a una persona de una sobredosis, si una persona sensible está intentando gestionar un nivel intolerable de excitación y estimulación, porque estas personas siguen adelante con el fin de complacer a los demás y pueden caer en la costumbre de elevar la excitación con una droga para adormecerse con otra. Considera también este patrón cuando evalúes el abuso de drogas o sustancias tóxicas.

La búsqueda de sensaciones fuertes es un rasgo innato y estará presente desde el mismo instante de nacer, de modo que tendrás que evaluar tanto este rasgo como el de la sensibilidad. Si la sensibilidad está también presente, el mejor indicador de estos dos rasgos innatos será la comprensible sensación de conflicto en la que se hallará inmersa la persona. Es como si el paciente viviera en un permanente «volver a por más». Un pie en el freno y otro en el acelerador.

Dado que la búsqueda de sensaciones fuertes es innata, progenitores y docentes tienen que haberlo percibido desde una edad muy temprana, y quizás hayan percibido también el conflicto con la sensibilidad. («Este niño estaría llorando hasta quedarse exhausto, para luego descansar un rato y, finalmente, volver a la carga de nuevo»). Otra señal se puede dar cuando un paciente insiste en que una experiencia nueva o excitante es verdaderamente un disfrute, y sin embargo lo planea todo para poder escapar fácilmente si la cosa se le va de las manos. Estos pacientes pueden tomar también muchas precauciones para cerciorarse de que la actividad será segura. De hecho, con frecuencia son expertos en seguridad, sea con el esquí o en viajes a exóticos lugares.

En cuanto a la introversión y la extraversión, puede parecer que todos los buscadores de sensaciones son extravertidos y que no habrá diferencias. Sin embargo, tengo la impresión de que tanto la introversión como la extraversión son estrategias aprendidas, desarrolladas para conducirse en situaciones sociales de tal manera que la persona, sea cual sea su temperamento concreto, pueda encajar en la sociedad. Siendo algo que se aprende a muy temprana edad, ambas constituciones se ven afectadas en gran medida por la familia y la cultura. Las personas buscadoras de sensaciones que son introvertidas han adoptado la estrategia de buscar lo novedoso no a través de las interacciones sociales (que pueden parecer demasiado estimulantes o peligrosas para una persona sensible), sino a través de exploraciones y experiencias internas extraordinarias, a través de la meditación y de otros senderos espirituales, sueños, análisis, dedicándose al arte o disfrutando de él, convirtiéndose en expertas en un tema que les fascina, etc.

Las personas sensibles buscadoras de sensaciones que son introvertidas también se involucran en actividades excitantes externas, pero solas o con alguna amistad cercana. Yo me paso las horas en los establos con los caballos. Las buscadoras de sensaciones introvertidas cabalgan solas, con el fin de explorar nuevos caminos, aunque eso siempre entraña riesgos, por lo que nunca se olvidan de sus teléfonos móviles. Eso probablemente nunca se les ocurra a las buscadoras de sensaciones introvertidas no sensibles. Las introvertidas sensibles que no son buscadoras de sensaciones forman grupos con el fin de sentirse más seguras, pero son calladas, o bien cabalgan de modo que, si tienen una caída, dispongan siempre de ayuda.

Las personas extravertidas, sean buscadoras de sensaciones o no, gustarán de conversar con sus muchas amistades y disfrutarán de las reuniones familiares o de las fiestas que organizan, y te hablarán de lo interesante que era una persona que conocieron en el avión o en la tienda de comestibles. Todo esto guarda relación con la estimulación social, no con lo novedoso en sí mismo. Si son también buscadoras de sensaciones fuertes, te hablarán de su amplio abanico de intereses, de experiencias tales como la vuelta al mundo y de todo tipo de aventuras. La sensibilidad emergerá, probablemente, cuando no sean capaces de estar al nivel de otras personas como ellas; por ejemplo, cuando no sean capaces de soportar tantas aventuras en un solo día como otros buscadores de sensaciones, o bien por traumatizarse más fácilmente, como le ocurrió a Julian, el periodista, en el escenario del ataque terrorista (de quien hablé en el capítulo 1). Sea cual sea la combinación de extraversión, introversión y búsqueda de sensaciones, en el caso de los altamente sensibles, la persona necesitará algún tiempo de reposo y de soledad, y tendrá que reconocer esa necesidad. Éste es el primer indicio y el más potente de que son diferentes de otros extravertidos que «recargan las baterías» estando con los demás. Personalmente, si captó algún atisbo de sensibilidad, pregunto, «Veo que estás muy activo socialmente. ¿Te cansas en algún momento de eso?».

Sólo tendrás la sensación de haber hecho una buena evaluación cuando sepas por qué tu paciente sensible es extravertido, pues esto puede ser indicio de una salud extraordinaria o de todo lo contrario. Suele ocurrir que estas personas crecieron en una familia amplia, cariñosa y estable, o bien en una pequeña comunidad o vecindario donde había muy buenas relaciones. Los neoyorquinos altamente sensibles, por ejemplo, parece que sean más bien extravertidos (a tenor del gran número de extravertidos en los seminarios que he hecho allí, si se compara con otros lugares). Todo lo que les resulta familiar es tranquilizador, de manera que es ahí donde se sienten bien. Ahora bien, también podrían estar en Nueva York y comportarse como una persona extravertida, por una necesidad desesperada de elevar su autoestima teniendo éxito allí o identificándose con esa cultura. Pero si fueran altamente sensibles e introvertidos, encontrarías sin duda señales de tensión, sobre todo si no son capaces de generar un grupo de amistades de apoyo.

Algunos pacientes sensibles habrán adoptado también una *personalidad* o imagen externa extravertida por haberse sentido forzadas por la familia o por sus circunstancias vitales.

Un caso ilustrativo

Ida habría pasado fácilmente desapercibida si no hubiera dispuesto de un considerable conocimiento de sí misma. La entrevisté durante mi primera investigación (Aron y Aron, 1997, Estudio 1), y dijo recordar perfectamente el día y la hora en que se convirtió en una completa extravertida. Su madre había padecido una esquizofrenia grave, de tal modo que había cuidado de sí misma desde niña, junto con su hermana pequeña, con la cual estaba muy unida. Cuando las trabajadoras sociales captaron finalmente la gravedad de su situación, a su hermana la pusieron en un hogar de acogida y a ella en una institución juvenil para ser tratada. Se la consideró «tímida», lo cual ella interpretó como una introversión. En aquel lugar sólo consiguió establecer lazos estrechos con una chica, pero las separaron al cabo de pocos meses. Nuevamente abrumada por el trauma de la separación, Ida decidió no poner en riesgo de nuevo su intimidad, de modo que estudió a fondo cómo gestionaban los demás su relación con el mundo, tarea que, estaba convencida, le resultaría fácil debido a su sensibilidad.

Ida eligió una imagen externa ruidosa y superficial, y la estuvo utilizando durante años, de tal modo que, al llegar a la edad adulta, terminó convirtiéndose en una figura política local con gran éxito. También esto lo atribuyó ella a su sensibilidad, la cual decía que le permitía observar cómo se conseguían esas cosas. Pero, cuando llegó a los 40 años, su modelo prestado de regulación emocional le falló, y se sumergió en un grave episodio depresivo. En psicoterapia (no conmigo) tomó conciencia de su naturaleza sensible e introvertida y de hasta qué punto su vida había estado condicionada por esta actitud defensiva ante la separación y el abandono. Pero le llevó años darse cuenta, y estoy segura de que a la Ida que llegó a terapia en la primera sesión no se la reconocía como una persona introvertida, y mucho menos como una persona altamente sensible.

Conclusión: Al evaluar la sensibilidad, ten en cuenta que aquellas personas que son extravertidas o son buscadoras de sensaciones fuertes inmersas en una vida excitante y aparentemente sobreestimulante pueden no obstante ser altamente sensibles, por lo que necesitarás profundizar más en el historial para identificarlas.

Los falsos positivos

También es posible pensar de alguien que es altamente sensible cuando no lo es en realidad. Esto es muy probable que te ocurra cuando los pacientes vienen a terapia habiendo decidido de antemano que son altamente sensibles. Así pues, no aceptes sin cuestionar los autodiagnósticos de sensibilidad del paciente, por muy importante que sea para la alianza terapéutica el no adoptar una actitud cerrada. La mayor parte de los indicadores PIES deberían estar presentes. Si no lo están, plantéate seriamente la posibilidad de que la persona esté equivocada. A mí me cuesta llegar a una conclusión cuando un caso es complicado. Si el trabajo discurre bien, dispondré de mucho tiempo para decidir y, durante mucho tiempo, no tendré por qué hacer una declaración definitiva al respecto, si es que es necesario hacerla.

Si el paciente te presiona para que le des una respuesta, esto puede ser indicio de hasta qué punto es importante para la persona que la veas bajo esa luz exclusivamente. Hay personas con trastornos complicados que querrán atribuir los problemas de su existencia a algún rasgo innato relativamente normal, sobre todo si está fundamentado en investigaciones, lo cual les puede proporcionar una explicación más aceptable y favorecedora, o al menos no patologizadora, sobre todo en aquellos casos que hayan podido recibir un diagnóstico psiquiátrico que hayan llegado a sentir como inmerecido (como a veces ocurre realmente).

Conclusión: Los falsos positivos pueden darse cuando un paciente ha hecho un autodiagnóstico erróneo por motivos defensivos.

Los falsos negativos

Lo que más me preocupa a mí son los falsos negativos; es decir, aquellas personas altamente sensibles que se nos pasan por alto. Ahora que comprendes el rasgo, tendrás menos falsos negativos, pero quizás te encuentres con pacientes que otros colegas hayan diagnosticado mal. Aunque un paciente llegue con información de su alta sensibilidad, habrá clínicos que duden de la existencia de tal rasgo, al no conocer las investigaciones o no comprender el concepto, y porque probablemente no sean altamente sensibles. Otros lo desestimarán porque viven, trabajan y se mueven entre personas con muchos de los valores de las personas sensibles, como el disfrute de las artes y la música, el trabajo concienzudo, la no asistencia a fiestas ruidosas, la búsqueda constante de significado en la vida, practicar alguna metodología espiritual, buscar seguridades, demorar la gratificación inmediata para alcanzar objetivos a largo plazo, etc. Estos comportamientos, siendo normales en el entorno de estos clínicos, o sea, «normales para cualquier persona civilizada», podrían parecerle que no precisan de mayor explicación. Todo el mundo es «altamente sensible», dirían o, al menos, les gustaría verlo de este modo.

Sin embargo, la sensibilidad va más allá de los rasgos debido a la cultura y no se encuentra en todo el mundo. Según una encuesta que hicimos mediante llamadas telefónicas al azar (Aron y Aron, 1997), el 25 % de la población no se considera sensible en absoluto. Muchas responden no a todas las preguntas de la Escala PAS. Y muchas personas sensibles responden sí a todos los ítems. Por tanto, no perdamos de vista el hecho de que tiene que haber un amplio rango de sensibilidades entre las personas que buscan terapia.

En ocasiones, y debido a la sensación de que el rasgo sólo tiene consecuencias negativas, habrá terapeutas que no quieran aplicar tal etiqueta a sus pacientes, sobre todo a hombres. Aún en el caso de que comprendan el concepto, puede que teman que utilizar el término puede ser contraproducente. De hecho, yo misma he encontrado que casi todos los hombres tienen algún complejo con eso de la sensibilidad, pues reaccionan al asunto con risas nerviosas, poniéndose a la defensiva, desestimando con una intensidad inusual la validez del concepto o, simplemente, no volviendo a la terapia. Y lo mismo ocurre con muchas mujeres de gran determinación, que se sienten incómodas con el rasgo. Aunque, en el pasado, la sensibilidad se tenía por un rasgo femenino, en el clima cultural actual es probable que se vea como algo no deseable en ninguno de los géneros. Como decía Susan (en el capítulo 1), «No quiero saber ni un motivo más por los cuales no puedo hacer lo que quiero hacer». Así pues, habrá terapeutas que no lo ofrezcan como una explicación del problema, aunque piensen que lo es.

Los falsos negativos tienen lugar también, como ya se ha mencionado, cuando la extraversión o la búsqueda de sensaciones fuertes ocultan el rasgo y el clínico no es capaz de ir más allá.

Conclusión: Asumiendo que los clínicos han oído hablar de este rasgo, pueden cometer errores de falso negativo porque no comprenden el concepto y las investigaciones en las que se sustenta, porque no son altamente sensibles, porque ven a todo el mundo como altamente sensibles y, por tanto, no consideran necesario evaluar tal cosa, porque tienen miedo de estigmatizar a un paciente o porque no detectan el rasgo en una persona extravertida o en una buscadora de sensaciones fuertes.

Resumen y conclusiones

En la mayoría de los casos, resulta bastante fácil detectar la sensibilidad, porque es un estilo general del sistema nervioso, presente de algún modo en todos los aspectos de la vida de la persona sensible. Sin embargo, es más fácil ver el cuadro completo si lo dividimos en partes, si la persona muestra o no los cuatro indicadores amplios de la sensibilidad: profundidad de procesamiento, intensidad emocional, excitabilidad acrecentada y sensibilidad sensorial (fácilmente memorizable con el acrónimo

PIES). Estos cuatro indicadores se encontrarán en el comportamiento observable, en los problemas con los que la persona se presenta en la consulta, en el historial o en la reacción ante acontecimientos negativos de la infancia de los pacientes.

Con todo, existen otros indicadores que no son innatos, pero que son resultado directo del rasgo. Por ejemplo, la timidez no es innata, pero muchos pacientes sensibles se describen así, al igual que las personas que les rodean. De ahí que convenga evaluar cómo se explica y cómo vivencia el paciente su timidez. Con el tiempo, convendrá que discutas tus observaciones y tus planteamientos con el paciente. Si el paciente es sensible, escuchará con atención, comprenderá con rapidez y valorará las posibilidades que le planteas.

En algunos casos puede haber falsos positivos, pero los falsos negativos son mucho más habituales y perjudiciales para el paciente. Tras leer este capítulo, será mucho menos probable que cometas uno de estos errores.

El objetivo de este capítulo era que desarrollaras tus habilidades en la evaluación de la sensibilidad en general, aparte de las dificultades individuales y del historial de traumas que los pacientes traigan a tu consulta. Con frecuencia, la evaluación de la sensibilidad no va a ser tu mayor prioridad. Evaluar una depresión, la necesidad de medicamentos, el riesgo de suicidio, el riesgo de violencia, etc. ocuparán el centro de la evaluación. Pero, de momento, debería quedar claro que evaluar la alta sensibilidad va a ser de gran utilidad, va a ser incluso imperativo, para obtener una perspectiva adecuada de determinados pacientes y para planificar su tratamiento y tu relación con ellos. De hecho, probablemente habrás estado pensando desde que abriste este libro cuáles de tus pacientes son altamente sensibles, y cuáles de ellos se habrán estado beneficiando ya de tus habilidades evaluativas.

Capítulo 3

Los dos problemas que la sensibilidad innata genera

La propensión a la excitación cortical y unas reacciones emocionales más intensas

Resulta extraño pensar que … [el poeta Rainer Maria Rilke] quizás se hubiera desmoronado ante las circunstancias en las cuales nosotros nos hallamos ahora [judíos holandeses que pronto serían enviados a Auschwitz]. ¿No sería ésa una prueba más de que la vida está finamente equilibrada? ¿No sería la evidencia de que, en tiempos de paz y bajo circunstancias favorables, los artistas sensibles pueden buscar la expresión más pura y adecuada de sus más profundos pensamientos, para que, en tiempos más turbulentos y debilitadores, otras personas puedan recurrir a ellos en busca de apoyo y como una respuesta rápida ante sus desconcertantes preguntas? Una respuesta que ellos serían incapaces de formular por sí mismos, dado que todas sus energías se están dedicando a intentar satisfacer las necesidades más básicas. Por desgracia, en tiempos difíciles tendemos a encogernos de hombros ante la herencia espiritual de los artistas de una época «más fácil» con un «¿para qué nos sirve eso ahora?».

—E. Hillesum, *Una vida conmocionada: diario 1941-1943*[1]

Este capítulo supone una transición hacia el tratamiento mediante la discusión de dos problemas potenciales que plantean la casi totalidad de las personas sensibles, independientemente del trastorno que puedan presentar en consulta. Estos problemas, que están relacionados con dos de los indicadores básicos de los que se habló en el capítulo anterior, son la propensión a la sobreexcitación y a las reacciones emocionales abrumadoras.

Aunque en la cita de arriba, Etty Hillesum hablaba de la sensibilidad de Rilke, ella fue una persona remarcable por derecho propio y, por lo que se puede leer en sus diarios, parece que fue también altamente sensible. Suponiendo que lo fuera, Etty constituiría un poderoso ejemplo de lo que es posible hacer, quizás incluso de manera más fácil, siendo una persona con tanta facilidad para la respuesta emocional.

Etty Hillesum fue una joven judía que creció en Ámsterdam en los años previos a la Segunda Guerra Mundial. Aparentemente, tuvo una buena infancia dentro de una buena familia en la que reinaba el cariño. Etty es un ejemplo más de las tragedias de aquella época y aquel lugar del planeta, pues alcanzó la edad adulta cuando los nazis llegaron al poder y presenció en primera persona el Holocausto, muriendo de hecho en Auschwitz. Entre otras muchas cosas, sus diarios son un testimonio de cómo una persona sensible puede llegar a gestionar niveles de estimulación abrumadores (el peligro constante, condiciones de vida masificadas, etc.) y una situación capaz de evocar las emociones más intensas, aunque a veces pudiera sentirse completamente derrotada.

El 10 de noviembre de 1941, Etty escribió lo siguiente: «Miedo mortal en cada fibra. Colapso total. Sin confianza en mí misma. Aversión. Pánico» (1981, p. 58). El 3 de julio de 1942 escribió sin embargo: «Muy bien, por tanto, acepto esta nueva certeza, de que lo que buscan

---

1. Editado por Anthropos, Rubí, Barcelona, 2007.

es nuestra completa destrucción. […] No voy a cargar a los demás con mis miedos. […] No me voy a amargar si los demás no entienden lo que está pasando con nosotros, los judíos. Trabajaré y seguiré viviendo con la misma convicción, y encontraré pleno significado en la vida; sí, pleno significado» (ibíd., p. 161). Sus diarios documentan, día a día, su intensa lucha por alcanzar este estado de gracia, a pesar de toda la sobreexcitación y de las intensas reacciones emocionales que se reflejan en la primera cita.

Etty recurrió a todos los métodos conocidos de regulación del afecto, desde la distracción, la búsqueda de consuelo en los demás y la retirada momentánea en la soledad hasta la gratitud por las bendiciones recibidas, la ayuda a los demás y la búsqueda de un sentido positivo a acontecimientos negativos (Larsen y Prizmic, 2004). Pero Etty hizo todo esto de un modo magistral. No puedo decir aquí que estamos ante «un caso ilustrativo», pero convendrá tener en mente su caso a medida que observemos las dificultades que tus pacientes tienen para gestionar la sobreestimulación y la intensidad emocional.

Una separación arbitraria de estos dos aspectos

No es fácil separar los dos aspectos de sensibilidad que he denominado sobreexcitación debida a la sobreestimulación y reactividad emocional, pues muy poca sobreexcitación se da fuera de la estimulación relacionada con las emociones o causada por éstas. Las excepciones tienen lugar cuando la sobreexcitación viene provocada por drogas u otras sustancias estimulantes, como la cafeína, por el esfuerzo físico o por otros estímulos de carácter exclusivamente físico, como vientos huracanados o alertas por inundación, o como cuando superamos nuestra capacidad cognitiva y somos incapaces de retener lo que necesitamos en la memoria operativa. Sin embargo, hay que tener presente que estos casos también generan emociones. Por ejemplo, un exceso de cafeína puede generar euforia y tener un potente efecto en una persona sensible, o quizás una persona sensible se percate de que se le acelera el corazón y empiece a preocuparse ante la idea de tener una adicción al café, mientras que la sobrecarga cognitiva puede generar frustración y temor al fracaso. Además, la estimulación viene tanto de dentro como de fuera, y gran parte de ella se debe a la percepción de las reacciones corporales producto de las emociones. No obstante, mantendré la división, de forma bastante arbitraria, para abordar el tema desde dos puntos: cómo ayudar a los pacientes a lidiar con la sobreestimulación debida a estímulos externos y cómo ayudarles a regular sus afectos de la forma que deseen.

Hablar simplemente de la sensibilidad puede provocar o mitigar estos dos aspectos

Puedes utilizar la información de este capítulo directamente, tal como está escrito, o de manera gradual, indirecta, adaptándolo a un enfoque psicodinámico o relacional. Todos estos temas emergerán a la superficie sin que tengas que sacarlos a colación. De hecho, yo te recomendaría un enfoque gradual hasta en la terapia más breve. Si vas a tratar con detalle los cinco problemas que se presentan en este capítulo y el siguiente, explora uno por sesión para no sobrecargar al paciente con un exceso de información o de emociones.

La sobrecarga emocional es un problema particularmente importante cuando se discuten estos materiales, pues los pacientes se pueden sentir inundados en cualquier momento con sentimientos profundos de alivio, gratitud, dolor o ira, al darse cuenta de las implicaciones de lo que se les está descubriendo. Las personas que han leído *El don de la sensibilidad* (Aron, 1996) suelen decir que lloraron mucho en la época en la que leyeron el libro, y que o bien lo devoraron en una sentada o bien tuvieron que espaciar la lectura a lo largo de varios meses. Aunque llega un momento en que te habitúas al término y a sus implicaciones, los pacientes que no habían oído hablar nunca de esto pueden sentirse como si «salieran del armario». Han estado guardando en secreto todos estos problemas embarazosos sin saber siquiera el alcance o el valor de lo que estaban ocultando, ni que hubiera otras personas como ellos. Captar el cuadro en su totalidad puede convertirse en una experiencia bastante profunda.

En cada uno de los aspectos que discutiremos en este capítulo y el siguiente, comenzaré con una revisión de información, que puedes compartir con tu paciente, para luego proporcionar una lista de sugerencias concretas.

Sobreexcitación

De la sobreexcitación cortical ya se habló en el anterior capítulo, señalando que es un indicador a tener en cuenta cuando se evalúa la sensibilidad. Otra manera de entender este aspecto es a través de la imagen de alguien que tiene demasiado que procesar.

Ideas generales

La estimulación se vuelve sobreexcitante cuando aparece la fatiga. La fatiga surge porque el procesamiento de la estimulación precisa de la excitación y la atención del sistema nervioso. Además, las personas altamente sensibles suelen tener ya cierto punto de fatiga debido a la inhibición de sus respuestas conductuales, algo que hacen en mayor medida que los demás con el fin de procesar los estímulos de forma más concienzuda. Esto requiere de cierto autocontrol, del que sabemos que es un esfuerzo físico con límites físicos, aunque sea de naturaleza psicológica (Muraven, Tice y Baumeister, 1998).

Las múltiples fuentes de estimulación

Los pacientes tienen que ser conscientes de que la sobreestimulación tiene muchos rostros. Esto se puede deber al hecho de tener que tratar con polos extremos: una alta intensidad (p. ej., sonora, lumínica, áspera al tacto) o una muy baja intensidad (p. ej., diferencias sutiles de tono, variaciones sutiles en un patrón). Parte de la estimulación se puede gestionar durante un tiempo, pero se vuelve sobreestimulante si dura demasiado (p. ej., demasiadas marcas de mermelada entre las cuales elegir, alguien que te habla en una estación de tren masificada mientras buscas tu tren e intentas escuchar el anuncio de megafonía sobre la asignación de vías). También puede haber sobreestimulación ante lo novedoso (p. ej., conocer a un extraño, leer algo sobre una nueva idea) o lo repentino (la estridencia de un claxon, una sartén que se cae). Esto se da frecuentemente en cualquier entorno en el que nos podamos hallar a diario, como una tienda de alimentación o un transporte público.

La estimulación social –ser observada, alabado, criticada, amado o molestada, por ejemplo– es una de las estimulaciones más intensas. Somos animales sociales diseñados para captar cada sutileza en las expresiones faciales, en la postura, el tono de voz y los atributos físicos, como la edad o la altura, así como los posibles significados de distintas vocalizaciones. Que te respeten o te quieran dentro de una díada o un colectivo es esencial para la supervivencia, de modo que buena parte de la actividad cerebral de la persona se dedica a interpretar estos estímulos, cosa que en las personas sensibles adquiere un nivel más elevado. Posiblemente, lo peor sea cuando una persona se ve forzada a soportar una estimulación intensa en contra de su voluntad; por ejemplo, como sucede cuando un hermano mayor sujeta por la fuerza a su hermano más pequeño para hacerle cosquillas, o alguien que se niega a satisfacer tu petición de bajar el volumen de su dispositivo de música.

Por otra parte, también tenemos que procesar la estimulación interna del organismo: las señales de hambre, los espasmos musculares, la incomodidad que exige un cambio de posición. Incluso en el caso de comportamientos automáticos, como caminar, todavía tenemos que procesar estímulos, como el de la propia posición en el espacio, por ejemplo. Éste es uno de los motivos por los cuales, cuando perdemos algo, es mejor sentarse, calmarse y pensar, en vez de ponerse a buscar frenéticamente el objeto perdido. Cerrar los ojos reduce otra gran parte de estimulación, al igual que aislarse en una habitación silenciosa. Sin tales medidas, el cerebro no puede dejar de procesar lo que ve u oye.

Hacer apreciar al paciente sensible la diversidad de fuentes de estimulación le ayudará a darse cuenta de cuántos estímulos inciden sobre él durante actividades normales tales como ir a la tienda de alimentación o ver la televisión. Sin embargo, quizás prefieras no resaltar esto con pacientes en exceso retraídos.

El efecto de la sobreexcitación sobre el bienestar
y el rendimiento

Al evaluar en qué medida hay sobreestimulación, convendrá observar también cómo afecta la sobreexcitación a la autoestima del paciente y qué estrategias suele adoptar para afrontarla. Como ya he señalado en el capítulo anterior, la sobreexcitación reduce tanto el bienestar como el rendimiento en cualquier persona. Pero, en el caso de la persona sensible, esto significa fracasar una y otra vez en aquellas situaciones que más trascendencia tienen para ella, por lo que tendrán que afrontar este problema de muchas maneras. Las situaciones sociales, claro está, son muy estimulantes y, si la persona no está familiarizada con ellas, como cuando entablas conversación con un desconocido, la sobreexcitación resultante puede llevarla a perder confianza en sí misma y eficacia.

Conclusión: La sobreexcitación tiene su origen, normalmente, en la sobreestimulación. Los estímulos tienen diversos aspectos que pueden hacerlos más excitantes, estímulos que pueden proceder de todas partes, tanto del interior como del exterior, y pueden ser sociales o exclusivamente sensoriales. La sobreexcitación genera malestar y lleva a un déficit en el rendimiento, y es un factor importante en la salud mental de las personas sensibles.

Un caso ilustrativo

Christina era una atleta olímpica altamente sensible que rompió varios récords del mundo en pequeños encuentros de calificación, pero que, en los grandes eventos deportivos, ni siquiera conseguía pasar de eliminatoria. Tanto sus entrenadores como una psicóloga deportiva intentaban ayudarla, pero los ejercicios de imaginación y las estrategias de autoafirmaciones que le sugerían no hacían otra cosa que empeorar las cosas, porque también en esto fracasaba. Sin una explicación para su problema que fuera más allá de la ansiedad ante el desempeño, centrarse en esto no hacía más que incrementar su nivel de excitación. Así pues, estuvimos hablando de los efectos que tenían los altos niveles de estimulación de estos eventos deportivos y estuvimos valorando cómo podría reducir su exposición a ellos o, incluso, habituarse en parte a ellos mediante, por ejemplo, ir al lugar del evento el día anterior. También estuvimos analizando cómo su sensibilidad la había convertido en una destacada atleta, lo cual le permitió aceptar sin avergonzarse que esa misma sensibilidad se convertía en un obstáculo en los eventos más grandes y excitantes.

Al final, una de las conclusiones a las que llegamos juntas fue que la verdadera función de los juegos olímpicos no era meramente identificar a los mejores atletas, sino más bien identificar a los mejores atletas bajo presión. Estas conversaciones mejoraron sustancialmente su rendimiento, si bien, con el tiempo, ella decidió abandonar su sueño olímpico.

Sugerencias para la gestión de la sobreexcitación

Estas sugerencias se han desarrollado a lo largo de años de escucha y asesoramiento a personas altamente sensibles, de modo que la lista puede parecer un poco larga.

Tranquilízalos

Sobreexcitarse fácilmente es la parte más angustiosa de ser altamente sensible, y angustiarse con ello no hace otra cosa que incrementar la sobreexcitación. Conviene que los pacientes perciban positivamente su sensibilidad, si queremos que den los pasos que conviene dar, en vez de negar esta realidad. Por ejemplo, si una persona sensible ha estado todo el día fuera de casa con sus amistades y el plan para la noche es irse de fiesta y luego detenerse en un club de jazz para escuchar música, la persona tendrá que reconocer por su experiencia pasada que este plan no es para ella. Pero dejar al grupo e irse a casa es difícil por muchos motivos, y se hace más difícil todavía si te avergüenzas de tu sensibilidad.

Así pues, lleva a los pacientes sensibles de vuelta al carácter neutral de su estrategia innata, a hacerles ver que a veces es una ventaja y a veces no. Los animales sensibles prosperan cuando percibir sutilezas es lo más importante. Si hablamos de los ciervos, vivirían más si los depredadores constituyen un peligro especial, aunque su estado de alerta ante cada estímulo minúsculo les supusiera dudar si entrar o no en un lugar seguro y conseguir menos alimento que los ciervos menos cautos. Pero necesitarían reposar tras sus estados de alerta o, de lo contrario, sufrirán de estrés.

Otra metáfora neutral es comparando la sensibilidad con el modo en que se seleccionan las naranjas según su tamaño. Las naranjas ruedan por una cinta transportadora que las distribuye en grupos de pequeñas, medianas y grandes, según sus dimensiones. Las pequeñas caen por la primera abertura, en tanto que las otras se distribuyen más tarde. Pero si hiciera falta afinar la selección y hubiera 15 aberturas, las naranjas se amontonarían en un amasijo terrible, a menos que se ralentizara la cinta transportadora. Pues bien, lo mismo ocurre con un sistema nervioso sensible, que hace un magnífico trabajo con diferencias sutiles, pero que no puede gestionar demasiado volumen a la vez.

No dejes de reafirmar a tu paciente sensible en el valor de su sensibilidad y en la idea de que la sensibilidad viene como un «lote completo». En el museo, ¿no son las personas sensibles las que señalan a los demás los detalles que pasan desapercibidos al resto? ¿Acaso no las alaban por su buen juicio o su intuición? Gran parte de la estimulación se procesa inconscientemente, por lo cual se denomina aprendizaje implícito. En el lenguaje cotidiano, las personas sensibles tienen una buena intuición, cosa con la que las personas sensibles están de acuerdo y que todo el mundo admira. En la sociedad en su conjunto, todo el mundo se beneficia de la conciencia de las sutilezas de las personas altamente sensibles. Por ejemplo, estoy segura de que fueron personas sensibles las que comenzaron a señalar los perjuicios del humo de segunda mano del consumo de tabaco en los lugares públicos.

Evalúa el nivel general actual de autoprotección

Un punto donde comenzar es ayudando a los pacientes a que examinen si están «demasiado adentro» o «demasiado afuera». (Escribí acerca de esto en *El don de la sensibilidad* [Aron, 1996] y en el *Manual de trabajo para la persona altamente sensible* [Aron, 1999],[2] libros que pueden ser

---

2. Libros publicados en castellano por Ediciones Obelisco, Barcelona, en 2006 y 2019 respectivamente.

buenos recursos para los pacientes). Aunque todos los pacientes tendrán que gestionar la sobreestimulación en determinadas situaciones, habrá algunos que quizás se protejan demasiado. Los motivos de este comportamiento pueden ser muy distintos. Quizás hayan experimentado fracasos previos y desean evitarse otro mal trago. Quizás sufrieron abusos y se sintieron víctimas por causa de la sobreexcitación que otras personas generaron, o se distanciaron del mundo por algún otro motivo disfuncional. De ahí que no les tiente la oportunidad de expresarse o de tener un poco de placer o compañía. Cuando abordes las causas de este comportamiento, también puedes hacerle ver al paciente la necesidad de mantener un nivel de estimulación óptimo. No hay por qué evitar la sobreestimulación, pero un déficit de estimulación también puede causar malestar, como ocurre con el aburrimiento, con el hecho de no tener momentos de expansión, con la sensación de que la vida no tiene sentido ni propósito y con la carencia de oportunidades para disfrutar de experiencias positivas. Necesitamos estimulación del mismo modo que necesitamos alimentos y agua, y el aislamiento, si se prolonga, hace cosas extrañas con la gente, motivo por el cual se utiliza como una de las formas más temidas de tortura.

Sin embargo, la mayoría de los pacientes estarán demasiado expuestos a la estimulación, por llevar un estilo de vida adecuado para una persona no sensible, pero no para ellos, de modo que, frecuentemente, intentarán sobrecompensar o eliminar lo que consideran una debilidad: su sensibilidad. Así pues, convendrá que el que está «demasiado afuera» conozca los riesgos de una sobreexcitación crónica. La mayor parte de lo que viene a continuación es aplicable al paciente sobreexpuesto, si bien estas sugerencias también pueden ser útiles para que el paciente aislado o menos expuesto se sienta más seguro cuando comience a salir al mundo.

Fomenta la creatividad en los pacientes ante situaciones sobreestimulantes

En cuanto Christina comprendió la cantidad de estimulación que tenía que soportar en las grandes pruebas olímpicas, pudo evitar determinadas circunstancias o bien alterar el modo de abordar otras que ya controlaba. Por ejemplo, se dio cuenta de que no tenía por qué estar en el estadio y ver lo que hacían las demás competidoras, aunque tampoco se lo prohibía a sí misma llegado el caso. En algunas situaciones, con esto lograba reducir la ansiedad, pero tenía que sopesar las ventajas que podría suponer irse o quedarse. Anima a tus pacientes a que experimenten con esto.

Enséñales a decir «No»

La mayoría de los terapeutas están familiarizados con el entrenamiento en técnicas asertivas (en la medida en que se pueda hacer, dado que existen otras fuerzas en la personalidad). Aquí podrás apreciar hasta qué punto las personas sensibles vienen al mundo con unos límites personales más delgados. Perciben intensamente los sentimientos de los demás, sus necesidades, deseos y decepciones. Pero también temen ser criticadas por no hacer lo que se necesita o se espera de ellas, de ahí la importancia de evitar que la persona sensible se avergüence de los problemas que le plantea comportarse de un modo asertivo. Más bien al contrario, convendrá hacer que se valore y que respete sus propias necesidades para mantener la estimulación dentro de unos límites.

A una paciente mía la invitaron a un retiro que organizaba un colectivo de mujeres. Ella conocía un poco a la persona que la invitó, pero no conocía a nadie más. Siendo una artista popular, sería la invitada de honor en lo que se anunciaba como un fin de semana íntimo, «pleno y satisfactorio», para la celebración del solsticio de verano. Yo sabía que mi paciente es una mujer introvertida y amante de su privacidad, y se hallaba por entonces en medio de un intenso trabajo personal conmigo, de modo que no me sorprendieron nada sus preocupaciones acerca de si debía acudir o no al retiro. Tuve que admitir que aquel fin de semana no sonaba muy bien, pero ella comentó que no podía rehusar la invitación. De modo que nos pusimos a explorar otras opciones, como la de hacer una presentación de su obra durante dos horas y marcharse, pero también exploramos por qué a sus sentimientos en esta situación no les estaba dando la prioridad que merecían.

En primer lugar, le pedí que lo sopesara todo en una balanza. En un platillo estaba cuánto iban a sufrir las mujeres de ese grupo por su ausencia, y en el otro cuánto iba a sufrir ella yendo al retiro. ¿Hacia qué lado se inclinaba la balanza? Pero creo que lo que más le ayudó a decidir fue una historia que le conté, la de un destacado académico colega mío que me había dicho que el secreto de haber tenido tantos logros como había tenido se hallaba en que siempre delegaba cuanto podía en otros colegas. Además, siempre elegía a una persona sobrecargada de trabajo, sabiendo que él o ella no podría decir que no. Al final, mi paciente se dio cuenta de lo injusto que era para su yo sensible el hacer algo simplemente porque alguien se lo había pedido, sin valorarlo consigo misma primero.

Finalmente, mi paciente les dijo que no iba a poder ir.

Yo les digo a mis pacientes que no tienen por qué inventarse excusas, como si su sensibilidad fuera una carga vergonzante para los demás o que hay otro problema, como estar enferma. Los demás pueden aceptar un «Simplemente, no puedo». El grupo de mujeres no se quedó muy feliz con ella, pero parece que esto no hizo otra cosa que incrementar su deseo por tenerla entre ellas, pues recibió muchas más invitaciones posteriormente para hablar ante grupos grandes. Normalmente, ella rechazaba las invitaciones.

Haz que desarrollen métodos para tranquilizarse

Convendrá que los pacientes aprendan a tranquilizarse por sí solos toda vez que anticipen una sobreestimulación, la soporten o tengan que recuperarse de ella. La clave aquí estriba en «lo que siempre funcione». Para algunas personas, la oración o pensar en un ser querido es tranquilizador. También puedes ayudarlas a crear un lugar interior seguro utilizando imaginación dirigida. Los objetos transicionales también son útiles. Cualquier cosa que tranquilice es «transicional». La «tranquilizadora presencia primaria de la madre, a través de la actividad transicional, puede hacer tolerables las realidades más aterradoras, dolorosas y destructivas» (Horton, 1981, p. 153). Cualquier cosa puede convertirse en una actividad o un objeto transicional en este sentido. Pueden ser objetos especiales, pero también mascotas, sumergirse en un trabajo satisfactorio, sitios especiales como el hogar de la infancia, creencias o textos religiosos y, cómo no, comidas tranquilizadoras. Hay pacientes que han tenido una infancia tan vacía que nunca llegaron a tener un objeto transicional, de manera que tendrán que aprender por experiencia que «siempre se puede obtener un alivio eficaz del dolor mediante una actividad transicional» (p. 151).

Sugiéreles que mediten

Yo pongo a la meditación en una categoría aparte de las actividades transicionales, en tanto en cuanto puede tener resultados físicos rápidos y espectaculares (Beauchamp-Turner y Levinson, 1992). Los métodos de meditación varían en sus efectos tanto como los medicamentos. A mí me gusta la meditación trascendental para mitigar la excitación, porque no supone ningún esfuerzo y se centra en cómo te sientes tras la meditación, en vez de en alcanzar estados de conciencia específicos durante ella. Pero, sea cual sea el método, se debe practicar a diario tanto como sea posible para que la respuesta fisiológica de relajación sea automática. Después de 35 años meditando dos veces al día, sé que puedo hacer descender mi nivel de excitación cortical ante cualquier situación sobreestimulante. Por ejemplo, una vez me vi en un vagón de metro atestado de gente que se quedó parado bajo Manhattan, mientras los pasajeros se iban poniendo cada vez más nerviosos. Cerré los ojos y me puse a meditar, de pie. Sentí que me calmaba de inmediato, y me dio la impresión de que el resto de la gente también se tranquilizó.

Habrá pacientes que digan que han intentado meditar y que no pueden, que su mente no paraba, que estaba muy inquieta. El problema estriba en la forma de meditación o en cómo se enseña. Repito: no debería suponer ningún esfuerzo, y debería practicarse por sus resultados, no por alcanzar ningún estado interno especial, de tal manera que no quepa el fracaso ni para la persona que medita ni para la sesión de meditación en particular. Cada día será diferente, dado que tanto el organismo como el cerebro difieren mínimamente en su estado de día en día. Si te hallas bajo presión, esa presión quedará reflejada también. La mente deambulará más de un pensamiento a otro, o se quedará fijada en algún problema externo o alguna idea. Pero esto es como cuando te das un baño; cuanto más necesites el baño, más sucia quedará el agua. La suciedad será un reflejo del éxito, no de fracaso.

Para meditar no es imprescindible un entorno silencioso y carente de estímulos, pero claro está que no es igual en un lugar altamente estimulante. Si te sientas y cierras los ojos, y simplemente intentas meditar, sin duda que te ayudará a reducir la excitación. A mis pacientes les sugiero que utilicen una escala que va de cero, que es excitación nula («no hay pensamientos, pura conciencia») hasta 10, que es una alta excitación. Una buena meditación en casa puede llevarte de 3 a 1. Pero sobre el asfalto de un aeropuerto, en la calurosa cabina de un avión que lleva cinco horas de retraso, lleno de pasajeros furiosos, una meditación puede llevarte de 10 a 7. Sin embargo, esto te puede ser más útil que la meditación en casa, aunque te parezca que no te ha servido de mucho. Incluso cuando estás escuchando las conversaciones a tu alrededor, el intento o la intención de meditar evoca una buena parte de los necesarios cambios fisiológicos.

Insiste en que estén descansados y sanos

Para gestionar un entorno altamente estimulante hace falta energía. Si padeces una enfermedad o te invade el cansancio, tendrás que reducir tu exposición ante la estimulación. Los pacientes tienen que aprender a monitorear sus organismos y a percatarse de sus altibajos. Si pueden elegir, convendrá que sean pacientes y que esperen hasta encontrarse bien antes de enfrentarse a algo complicado. Por ejemplo, que programen las entrevistas para la mañana, mientras están frescos, o que se tomen tiempo para recuperarse del *jet lag* antes de comenzar con las visitas a la ciudad. Si el paciente se siente agotado o enfermo, será mejor que espere hasta que se sienta mejor. Insisto: esto puede exigir de él que aprenda a decir «no», aunque esto suponga crear inconvenientes o decepcionar a alguien.

Ínstales a que se preparen a fondo

Para la defensa de mi tesis doctoral estuve ensayando durante muchas horas, hasta sobrepasar la línea de «mantenlo ahí abajo». Siendo consciente de mi sensibilidad, yo sabía que debía conseguir que mis pensamientos fueran tan automáticos como para poder discutir cualquier cosa relacionada con mi investigación, a pesar de la elevadísima excitación que cabía esperar. También ensayé la defensa con público, pidiéndoles que incrementaran su escepticismo en las preguntas. Sabiendo que iba muy bien preparada, conseguí reducir la excitación generada por el miedo.

Quizás igualmente importante, intenté anticipar mis peores miedos. ¿Qué pasaría si me hicieran una crítica que no se me hubiera ocurrido antes y que fuera una crítica acertada? Asumí que, con los datos en la mano, no habría nada que pudiera arruinar por completo mis argumentos, y que, con todo, podría decir, «El suyo es un excelente argumento.

Tendré que pensar en ello antes de darle una respuesta». Reflexionar sobre posibles ocurrencias negativas probablemente no signifique mucho para un paciente no sensible, pero una persona altamente sensible no va a dejar de darle vueltas a estas posibilidades. Es mejor hacer explícito lo peor que puede ocurrir, aunque termine convirtiéndose en una comedia negra. Todavía recuerdo la respuesta que se me ocurrió ante la pregunta de «¿Qué pasaría si alguien dice que mi tesis es tan mala que le dan ganas de vomitar… y vomita?».

Finalmente, contrarresté el perfeccionismo inherente a la estrategia de la persona sensible de «hazlo de una vez y hazlo bien» con la expectativa de que salieran mal, al menos, dos cosas que no me hubiera preparado, y así sucedió. Y, cuando sucedió, me limité a pensar, «Ahí está la primera», y más tarde, «Ahí está la segunda». Si hubiera habido una tercera, me habría encogido de hombros también. Al final, inclusive disfruté, a pesar de tratarse de una situación sobreestimulante.

Haz que el éxito tenga un alto grado de probabilidad

En el capítulo 1 hablé de mi amigo Jim, que intentaba que su hija Lily tuviera éxito en todo aquello que él la instaba a intentar, Ése es el espíritu con el que deberían funcionar los pacientes sensibles, aunque los demás no les ayuden de este modo. El entrenador de Christina, que estaba muy orgulloso de ella, cometió el error de sugerirle que participara en competiciones en las que no estaba claro que Christina fuera a tener éxito. Él contaba con lo que más le gustaba de ella: que no dejaba de luchar e intentarlo. Pero un fracaso le arrebató a Christina buena parte de su confianza en sí misma y, en cuanto la ansiedad hizo presa en ella, aquel sentimiento no la abandonó en las siguientes competiciones.

Sugiéreles que se centren en lo que les resulte familiar

Una cualidad de la estimulación que puede reducirse es la novedad. Cuanto mayor sea la exposición previa a una situación novedosa, menos estimulación generará cuando llegue el momento de la verdad. En la defensa de mi tesis, yo me recordaba a mí misma que lo había hecho ya muchas veces antes y que había respondido a muchas preguntas sobre mi investigación en las conversaciones. Pero lo que quizás me ayudó más fue que hice un ensayo general en la sala donde, al día siguiente, tenía que hacer la defensa, e incluso pude hacerla a la misma hora del día, para que hasta la luz en la sala me resultara familiar. Además, conviene ayudar a los pacientes a que se centren en los comportamientos con los que están ya familiarizados o en las personas familiares que estarán presentes.

Ínstales a ir a su propio ritmo

Otro aspecto de la estimulación que se puede controlar es el de la duración de la situación estimulante. Casi cualquier situación se puede manejar si una va haciendo pausas *antes* de llegar a la *sobreexcitación*. Las pausas pueden ir desde, simplemente, cerrar los ojos unos instantes y respirar profundamente con una inspiración abdominal hasta unas vacaciones o un año sabático. La pausa ideal durante una tarea larga sería de un mínimo de 20 minutos.

Anímales a que se tomen respiros en la naturaleza

Las personas altamente sensibles responden especialmente bien a los entornos naturales. Si tu paciente es sensible, anímale a que busque respiros de este modo. Recuérdale que un «respiro en la naturaleza» es mejor que estar en la sala de café. Quizás sólo puedan salir fuera y mirar al cielo, o contemplar con afecto a un árbol. Los animales también son naturaleza, y se sabe que nos ayudan a reducir la excitación. Quizás tus pacientes puedan llevarse un pez de colores a la oficina, para verlo brillar con la luz mientras deambula ingrávido por la pecera, que tal vez puedan tenerla en su escritorio, con unas pocas algas verdes de acompañamiento, nada de plástico. Si hacen ejercicio, deberían hacerlo al aire libre en vez de con aparatos en interiores. Y, si lo que busca es recuperarse de la sobreestimulación, lo mejor será realizar algún ejercicio rítmico que, evidentemente, no sea competitivo.

Resalta el apoyo social

La mayoría de los mamíferos mantienen la calma en situaciones potencialmente abrumadoras merced a la mera presencia y el apoyo de otro miembro de su familia o colectivo. Llevar a una amiga o amigo a una situación altamente estimulante siempre ayuda, al igual que pensar en alguien a quien se ama, se haga lo que se haga. Con mucha frecuencia, los pacientes no se aprovechan del apoyo social, pensando que tienen que ir solos o, simplemente, para que otras personas no les vean forcejear con sus dificultades, y lo cierto es que, en algunos casos, la falta de apoyo social es el problema en sí. Otros pacientes sensibles podrían disponer de apoyo si utilizaran su sensibilidad para percatarse de que existen personas dispuestas a ayudar. Recuérdales que la amistad se fortalece cuando se da y se recibe ayuda de verdad; que las amistades no sólo se cultivan organizando una comida de vez en cuando.

Elimina toda estimulación superflua

En ocasiones es posible eliminar la estimulación superflua, por ejemplo, cerrando los ojos y escuchando sólo a la persona hablar; pidiendo que apaguen la radio durante una intervención médica; cortando amablemente una conversación en el automóvil cuando el tráfico se intensifica; o relajando secciones del cuerpo que no necesitan estar tensas.

Planifica tiempos de descanso y de recuperación

Al regresar de un viaje, la persona sensible necesita de un día para recuperarse, o más si tiene *jet lag*. Cuando se termina un proyecto, la persona podría ocuparse en trabajos sencillos durante unos días, añadiendo descanso extra en casa. Unas vacaciones para recuperarse del estrés no deberían incluir levantarse temprano para darse una vuelta en bicicleta dentro del cráter de un volcán, ni levantarse temprano para ninguna otra cosa. Los pacientes sensibles que son también buscadores de sensaciones fuertes son los que más deberían prestar atención a estas sugerencias.

Diálogo de ejemplo

A veces, después de hacer todo tipo de buenas sugerencias, mantengo un diálogo parecido a éste:

Paciente: Quiero aprender a lidiar con eso de ser una persona altamente sensible.

Terapeuta: Mmm. Creo que ya lo estamos haciendo. ¿Puede ser que todas estas sugerencias que le estoy haciendo no basten para satisfacer sus necesidades, sus necesidades reales?

Paciente: Posiblemente. Todavía no sé cómo gestionar mi sensibilidad.

Terapeuta: Al cabo de un tiempo, creo que, con su buena intuición y con unos conocimientos básicos de lo que tiene que hacer y lo que tiene que evitar, desarrollará sus propias soluciones creativas.

Paciente: ¡Lo único que quiero es que me diga como enfrentarme a esto!

Terapeuta: Quizás tengamos una idea diferente de lo que significa «enfrentarse a esto».

Paciente: Bueno, me refiero a que no me afecte tanto.

Terapeuta: ¿A superarlo?

Paciente: ¡Sí! Sé que, según usted, ser sensible tiene sus ventajas y todo eso, pero me gustaría tener las ventajas sin todas esos inconvenientes.

Terapeuta: ¿Algo así como, «Sería bonito vivir en el campo, si no fuera porque está lejos de la ciudad»?

Paciente: Piensa que no estoy siendo razonable. Pero esto lo afecta todo. Tengo que prepararme demasiado. Tengo que pensar de antemano demasiadas cosas. Tendría que meditar, tomarme más tiempo para recuperarme. Otras personas no tienen que hacer todo eso. Quiero ser, digámoslo claro, «normal».

Terapeuta: Me da la impresión de que hay algo que lamentar aquí. Tomar conciencia de las ventajas de ser sensible no impide percatarse de que ciertas cosas nunca serán fáciles para usted.

Paciente: Exacto. Supongo que es algo triste.

Terapeuta: Lo es. Pero usted sabe que, aunque se mude de una choza de mala muerte a un hermoso palacio, va a echar de menos la choza. La choza se habrá ido para siempre de su vida; podría echarla mucho de menos.

Paciente: Echo de menos la versión insensible de mí que creía ser, pero no era.

Terapeuta: Estoy recordando una cita al respecto: «Todo cambio es una pérdida. Toda pérdida debe ser lamentada».

Reacciones emocionales más intensas

Casi toda psicoterapia se ocupa de la gestión de las emociones: ayudar a los pacientes a saber lo que están sintiendo realmente, utilizar los sentimientos para desarrollar la alianza terapéutica, educar en las emociones, etc. El centro aquí se halla en los métodos que funcionan especialmente bien con las personas altamente sensibles.

Comentarios generales

Estos pacientes tienen que darse cuenta de que llegan a la vida con respuestas emocionales más intensas, para mejor y para peor. (En la infancia, se les suele calificar como de «negativos» debido a sus fuertes reacciones ante los estímulos desagradables). Y seguirán siendo muy emocionales. Comparados con los demás ante la misma situación, estarán, por ejemplo, más tristes, más felices, más irritados, más temerosos, más curiosos o más avergonzados, y querrán más que los demás tener una relación más estrecha. Sus intensas emociones no siempre necesitarán ser expresadas, pero conviene que sean conscientes de ellas en vez de temerlas.

Si percibes emociones ocultas, o emociones que deberían estar ahí dada la situación, intenta aliarte con aquello que, dentro del paciente, está sintiendo esas emociones ocultas, pues esto le permitirá saber mejor lo que ocurre en su interior.

No vas a poder convertir un caballo de carreras en una tortuga ni una persona sensible en un ser humano perfectamente regulado en términos emocionales. Lo que sí puedes hacer es ayudarla a vivir con ese aspecto de su rasgo y a inclinar la balanza para que disfrute más que antes de las ventajas que le ofrecen sus intensas emociones positivas. Estas emociones también aparecerán, aunque la persona haya llegado a ti sintiendo una tremenda tristeza, miedo, vergüenza o decepción con alguien. Recuérdale que los buenos sentimientos, intensos, también forman parte de su repertorio emocional.

La sensación predominante que tengo con los pacientes sensibles es que se han pasado la vida forcejeando con sus intensas emociones. A veces, esas emociones intensas ganan, en el sentido en que la persona se ve sacudida en todas direcciones por su propio afecto, y a veces es la persona la que obtiene una dudosa victoria. Sin embargo, la regulación afectiva no significa una victoria sobre la emoción. Significa que, en una situación dada, una tiene la emoción correcta y la expresa en el grado adecuado. Requiere una paz negociada, seguida por una alianza firme. Reprimir o disociar emociones hasta el punto de no tener idea de lo que está sucediendo dentro no es una victoria, pues los pacientes altamente sensibles necesitan convertirse en expertos emocionales. Su sensibilidad puede detectar lo que están sintiendo, lo mismo que lo que están sintiendo los demás. Pueden convertirse fácilmente en expertos, si se lo marcan como objetivo.

Conclusión: Las personas sensibles tienen emociones más intensas, tanto positivas como negativas. Y, aunque hayan desarrollado sus propias formas de gestionarlas, convendrá ayudarlas a convertirse en expertas en ellas.

Sugerencias para enseñar a gestionar las emociones intensas

La mayoría de las sugerencias que se ofrecen abajo son para que enseñes a tus pacientes a convertirse en expertos emocionales. Mientras trabajas con sus emociones, enséñales a trabajar con ellas. Convendrá retroceder cuando percibas la sobreexcitación, pero insta a tus pacientes a que te digan cuándo sucede esto para que ellos reconozcan también las señales. Y, una vez que las emociones se asienten, en lugar de ofrecer una interpretación de lo que ha sucedido, buscad juntos la causa de esa sensación concreta que abrumó a tu paciente. De este modo, tus pacientes aprenderán a hacerlo por sí solos.

Haz un inventario de sus emociones

Cuando hayas conseguido una buena alianza con tus pacientes y éstos estén, al menos, tan interesados en sus afectos como asustados por ellos, trabaja con tus pacientes las emociones básicas: miedo, ansiedad, preocupación; irritación, ira, decepción; tristeza, pesar, depresión: curiosidad, interés; alegría, contento, satisfacción. Trabajad por separado las emociones sociales: atracción, soledad, orgullo, culpabilidad y vergüenza.

Haz que identifiquen cuáles de ellas sienten con más frecuencia y cuáles no sienten nunca. Puedes añadir tus propias observaciones de las sesiones. Presta especial atención a la vergüenza, el sentimiento que hace que la persona sienta que su yo más íntimo es indigno, dado que esta emoción es tan temida que normalmente se oculta tras numerosas defensas: culpabilización, proyección, minimización, negación, superación obsesiva, evitación social y, claro está, narcisismo. Explora por qué favorecen algunas emociones y si en alguna ocasión las sustituyen por otras, pues, normalmente, estos hábitos emocionales los aprendieron en el hogar familiar durante la infancia. Por otra parte, hay que estimular las emociones prohibidas, cosa que podéis hacer juntos.

Recuérdales las ventajas

Ínstales a recordar los increíbles sentimientos positivos que han experimentado y que muchísimas personas no llegan a sentir las cosas de un modo tan profundo como ellos las sienten. En las entrevistas que he mantenido durante mis investigaciones, descubrí que esos sentimientos intensos eran lo que muchas personas sensibles más valoraban. Un hombre me contó que el primer recuerdo que tenía de su vida era el de estar echado en tierra contemplando unas enredaderas meciéndose con la brisa, una vivencia de la más pura la belleza. También me dijo que recordaba la primera vez que había escuchado ópera, a la edad de cinco años. Se sintió «transportado hasta la dicha», cosa que todavía siente cuando escucha ópera. De hecho, este hombre se desplaza en avión por todo el país para escuchar las óperas de Wagner, y describió con todo lujo de detalles las emociones que sintió el día previo a nuestra entrevista, mientras contemplaba el ocaso reflejándose en las ventanas de un rascacielos. Todavía puedo «ver» el atardecer que ese hombre me describió.

Me contó todo esto con el fin de explicarme por qué creía que su sensibilidad constituía para él un grandísimo don. Y esto lo sostenía a pesar del dolor que había sufrido siendo un niño sensible, alérgico al heno, nada menos, tras ser adoptado por una familia severa que regentaba una granja. Se metían con él y le avergonzaban por el mero hecho de servir sólo para los «trabajos de las mujeres». Eran una familia y un hogar que, él lo sabía perfectamente, tendría que abandonar tan pronto como pudiera, y así lo hizo. Decía que había sido, básicamente, un «sin-techo», un hombre sin hogar, durante mucho tiempo después de aquello, hasta que encontró a otras personas sensibles con las cuales convivir, personas a las que amaba profundamente.

Otra ventaja de estas reacciones emocionales innatas de marcada intensidad es que llevan a los pacientes a ejercer una especie de «liderazgo emocional». Después de ver la respuesta de una persona sensible, el resto de las personas suelen tomar conciencia de lo que están sintiendo o lo que deberían estar sintiendo. A todos nos ha venido bien, en un momento u otro, que alguien fuera la primera persona en dejarse llevar por la emoción en un entierro o la primera en sentirse conmocionada en el momento de ayudar a una víctima, de tal manera que nos facilita acercarnos a ayudar.

Discute con tu paciente las emociones anticipatorias

Debido al hecho de que estas personas intentan anticipar el resultado más probable de cualquier situación, estos pacientes suelen reaccionar y sentir de antemano las pérdidas, la separación, las alegrías o los sucesos desagradables, como una intervención médica o dental, e incluso los logros. Los no sensibles puede que vean esto como un desperdicio de energía por el hecho de no «vivir el presente», pero esto encaja a la perfección con esa estrategia básica de reflexionar antes de actuar y de anticipar lo que va a suceder.

Si un paciente se siente decepcionado y no sabe por qué, le pregunto por lo que puede estar anticipando en un futuro cercano: «¿Podría tener algo que ver con las próximas vacaciones?», o bien, «Me pregunto si tu ansiedad no tendrá que ver con la mudanza que estás planeando».

Una paciente mía iba a recibir en su casa durante cierto tiempo a una sobrina suya de nueve años. A principios de año, esta paciente, que no había tenido hijos, comenzó a sentir emociones anticipatorias de ansiedad (de todo tipo, desde qué darle de comer a su sobrina hasta la preocupación ante la idea de que la niña la rechazara), alegría, curiosidad, enojo por las cosas que ella imaginaba que su sobrina podría hacer (como romper un jarrón que ella tenía en gran estima), y la desesperanzada tristeza y soledad que podría sentir cuando volviera a verse sola, después de tres meses teniendo a alguien en casa. Pero lo que nos sorprendió a ambas fue que, para cuando llegó su sobrina, la paciente se sintió en perfecta calma, pues había trabajado todos sus miedos de antemano.

Tú abordarás a tu manera las emociones aparentemente prematuras de tu paciente, pero no las califiques como de irracionales. Más bien, indícale que esas emociones están relacionadas con su rasgo. Por cierto, lo que yo hago para enfrentarme a este tipo de preocupaciones es decirme a mí misma que no me voy a preocupar de nada hasta que las cosas sucedan; o bien, si sé cuándo van a suceder, me digo que empezaré a preocuparme en tal hora o tal día, no mucho antes del temido acontecimiento.

Enséñales a gestionar los cambios

Las personas sensibles más jóvenes buscarán un empleo en otra ciudad, tal como hacen sus pares, para luego sorprenderse de lo difícil que les resulta la transición. El nuevo empleo, por sí solo, les va a generarles intensos sentimientos, al tener que conocer a personas nuevas, aprender de qué va todo en la oficina y adaptar sus habilidades a la nueva situación. Por otra parte, sentirán una gran ansiedad al exigirse hacerlo todo bien. Además, se estarán adaptando a una nueva comunidad, a un espacio vital y un entorno natural nuevos, normalmente con menos apoyo social del que tenían en el lugar donde vivían antes y echando de menos en mayor medida de lo que esperaban todo lo que dejaron atrás. Como ya señalé en el diálogo de arriba, todo cambio supone una pérdida, y toda pérdida lleva a un afecto negativo, algo que es aún más cierto en las personas sensibles. Una persona sensible ha de tener tiempo para procesar esta pérdida, al igual que los beneficios que traerá consigo, o sería de esperar que traiga, la nueva situación. Con frecuencia, hasta las personas más hábiles emocionalmente se sorprenderán por lo mucho que les va a costar asentarse emocionalmente tras una mudanza.

Mantente alerta ante aquellos pacientes que están planeando acontecimientos importantes, tanto si es un evento feliz, como puede ser una boda, como si es triste, como sería regresar a casa para gestionar las propiedades y las finanzas de un progenitor recién fallecido. Ayúdales a tomar conciencia de que sus emociones van a ser muy intensas, e ínstales a que se preparen para ello. Una boda de pequeñas dimensiones puede ser mucho mejor en su caso, y ver qué se hace con los efectos personales de un progenitor es algo que se puede hacer por fases, poco a poco, con el apoyo de otras personas, si es posible. También convendrá que anticipen cuál podría ser el comportamiento de otros miembros de la familia bajo en una situación de estrés emocional debido a la pérdida, o por la excitación de una boda.

A la hora de adaptarse a una situación novedosa, deberían mantener vivos en la memoria a los viejos familiares y conocidos, en lugar de desterrarlos de ella por miedo a verse abrumados por el dolor. Ayúdales a entender que se puede sobrevivir al abatimiento, por intenso que sea su pesar. Las personas sensibles se benefician en gran medida de regresar a su vieja comunidad, de volver a casa con frecuencia desde la universidad, de ir a su antiguo hogar o de quedar con una amistad «perdida» tras una mudanza. En la mente emocional se refuerza así que los sitios amados siguen estando ahí y que mantener el contacto es posible, al tiempo que el cambio, y por tanto la pérdida, se viven como reales.

Habla con tu paciente acerca del apoyo social

Los mamíferos viven normalmente en grupos de, al menos, dos individuos, y se ayudan mutuamente para regularse afectivamente (Lewis, Amini y Lannon, 2000). Aunque el hecho de que haya otras personas alrededor puede ser altamente estimulante para las personas sensibles, también constituye una forma innata de tranquilizarse. Intenta averiguar si estos pacientes no están recurriendo debidamente al apoyo social al que podrían tener acceso o si están alejando a los demás sobrecargándolos en exceso. Si no se aprovechan del apoyo social disponible, pregúntales por qué. Quizás no deseen molestar a los demás. En este caso, quizás convenga situarles en la posición de un amigo o amiga para que se percaten de que ellos mismos estarían encantados de ayudar, de modo que por qué no va a suceder lo mismo con él o ella.

Aquellas personas que, con razón o sin ella, se hayan convertido en una carga para sus amistades tendrán que verificar de antemano con los demás si pueden expresar sus sentimientos, buscar apoyo social de varias personas, en lugar de depender de una sola, y poder disponer de amistades altamente sensibles que no e vayan a decir que está exagerando en sus reacciones.

Para muchos pacientes, la carencia de relaciones o de vinculación con otros seres humanos hace imposible esta forma de regulación de los afectos, y constituye en gran medida su problema, ya que carecen de relaciones debido a su deficiente regulación afectiva; es decir, un círculo vicioso. En ese caso, quizás seas tú, su terapeuta, el único apoyo social-emocional del que disponen, un apoyo sumamente importante. Y dado que las personas sensibles captan señales muy sutiles acerca de lo que sienten los demás, considera qué emociones deseas que la persona perciba en ti durante sus crisis emocionales. Piensa si le ayudará ver que mantienes la calma o la seguridad, si le podrás ayudar a que aprenda a estar en una relación en tales momentos, qué esperar del otro, cómo pedir lo que necesita y cómo aceptar lo que recibe.

Habla con tus pacientes sensibles acerca de sus patrones emocionales

Los patrones emocionales, conocidos también como complejos, son una serie de recuerdos, emociones, suposiciones y defensas (o formas de supervivencia) que están asociados en la mente del paciente con una experiencia abrumadora o con experiencias reiteradas, sobre todo si son traumáticas. Estos patrones están disociados y son autónomos, y tienen su propia función: proteger a la persona de una experiencia reiterada. Cobran vida cuando cualquier acontecimiento similar a la situación original los desencadena. La mayoría de las personas tenemos este tipo de patrones hasta cierto punto, patrones que pueden estar vinculados, por ejemplo, a los celos y las expectativas de traición; al dinero y el temor a no tener suficiente o a lo que significa tener mucho dinero; o bien vinculados a la comida, que puede ser alimentarse de forma poco sana, o considerar el colmo del placer que te den de comer en un entorno encantador. Quizás la «madre de todos ellos» sea el complejo de la madre negativa, el miedo a la separación y la pérdida, debido a que la persona a la que más necesitas se muestra indiferente ante ti, o bien le preocupas o le desagradas, lo cual da lugar a un estado de desesperanza, de no sentirse digno. Este estado suele mantenerse oculto, pero media en muchas de las experiencias de la persona y se desencadena fácilmente. Algunas señales que pueden indicar que se ha desencadenado un complejo son que la persona no se sienta presente como individuo, sino como si formara parte de un guion escrito por alguien («Sé que no te caigo bien»), que los argumentos parecen inútiles («Lo dices por decir. No puedes estar hablando en serio») y que las emociones son intensas (se habla a gritos o de manera muy suave, y el discurso está salpicado con los términos «siempre» y «nunca»).

Las personas sensibles suelen tener complejos más complicados, y se disparan con más facilidad debido al hecho de que sus reacciones ante los acontecimientos son más intensas. Lo bueno de todo esto es que captan rápidamente la idea en general y sus patrones emocionales en particular. Cuando los pacientes sensibles se ven abrumados una y otra vez por determinados sentimientos, como el temor a participar en un evento social sin compañía o encontrar insoportable que su terapeuta se vaya de vacaciones, convendrá discernir cuál puede ser el patrón subyacente y la chispa que lo desencadena. También convendrá ayudarles a desarrollar una reacción distinta, haciéndoles saber que nadie está nunca completamente libre de complejos y que lo que se busca es no perder tanto tiempo y energías con ellos.

Para no perder el tiempo con un patrón, el paciente sensible tendrá que adentrarse en él una y otra vez, regresando al trauma o problema que se halla en su núcleo a fin de que desarrolle contigo una experiencia menos negativa en torno a ese complejo. Te sugiero que hagas esto a partir de tus propios sentimientos hacia él o ella, expresándote con tus propias palabras y desde tu experiencia, con toda tu comprensión, aceptación, empatía y compasión. Y, lo más importante, reproduce el acontecimiento como debería hacer sucedido en su origen, sin aquel castigo tan duro, sin la tradición, la negligencia o lo que sea que sucediera. Puedes decir lo que habrías dicho tú si hubieras estado allí.

Estos pacientes necesitan reescribir sus patrones emocionales con más frecuencia que otros pacientes debido a que su intensa reacción ante la situación original ha hecho que el patrón haya arraigado a más profundidad. Al mismo tiempo, aquella reacción generó también unas defensas excepcionalmente fuertes que impiden volver a experimentar el trauma o problema original. De ahí que estas revisiones del pasado y las nuevas perspectivas en el presente no perduren durante mucho tiempo, por lo que será importante que no pierdas la esperanza en el proceso. A cambio, una ventaja en estos casos es que, con frecuencia, estos pacientes ven rápidamente lo que está ocurriendo y pueden ver con claridad lo que ha desencadenado el patrón. Se percatan de que, cuando ven la vida desde la perspectiva del patrón, no parece que haya otra manera de ver las cosas, cuando en otros momentos no se hallan en modo alguno bajo esa perspectiva. Darse cuenta de esto les permite contener mejor el patrón.

Al final, cuando las personas emergen de su complejo, preferirían normalmente olvidarse de él, como si nunca hubiera sucedido, pues se sienten tremendamente avergonzados de lo que han dicho o hecho. Pero es entonces cuando hay que hablar de lo sucedido, si bien con mucha delicadeza, sobre todo con los pacientes sensibles.

Diálogo de ejemplo

Lo que viene a continuación es un ejemplo de diálogo que podría darse cuando un paciente está forcejeando con un complejo.

Paciente [se pone a llorar sin motivo aparente]: Supongo que estoy deprimido y no me había dado cuenta de ello. Creo que nada vale la pena.

Terapeuta: Se te ve desesperanzado [Pausa]. ¿Tienes alguna idea de qué podría ir la cosa?

Paciente: No. Ni idea.

Terapeuta: ¿Puedes recordar el momento en que todo cambió y comenzaste a sentirte así?

Paciente: No. Bueno… recuerdo que pensé en la semana que viene, lo sombría que se me va a hacer al no poder venir aquí.

Terapeuta: ¿No poder venir aquí porque yo estaré de vacaciones?

Paciente: Sí.

Terapeuta: Da la impresión de que me vas a echar de menos.

Paciente: Supongo que sí. Más de lo que yo pensaba.

Terapeuta: Cuando has intimado tanto con alguien como hemos intimado tú y yo aquí —creo que estarás de acuerdo en que, probablemente, yo sé más de ti en estos momentos que nadie más en tu vida— sería de esperar que me echaras de menos.

Paciente: Pero, ¿me echarás tú de menos a mí?

Terapeuta: Ésa es la pregunta clave para ti, ¿no es cierto? [En este punto, los pacientes sensibles se sienten especialmente avergonzados por su complejo de abandono, y entonces lo niegan].

Paciente: No espero que me eches de menos. Tú tienes otros muchos pacientes. Estás deseando irte de vacaciones, alejarte de ellos, de mí. Es perfectamente comprensible.

Terapeuta: Pero la pregunta de si te echaré de menos sería de esperar, sin duda, si tenemos en cuenta tu infancia. Y tú ya conocías la respuesta, porque sabías lo que hizo tu madre cuando volviste a casa del campamento aquella vez. Tú estabas anhelando verla, y ella estaba lamentando que estuvieras de vuelta porque no había conseguido hacer todo el trabajo que esperaba hacer mientras tú estabas de campamento.

Paciente: No quiero deprimirme porque mi terapeuta no me eche de menos… no quisiera que pensaras que no deseo que te lo pases bien ni nada por el estilo.

Terapeuta: Tú te sentiste muy afectado por las ausencias de tu madre y por el hecho de que no quisiera verte por allí. Esto habría causado estragos en las emociones de cualquier persona; pero, además, siendo una persona sensible, para ti fue peor. Y ahora, además, te sientes avergonzado, por lo que veo. Te da vergüenza verte como alguien cuyas necesidades le llevan a exigir algo a su terapeuta, cosa que temes que me lleve a no echarte de menos en absoluto. Es muy duro. ¿Es que no puedes darte un respiro? Que no te echen de menos, que ni siquiera te quieran, es una forma bastante desagradable de vivir la separación. Tienes la sensación de no ser suficientemente interesante, y mucho menos querido, incluso por tu propia madre, por impedirle hacer su todopoderoso trabajo.

Paciente: Es otra vez ese complejo, ¿no? El de la madre que no me quería.

Terapeuta: Ese complejo puede acabar con toda expectativa de conexión humana. Y, sin eso, la vida puede adoptar un lúgubre aspecto, no sólo para las dos próximas semanas, sino para el resto de tu vida.

Paciente: Sí. Eso es.

Terapeuta: Casi no nos queda tiempo, pero espero seguir con esto cuando esté de regreso. Y, por cierto, te echaré de menos. Cuando estoy trabajando, espero con ansias mis vacaciones; pero, cuando estoy de vacaciones, echo de menos mi trabajo, y tú eres una parte importante de él. Cuando piense en volver y en retomar este trabajo, del cual disfruto, sé que pensaré específicamente en volver a nuestro trabajo juntos.

En este ejemplo, el terapeuta vinculó el complejo a su causa, proporcionó una nueva experiencia al paciente de sentirse abandonado por alguien a quien necesitaba, abordó el papel de la sensibilidad y la vergüenza, y, al final, abordó con franqueza la pregunta de «¿Me echarás de menos?». Esto llevó al acto final de hacer ver al paciente que su pregunta era razonable y pertinente, si tenemos en cuenta los antecedentes, una pregunta fácil de responder para el terapeuta. El complejo se volvió a vivenciar y se alteró, aunque fuera ligeramente.

Establece distinciones sutiles, pero importantes

Los pacientes sensibles pueden confundir fácilmente la sobreexcitación debida a la ansiedad o la timidez con su precaución natural debida al temor. Aquello que se experimente vendrá determinado por cómo se interpreten las pistas del entorno. Por ejemplo, en el estudio de Brodt y Zimbardo (1981) se descubrió que, cuando a unas mujeres, que se tenían por tímidas, se les pedía que conversaran con un hombre atractivo, cómplice de los investigadores, en una sala donde había mucho ruido, no sentían timidez en modo alguno si se les decía que el incremento del latido cardíaco y la sudoración de manos que sentían se debía al ruido excesivo, Sin embargo, las mujeres a las que no se les dio una explicación alternativa para sus sensaciones corporales de nerviosismo se condujeron con una timidez evidente.

Conviene que los pacientes sepan que la sobreexcitación es una explicación probable de sus sentimientos, y que tomarse una pausa ante la estimulación les puede permitir reevaluar lo que podría parecerles una situación amenazadora. Por ejemplo, una chef sensible, que trabajaba en un restaurante muy ruidoso, vino a verme pensando que sufría de una ansiedad creciente en su trabajo, cuando no era otra cosa que sobreestimulación. Con el tiempo, encontró una cocina más tranquila y no tuvo que abandonar el trabajo que tanto le gustaba porque pensaba que la estaba volviendo ansiosa.

Una *actitud* cauta es parte de la estrategia vital innata de la persona sensible, pero no se puede decir lo mismo de la ansiedad crónica ni de unos temores excesivos. Los temores se aprenden (excepto unos pocos temores muy concretos que pueden ser innatos, como el miedo a las alturas, a las serpientes o a la sangre). Estos temores excesivos surgen en situaciones específicas similares a aquélla que atemorizó a la persona en el pasado. Sin embargo, la precaución precede al momento en que se aprende que una situación es peligrosa. Por ejemplo, una paciente sensible temía aceptar un empleo en una ciudad donde nunca había vivido. Ella tomó esto como otra situación más en la que sus miedos la habían hecho perder una oportunidad, pero yo le señalé que aquello parecía más bien una precaución perfectamente natural y saludable, en tanto no dispusiera de más información acerca de la ciudad, pues no sabía si le gustaría, cuál sería allí el coste de la vida, etc. Esta interpretación cambio su punto de vista acerca de sí misma y dejó de verse como una persona con muchos miedos para verse como una persona que tomaba buenas decisiones.

Recurre a los sueños para monitorear las emociones

Las personas sensibles tienen sueños inusualmente vívidos, así como pesadillas perturbadoras, que pueden no compartir a menos que se les pregunte. Aunque no recurras a los sueños con otros objetivos terapéuticos, la medida y el tipo de la emoción que se siente en un sueño equivale *grosso modo* a lo que un paciente sensible supercontrolado necesitaría expresar. Prestar atención a los sueños intensos con este propósito, tanto si se tienen en consideración sus significados simbólicos como si no, puede ser útil para cualquier enfoque psicoterapéutico.

Ayúdales a que expresen la ira de un modo apropiado

Los pacientes sensibles suelen ocultar su cólera con el fin de no perturbar a los demás y para evitar respuestas potencialmente peligrosas. Estas personas suelen justificarse diciendo que la ira no es nunca una respuesta adecuada y, en cierto modo, tienen razón. Pero la ira es también una forma de subir el volumen cuando los demás no captan lo que está intentando transmitir una persona sensible. Además, la ausencia absoluta de ira se puede interpretar como mansedumbre o debilidad.

Sin embargo, en mis investigaciones, en las declaraciones personales de personas sensibles y no sensibles hablando de su propensión a la ira, no he encontrado diferencia alguna entre ambos grupos. De hecho, las personas altamente sensibles con un temperamento innato fuerte parecen sentirse mejor en la medida en que están dispuestas a levantar la voz cuando algo se pasa de la raya según ellas. De ahí que, en estos casos, sea conveniente enseñarles a expresar la ira de un modo adecuado, al menos como herramienta a la que recurrir cuando necesiten pronunciarse.

La consulta terapéutica suele ser un buen sitio para practicar la expresión de la ira. Fíjate en los errores que puedas haber cometido tú como terapeuta y señálale al paciente que está en su derecho de sentir ira, y que puede expresarla siempre y cuando no dañe la relación. Hay que dar la bienvenida hasta a la más mínima queja, o a cualquier insinuación que suponga que tu paciente ve las cosas de un modo distinto al tuyo. (Cuando se comete un error en terapia, se nos da la oportunidad de hacer modelado, mostrando de qué modo podemos reconocer un error sin avergonzarnos).

Diálogo de ejemplo

Cuando Julia, de 20 años, vino a verme, rara vez expresaba su cólera. Julia era «todo dulzura y luz», y creía que siempre es posible decir las cosas amablemente. Pero lo cierto es que albergaba una furia tremenda contra su padre y su madrastra, y esa ira se filtraba y la dirigía contra otras personas en diversas situaciones. Normalmente, esa cólera la expresaba de forma pasivo-agresiva, con lo cual perjudicaba enormemente sus relaciones amistosas y laborales.

Finalmente, un día admitió que se había enfadado conmigo por algo. Fue al final de una sesión. Ella había llegado con la intención de hablar de un grave problema económico que estaba padeciendo, y pensaba que yo había hecho demasiadas sugerencias, cuando ella lo único que quería era un espacio para reflexionar por sí sola sobre el problema.

Julia: La sesión casi ha terminado y sigo sintiéndome bastante mal.

Yo: Veo que la sesión de hoy no te ha ayudado. ¿Quizás necesitabas alguna otra cosa?

Julia: No, ha estado bien.

Yo: Pero sólo bien. ¿Cómo habría estado mejor la sesión?

Julia: No quiero ser crítica.

Yo: Pero yo quiero serte útil, lo más útil posible, de modo que necesito retroalimentación. ¿Qué hubo que no ha funcionado?

Julia: Creo… No creo que necesitara tantas sugerencias.

Yo: Supongo que las sugerencias te las podrían haber dado tus amistades, ¿no?

Julia: ¡Claro! No hay mucho que decir ahí.

Yo: Entonces, comprendo que estés enojada por no haber obtenido de mí lo que necesitabas.

Julia: Enojada no.

Yo: ¿Irritada?

Julia: Más bien, frustrada.

Yo: ¿Por qué no puedes decir enojada o enfadada? Te sentías muy mal y necesitabas ayuda con eso, y yo no te la presté.

Julia: No quiero estar enfadada, no contigo.

Yo: Ni con nadie, si no recuerdo mal. Pero ya nos conocemos desde hace un tiempo. El hecho de que te enfades conmigo no va a cambiar la relación, no a largo plazo. Puede que incluso mejore. Y piensa que quizás no sea tan bueno para nuestra relación que no expreses tu malestar conmigo, porque podrías decirte a ti misma, «Bueno, me ha dado muchas sugerencias, pero mejor no le digo nada. Ha cometido un montón de errores así, pero es buena mujer». Yo preferiría que lo plantearas así: «Ha hecho un montón de sugerencias hoy, pero se lo voy a decir para que lo sepa y así todo queda en su sitio». Si decir algo enfadada es demasiado duro para ti, lo que puedes hacer es ver en tu interior si estás enfadada, y luego me lo dices o no me lo dices.

Julia: Estaba enfadada.

Yo: ¿Ya no lo estás?

Julia: Bueno, quizás aún queda un poquito.

Yo: ¿Podrías decirme, «Estoy enfadada contigo por todas esas sugerencias que nos han llevado tanto tiempo»?.

Julia repitió estas palabras y, a continuación, se echó a llorar. Hablamos de este momento varias veces durante las siguientes sesiones. Ella terminó reconociendo que es importante expresar lo que a una no le agrada, así como lo que sí que le agrada, a aquellas personas que desean satisfacer nuestras necesidades.

También he visto a algunos pacientes sensibles que tienen problemas con su ira, una ira intensa y sin control. En estos casos, la ira estaba apuntando a un problema más profundo, a la necesidad de protegerse de un sentimiento de vergüenza insoportable o la necesidad de evitar intimar. Aquí, yo intentó sintonizar con el sentimiento subyacente, y no con la ira.

Pero, tanto si la ira está controlada como si está fuera de control, yo le explico al paciente que su objetivo no es expresar tanta cólera como otros podrían expresar, sino aprender a tomar conciencia de su propia ira para, a continuación, expresarla como una herramienta, estratégicamente, de tal modo que le ayude a satisfacer sus necesidades en lugar de frustrarlas. Por ejemplo, un paciente puede movilizar su cólera para establecer límites ante otras personas o para «alcanzar» a personas no sensibles cuando no han conseguido nada pidiendo simplemente las cosas. Pero esto hay que hacerlo con habilidad.

Yo utilizo el ejemplo del control de volumen y les digo a los pacientes que, para que una persona no sensible comprenda, por ejemplo, que necesitas que se esfuerce más en su trabajo, no empiezas sugiriendo que «estaría bien si…». Eso sería un uno en una escala de uno a diez de volumen, algo que sólo tú, en su posición, captarías. Pero, al no ver reacción alguna en tu empleado no sensible, no vas y le atizas directamente con una expresión de cólera de volumen diez. Lo que sueles hacer es subir el volumen a cinco, luego a seis y, si sigue sin funcionar, entonces te preguntas qué es lo que puede estar fallando. Sin embargo, te puedes ahorrar todo esto comenzando con un claro volumen cinco: «Necesito que te esfuerces en esta área y de esta manera…», sin importar lo doloroso que pudiera ser para el paciente, en una situación similar, que le dijeran las cosas de este modo.

Resumen y conclusiones

Sobreexcitarse con facilidad y tener reacciones emocionales intensas son dos realidades en la vida de una persona sensible y del tratamiento en una terapia, y esto es algo que no va a cambiar. No obstante, tus pacientes sensibles pueden beneficiarse en gran medida del tratamiento si aprenden a regular la estimulación, la excitación y las emociones. Así pues, tu objetivo será enseñarles a gestionarlas, para que las reconozcan y se adapten a ellas lo mejor posible.

Los pacientes suelen sentirse avergonzados cuando hablan de sus «fracasos» en situaciones importantes debido a una excitación excesiva, y se sentirán aún más avergonzados cuando revelen sus intensos sentimientos, sobre todo si proceden de patrones emocionales, estando por tanto distorsionados y siendo especialmente intensos e inadecuados. Deberás tener siempre mucho cuidado en no avergonzar a estos pacientes, pero sobre todo en estas situaciones. Quizás no necesiten que les cuentes tus interpretaciones acerca de la causa de sus fracasos, de sus intensas reacciones emocionales o de su deficiente regulación emocional; pero lo que sí van a necesitar es que no los avergüences ni desanimes. Aunque la intensa reactividad emocional y la tendencia a la sobreestimulación son innatas, e incluso son aún más problemáticas cuando los pacientes han tenido una infancia difícil, muchos pacientes sensibles pueden cambiar a través de la psicoterapia y pasar de la sobreestimulación, la ansiedad y la depresión a la felicidad, el optimismo y la confianza en sí mismos. Ésta es también una maravillosa realidad.

Capítulo 4

Los tres problemas habituales

Una baja autoestima, un estilo de vida erróneo y unas reacciones excesivas ante las críticas

Una persona sensible algo desequilibrada, como lo es siempre un neurótico, tendrá que afrontar su vida con dificultades especiales y acaso con tareas más singulares en la vida que una persona normal, que generalmente sólo necesita seguir el camino trillado de una existencia ordinaria. Para el neurótico no hay una forma de vivir exactamente establecida, ya que sus objetivos y tareas son casi siempre de naturaleza individualísima. Intenta ir por el camino más o menos incontrolado y semiconsciente de la persona normal, sin darse cuenta que su propio modo de ser crítico y diferente exige de él más esfuerzo del que se ve obligado a realizar una persona normal.

—Carl Jung, *Obra completa*, 4, párr. 572[1]

---

1. Editorial Trotta, 2.ª edición, Madrid, 2011.

Este capítulo continúa con los cinco problemas a los que se enfrentan los pacientes más sensibles. En el capítulo previo, estuvimos viendo dos problemas que surgen del rasgo en sí mismo. En este capítulo vamos a ver tres consecuencias indirectas del rasgo que experimentan la mayoría de las personas sensibles: una baja autoestima, el intento de llevar el estilo de vida de las personas no sensibles y el hecho de que las críticas les generen unas reacciones afectivas inusuales. Se ofrecen sugerencias para trabajar cada uno de estos problemas. En la segunda mitad del capítulo se habla de la interacción del rasgo con el género, la edad y la identidad étnica de la persona.

Carl Jung escribió mucho acerca de la sensibilidad en sus primeras obras, y llegó a la conclusión de que el neuroticismo, tal como se le conocía en sus días, era el resultado de una combinación de dos factores: el entorno y un temperamento sensible. Sin embargo, dentro de esta categoría, Jung mostraba cierta ambivalencia pues, para él, este temperamento era un debilidad y, al mismo tiempo, era algo extraordinario –una «naturaleza individualísima» con las «tareas más singulares en la vida»–. Jung pensaba, al igual que yo, que la auto-reflexión, con el apoyo de un analista o terapeuta, era lo que su «modo de ser [...] diferente exige». Esto es parte de ese mayor «esfuerzo del que se ve obligado a realizar una persona normal». Clave en este esfuerzo es el trabajo que llevarán a cabo estos pacientes contigo como terapeuta, lo cual necesariamente supondrá que les ayudes a valorarse a sí mismos en las tres vías de las que se habla en este capítulo y que Jung toca en la cita de arriba: la necesidad general de valorarse como personas diferentes (superar la baja autoestima), el dejar de verse como personas «ordinarias», y el estar menos abiertos a las críticas de la mayoría, cosa que puede impedirles ir en pos de sus singulares «objetivos y tareas».

Baja autoestima

El tercer problema (discutimos los dos primeros en el capítulo anterior) común a casi todas las personas altamente sensibles es el hecho de que muestran una baja autoestima. Al igual que en el capítulo previo, comenzaré con comentarios generales y luego aportaré sugerencias. Todos tenemos nuestras maneras de mejorar la autoestima, de modo que estas sugerencias son puntos adicionales a recordar cuando se trabaja específicamente con pacientes altamente sensibles.

Comentarios generales

Soy consciente de la ubicuidad de este problema, tanto por mi propia experiencia como terapeuta como por algunos estudios no publicados, en los cuales se vio que era menos probable que las personas altamente sensibles respondieran «sí» a la pregunta, «¿Te sientes bien contigo mismo/a?». Estas respuestas se dieron incluso cuando se separaron las medidas de afectos negativos y de infancia. Dado que este sentido negativo del yo no aparece en todas las culturas, o no aparecía (pues esto parece estar cambiando), tendremos que concluir que no nos enfrentamos a algo innato. Ni siquiera se encuentra en todos los individuos de nuestra actual cultura, en la medida en que hay familias que alaban los comportamientos sensibles, y los adultos con tales antecedentes que he conocido confiaban mucho en sí mismos.

En todas las culturas, siempre se da algún valor sutil, o no tan sutil, a diferencias de personalidad evidentes. Margaret Mead (1935) fue probablemente la primera en darse cuenta de que los niños nacen con una amplia variedad de rasgos innatos, pero que sólo unos pocos forman parte de lo que una cultura entiende como el hombre o la mujer ideales. Las ideas acerca de la personalidad perfecta se hallan insertadas en «cada hilo del tejido social: en el cuidado de los niños pequeños, en los juegos de éstos, en las canciones que la gente canta, en la organización política, en la observancia religiosa, en el arte y la filosofía» (p. 284). Los rasgos que no se idealizan se ignoran en gran medida.

Hay culturas enteras, sobre todo las más antiguas –Europa, China, Japón e India– que valoran a las personas altamente sensibles un poco más de lo que lo hacen otras culturas, si bien esto puede estar cambiando. Por ejemplo, Chen, Rubin y Sun (1992) compararon la popularidad de 480 niños y niñas en edad escolar de Shanghai con 296 de Canadá, y encontraron que aquellos niños y niñas que los demás calificaban como sensibles, callados y tímidos se encontraban entre los más populares en China y los menos populares en Canadá. En el idioma mandarín, tímido o callado significa «bueno» o «de buen comportamiento», y sensible se puede traducir como «que tiene comprensión», otro término elogioso. En culturas más jóvenes, inmigrantes –América del Norte y del Sur, Australia y Nueva Zelanda– la determinación audaz, una alta sociabilidad, la tolerancia ante el estrés y una baja emocionalidad están muy idealizadas. Y lo mismo se podría decir de cualquier cultura altamente competitiva y de rápido ritmo, un estilo que ya circunda el planeta. De hecho, Chen, He, Cen y Li (2005) descubrieron que, mientras que lo dicho arriba era cierto en 1990, ya no era cierto en 1998, y en 2002 se vinculó la timidez con el rechazo de los pares, los problemas en la escuela y la depresión. Esto no es una buena noticia para la autoestima de aquellas personas que hacen una pausa antes de actuar, personas que son más conscientes de las cosas sutiles, que se sobreestimulan con facilidad y que les cuesta tomar decisiones.

La familia, siendo la influencia más importante en el desarrollo humano, es el principal factor de transmisión cultural, pero cada familia tiene su propia cultura también, conformando a modo de vástagos del tronco cultural principal. La represión de rasgos indeseados comienza, normalmente, con un desajuste selectivo de emociones por parte de los cuidadores (Stern, 1985/2000). La angustia de un bebé sensible cuando se le lanza al aire quizás se ignore o provoque alguna risa, en tanto que la curiosidad o una aproximación rápida a un objeto desconocido puede verse recompensada con gran entusiasmo. Por otra parte, a un rasgo que no se valora como ideal se le dan también nombres que apuntan a sus desventajas o a los resultados negativos que se esperan de él; en el caso de la sensibilidad, a estas personas se les califica como tímidas, inhibidas, insociables, neuróticas, excesivamente sensibles, indecisas, quisquillosas, malhumoradas, «reinas del drama» o, simplemente, difíciles. Por su parte, niños y niñas en edad escolar tienen sus propios términos y etiquetas para los distintos aspectos del rasgo, como mariquita, llorón, ojito derecho del profesor, santurrón o empollón. Esto lleva a las personas sensibles a ocultar sus rasgos y a verse a sí mismas como defectuosas.

La sensación de tener un defecto debido al rasgo interactúa de varias maneras con otras dificultades en el caso de los pacientes sensibles. Por ejemplo, si una situación fue traumática para ellos pero no para los demás, pueden percatarse de que sus reacciones son más intensas; es decir, que «reaccionan excesivamente». Los niños y niñas, sensibles o no, que han sido maltratados suelen sentirse culpables por lo que les hicieron, pero esta sensación básica de tener un defecto se volverá más intensa y más difícil de superar en aquellas personas que se sienten profundamente defectuosas desde un principio debido a que se saben «diferentes». Estas personas pueden llegar a tener la sensación de haber sido marcadas por el destino para sufrir.

Conclusión: La baja autoestima en las personas altamente sensibles probablemente se deba a que la sensibilidad no se considera ideal ni en la familia ni en la cultura, de manera que, si se combina con determinados acontecimientos de infancia negativos, puede hacer que la autoestima sea aún más baja.

Sugerencias para mejorar la autoestima

Una autoestima realista es, al igual que la regulación afectiva, uno de los objetivos más importantes en cualquier forma de psicoterapia. Pero también aquí podemos señalar algunos puntos más para el trabajo con estos pacientes.

Háblale del influjo de la cultura

Haz que tu paciente recapacite vívidamente sobre el impacto de la cultura animándolo a ver los efectos de ésta desde su propia experiencia. Indícale en concreto cómo se ve la sensibilidad en su personal entorno social y cómo ha podido influir esto en su vida. La mayoría de los pacientes tomarán el hilo de inmediato y comenzarán a reinterpretar espontáneamente su pasado de maneras que incrementarán su autoestima.

Identifica el origen de las afirmaciones negativas que se dice el paciente a sí mismo

Explora su historial para identificar qué personas lo ignoraron, lo criticaron o lo avergonzaron por su sensibilidad. Pero insístele en que no es éste un ejercicio de búsqueda de culpables, sino una forma de comprender su propia experiencia de un modo más realista.

Ayúdale a reestructurar su pasado

Tal reestructuración no debería dejarse al azar. La mayor parte de las personas con una autoestima baja puede recordar innumerables incidentes de lo que, para ellas, fueron graves fracasos, decisiones lamentables, rechazos justificables y demás pruebas de su escaso valor básico. Y, si la sensibilidad fue un factor, todos estos incidentes tienen que ser reevaluados de forma gradual y sistemática.

Por ejemplo, el bajo rendimiento académico se puede remontar normalmente hasta la sobreexcitación sufrida en exámenes cronometrados, al salir a la pizarra o al ser avergonzado por algún profesor o profesora por haber tardado en responder. El que, en cierta ocasión, la persona optara por no continuar con una relación, o que alguien optara por no comprometerse con ella, debió ser por causa de un mal encaje de temperamentos. Y las personas sensibles rechazan muchas veces un ascenso en el trabajo o no se las toma en cuenta para un empleo que precise de viajes constantes, de la gestión del trabajo de otros, de hablar en público o de un horario de trabajo extenuante. (Esto no significa que las personas sensibles no sean capaces de realizar estos trabajos; discutiré estos temas en el capítulo 8).

Sin embargo, no debería tenerse prisa con la reestructuración del pasado. Aunque el análisis realizado sea completamente preciso, una persona con una baja autoestima tenderá a desconfiar de lo que percibe como una distorsión de la realidad acerca de sí misma, al pensar que el terapeuta se lo dice sólo para que se sienta mejor.

Anima a tu paciente a conocer a otras personas sensibles

He estado en numerosos seminarios, conferencias y eventos de fin de semana para personas altamente sensibles, y una y otra vez he escuchado a los participantes decir cuánto les cambió la vida esta experiencia. No sólo se sienten apoyados y empiezan a captar cierta sensación de normalidad, sino que perciben también en los demás los aspectos positivos de su rasgo. Esto es algo que pueden hacer conectando entre sí, sea de manera presencial u *online*.

Enséñale cómo debe hablar acerca de su rasgo

Enseñando es como mejor se aprende y, ciertamente, si una persona sensible no es capaz de explicar a otra persona su propio rasgo desde una perspectiva positiva, es evidente que tampoco podrá explicárselo a sí misma. Cuando la persona quiera hablar de su sensibilidad con otras personas, deberá tener en cuenta el tiempo del que dispone y el interés real que pueda tener la otra persona, así como el papel que esta información puede jugar en su vida. Ésta puede ser una buena terapia en sí misma, en tanto que implica importantes habilidades sociales y concepciones. Claro está que la mayoría de los pacientes va a intentar explicar a los demás todo lo referente a su sensibilidad, pero puede que lo hagan de un modo que no logre granjearse el apoyo que esperaban, por lo que habrá terapeutas que prefieran entrenar estos comportamientos mediante interpretación de papeles o *role playing*. En capítulos posteriores explicaremos cómo manejar algunas situaciones en concreto, pero ofrezco a continuación algunos ejemplos. Si dicen de una persona sensible que es tímida o poco sociable, esta persona podría responder, «Yo no me veo así. Para mí es más una cuestión de observar la situación antes de lanzarme a ella. Y soy ciertamente sociable en la medida en que disfruto mucho de las conversaciones individuales, probablemente más que de fiestas como ésta, en la que no conozco a nadie todavía».

Si a alguien sensible se le dice que es demasiado emocional, esta persona puede decir, «Agradezco tu preocupación, pero la mayor parte de las veces estoy encantada de tener emociones intensas, pues disfruto de sentimientos muy gratificantes en situaciones en las que otras personas no sienten nada. De modo que lo compenso de alguna manera».

Con anterioridad a una intervención médica, una persona sensible puede decir, «Supongo que lo sabe, pero hay personas que son más sensibles al dolor, y yo soy una de ésas que tiene el umbral de dolor muy bajo».

Al ser observado en una tarea y tomando conciencia de que su propio nerviosismo se hace obvio, el paciente sensible podría decir, «Normalmente, me lleva un poco de tiempo habituarme a ser observado. Se me pasará pronto».

En un entorno educativo, una persona sensible podría decir, «Respondo mejor a la aprobación y los elogios que otras personas». O bien, «Me conozco bien. Estoy aprendiendo, aunque todavía no lo parezca».

Con frecuencia, puede ser útil recordar a los demás que ya se han encontrado con personas sensibles anteriormente, que es algo normal. «Estoy segura de no ser la primera persona que se queja del ruido. Muchísimas personas son sensibles al sonido».

Anímale a leer acerca de su rasgo

La lectura puede proporcionar otra prueba de realidad sobre cómo la autoestima ha podido verse afectada por el rasgo. Existen artículos científicos al respecto, así como libros y boletines sobre la alta sensibilidad. Sin embargo, convendrá seleccionarlos bien, porque personas muy diversas, con formación y habilidades muy distintas, han tomado el concepto de la alta sensibilidad para hacer carrera ayudando a personas sensibles. De hecho, muchas de estas personas le han dado un ligero giro al significado de sensibilidad. Por ejemplo, algunas la equiparan a una discapacidad, o bien la asocian con poderes psíquicos extraordinarios. Evidentemente, creo que mi propia website (hsperson.com) es una fuente fiable.

Saca a colación las ventajas de la sensibilidad con frecuencia

Cuando un cliente esté angustiado por algún aspecto de su sensibilidad, háblale del lado positivo de ese mismo aspecto y señálale lo fácil que es olvidar que este rasgo constituye un lote completo. Por ejemplo, en el puesto de trabajo, a la misma persona se la puede elogiar esta semana por su «previsor control de calidad» y criticar a la semana siguiente por ser «obsesiva compulsiva». Hazle ver que se trata de las dos caras de una misma moneda. Los pacientes pueden sentirse orgullosos de su seguridad económica, para luego criticarse a sí mismos por ser tacaños. Hay veces en que me entero de que alguno de mis pacientes sensibles ha salvado una vida, o al menos un proyecto o un negocio, gracias a aquello que la mayor parte del tiempo consideran un grave defecto.

Tu actitud es decisiva

Digas lo que digas, tus pacientes van a captar cuál es tu verdadera actitud acerca de la sensibilidad. Ninguno de ellos considerara su rasgo como algo valioso si tú no lo crees en lo más profundo, algo que puede ocurrir en una cultura como la nuestra. No se trata del respeto debido a los pacientes a pesar de su sensibilidad o por lo bien que lo han llevado. Incluso cuando el terapeuta es altamente sensible, puede tener un sutil sentimiento negativo con respecto a su rasgo, sobre todo en el caso de terapeutas varones. Y, si son mujeres, puede que tengan cierto sesgo con los hombres sensibles. Al igual que harías con cualquier otro prejuicio, tendrás que vigilar con atención tus actitudes respecto a la sensibilidad y compensarlas de la mejor manera que puedas.

Diálogo de ejemplo

Lo que viene a continuación es un diálogo típico entre un paciente altamente sensible y su terapeuta.

Paciente: Hoy no estoy de buen humor, otra vez. Ella me volvió a decir lo de que soy demasiado sensible. Tú dices que no lo soy, pero es con ella con la que tengo que convivir.

Terapeuta: ¿Estás de mal humor por eso?

Paciente: Sí. Me siento fatal conmigo mismo.

Terapeuta: Mmm. ¿Qué cosas de ti le gustan a ella? ¿Por qué empezó a salir contigo?

Paciente: Entiendo a dónde quieres ir. Sí, ella decía que yo era muy creativo, y que la escuchaba con atención. Le gustaba que me preocupara el medioambiente. Y fui el primer chico al que le gustaron sus gatos…

Terapeuta: A veces ocurre que lo mismo que nos gustaba tanto de alguien al principio se convierte en aquello que menos nos gusta con el transcurso del tiempo. ¿Hay algo que ya no te guste tanto de ella ahora?

Paciente: Bueno, su franqueza… como cuando me dice eso de que soy demasiado sensible.

Terapeuta: ¿Te refieres a eso que antes denominabas «sinceridad»?

Paciente: Ella podría haber pensado un poco lo mucho que me molestaría.

Terapeuta: Entonces, ¿su espontaneidad es también un problema? Ahora parece que sea más «impulsiva» para ti, ¿no es cierto?

Paciente: Entiendo. Entonces me gustó mucho que me dijera llana y directamente que me quería, al cabo de dos semanas de conocernos. ¿Y qué si no siempre piensa las cosas antes de decirlas? Ella lo vale. Si no le gusto ya, será mejor que lo decida pronto.

Imitar el estilo de vida no sensible

Es natural que uno quiera comportarse como sus pares, sobre todo entre jóvenes adultos. Pero, cuando las personas sensibles pretenden vivir su vida como las no sensibles, no están teniendo en cuenta su fisiología, que es diferente.

Comentarios generales

La fisiología de las personas sensibles hace que, si se las compara con las demás, necesiten más tiempo de reposo. Lo necesitan para procesar la estimulación que han recibido y para reflexionar con más detenimiento lo que eso significa para ellas. Son más sensibles a todo, incluyendo la cafeína y el alcohol, y no prosperan en medio del ruido y el caos. No se les da bien hacer varias cosas a la vez. E ignorar todo esto sería como tener un Porsche y tratarlo con el manual del usuario de una camioneta Chevrolet.

Existen muchas probabilidades de no apreciar que estas personas son diferentes debido a la invisibilidad de su rasgo, por lo que las personas no sensibles, con las que interactúan a diario, rara vez lo reconocen. Con frecuencia, aquellas que más las quieren son las que más intentan ayudarlas a encajar, a soportar la situación y a endurecerse. Ser sensible facilita imitar los demás, al punto que encajar con la mayoría se convierte casi en la segunda naturaleza de esa minoría sensible. Pero siempre se puede apelar a su diligencia y meticulosidad: además de velar por su bienestar, los demás se beneficiarán también de las personas sensibles que les rodean si éstas se sienten bien, si llegan a sus propias conclusiones y si dan sus propias respuestas ante una situación, en lugar de dar las respuestas que espera la mayoría. Por ejemplo, una persona sensible puede ofrecer una solución creativa inusual o quejarse de un nivel de ruido que es dañino para los oídos de otros, aunque estos no lo sepan. Cuando el ruido se reduce, todo el mundo lo agradece.

Conclusión: Tendrás que ayudar a los pacientes sensibles a que reconozcan que no pueden vivir como los no sensibles, dado que a los demás no les va a resultar fácil reconocer las invisibles diferencias individuales de su rasgo y debido a que los altamente sensibles están muy bien diseñados para adaptarse a los demás.

Sugerencias para ajustar el estilo de vida

Normalmente, no sugiero a mis pacientes qué cambios en concreto tendrían que hacer, pues pienso que eso es algo que han de decidir ellos. Tampoco espero que hagan un cambio como el de tomarse más tiempo de reposo para estar siempre en un nivel óptimo. Con frecuencia, enfrentarse a la verdad de lo que necesitan es doloroso, y el cambio es difícil de llevar a cabo, pero se les puede ayudar de diversas maneras.

Ayúdales a enfrentarse a la realidad, pero con orgullo

Nadie quiere ver sus limitaciones. Además, las personas sensibles suelen avergonzarse de no poder vivir como viven los demás. Indícales que en realidad pueden vivir del modo que deseen, en una ruidosa fraternidad, tomando seis tazas de café al día o trabajando 14 horas diarias. Y, si puedes decirlo de corazón, diles que estás convencido de que pueden conseguir cualquier objetivo que se propongan si lo desean con la fuerza suficiente –una familia numerosa, una profesión exigente, viajes frecuentes por todo el mundo, una competencia intensa… Pero van a tener que reconocer que estas decisiones les van a suponer un alto coste, si tienes en cuenta las experiencias de otras personas altamente sensibles que hayas conocido. Quizás haya que sacrificar otras alegrías de la vida. Recurre a cualquier ventaja de ser altamente sensible que hayan reconocido y de la cual disfruten; resalta la idea del lote completo y la de que nadie puede aspirar a tenerlo todo en la vida.

Otra manera de generar alternativas es pedir a los pacientes que piensen en, o hagan una lista y sopesen, sus valores y las prioridades que resultan de éstos, y luego tomad juntos en consideración si esas prioridades están realmente en el lugar que deberían estar. Muchas veces, una prioridad de una persona sensible es ser feliz, estar contenta o en paz, pero se pasan la vida sometiéndose a presión. Si su objetivo es ayudar a los demás, ¿será eficaz si se halla bajo estrés y exhausta? Tendrán que ver de qué modo sus decisiones actuales encajan con sus valores.

Te puedes encontrar con un paciente en particular que, obviamente, no está capacitado para alcanzar ciertas metas o para soportar determinados estilos de vida, y que, sin embargo, es reacio a dar un paso atrás. Si le haces algún comentario acerca del coste que sus decisiones tienen para él, puede que tengas que escuchar una respuesta airada, a la defensiva, puesto que tales decisiones guardan relación con la imagen que el paciente quiere tener de sí mismo. Como suele ocurrir cuando se les toca el resorte de un patrón emocional, el paciente tendrá la sensación de que no has sintonizado bien con sus problemas. En estos casos, intenta decir algo así como, «De acuerdo, no he llegado a entender plenamente lo mucho que deseas ser...». Si no sintonizaste bien, es importante que lo reconozcas, pero también puedes afirmarte en tu punto de vista y reivindicar que la gente puede no estar de acuerdo con su perspectiva acerca de algo sin por ello arruinar la relación.

Cuando el patrón emocional que desencadenó su enojo haya pasado, vuelve sobre el asunto y pregúntale por qué ese punto le lleva a sentir de forma tan intensa. Sea lo que sea aquello en lo que no quiere ceder, ¿qué significa para él? ¿Qué sueño personal se desvanecería si no pudiera ser una estrella del rock? ¿Por qué sería tan grande su decepción si no pudiera estudiar en la Facultad de Derecho? ¿Cómo se vería a sí mismo si no pudiera vivir en un *loft* con otras diez personas?

El tiempo está de tu lado. Eventualmente, la persona se dará cuenta, como le ocurrió a Susan (en el capítulo 1), de que no puede llevar el estilo de vida que lleva ahora, aunque es cierto que, al igual que nos pasa a todos, no solemos cambiar el rumbo hasta que no «tocamos fondo».

Anímales a plantearse nuevas posibilidades

En cuanto los pacientes sensibles aceptan que no tiene sentido intentar ser como los demás, comienzan a pensar en los deleites que podrían encontrar en la búsqueda de otras metas, o bien en tomarse más tiempo para el descanso, la reflexión, la creatividad o el servicio a los demás. Quizás encuentren entonces aquel empleo con sentido que tanto anhelaban, o la paz interior que los no sensibles dicen buscar, pero que no se detienen el tiempo suficiente como para encontrarla. La mayor parte de los pacientes sensibles pondrán en marcha su creatividad en la búsqueda de opciones en cuanto se enfrenten a las consecuencias de no hacerlo. Por ejemplo, Susan (en el capítulo 1) estaba muy enojada por los límites físicos que le imponía su sensibilidad; pero, cuando lo superó, decidió poner en marcha su propio negocio, un negocio que le dio un estilo de vida más adecuado, al aprovechar sus intereses inmediatos y sus conocimientos en el mundo de los cuidados infantiles para ponerlos al servicio de otras mujeres de carrera.

Habrá pacientes que no dispondrán de la libertad suficiente para cambiar su estilo de vida de forma significativa, pero puedes ayudarles a explorar otras soluciones creativas de menor calado. Si se sienten desesperanzados y atrapados en general, probablemente sea mejor trabajar sobre estos sentimientos antes que buscar soluciones para su estilo de vida. Es posible que no se hallen todavía en ese punto de aceptación, o que no sean capaces de ver todavía cuáles son sus verdaderas necesidades.

Pregúntales cómo toman decisiones sobre el estilo de vida

¿Hasta qué punto se ven objetivamente a sí mismos tus pacientes sensibles? ¿Hasta qué punto abogan por sí mismos dentro de la familia, en el trabajo o frente a las voces interiores críticas? Y, en cuanto a una decisión concreta, ¿por qué la tomaron? ¿Fue realmente una decisión, o simplemente se dejaron llevar por los demás? ¿Fue por mera ignorancia de sus diferencias de temperamento? ¿Había algún temor ante las implicaciones que pudieran tener sus aparentes limitaciones, como el «fracaso» económico según los estándares de la mayoría? ¿O no era más que un intento por imitar a las personas menos sensibles, más llamativas en la sociedad, que asumen más riesgos, quizás para compensar ese sentimiento profundo de ser defectuoso?

Diálogo de ejemplo

Lo que viene a continuación es una muestra de un diálogo que un terapeuta podría tener con un paciente altamente sensible, que está forcejeando con problemas en su estilo de vida.

Paciente: Entonces, ¿usted cree que cometí un error al elegir la especialidad de medicina de urgencias?

Terapeuta: Perdone si esbozo una sonrisa, pero, para empezar, ¿acaso no se trata de la residencia más extenuante?

Paciente: Puedo hacerlo.

Terapeuta: Supongo que puede hacerlo. De hecho, he conocido a unos cuantos trabajadores de urgencias que eran altamente sensibles. Y se les daba muy bien su trabajo, pues reflexionaban por anticipado en todos y cada uno de los problemas horribles con los que se podrían enfrentar. Rara vez cometían errores. Pero tuvieron que endurecerse para hacer ese trabajo, y no podían dedicar tiempo a ninguna otra cosa en su vida. Estaban totalmente consagrados a su trabajo.

Paciente: Así es como me gustaría ser. Utilizaré mi sensibilidad para salvar vidas. La sensibilidad no me va a detener.

Terapeuta: Tengo curiosidad. ¿Cómo decidió meterse en medicina de urgencias? ¿Era su rotación preferida?

Paciente: Fue mi padre quien lo hizo, y el padre de mi padre. Sé lo que está pensando, pero lo decidí yo. Nadie me presionó.

Terapeuta: Entonces no tiene nada que ver con lo que me dijo usted hace un mes o así, cuando me dijo que su padre no admitía que se le cuestionara.

Paciente: Eso era cuando yo era niño. Ahora puedo hacerle frente.

Terapeuta: ¿Y está usted seguro de que el niño en usted no le temía cuando tomó la decisión?

Paciente: No puedo echarme atrás ahora. Me han admitido ya. Para cambiar tendría que esperar un año y pasar de nuevo por todo el proceso.

Terapeuta: Entonces, sí que se ha planteado la posibilidad de cambiar.

Paciente: Sólo desde que vengo a su consulta.

Terapeuta: Mmm. Me parece que no habíamos hablado de esto, más allá de su temor a iniciar su residencia estando ya tan estresado; que no podía dormir y todo eso. Usted denominó al problema con el que se presentó aquí como de «una misteriosa ansiedad aguda». ¿No podríamos estar resolviendo el misterio?

Paciente: No me gusta el camino que está tomando esto. Usted está en contra de que yo haga lo que quiero hacer.

Terapeuta: Espero no haber dicho eso. Lo que pretendo es utilizar este tiempo para ver si usted siente algún conflicto interior acerca de esa decisión. Como sabrá, los conflictos internos suelen causar ansiedad.

Paciente: Ansiedad neurótica. No me gusta el camino que está tomando esto.

Terapeuta: De acuerdo. Me quedo con eso. Usted siente que la decisión está tomada, que no hay conflicto alguno, salvo entre usted y yo.

Paciente: Exacto. Necesito un terapeuta que me apoye, no que cuestione mis decisiones.

Este diálogo indica claramente que este paciente no está preparado para valorar su decisión. El enfoque fue probablemente demasiado duro. Este trabajo llevará algún tiempo, aunque implique que pase por una crisis cuando comience su residencia.

Reacciones intensas a las críticas

La vida está llena de peligros y de problemas, sobre todo cuando nos sentimos abrumadas por la vergüenza si alguien nos dice que cometimos un error o que nuestro enfoque tenía un defecto. Y, sin embargo, el mundo es así, peligroso y problemático, el mundo en el que vive la mayoría de los pacientes altamente sensibles.

Comentarios generales

Si las personas altamente sensibles siguen una estrategia innata para evitar cometer errores –es decir, si siguen una estrategia de «hazlo de una vez y hazlo bien»—, entonces habrá que concluir que se verán más afectadas por las críticas, sea por un mal resultado o por los comentarios evaluativos de otras personas. La retroalimentación es la esencia del aprendizaje por ensayo y error, y está dirigida a intentar evitar más errores. Así pues, para trabajar desde la retroalimentación en una estrategia sensible, una va a necesitar una fuerte motivación para hacer las cosas bien y no mal. Pero una motivación fuerte va a traer consigo emociones fuertes en relación con los resultados.

Intentando comprobar en parte esta suposición, en un estudio del que ya hemos hablado, Aron *et al.* (2005) asignaron al azar a una muestra de estudiantes a dos grupos de retroalimentación, uno que recibiría retroalimentación positiva a partir de un test de aptitudes y otro que la recibiría negativa. Tras recibir la retroalimentación, los estudiantes tenían que rellenar una lista de control sobre su estado de ánimo (diseñada de tal modo que parecía no guardar relación con el test) para, a continuación, pasar a informarles. Los estudiantes que habían puntuado alto en la Escala PAS tuvieron reacciones emocionales más intensas ante ambos tipos de retroalimentación que los estudiantes no sensibles, que casi no mostraron reacción alguna.

La intensa reacción ante las críticas que tienen las personas sensibles afecta también a la terapia. A veces, yo les digo a mis pacientes que la terapia requiere de ellos que acepten una paradoja, que ellos son personas verdaderamente buenas, valiosas y merecedoras de cariño, y que, al mismo tiempo, necesiten ayuda para resolver un grave problema. Como terapeutas, trabajamos entre los dos extremos de un continuo, siendo uno de esos extremos el proporcionar apoyo y seguridad, y siendo el otro el discutir los problemas en profundidad. Con los pacientes sensibles, una puede quedarse atascada en el apoyo, porque estas personas entienden cualquier otra cosa como críticas o, simplemente, como que hay algo que va mal en ellas, aunque ese algo lo hayan causado otros. Así pues, trabajar sus reacciones ante las críticas va a ser clave para toda terapia que no sea estrictamente de apoyo.

En lo que vas a tener que pensar, y lo que vas a tener que enseñarles, es que una estrategia general de adaptación del propio comportamiento tras recibir una retroalimentación negativa —incluyendo una intensa reacción emocional— no tiene por qué significar que uno se quede completamente desbaratado por las críticas. Aquí, la experiencia previa de la persona con las críticas y su autoestima general van a ser los factores determinantes. Pero, con demasiada frecuencia, los pacientes sensibles se sienten aplastados, se ponen a la defensiva o culpan a la persona que los critica, o bien recurren a comportamientos compensatorios extremos. Se pueden convertir en verdaderos perfeccionistas, más allá de hacer un trabajo concienzudo. Pueden superar con creces las expectativas con el fin de evitar el más mínimo error. Contigo, un paciente sensible intentará ser el buen paciente, ajustando al máximo su comportamiento en función de las pistas sutiles que obtenga de ti. El resultado es que tanto tú como tu paciente estaréis felices y satisfechos el uno con el otro. Pero, ¿habrá habido acaso crecimiento?

Mientras tanto, estos pacientes estarán evitando situaciones en las que puedan darse críticas, como aquellas tareas en las que puedan crecer a través del aprendizaje o evitando el contacto con cualquiera, salvo con aquellas personas que más apoyo les prestan o con las que están más familiarizada, o con aquéllas otras que son claramente inferiores a ellos en algo importante. Y las personas que quieran o necesiten estar en torno suyo tendrán que aprender a no darles retroalimentación, a no hacerles críticas o manifestar su irritación. Esto sumirá eventualmente a los pacientes en un mundo falso y confuso, donde no se les estará dando la retroalimentación que necesitan o estarán recibiendo mensajes contradictorios, dado que son lo suficientemente sensibles como para saber que hay algo que no está claro. Les dará la impresión de que caen bien a los demás, pero no les volverán a llamar; sus supervisores dirán que trabajan bien, pero no les ascenderán en su puesto de trabajo.

Conclusión: La sensibilidad a las críticas es el resultado de la combinación de una atención innata a la retroalimentación, con el fin de «hacerlo de una vez y hacerlo bien», y una baja autoestima, que juntas pueden hacer que el paciente se avergüence o se ponga a la defensiva incluso cuando recibe la más perfecta retroalimentación positiva. Esto se convierte en un obstáculo en casi todos los aspectos de su vida, incluida la terapia.

Sugerencias para la sensibilidad a las críticas

Mantén una postura neutral y afectuosa

En terapia, tenemos siempre la dificultad de no saber qué ocurre realmente en una interacción del paciente fuera del entorno de la terapia. Quizás tengas la sospecha de que la crítica no estaba fundada y desees apoyar al paciente. O bien puedes estar igualmente convencida de que en tu paciente se desencadenó un patrón emocional con el que estás ya familiarizada. Quizás el paciente carecía de los conocimientos o de las habilidades requeridas. Es muy difícil de saber. Muchas veces me ha ocurrido que creía haber encontrado el momento oportuno de hacerle ver a alguien su problemático patrón emocional y, un instante después, tras de escuchar un poco más del asunto, me he dado cuenta de que estaba equivocada acerca de quién había cometido el error. El paciente tenía todo el derecho del mundo a ponerse a la defensiva o a sentirse herido.

Sin embargo, si las emociones están aún crudas –que normalmente lo están, tanto si el paciente sensible lo sabe como si no–, el terapeuta tiene que esperar para poder determinar si la crítica estaba fundada o no. Antes de nada, ayúdale a recuperar su autoestima básica, para que pueda reflexionar sobre la crítica desde la calma y la racionalidad. El dar solaz va bien para la autoestima porque demuestra al paciente que lo valoras por quién es lo suficiente como para preocuparte por sus sentimientos. No tienes por qué manifestar tu acuerdo o desacuerdo con la crítica, pero le haces ver a tu paciente que eres consciente de lo mal que la crítica le ha hecho sentir. Si el paciente te pregunta si le das la razón, di que estás deseando escuchar toda la historia, pero que ahora quieres centrarte en sus sentimientos. De este modo, el paciente aprende algo sobre la necesaria regulación afectiva. Claro está que se sentirá decepcionado en un principio, pero podéis dejar a un lado el problema en sí hasta que él se calme. En ocasiones, yo les digo a mis pacientes que, por experiencia, he aprendido que, cuando me llega algún comentario disperso que me disgusta, o que incluso me enfurece, espero siempre 24 horas antes de decidir la validez de la información que me ha llegado. De este modo, me doy tiempo para calmarme.

Ayúdales a decidir si la crítica es fundada

Debido a su rápida e intensa reacción ante la retroalimentación, los pacientes sensibles necesitan saber si la crítica era fundada, si suponía una distorsión de la situación pero en parte era acertada, o si no tenía ni pies ni cabeza. En cualquier crítica o retroalimentación hay siempre un mensaje, como mínimo, el mensaje de que alguien se dio cuenta de algo y reaccionó expresándolo en sus comentarios. Pero ése es un mensaje que el paciente tiene que aprender a ignorar, pues la gente se da cuenta de muchas cosas y lo expresa por muchos motivos. Lo que hay que tomar en consideración es el contenido de la retroalimentación. ¿Fue realmente negativa, o fue útil y estaba fundada en el sentido de que era una persona conocedora de lo que hablaba? ¿Se basaba en un simple malentendido? Y también se deben tomar en consideración los motivos de la crítica, en la medida en que éstos afectan también al contenido y el tono de la retroalimentación. La persona que hizo el comentario, ¿estaba intentando ser útil, o el motivo de sus críticas estaba totalmente centrado en sus necesidades o en su estado de ánimo? ¿Estaba la persona cansada ese día? ¿Tenía algún motivo en particular para sentirse celosa, ofendida o a la defensiva? (Suele ocurrir que las personas sensibles ni siquiera pueden imaginar que alguien pueda considerarlas una amenaza). ¿Es una persona que critica a todo el mundo?

Conviene que los pacientes sensibles se conviertan de algún modo en hábiles psicólogos aficionados. Merced a su capacidad innata para sentir lo que está ocurriendo, pueden discernir y comprender cuándo y por qué una persona puede mostrarse especialmente cortante, brusca, grosera o, incluso, cruel. Por ejemplo, la otra persona puede estar hambrienta de poder y dispuesta a decir cualquier cosa para socavar la reputación de otro y la confianza en él. El patrón emocional de la persona crítica se puede llevarla a perder momentáneamente o con frecuencia el contacto con la realidad. También puede haber gente con perturbaciones muy diversas –narcisistas, sociópatas, personas con trastorno límite de personalidad, o bien incapaces de valorar la respuesta emocional del otro (un trastorno del espectro del autismo), etc. Estas personas también van por el mundo interactuando con el resto de la gente, y conviene que un paciente sensible aprenda a detectarlas.

Observa cómo recibe el paciente tus críticas

Hay pacientes sensibles que están excesivamente abiertos a las críticas; de tal modo que, si hay un problema entre nosotros, ellos tienen la sensación de que la culpa es siempre suya, no mía. Se avergüenzan con rapidez y escuchan críticas donde no las hay. Esto te puede proporcionar un atisbo de cómo podrían estar respondiendo ante los demás en su vida cotidiana. En el otro extremo, están aquellos que se hallan permanentemente a la defensiva o que se quedan consternados si se les hace algún comentario que se salga del mero comentario de apoyo. Éstos son los más difíciles de tratar, dado que no soportan escuchar lo que conviene que cambien. Claro está que hay asimismo problemas individuales que actúan como resortes en los pacientes. Pero ten en cuenta también tu manera de hablar, no sea que tus comentarios puedan parecer críticas. Quizás hagas preguntas muy directas, sin elementos suavizadores, como «¿Por qué hiciste eso?», una pregunta que puede mostrar interés o curiosidad, o puede sonar a crítica. Para ti y para la mayoría de la gente que conoces no sonaría a crítica, pero si tu paciente la escucha como tal, sabrás hasta qué punto puede sentirse criticado con los comentarios de personas no sensibles que hablan de un modo más directo o incluso brusco. En ese caso, ayúdale a interpretar comentarios como éste pidiéndole que te diga cada vez que piense que estás siendo crítico con él y que traiga a la consulta los comentarios que otras personas le hayan podido hacer, para que podáis valorar juntos los mensajes que podrían estar transmitiendo realmente.

Ayúdale a recibir mejor tu retroalimentación

Explícale las veces que haga falta que es natural, en su caso, que sea más sensible a las críticas que el resto de la gente. Habla con él abiertamente del problema de la culpa, que el hecho de que tus comentarios le insten a cambiar no significa que él o ella tenga algún defecto intrínseco, y que esto en modo alguno menoscaba el respeto que sientes por él o ella. Los pacientes sensibles pueden necesitar escuchar esto a menudo, pero no te rindas con ellos y no termines ciñéndote el trabajo de apoyo exclusivamente porque son «demasiado sensibles». El apoyo justo puede ser la base del cambio. Discute con ellos lo que, en su historial, puede haber incrementado su sensibilidad natural ante las críticas y qué patrones emocionales se desencadenan con ellas. Por ejemplo, ¿les traes tú recuerdos de su padre o su madre, de aquel progenitor que tanto le criticaba? ¿O bien la vergüenza se desencadena debido a que mojaba la cama en la infancia? Háblales de lo mucho que mejoraría su vida si pudieran controlar parte de sus reacciones (naturales para ellos) ante las críticas.

En ocasiones, puede ser útil decir, amablemente, «Sé que viniste aquí en busca de ayuda para cambiar algunas cosas. Pero tenemos que ponernos de acuerdo en qué cosas son ésas, porque todo cambio requiere, en primer lugar, saber cuál es el punto de partida y aceptarlo, y ciertamente no tienes por qué avergonzarte por querer mejorar tu vida de algún modo». Y yo añadiría, «Te tratas con demasiada dureza, y sería bueno que abandones la idea de que yo creo que eres una mala persona. Si sientes vergüenza ya, por ejemplo, ¿podrías ser lo suficientemente amable contigo mismo para no sentirte avergonzado de estar avergonzado?». Cuando un cliente sea capaz de hacer esto, podrás generalizar estas actitudes a otras críticas. «Mirando hacia adelante, ¿crees que esos comentarios críticos pueden transformarse en algo útil para ti?». Y, «Sí, veo que te duelen las críticas, pero yo creo que estás aprendiendo a ser más amable contigo misma, a no atacarte por haber cometido un error, y ésta sería una buena ocasión para que ejerzas esa amabilidad».

Ayúdales a recuperarse cuando la culpa sea suya

Para que un paciente sensible llegue a superar la culpabilidad por haber cometido un error hay que hacerle ver que sobrevivirá a los lúgubres sentimientos que momentáneamente le atenazan, sentimientos que son realmente intensos en su caso. Su primera defensa va a ser el saber que no ha perdido tu respeto, cualesquiera que hayan sido sus errores. Pero puedes compartir con él otros pensamientos. Uno de ellos es del personaje de Jean-Luc Picard, capitán de la nave estelar *Enterprise* en la serie de *Star Trek,* que se inspiró en el capitán Horatio Hornblower, personaje de ficción de C. S. Forester. A ambos se les pinta como personajes heroicos, y también altamente sensibles. Básicamente, la cita es «Bien, he cometido algunos errores *magníficos* a lo largo de mi vida», a lo cual se podría añadir sin hacer grandes malabarismos, «y no soy menos persona por admitirlo».

Yo les digo a mis pacientes que siempre espero cometer al menos un error al día, sea que se me olvide poner dinero en el parquímetro o no dar las gracias a alguien a quien tendría que haber dado las gracias. Y, cuando eso ocurre, simplemente digo «Aquí está el de hoy». Y siempre me pregunto si lo podría haber hecho mucho mejor, con la información de la que disponía en aquel momento o dado el estado mental en el que me encontraba. Hay días en que simplemente no voy a gestionar bien los detalles, o a las personas. Quizás vaya con prisas, o esté estresada, cansada, enfadada o distraída. También puede ser, sencillamente, que hay cosas que no se me dan bien. Una vez más, «nadie es perfecto». De acuerdo. Mañana, o dentro de un año, mi error carecerá de importancia.

Enséñales como tomarse las críticas mediante modelado de roles

Tus errores como terapeuta constituyen una oportunidad perfecta para enseñarles el modo de tomarse las críticas o de admitir errores. Esto lo puedes hacer mediante modelado de roles; es decir, sirviendo de ejemplo y modelo. Cabe esperar que tú reacciones sin avergonzarte (es decir, no perdiendo por ello tu dignidad), sino más bien con una gratitud y disposición genuinas a explorar el problema, aceptar la responsabilidad si te has equivocado y pasar de la culpabilidad a aquello que ambos tendréis que atender como equipo. Si no puedes gestionar tan alto ideal, al menos podrás controlar tus actitudes defensivas o no parecer que la situación se te ha ido de las manos. Tienes colegas y asesores para abordar estos problemas.

Uno de mis primeros mentores me ayudó mucho para que no me culpara a mí misma. El problema no estriba en el error, sino en lo que hacemos con ese error. ¿Podemos admitirlo, hablar de él y madurar gracias a él? Y lo mismo se puede decir con nuestros pacientes: lo que importa en última instancia es cómo gestionan sus errores.

Limita las generalizaciones de las críticas

Globalizar es siempre un problema cognitivo que hay que vigilar, pero sobre todo en las personas altamente sensibles. Estando más motivadas para evitar todo error y, por tanto, para llevar las cosas hasta su última conclusión lógica, estas personas pueden decidir, «Hay que hacerlo todo de nuevo», o bien «No soy bueno en esto». Si no es más que una manera de expresar un sentimiento intenso, podemos dejarlo pasar, pero vigila que no actúen sobre la base de tales conclusiones.

Diálogo de ejemplo

El siguiente paciente tenía unos cuantos amigos buenos. Éste puede ser un diálogo típico de una persona que reacciona en exceso ante las críticas.

Paciente: Anoche me comporté como un completo imbécil. No me extraña que tenga tan pocos amigos. Me sorprende que alguien quiera estar conmigo, cuando paso desapercibido con el fondo. ¡Qué aburrimiento de persona!

Terapeuta: Suena a que tuviste una noche horrible. Un golpe duro para la imagen que tienes de ti mismo.

Paciente: Un golpe duro, pero merecido. Mis amigos lo resumieron bien. Soy «ridículamente tímido».

Terapeuta: ¿Ridículamente tímido? Entonces, ¿el de anoche era tu verdadero tú?

Paciente: ¿Adónde quieres llegar? ¿Quieres decir que estoy exagerando?

Terapeuta: Creo que estás teniendo una reacción natural, la reacción que podría tener cualquier persona sensible. Estás contemplando las consecuencias a largo plazo de ser tímido, de tu temor a ser juzgado por los demás. En ocasiones, es un verdadero problema para todo el mundo. Estás viendo algo de ti que no te gusta. Ése es el primer paso para convertirte en lo tú quieres ser. Pero has de tener claro qué quieres ser.

Paciente: Tú sabes lo que mis amigos querían decir. Que soy un caso perdido. Me he pasado la vida intentando cambiar esto. Siempre he tenido miedo de la gente. Todo el mundo lo dice.

Terapeuta: ¿Todo el mundo? ¿O sólo aquéllos que son tan *poco* tímidos como para atreverse a decir a los demás que deberían ser exactamente como ellos?

Paciente: ¿Acaso las personas con habilidades sociales no son las más indicadas para decirme que tengo que cambiar en eso?

Terapeuta: Puede ser… si de lo que hablamos es de habilidades sociales. ¿Crees que ellos se pueden definir necesariamente por cómo respondes tú en grandes fiestas llenas de gente extraña? Quizás algo de lo que tienes que cambiar es lo que esperas de ti mismo. Quizás no tengas que ser bueno en todo. Tu especialidad es algo más íntimo. Para un introvertido, yo creo que tienes el número adecuado de amigos. Y también son leales, por lo que me has contado, aunque digan que eres «ridículamente tímido».

Paciente: Supongo que sí. Pero no deja de ser cierto que me resulta difícil estar con extraños.

Terapeuta: Sí, eso es cierto, y comprendo que quieras cambiar en ese aspecto. Siempre necesitamos añadir nuevos amigos para reemplazar a los que perdemos por diversas circunstancias. Podemos trabajar con eso.

Los efectos del género

Podríamos decir que existen cuatro géneros: hombres y mujeres sensibles, y hombres y mujeres no sensibles. Lo que tienes que intentar es crear un espacio para que los dos primeros sean versiones aceptables de su género, un espacio que van a necesitar principalmente los hombres.

Aunque nacen tantos hombres como mujeres sensibles, su condición no es la ideal, pues no son otra cosa que la mitad de una idea imposible. A los hombres se les exige que sean audaces, decididos, que salgan victoriosos en toda competición, inasequibles al estrés, manteniendo el control de sus emociones *y, además,* que sean tiernos, sensibles, sabios, que estén por encima de toda contienda y preparados para todo; es decir, una combinación de sensible y no sensible que sólo existe en las novelas románticas. Sin embargo, el temperamento no funciona de esa manera.

Del mismo modo, las mujeres se supone que deben ser sensibles, pero sólo en un sentido social. En particular, deberían ser sociables y especialmente afectuosas con otras mujeres. Las mujeres sensibles pueden tener la sensación de no ser mujeres de verdad, cuando necesitan más tiempo para estar solas o prefieren entregarse a empeños intelectuales o artísticos antes que a la conversación con otras mujeres, a ir de compras o, incluso, a ser madres. Muchas mujeres sensibles se lo piensan dos veces antes de tener hijos o, al menos, un segundo hijo, sabiendo que la crianza puede ser en ocasiones abrumadora para todo el mundo, pero sobre todo para ellas. ¿Significa eso que no es una mujer «de verdad»?

Con todo, de los «cuatro» géneros, todo el mundo coincidirá conmigo en que quienes peor lo pasan son los hombres sensibles. La mayoría de los problemas que las mujeres sensibles tienen en relación con el género son los mismos problemas que tienen todas las mujeres: discriminación en el puesto de trabajo, desequilibrios de poder en las relaciones, el tener que elegir entre muchos roles y el sentirse degradada por los hombres que las ven exclusivamente como objetos sexuales. De hecho, muchos hombres sensibles podrían reconocerse también en esta lista. No resulta sorprendente que los datos psicológicos de los hombres sensibles y de las mujeres en general sean con frecuencia similares; por ejemplo, esos tres «géneros» son los más afectados por problemas en la infancia (Aron y Aron, 1997). Esto convierte a los hombres no sensibles en una anomalía. Dado que son el género dominante de los cuatro géneros, éste es otro motivo por el cual debería darse una atención especial al empoderamiento de los hombres sensibles… pues podría dar lugar a un mundo mejor.

Conclusión: Los hombres sensibles tienen dificultades particulares.

Los hombres sensibles: tres casos

James era un hombre alto y delgado del Medio Oeste que estuvo dirigiendo un seminario teológico en la Costa Oeste hasta su fallecimiento, que tuvo lugar recientemente. James era famoso por su sensibilidad, en todos los sentidos PIES (tal como se presentan en el capítulo 2) del término. Todo el mundo se daba cuenta de su extrema sensibilidad, y caía bien a todos por ello. Hablaba suavemente, era amable y atento, y celoso de su privacidad. Una tenía la sensación de que podría contarle cualquier cosa y que jamás saldría de sus labios. Rara vez daba consejos, pero la mayoría de la gente que hablaba con él se iba con la sensación de haber recibido palabras de sabiduría. Rara vez se enzarzaba en debates, pero normalmente se salía con la suya pasado un tiempo, simplemente porque tenía razón. Su paciencia era legendaria, pero también su cólera, pocas veces exhibida, sólo cuando sentía que tenía que enderezar a alguien.

Todo esto puede sonar a palabras póstumas en honor a alguien fallecido, pero lo conocí lo suficiente como para decir que todo esto es cierto, y que también tenía sus defectos. James podía ser quisquilloso, un poco pedante cuando su intelecto tomaba el control y muy lento a la hora de actuar. Algunos le llamaban el Míster Rogers del mundo académico.

¿Cómo llegó James a hacer tan magnífico uso de su sensibilidad? Creció en una granja, con unos progenitores bien instruidos y de mucha lectura. Estaban encantados con el interés que su hijo mayor tenía por la música, el arte y la filosofía, al igual que lo estaban con las aptitudes deportivas o de resistencia bajo estrés de sus hermanos. Teniendo dos hermanos no sensibles, James tuvo que aprender a gestionar las peleas y los juegos agresivos con ellos, aunque nunca le gustaron.

Sus progenitores, sabiamente, le animaron a matricularse en un pequeño instituto cristiano cercano al hogar familiar, tras lo cual siguió estudios de grado bastante más lejos de casa. James se adentró poco a poco en la carrera académica que había elegido, la filosofía, a la cual añadió posteriormente un grado en orientación psicológica. Se puso a enseñar orientación pastoral y los residentes le recuerdan con cariño por ser capaz de supervisar la dirección de un grupo de un modo tan amable que nadie se sintió criticado jamás, sino plenamente apoyado. Sin embargo, todos absorbieron su estilo, sus valores y su experiencia de forma misteriosa, al punto que sus exestudiantes fueron todos muy queridos.

En su cargo como director del seminario, James encontró formas creativas para protegerse de las elevadas demandas de su trabajo. Todo el mundo sabía que, si se lo encontraban caminando por los senderos del campus, no se le podía molestar, y lo mismo se puede decir si se le escuchaba tocando el piano en su despacho. A las cinco en punto de la tarde se marchaba a casa y, más allá de esa hora, sólo le daba al mundo dos días a la semana, no más. Era un hombre que nunca vio su sensibilidad como una grave limitación, sino más bien como un tremendo activo. Nunca tuvo la menor duda de que era un hombre de verdad.

Kevin, mi segundo ejemplo, resulta que tenía el aspecto atlético de un dios griego, además de un gran talento para los deportes. Sin embargo, albergaba serias dudas acerca de su virilidad, en parte por el rechazo del que fue objeto por parte de su padre debido a su sensibilidad y en parte porque, en su infancia, su madre le prefirió siempre a él sobre sus hermanas mayores, utilizándolo como confidente. Recibiendo su formación escolar en el hogar y no permitiéndosele ver la televisión ni jugar con pistolas, el resto de chicos lo veían como un bicho raro. Afortunadamente, todo esto terminó cuando llegó a la pubertad y entró en la escuela pública, pues allí capitalizó sus talentos deportivos y se hizo muy popular, tanto entre los chicos como entre las chicas.

No obstante, él sentía que, por debajo de la superficie, era demasiado femenino, aunque le resultaba fácil hacer amigos y tener citas con mujeres. Sus amigos nunca sospecharon que Kevin pudiera ser especialmente sensible en ningún aspecto, pero las llamativas mujeres no sensibles que quedaban con él por su apariencia no se dejaban engañar tan fácilmente. Ellas esperaban que él fuera más agresivo sexualmente, así como más decidido, asertivo y aficionado a las fiestas bulliciosas, de modo que Kevin terminó temiendo que, con el tiempo, le rechazaran, igual que le había rechazado su padre y los otros niños en su infancia. Cuando vino a verme, Kevin no tenía ni idea de ser «altamente sensible», pero saberlo no le proporcionó demasiado alivio, pues aquello se sumaba a los motivos por los cuales no se sentía aceptable como hombre.

Tom, en cambio, era bajito y muy delgado, y su cara traslucía una desdicha crónica. Cuando comenzó a venir a consulta, Tom tenía 42 años y estaba desesperado por casarse. Se mostró encantado al conocer todas las ventajas que le proporcionaba su rasgo, pero aquello no era una cura mágica para su problema. Tom era el caso clásico de hombre al que las mujeres sólo quieren como amigo, pero no para una cita. A lo largo de toda su vida se le había percibido como demasiado femenino y, en ocasiones, como homosexual, aunque el negaba fervientemente ser gay, y nunca tuve la oportunidad de profundizar en el tema sin que se sintiera angustiado. Siendo niño, había sido víctima de *bullying,* y tanto sus progenitores como el profesorado que tuvo adoptaron la obsoleta actitud de decirle que dependía de él aprender a ser más agresivo. Como consecuencia de ello, Tom sufrió repetidos traumas, algunos de ellos sexuales, en callejones solitarios y detrás del gimnasio.

Tom se centró en la universidad y se convirtió en contable. Y, tan pronto como se estableció profesionalmente, partió en busca de esposa, una mujer que fuera atractiva, cariñosa y no como él. Tras la lectura de diversos libros escritos por expertos en citas con mujeres, decidió encubrir su estilo amable y conservador con algo más agresivo. Aprendió a tener citas rápidas y a «venderse», a hablar sólo de sus puntos fuertes, a gastar bromas y a ser cínico. Alguna mujer llegó a salir con él, pero nunca más de dos veces. Yo sospechaba que, cuanto menos auténtico era, menos atractivo resultaba; y tenía la clara sensación de que, en cuanto se ponía la máscara de aquella *personalidad* creada, de aquella imagen falsa, no podía concentrarme.

Unas cuantas relaciones le duraron un poco más cuando cambió de táctica y comenzó a quedar con mujeres sensibles. Sin embargo, el mayor avance le llegó desde una dirección diferente, cuando tuvo un importante ascenso en su empleo gracias a sus muchas y creativas ideas, combinadas con su concienzudo trabajo. Le indiqué el papel probable que había tenido su sensibilidad en eso, y al final se dio cuenta de que era un verdadero activo, incluso un activo económico. Los ingresos resultantes del ascenso los empleó para comprarse un automóvil caro, aunque práctico, y una nueva casa con vistas al océano. Decidió disfrutar de su vida tal como era y se olvidó de la búsqueda de la mujer perfecta, aunque al final comenzaron a llegarle las mujeres, y no sólo para tenerlo como amigo.

El cuerpo y el padre en el varón sensible

No he observado ninguna tendencia en concreto en los hombres sensibles a tener un tipo de cuerpo en particular, pero es obvio que constituye una diferencia crucial, como puede verse en los casos anteriormente descritos, donde Kevin se libró de la experiencia de Tom gracias a que tenía un cuerpo ideal. Incluso James podría haber tenido una vida más dura si hubiera sido de baja estatura. Como casi todos los hombres sensibles, los tres tenían un umbral de dolor bajo y recuerdos de infancia de haber resultado lesionado en un accidente en el patio de recreo o en el vecindario y haberse puesto a llorar en público. A James le dijeron «compórtate como un hombre». Kevin se quedó petrificado cuando le dijeron «no seas un niño de mamá». Tom escuchó a alguien decir «pareces una niña».

Una diferencia importante entre ellos la constituyó la figura paterna, como suele ocurrir en las personas sensibles. Los padres, como todos los hombres, suelen tener sentimientos intensos y confusos respecto a la sensibilidad, sea cual sea el género de la otra persona. Para un padre, resulta más fácil de aceptar una hija sensible, mientras que un hijo sensible puede suponer una amenaza para su propia masculinidad. Sin embargo, el padre de James estaba encantado con la sensibilidad de su hijo. Kevin apenas conoció a su padre, que casi con toda seguridad también era altamente sensible. Kevin recordaba que tenía que guardar silencio cuando su padre llegaba a casa y se iba directamente al estudio, de donde rara vez salía antes de que Kevin se fuera a la cama. Fuera por eso o por otros motivos, aquel hombre optó por el camino que habían tomado muchos previamente, y dejó a un lado a su irritante hijo sensible para que fuera educado por mujeres.

El padre de Tom fue el más perjudicial, en el sentido en que intentó incansablemente hacer de su hijo un «verdadero hombre». Y cuando vio que era imposible lo declaró un «caso perdido» y comenzó a burlarse de él. Hay padres que incluso intentan sacar de su hijo la sensibilidad a palos, con la esperanza de que el muchacho termine endureciéndose y rebelándose.

Las estrategias que los hombres sensibles adoptan en su edad adulta reflejan normalmente el modo en que sus padres los veían como hijos. Algunos, como James, saben que esos hijos son diferentes y están felices por ello. Otros, como Kevin, se empeñan en ocultar su rasgo y tienen éxito hasta cierto punto, en algunos casos ocultándoselo incluso a sí mismos. Se vuelven tan diferentes del hombre que temen ser como les resulta posible. Por último, otros abordan la vida tal como hacía Tom, sabiendo que van a ser objeto de acoso y viéndose como amigo de mujeres, un colectivo que también ha padecido la agresividad masculina.

Al menos cien hombres de medios de comunicación me han entrevistado acerca de mis investigaciones, y yo diría que todos excepto un puñado eran altamente sensibles y buscadores de sensaciones fuertes. Y casi todos me lo admitieron en privado. Alrededor de un tercio hablaban abiertamente de su sensibilidad. Sin embargo, la mayoría de ellos hicieron bromas frívolas, mostraron cierto desinterés personal, cuestionaron mis argumentos o atacaron directamente mis descubrimientos científicos.

(Yo respondía detallando mis observaciones sobre los entrevistadores masculinos al tratar el tema de la sensibilidad; y, si estábamos en antena, aquello animaba sin duda el programa). Y pude ver hasta dónde llegaban las raíces más profundas de estos miedos culturales cuando me entrevistaron dos hombres en una emisora de radio supuestamente cristiana. Ellos insistían en que la Biblia sugería que las mujeres debían ser sensibles, pero no los hombres, y que mis ideas eran profundamente anticristianas. Los pacientes varones que tienen antecedentes de este tipo tienen grandes obstáculos que superar.

Por otra parte, la relación de la sensibilidad y los hombres con la homosexualidad siempre está al acecho por el fondo. No dispongo de estadísticas sobre el tema, pero he hablado de esto con hombres gay que observan, como yo, que existe alrededor del mismo porcentaje de gay sensibles que de hombres sensibles en general. Es decir, que la mayoría de los hombres gay no son altamente sensibles; muchos, obviamente no lo son. Sin embargo, la suya es una cultura en la que se estimulan algunos aspectos de la sensibilidad, de tal modo que los hombres sensibles se pueden sentir más acogidos y por ende más dispuestos a salir del armario. Dado que la subcultura gay se define en parte a sí misma por desafiar los estereotipos de género, algunos hombres gay no sensibles disfrutan siendo más sensibles en modos específicos que el promedio de varones.

Conclusión: El tipo de cuerpo y las actitudes del padre hacia la sensibilidad constituyen factores importantes a tener en cuenta durante el tratamiento de los pacientes sensibles varones. La mayoría de los hombres forcejean con el mero concepto de sensibilidad, un conflicto que se refleja también en nuestra cultura.

Sugerencias para el trabajo con los hombres sensibles

Ofréceles modelos de rol de hombres sensibles a quienes les va bien en la vida.

Si no eres un hombre sensible, habla al menos de aquéllos que hayas conocido que tienen éxito en distintas áreas de la vida debido a su rasgo, no a pesar de él. Algunos hombres sensibles habrán encontrado modelos de rol por su cuenta. También podrías mencionar mi observación de que, tradicionalmente, los hombres sensibles han asumido, entre otros roles, el de chamán, sanador, artista, estratega, negociador, legislador, juez, maestro y agudo observador de la naturaleza o científico.

Discute el problema de la cultura

Explícales hasta qué punto la cultura nos conforma a todos, y hazles ver la importancia de contrarrestar sus propias actitudes contrarias a la sensibilidad. En parte, las culturas más antiguas y evolucionadas aprecian más a los hombres que son artistas, reflexivos, filosóficos, científicos o estrategas. Sin embargo, las culturas inmigrantes recurren menos a estas cualidades. Aprecian la acción rápida y la dureza más que otras virtudes o sofisticaciones. De hecho, esto es así toda vez que la fuerza bruta sea más importante para la supervivencia de un colectivo que unas cualidades más reflexivas; pero, a largo plazo, ningún colectivo sobrevive sin un equilibrio entre estos dos tipos de hombres.

Haz explícitas las ventajas de un hombre sensible

Las ventajas de ser sensible pueden ser las ventajas generales –aquéllas de las que ya hemos hablado–, pero también las del paciente en particular. Ayúdales a ver lo mucho que el mundo les necesita.

Ayúdales a demostrar su virilidad a su propia manera

Los hombres jóvenes, sea cual sea su temperamento, necesitan demostrarse su virilidad a sí mismos, pero también es cierto que muchos hombres sensibles sienten que no tienen nada que demostrar, sino sólo algo que ocultar. Puede ser útil animarlos a emprender un viaje heroico, sea lo que sea que puedan entender por «viaje heroico»; puede ser un viaje en solitario en bicicleta por todo el país o profundizar en su vida interior. Si el hombre es mayor y esto ya lo ha hecho, házselo ver. De otro modo, quizás necesiten identificar lo que demuestra, o demostraría, su masculinidad para sí mismos y para aquéllos que los conocen.

Hablad acerca de la idea de competir

De los hombres se espera que sean agresivamente, incluso despiadadamente, competitivos, que disfruten de la competición y que ganen. Sin embargo, a los hombres sensibles no les gusta generalmente competir, e incluso piensan que ser buenos en algo supone competir, por lo que convendrá que les saques de esa confusión. Normalmente destacan siempre en algo, sea en la forma de un magnífico sanador u orientador, pero no ven la sanación o la orientación como algo competitivo en el sentido de que les sirva principalmente para validar su superioridad.

No les gusta la competición, en parte, porque no les gusta ser agresivos ni les gusta que los demás se sientan inferiores, cosa que la mayoría de la gente lo ve como una virtud. Por otra parte, tampoco les gusta la competición porque no les gusta asumir riesgos, por lo que muchas veces no compiten a menos que estén seguros de ganar. Para lograr tales objetivos, se entrenan o hacen elaborados preparativos. Por ejemplo, en un empleo, hacen su trabajo tan bien que ni siquiera se plantea nadie competir con ellos, de ahí que piensen que no ha habido una verdadera competición, porque nadie podía competir con ellos. Ayúdales a darse cuenta de que, en cierto modo, han competido de antemano, en su imaginación, hasta tener la seguridad del logro.

La necesidad entre los hombres por parecer competitivos se extiende a las citas y a las relaciones románticas. Del hombre se espera que sea el que tome la iniciativa, que sea decidido y tenga claro lo que van a hacer juntos, y que esté siempre dispuesto sexualmente. Pero los hombres sensibles no quieren correr el riesgo de hacerle daño a otra persona controlándola, ni quieren molestarla si no están seguros de su consentimiento. La mayoría de los hombres alardeará de sus hazañas sexuales o hablará de las mujeres como trofeos, pero los hombres sensibles no suelen hacer esto. Algunos han empatizado tanto vicariamente, por observación, con el sufrimiento de las mujeres que son incluso más cautos con los derechos y los sentimientos de la mujer de lo que cabría esperar. Mientras tanto, muchas mujeres equiparan masculinidad con ser manifiestamente competitivo, en parte como evidencia de que el hombre es suficientemente fuerte como para protegerlas. En este sentido, convendrá que resaltes que los hombres sensibles suelen destacar también como protectores, pues no dan por supuesto que nada malo vaya a pasar, por lo que estarán siempre más preparados ante los distintos peligros que pueden acechar. Han pensado a fondo de antemano qué harían en determinadas situaciones y captan antes las señales que indican que ha llegado el momento de actuar. Por último, se sienten más impactados por las dificultades de los demás, lo que les lleva a poner las necesidades de la otra persona por delante de las suyas propias.

Ayúdales en su relación con la madre

Todos los hombres se ven fuertemente influidos por su relación con la madre, pero los hombres sensibles suelen tener una relación inusual con ella; por ejemplo, pueden haber sido el confidente de la madre o su pequeño ayudante. El hecho de ser más sensibles y afectuosos puede haberles hecho vencer en la competición edípica, con toda la ansiedad que esto trae consigo ante la idea inconsciente de ser castigado por ello. Por otra parte, puede haber madres que no respeten a un hijo sensible porque tienen la sensación de que no es un chico «de verdad». En ocasiones, todo esto ocurre al mismo tiempo o en diferentes momentos del desarrollo del niño. Estas dinámicas habrán perjudicado a los niños de diversas maneras y afectarán sin duda a sus relaciones posteriores con las mujeres. Quizás sean demasiado sumisos, teman ser controlados por ellas, duden de su masculinidad o estén tan cargados de rencor e ira que no puedan hacer otra cosa que hacer daño y rechazar a una mujer tras otra.

Un hombre sensible puede incluso no haber tenido una madre problemática, pero puede albergar no obstante algún miedo o enojo hacia las mujeres porque los hombres sensibles sienten más que otros el poder para castigar o rechazar que toda mujer tiene sobre su hijo, incluido el poder que su madre tenía sobre él.

En estos casos, tendrás que desarrollar la percepción de los patrones emocionales relacionados con la madre, pero tendrás que proporcionar también una experiencia de presencia materna (tanto si eres hombre como si eres mujer), que sea afectuosa y comprensiva con la sensibilidad de tu paciente, mientras mantienes unos límites respetuosos.

Las mujeres sensibles

Como ya se ha indicado, las mujeres sensibles suelen tener menos problemas que los hombres con su rasgo (aunque pueden verse más afectadas por los problemas propios de todas las mujeres). Esto se debe, entre otras cosas, a que ser sensible y ser mujer ha llegado casi a equipararse en el sentido de que las mujeres son sensibles a las necesidades de los demás. Pero siempre se ha esperado, sobre todo en nuestros días, que tal sensibilidad viniera acompañada de una energía y una resiliencia casi ilimitadas. Susan (en el capítulo 1) es un buen ejemplo de ello.

No obstante, si las mujeres sensibles se niegan a entrar en el mundo, se sentirán menos avergonzadas y menos culpables de lo que se sentirán los hombres sensibles. Así, muchos hombres pueden sentirse atraídos por tales mujeres, pues les permite exhibir su sentido protector con ellas, cosa que puede resultar halagadora para una mujer joven, que va del hogar familiar directamente al matrimonio sin haber vivido sola ni haberse sustentado por sí misma.

Al igual que ya vimos en el caso de los hombres sensibles, también aquí el papel del padre puede ser crucial. En un sentido arquetípico, los padres son los que enseñan a sus descendientes a enfrentarse al mundo. A este respecto, hay padres que ignoran a sus hijas sensibles por resultarles menos interesantes o por parecerles que no van a conseguir nada importante en la vida. Algunos ven la sensibilidad como un defecto peligroso, quizás incluso más peligroso en una mujer, porque piensan que se podrían aprovechar de ella por no ser capaz de sustentarse a sí misma. Estos padres intentan endurecer a sus hijas para que superen su debilidad, que es lo que harían también con un hijo sensible. Por otra parte, algunos padres, como mi amigo Jim (en el capítulo 1), lo hacen realmente bien, pues aceptan la sensibilidad de su hija. Sin embargo, esperan que la hija no huya del mundo y tenga éxito en él, aunque sea según los propios términos de ella.

Conclusión: Conviene que las mujeres sensibles eviten el estereotipo de que su sensibilidad está al servicio de las necesidades de los demás y que tienen una energía ilimitada para la entrega personal. Estas mujeres se suelen casar a temprana edad y se ven tan afectadas como los hombres por el modo en que el padre gestionó su sensibilidad.

Sugerencias para el trabajo
con las mujeres sensibles

Fomenta la interdependencia

En tanto que terapeuta, préstale apoyo a toda mujer sensible que haya decidido vivir por su cuenta o con otras mujeres antes de casarse o de vivir con un hombre, pues, de otro modo, sus intensas reacciones emocionales –miedo, soledad, aquellos momentos en que se sienta deprimida o herida– podrían darle la impresión de que no puede gestionar su propia vida. Al contrario, ayúdala a ver que no existe nadie verdaderamente independiente. Todos y todas somos interdependientes, aunque vivamos en habitaciones separadas o en casas aparte. Hazle ver que no estará sola, sino que dispondrá de amistades y familiares a los que recurrir, y que también podrá recurrir a ti. Además, hazle entender que, cuando conozca a potenciales parejas, que se fije en personas que aprecien la interdependencia.

Con todo, muchas pacientes sensibles serán emocionalmente incapaces de vivir solas. El miedo o la soledad, debidos a inseguridades del pasado, podrían abrumarlas. Si descubres que una mujer sensible no puede vivir sola, ten mucho cuidado en no hacer que se sienta avergonzada por ello. Hazle ver que es algo normal, si tenemos en cuenta la interacción de su rasgo con sus experiencias vitales. Y, si está dispuesta a ello, vivir sola puede ser un magnífico objetivo. Por otro lado, si nunca ha estado sola y mantiene una relación razonablemente igualitaria, sobre todo si le proporciona los recursos necesarios para la terapia, será bueno mostrar gratitud. En ese caso, ayúdala a valorar sus aportaciones y hasta qué punto su pareja y ella son interdependientes, y hasta qué punto es bueno para ambos estar juntos.

Explora su sexualidad

Las pacientes (y los pacientes) sensibles pueden mostrarse reticentes a la hora de hablar de su sexualidad, pero, siendo su terapeuta, tendrás que sacar el tema a colación más pronto que tarde; eso sí, de la manera más suave que puedas. Espera hasta que se presente la ocasión a través de sus comentarios o sueños. Toma nota de aquellas experiencias sexuales que más le hayan afectado y anímala a seguir su propio estilo sexual, que será diferente del de una mujer no sensible en algunos de los aspectos que se detallan en el capítulo 8. Yo presto atención a los sentimientos de vergüenza que puedan expresar cuando hablan de su sexualidad, e intento modelar un comportamiento de mayor apertura. También presto atención a cómo ven a los hombres y cómo ven el sexo, si pueden confiar plenamente en algunos hombres, pero no son indiscriminadamente sensibles a las necesidades de todos los hombres.

Aconséjalas en lo referente al estrés

Muchas mujeres sensibles serán como Susan (en el capítulo 1), pues intentarán hacer demasiadas cosas y terminarán desgarradas por amor o deber, o bien por el deseo de demostrar su competencia en un mundo masculino. Quizás te parezca que gestionan bien la situación, pero presta atención a las señales de estrés y no olvides que la sobreexcitación crónica puede ser la causa subyacente de muchos trastornos de ansiedad y del estado de ánimo, así como de problemas en las relaciones, problemas parentales y problemas de salud aparentemente desconectados. Tu misión como terapeuta consiste en determinar la conexión entre el estrés y otras dificultades, si esa conexión existe, y en mantener a la paciente con los pies en el suelo hasta que entienda que algo tiene que cambiar. Tendrás que insistirle en que las mujeres sensibles son diferentes y son más vulnerables en este sentido, que no es un fracaso, ni como mujer ni como persona, que simplemente es una persona altamente sensible, y que esto la hace más fuerte, si bien de un modo diferente.

Conclusión: Convendría animar a las mujeres sensibles a vivir por su cuenta durante algún tiempo, simplemente para que sepan que pueden hacerlo, pero entendiendo que su vida, como la de cualquier otro ser humano, es interdependiente. Sin embargo, no fuerces el tema. Da pie también, de manera sutil, a que hablen de su sexualidad, y vigila cualquier señal de estrés por el trabajo o por la vida en el hogar.

Etapas de desarrollo

Los terapeutas que trabajan con pacientes sensibles suelen observar que estos pacientes atraviesan las distintas etapas de desarrollo de forma más lenta. Es decir, en su infancia, les costó más renunciar a los objetos transicionales o a perder el interés por los juguetes. Les llevó más tiempo desarrollar su sexualidad, abandonaron el hogar familiar más tarde, se casaron asimismo más tarde y les llevó más tiempo alcanzar cierta estabilidad a la hora de ganarse la vida. No disponemos de explicación alguna para esto, salvo que, una vez más, estuvieran observando a fondo la realidad antes de introducirse en ella y que, probablemente, disfrutaran más de cada período de desarrollo. Hay excepciones, claro está, sobre todo entre los niños y las niñas sensibles que desarrollan un yo preconsciente falso, un yo que parece el de un adulto, incluso de mediana edad, cuando todavía no ha alcanzado los diez años de edad. Sin embargo, estos niños, cuando llegan a la edad adulta, suelen estancarse, ya que sienten que no están verdaderamente preparados para la vida, especialmente una vida en la que van a tener que adaptarse a un mundo no sensible.

Yo no soy especialista en psicología evolutiva, pero me aventuré no obstante a escribir un libro sobre la crianza de niños sensibles, *El don de la sensibilidad en la infancia*,[2] junto con la consultora de temperamento Jan Kristal. Recomiendo también su libro, *The Temperament Perspective (La perspectiva del temperamento)* (Kristal, 2005), que está escrito para profesionales de la infancia y para progenitores. Dado que en estos libros se ofrecen multitud de consejos para la crianza, no me detendré demasiado aquí, si bien sí quisiera señalar que tú, como terapeuta, convendrá que seas consciente de que el temperamento juega un papel fundamental en los problemas de desarrollo, y que, antes de dar por sentado que un niño, una niña o una familia tiene un problema grave, tomes en consideración si el entorno del niño o la niña «encaja» bien con su temperamento y qué se podría hacer al respecto en caso de no hacerlo. Pensar primero en el temperamento es especialmente importante con niños o niñas sensibles, que, si se les lleva a terapia sin más dilaciones, van a pensar que sus adultos de referencia creen que hay algo mal en ellos. En *El don de la sensibilidad en la infancia* se ofrece un cuestionario para ayudar a los progenitores a evaluar la sensibilidad infantil, cuestionario que también se puede encontrar en mi página web.

---

2. Publicado por Ediciones Obelisco, Barcelona, 2017.

En la primera infancia

Una niña o un niño sensible se puede identificar en torno a los cinco meses, si bien algunos se delatan desde poco después de nacer, en la medida en que se sienten mejor cuando hay menos estimulación a su alrededor. El mero hecho de darse cuenta de que un bebé recién nacido podría ser altamente sensible puede facilitar mucho la conexión entre los progenitores y el bebé. Hay progenitores que parecen percibir la sensibilidad en sus bebés y comienzan a responder a ella a una edad muy temprana, aunque no siempre de la manera más adecuada. Una madre se quejaba de que su bebé no dejaba de llorar, de que era «demasiado quisquilloso», para después confesar que estaba intentando preparar a su hijo desde un principio para la vida en un mundo de alta estimulación, moviéndolo de habitación en habitación, haciéndole dormir en diferentes lugares e, incluso, en diferentes lechos. En cuanto dejó de hacer rotaciones y redujo la estimulación, el bebé se relajó. Lo que hubo que hacer después fue ayudar a la madre a aceptar el temperamento de su hijo.

En la etapa escolar

A esta edad, la bondad de ajuste debe extenderse a los grupos de juegos y a la escuela. A la mayoría de las niñas y niños sensibles les cuesta conectar socialmente, por lo que habrá que ayudarles en este punto. Además, necesitan más tiempo de reposo que el resto de niños, y no prosperarán en un entorno de interminables partidos de fútbol, clases de gimnasia y quedadas para jugar en casas de amigos, seguido por televisión o actividades familiares al llegar a casa. Un niño o niña sensible va a necesitar un dormitorio propio, si ello es posible. Por otra parte, muchos de ellos son superdotados (Silverman, 1994) por lo que necesitarán estímulos añadidos en su aprendizaje para que no se aburran en clase y se queden rezagados. El hecho de ser superdotados, a su vez, puede llevarles al ostracismo, a menos que la escuela sea un buen encaje para ellos.

La adolescencia

Ésta es la etapa en la que la sensibilidad a la estimulación física se halla en su punto más bajo. Parte de su tolerancia a la música estridente, a las luces brillantes y todo lo demás se debe a que todavía están fuertemente influenciados por sus pares, que en su mayoría son no sensibles, aunque también puede influir en ello la naturaleza del sistema nervioso adolescente. Muchos adolescentes sensibles son capaces de estudiar mientras escuchan música o con el televisor en marcha, comportamientos que desecharán hacia los 30 años. El hecho de que su sensibilidad esté mitigada en este período les ayudará, claro está, a entrar en el mundo, y puede que sirva a esta función.

Si tenemos en cuenta lo rápido que pasamos de la infancia a la edad adulta, y lo complicada que es esta etapa de la vida, no debería sorprendernos que los individuos altamente sensibles no consigan ponerlo todo en su sitio antes de los 30 años. La mayoría pasan por una grave crisis hacia la época de su graduación en los estudios secundarios o en la universidad; es decir, toda vez que se enfrentan ante la expectativa de tener que ganarse la vida. Durante estas transiciones pueden sufrir de ansiedad, depresión o de enfermedades físicas, aunque no hayan padecido nada de esto anteriormente. Están mirando hacia el futuro, como les dicta su estrategia innata, viendo lo difícil que es la etapa adulta para todo el mundo, pero especialmente lo difícil que va a ser para ellos.

Convendrá disuadirles de la idea de que tienen que pasar rápido por este proceso para que se considere que han tenido éxito. Progenitores y terapeutas tendrán que ayudar a los adolescentes sensibles a dar los pasos adecuados para adentrarse en su futuro. Si optan por hacerlo dando pequeños pasos, como puede ser matriculándose en una facultad de la zona, para seguir viviendo en casa antes de atreverse a ir una universidad más lejana, se les debería elogiar por ello, pues estarán haciendo lo más adecuado en su caso. Si tienen que elegir entre varios centros educativos, convendrá indicarles las ventajas de ingresar en uno en el que, al menos, haya algún amigo o amiga cercana, o bien un centro que se caracterice por prestar mucha atención a sus estudiantes.

Las citas y la experimentación sexual también pueden demorarse en el caso de los adolescentes sensibles, y probablemente haya que sugerirles también que no deberían apresurarse. Sin embargo, la presión de los pares es muy fuerte y, a veces, los progenitores también ejercen cierta presión, preocupándose si su hijo o hija no está quedando con nadie y sigue virgen a los 20 años. En la encuesta que llevamos a cabo sobre la sexualidad, las mujeres sensibles se demoraron más que las no sensibles a la hora de tener experiencias sexuales, fueron más cautas a la hora de elegir con quién lo harían por vez primera (normalmente, eligieron parejas sexuales a las que amaban) y, como sería de esperar, tuvieron menos experiencias negativas. Sin embargo, muchas de ellas añadieron en los comentarios opcionales que habían sido más activas sexualmente de lo que hubiera deseado cuando eran jóvenes y que lo lamentaron posteriormente. Debería animarse a los pacientes sensibles adolescentes a hablar de su sexualidad y, en particular, del papel que tiene la presión de los pares sobre ellos y del nivel de actividad que realmente quieren tener a este respecto. Por encima de todo, van a necesitar de mucho apoyo en casa y por parte tuya, de tal manera que entiendan que la cercanía y el cariño no sólo se pueden obtener a cambio de sexo.

En general, los adolescentes sensibles son los más fáciles en el trato, pues normalmente experimentan menos con drogas y asumen menos riesgos de todo tipo. Son más conscientes y meticulosos, y suelen ser mejores estudiantes. También son los pacientes a los que más fácil se les puede prestar ayuda.

Maternidad-paternidad y madurez

Las personas sensibles suelen ser magníficas en su papel como progenitores. Sin embargo, necesitarán ayuda con sus preocupaciones y con el hecho de que se pueden sentir abrumadas con facilidad. Por encima de todo, necesitarán disponer de expectativas acerca de sí mismas diferentes de aquéllas que se fomentan desde los medios de comunicación. Tener un bebé, al igual que celebrar una boda, es objetivo claro de muchos intereses comerciales, que intentan convencer a sus clientes de que no saben lo que están haciendo y, por tanto, van a necesitar ayuda externa. Pero este consejo es de los de «talla única», y esto puede hacer que los progenitores sensibles se queden con la sensación de que están haciendo algo mal porque no tienen la experiencia normativa en estos casos. No obstante, estos progenitores se sienten también obligados a leer todos los libros de crianza que caen en sus manos. Como terapeuta, tú puedes ayudarles a elegir la información que convendrá que busquen y tendrás que animarlos a hacer uso de su intuición, una intuición que está basada en que conocen bien a sus hijos y a sí mismos.

Respecto a las personas sensibles más mayores, son normalmente las que mejor se han adaptado a su sensibilidad, dado que tienen ya bastante experiencia con sus singularidades. Quizás debido a esto, también parecen menos estresadas y envejecen más despacio, pasando también más tarde por esta etapa de desarrollo. También son, probablemente, más meticulosas en la prevención de su salud, aunque se angustien menos con el proceso de envejecimiento, porque lo han estado anticipando, en vez de negarlo. Suelen centrarse más en su vida interior y en su propia expresión a través del arte o de su profesión, que son empeños no mediatizados por la edad. Poca gente se pregunta por la edad de un escritor o una científica. Al mismo tiempo, las personas sensibles nunca dejan de pensar en la muerte, algo que arrastran desde su infancia. También se han estado preparando para ella durante toda su vida y han desarrollado ideas espirituales o filosóficas que les resultan útiles para ello.

Sin embargo, aquellas personas sensibles maduras que puedan venir a consulta quizás evidencien más angustia que los demás por el declive debido a la edad y por las pérdidas sufridas debido a sus intensas respuestas emocionales en general y a su mayor miedo a la pérdida en particular. También aquí, tu papel como terapeuta será el de ayudarlas a comprender que sus reacciones intensas son normales, para luego enseñarles, mediante modelado de roles, o en este caso quizás baste sólo con que lo vean, hasta qué punto les puede resultar fácil encontrar su camino en este tránsito.

Conclusión: La edad marca grandes diferencias en los pacientes altamente sensibles. En particular, serán menos sensibles durante la adolescencia y les llevará más tiempo madurar. Como progenitores, van a necesitar apoyo y seguridad, y su respuesta ante el envejecimiento se hallará, probablemente, en el extremo positivo o en el negativo.

Cómo ayudar a los pacientes sensibles que se han quedado atascados en su desarrollo hacia la etapa adulta

La principal característica de los pacientes sensibles de la que dan cuenta los terapeutas en lo relativo al sendero de estos pacientes hacia la edad adulta suele ser el que se quedan por detrás en su desarrollo con respecto a sus pares. ¿Por qué esta paciente vive todavía con su madre? ¿Por qué este paciente sigue haciendo un trabajo tan servil? ¿Cuándo va a dejar esta paciente de vestirse como una adolescente? ¿Por qué este paciente sigue pensando como un niño?

La resolución de esta demora que les lleva a quedarse atrás será única en cada paciente, y será lenta. Normalmente, no se consigue nada dándoles sermones, dado que saben muy bien que no siguen el ritmo de sus pares. El motivo es normalmente el miedo; miedos que les avergonzaría incluso admitir, como el miedo a cometer el más mínimo error o a que alguien se enfade con ellos. Unos son conscientes de sus miedos, otros se pondrán un millón de excusas: «Nadie va a la universidad ya; todo el mundo se gana la vida en Internet»; «Tener familia supone demasiado trabajo»; «Quiero vivir el instante, no planear toda mi vida como hicieron mis padres». En ocasiones, se trata de niñas o niños protegidos que, simplemente, hasta ahora, no han tenido incentivos para madurar y saben, conscientemente o no, que no se les ha preparado. Otros han tenido un fracaso traumático –les despidieron del trabajo, tuvieron que dejar el instituto por una depresión o por ansiedad, fueron abandonados tras una larga relación amorosa o vieron sufrir al padre o la madre tras un fracaso similar.

En ocasiones, el padre o la madre se halla tras el estancamiento, al ofrecer ayuda, normalmente de forma inconsciente, justo cuando su hijo o hija adulta estaba a punto de conducirse de forma independiente. La madre se ofrece a pagar el alquiler o a pagar la entrada del apartamento (pero es ella la que elige la casa). El padre emplea a su hijo en la oficina o racionaliza que «Simplemente, quiero que tenga unos años buenos antes de establecerse, cosa que yo no pude hacer». Lo que viene a continuación son sugerencias para el trabajo con estos pacientes estancados.

Mitiga la vergüenza y fomenta la autoestima

Dado que una baja autoestima es la principal causa de sus vacilaciones, ten especial cuidado en no avergonzar a estos pacientes por haberse quedado estancados. Ellos ya están suficientemente avergonzados por ello. Busca una explicación a su situación, tanto para ti mismo como para ellos, recurriendo a sus experiencias de aprendizaje y a los temores resultantes. Demuéstrales que los aprecias en este instante, sea lo que sea que hagan en un futuro.

Sé paciente

Todo el mundo alrededor de un joven adulto atascado quiere resultados rápidos, pero el paciente puede tener miedo de admitir que está estancado y puede intentar aparentar que es feliz o que ha elegido esa situación. Nada va a suceder en tanto no admita que no es feliz con su falta de progresos, y esto no ocurrirá hasta que esté seguro de que le importas y le aprecias, tanto si está atascado como si no. Hay que tener presentes esos momentos de insatisfacción, pero no te abalances sobre ellos.

Mantén el conflicto dentro del paciente

No te conviertas en un representante de la edad adulta, de la razón o de la moderación, mientras el paciente se sitúa en el bando opuesto. Intenta mantener el conflicto dentro de él. «Tú dices que yo quiero que dejes de beber. Yo no recuerdo haber dicho exactamente eso. Yo recuerdo repetir lo que tú habías dicho: que, a veces, cuando el surfista que hay en ti bebe demasiado, te sientes fatal, y que a menudo te preocupa que todo esto de pasar el rato en la playa y beber sea sólo una huida. También da la impresión de que lo disfrutas mucho, y algo te hace volver a ello. Es un conflicto realmente complejo». Una excelente postura que puedes adoptar es «Confío en que al final tomarás la mejor decisión posible».

El conflicto interior tiene sus propias voces. En vez de preguntar, «¿Qué te impide conseguir empleo?», prueba con «¿Quién, dentro de ti, te impide conseguir empleo?». Diferenciando partes dentro de la persona se reduce la vergüenza. A veces, el paciente le da realmente voz a esa parte. Yo puedo imaginar lo que diría esa parte y espero a que el paciente, o más bien esa parte del paciente, me corrija. Yo puedo decir, por ejemplo, «Supongo que nos diría que tiene miedo». La parte estancada del paciente puede responder con «sólo quiere que la cuiden».

Deja entrar al niño o la niña que quiere seguir en la infancia

Con mucha frecuencia, el deseo de huir de la edad adulta se halla presente, y hay que dejarlo entrar para que el paciente pueda escuchar lo que el niño o la niña rechaza. Yo animo a que esa parte de la persona hable, pues se suele aprender mucho acerca de los problemas de la infancia que siguen estando ahí y que impiden a la persona crecer. Cuanto más aceptes esa voz, más cosas revelará. Pero nada de todo esto se debería utilizar posteriormente contra el paciente con, por ejemplo, «Supongo que ésa es la parte infantil de ti que quiere que la cuiden». Más bien, yo le pediría a esa parte que hablara de nuevo, para enterarme de cómo está desarrollándose y a qué nuevos temores se enfrenta.

Contempla el futuro a través de sus ojos

Las personas altamente sensibles anticipan las situaciones y ven las consecuencias posibles de éstas, pero a veces se quedan atascadas ante aquellos problemas que se ciernen sobre ellas y las paralizan, o bien ante una imagen depresiva de sí mismas como adultos –como una persona preocupada, sobrecargada de responsabilidades, viviendo exclusivamente para complacer a los demás, etc.–. ¿Quién querría vivir eso? Pero la visión a largo plazo puede ser más luminosa si son capaces de adoptar una actitud creativa. No tienen por qué ser como los demás. Aun en el caso de que la situación a corto plazo no sea más que de sobrecarga de trabajo y obstáculos, ayúdalas al menos a dar ya unos cuantos pasos en la dirección que prefieran. Sí, tendrán que sacar su doctorado antes de intentar escribir una novela, pero quizás puedan escribir ya relatos cortos. Puedes decir algo así como, «Lo que yo haría es pensar a diez años vista y ver las diferentes trayectorias que se presentan si escribes la tesis doctoral y si no la escribes. Si no la escribes, supongo que tendrás un TMT, Todo Menos la Tesis. Podrás ser profesora adjunta, pero el sueldo no será alto. No obstante, quizás esté bien para ti. Siempre puedes alquilar una habitación en la ciudad y continuar con tu novela. Tal vez escribas también algún texto técnico aparte. Lo bueno es que, sea como sea, dentro de diez años no vas a tener que escribir esos largos artículos académicos. Sin embargo, si haces el doctorado, escribir esos largos artículos va a ser lo peor de todo. Por suerte, dentro de diez años no importará lo que escribiste, sino simplemente que escribiste algo. Habrás hecho la investigación. Sabrás que escribes bien. Si pudieras superar tu perfeccionismo y tu miedo al director de tesis, claro está. Me pregunto si podrías conseguir que él le echara un vistazo al borrador del primer capítulo, por ver si vas por buen camino». Ten mucho cuidado de no presionar demasiado, si sabes que este paciente no va a poder hacer las cosas recurriendo exclusivamente a la fuerza de voluntad, pues no hará otra cosa que añadir un fracaso más.

Origen étnico

Dando por supuesto que nacen, más o menos, el mismo porcentaje de personas sensibles en todas las razas y en todos los países, la pregunta ahora sería cómo se ve el rasgo en cada raza o país. ¿Se honra, se acepta, se ignora o se rechaza? Normalmente, Europa y Asia valoran más la sensibilidad de lo que se valora en el continente americano o en Australia, aunque también esto puede estar cambiando.

En los Estados Unidos, he podido observar cómo responden los distintos grupos étnicos ante la sensibilidad, si bien resulta extremadamente difícil hacer generalizaciones. Entre la mayoría de los afroamericanos, la sensibilidad se halla fuera del concepto que uno tiene de sí mismo. Sospecho que durante y después de la época de la esclavitud (o de la inmigración), la mayor parte de las personas sensibles no sobrevivieron, o lo hicieron, pero tuvieron que adaptarse hasta tal punto a su situación vital que terminaron por no ser conscientes del rasgo. Sin embargo, también sospecho que algunos de los más importantes líderes políticos y espirituales afroamericanos han sido extravertidos altamente sensibles. Normalmente evito decir si alguna figura histórica fue altamente sensible, a menos que disponga de hechos que lo respalden, porque estas personas ya no están aquí para darme o quitarme la razón. Sin embargo, da la impresión de que los afroamericanos que eran altamente sensibles debieron encontrarse entre los más angustiados por lo que estaba ocurriendo con su grupo étnico, debieron estar entre los más proclives a desarrollar una visión de cambio social y entre los más creativos en su liderazgo.

Los afroamericanos con los que he hablado sobre el tema señalan que las mujeres de su raza se supone que son invariablemente fuertes, y que los hombres tienen demasiados problemas con el concepto que tienen de sí mismos como para añadirse la etiqueta de sensibles. Sin embargo, muchos son sensibles y, para ellos, la sensibilidad es una fuente extra de dolor, aunque también de sustento. Algunos sienten hasta tal punto los apuros por los que pasa su gente, e incluso ellos mismos, que sus intensas emociones casi les paralizan, si bien la mayoría ha encontrado vías creativas para aliviar su situación. Sin embargo, otros han recurrido a su sensibilidad para adaptarse a la mayoría blanca de forma tan perfecta como para disociar el daño que los prejuicios les han provocado. Quizás algunos de ellos lo han sanado, o se han evadido de él por completo, pero, normalmente, doy por hecho que lo único que desearían es lograrlo.

En cuanto a las personas de países de habla hispana, la respuesta ante la sensibilidad parece más variada dependiendo de la familia. Sospecho que hay un mayor porcentaje de personas altamente sensibles en estas culturas que son extravertidas, dado que la familia y la vida comunitaria constituyen, por regla general, una fuente de apoyo en este sentido. Me gustaría poder aportar más ideas sobre el tema del origen étnico, pero quizás, con el tiempo, podamos escuchar más voces de personas altamente sensibles de otras etnias hablando sobre este tema.

Conclusión: Cada grupo étnico y cada familia dentro del grupo tiene su propia visión de la sensibilidad como rasgo, y eso influye en gran medida en el modo en que los pacientes de tales grupos abordan su temperamento y lo comprenden.

Resumen y conclusiones

Este capítulo se ha centrado en tres temas: los problemas de autoestima, las dificultades para acoplarse a un estilo de vida no sensible y las intensas reacciones emocionales ante las críticas. También se han explorado algunos problemas específicos en torno al género, al origen étnico y a la edad.

Los problemas de los que se habla en este capítulo son, en gran medida, una consecuencia directa del hecho de que las personas sensibles son una minoría, y no se deben al rasgo en sí, de manera que muchos de sus problemas son el resultado de estereotipos negativos. Es decir, las personas sensibles constituyen una minoría más que se enfrenta a prejuicios, en este caso por causa de su temperamento. Tales prejuicios son obvios y van desde el jardín de infancia y el aula escolar hasta las oficinas de una gran compañía o la consulta médica. Y, al igual que ocurre con cualquier otra persona que haya sufrido los efectos de los prejuicios, las personas sensibles también llegan a sentirse mal consigo mismas. Intentan reprimir su rasgo y, para ello, se comportan como las personas que las rodean, aunque su estilo de vida no se ajuste en modo alguno a ello. Esperan recibir, habitualmente, retroalimentaciones negativas y, cuando llegan, las llevan a pensar que tienen graves defectos como personas. Las consecuencias de todos estos prejuicios han constituido el contenido de este capítulo.

Y, al igual que ocurre con cualquier otro colectivo víctima de prejuicios, los profesionales clínicos tendrán que hacer un esfuerzo adicional para valorar a las personas altamente sensibles y tratarlas de una manera justa, dándoles así la oportunidad de superar el daño que se les ha hecho. Convendrá ofrecerles la experiencia de una plena aceptación, mientras se las ayuda a tomar conciencia de cómo los prejuicios culturales las han afectado personalmente, quizás de formas de las cuales ni siquiera son conscientes. Enderezar un error puede ser un trabajo gratificante.

Capítulo 5

Cómo adaptar el tratamiento para el paciente altamente sensible

La verdadera mente creativa, en cualquier campo, no es más que esto: la criatura humana nace con una sensibilidad anormal, inhumana. Para ella… un toque es un golpe, un sonido es ruido, una desgracia es una tragedia, una alegría es un éxtasis, un amigo es un amante, un amante es un dios y el fracaso es la muerte. Añádase a este cruelmente delicado organismo la necesidad abrumadora de crear, crear, crear… de modo tal que, sin la creación de música, poesía, libros, edificios o algo con sentido, se le corta el aliento. Tiene que crear, debe derramar creación. Por alguna extraña y desconocida urgencia interior, no se va a sentir realmente vivo a menos que esté creando.

—Pearl S. Buck, novelista, Premio Nobel

En este capítulo se ofrecen vías mediante las cuales adaptar la psicoterapia para los pacientes altamente sensibles (incluyendo adaptaciones para aquellas situaciones en que el terapeuta no es altamente sensible). Estos métodos se abordan a través del acrónimo que adoptamos en el capítulo 2, PIES, con el fin de recordar las cuatro características básicas del rasgo: profundidad de procesamiento, intensidad emocional, excitabilidad acrecentada y sensibilidad sensorial.

Si queremos dar un buen servicio a las personas altamente sensibles que vengan a psicoterapia, tendremos que adaptarnos a ellas. Con este fin, convendrá que volvamos sobre el concepto de bondad de ajuste, perteneciente a la literatura del temperamento infantil (Kristal, 2005; Thomas y Chess, 1977). Esto no significa que terapeuta y paciente deban tener el mismo temperamento. Más bien, se refiere a la necesidad de adaptar el entorno y la experiencia de la terapia de tal modo que genere un buen ajuste para los pacientes sensibles, tanto en los aspectos físicos como en los sociales y emocionales. Afortunadamente, terapeuta, escenario y marco pueden ser fácilmente «afinados» para alcanzar este objetivo. Al igual que sucede con los niños, adaptarse a su temperamento mejora los resultados, de ahí que este asunto merezca bien la atención del terapeuta.

Quizás pienses, «Pero son adultos; tendrán que aprender a adaptarse». Eso es cierto, cuando los niños crecen, tienen que adaptarse, o bien buscar personas o lugares que constituyan un buen ajuste para ellos. Y tus pacientes sensibles son también adultos que, en gran medida, se adaptan a un mundo no sensible. Pero será mejor no forzarles a hacerlo en tu consulta, dadas las evidencias ya presentadas (Bakermans-Kranenburg, Belsky y van Ijendoom, 2007; Ellis *et al.*, 2005; Pluess y Belsky, 2009) de que los niños sensibles y difíciles suelen desempeñarse excepcionalmente bien si han tenido la crianza y el entorno adecuados en su infancia. Sin duda, animar a que un adulto sensible sea él mismo, al tiempo que le proporcionas un buen ajuste, es probable que lleve a resultados terapéuticos mejores de lo esperado.

La cita del comienzo de este capítulo, de Pearl S. Buck, es un poco dramática, pero se ofrece aquí para recordarte que la sensibilidad es algo ciertamente real para tu paciente, tanto si lo es para ti como si no. Además, podemos decir sin miedo a equivocarnos que toda persona sensible es excepcionalmente creativa, aunque no se haya expresado así todavía o no se perciba ningún talento particular hasta el momento. Sin embargo, tus pacientes sensibles pueden haber sido tan golpeados por la vida que la urgencia interior que dice Buck les mantendría con vida ha quedado sofocada, y buena parte de lo que vas a tener que hacer es traerla de nuevo a la vida.

¿Y qué hay de tu propio temperamento?

Aunque no es necesario que el terapeuta tenga el mismo temperamento que sus pacientes con el fin de ofrecer un buen ajuste, convendrá que sea consciente de los efectos que su sensibilidad o su falta de ella puede tener sobre sus pacientes.

Si el terapeuta no es altamente sensible

Todo terapeuta debería leer esta sección, aunque sea altamente sensible, pues hasta un terapeuta sensible puede no ser tan sensible como un paciente en concreto.

Las ventajas de un terapeuta no sensible

Repito: no hace falta ser un padre o una madre altamente sensible para criar a un niño o una niña altamente sensible. Sin embargo, sí que se requerirá de cierta capacitación. (Recordemos a Suomi [1997], que puso al cuidado de madres de adopción a un grupo de monos «reactivos», hallando que sólo los que habían sido criados por madres cualificadas no mostraban comportamientos tímidos, depresivos o ansiosos). Y lo mismo podemos decir de un terapeuta. Si te capacitas, podrás beneficiar en gran medida a tus pacientes sensibles aprovechando al máximo vuestra diferencia de temperamentos. Por ejemplo, el respeto y la admiración de un terapeuta no sensible por las personas sensibles tendrá un efecto más poderoso sobre el paciente. Incluso habrá momentos en que tú, espontáneamente, defenderás el derecho de tu paciente sensible a expresar sus necesidades, por diferentes que sean de las de la mayoría, y ese gesto tendrá un grandísimo valor para tu paciente.

Siendo no sensible, también te resultará más fácil modelar el comportamiento de tu paciente para que suba el «volumen», es decir, la intensidad de su discurso, cuando necesite ser escuchado por otras personas no sensibles como tú. Por otra parte, será inevitable que en ocasiones te muestres demasiado contundente o hagas preguntas que parezcan amenazadoras para una persona sensible, pero esto os dará la oportunidad para que le enseñes a tu paciente a manejar una comunicación como ésa y averiguar cuál era la verdadera intención existente tras ella. Podrás proporcionarle experiencia de primera mano de cómo piensa la mayoría de la gente, de cómo ven a las personas sensibles y qué se puede y qué no se puede esperar en general de aquellas personas que no tienen el rasgo.

Cuando los pacientes sensibles se sientan abrumados, posiblemente mantengas más la calma y puedas tener un efecto más tranquilizador del que podría procurar un terapeuta altamente sensible, y tus pacientes interiorizarán mejor esta respuesta serena. Por último, dado que tú probablemente hablarás y te conducirás de una manera más libre, posiblemente puedas proporcionarles un modelo o ejemplo de comportamiento para que sean más espontáneos.

Los peligros de ser diferente

Ten cuidado y no asumas, como suele hacer todo el mundo, que los demás son como tú, y que todas las dificultades o diferencias de los pacientes se deben a un trauma, que hay que descubrir y sanar, o a un proceso de pensamiento que hay que corregir. Lo cierto es que algunos aspectos de las personas altamente sensibles jamás cambiarán, y no se tratará de un caso de resistencia inconsciente, ni tampoco deberás pensar que tu terapia ha fracasado.

El consejo que doy a las parejas en las cuales uno es sensible y el otro no es adecuado también para la díada terapeuta-paciente. Lo primero que hay que hacer es aceptar la diferencia y quizás, si es necesario, lamentarse por ella. Si tú quieres mucho a alguien, lo que vas a querer es que sea como tú, pues esto os acercará más. Por otra parte, también puede que pienses al principio que aquella persona a la que quieres sería más feliz si no fuera sensible y fuera más como tú y como el resto de la gente.

Sin embargo, debo decir con toda honestidad que no te va a hacer gracia tener que adaptarte a las «quisquillosas» sensibilidades de otra persona. Al igual que un cónyuge no sensible, un terapeuta no sensible tendrá que aceptar, e incluso lamentarse, por los hechos diferenciales de sus pacientes sensibles. Sólo entonces podrán trabajar juntos para resolver creativamente el problema de adaptarse uno a otro. Antes de eso, nos encontraremos siempre con un «Sí, pero…», «Sí, pero no creo que puedas habituarte a…», o bien, «Sí, pero inténtalo esta vez y ya vemos…».

Las sugerencias serán perfectamente apropiadas en cuanto aceptes plenamente la sensibilidad de tu paciente. Podrás animarle a hacer cosas del mismo modo que mi amigo Jim animaba a su hija Lily (en el capítulo 1). No siempre tendrás que aceptar un no por respuesta cuando pienses que un paciente puede hacer algo que realmente le conviene. Estos pacientes tienen una larga experiencia en la cual los demás, exasperados, dejaban de insistir a poco de intentarlo. Pero el paciente realmente quiere hacer las cosas, por lo que una actitud de confianza y respeto por tu parte puede ser extremadamente eficaz.

Sin embargo, la lentitud del proceso en su integridad puede ser frustrante para ti. Quizás no te guste tener que hacerlo todo con tantas precauciones, por lo que tendrás que tener paciencia, si bien tu consuelo será que la paciencia es una magnífica virtud a desarrollar. Los pacientes sensibles pueden tener ideas extrañas, profundas y cómicas, pero son ideas que emergen lentamente. Cuando guarden silencio y tú sepas que están pensando, tendrás la tentación de finalizar la idea por ellos o de ofrecer una «elección múltiple». «Parece que te cuesta encontrar las palabras para expresar tus ideas. ¿Tienes miedo de mi reacción, o de la tuya?». Será mejor algo así como: «Me da la impresión de que te cuesta traducir tus pensamientos en palabras. ¿Es así? ¿Te cuesta más de lo habitual? [Si es así]. ¿A qué podría deberse?».

Los terapeutas no sensibles pueden sentirse consternados si, en algún momento, de forma no intencionada, hieren los sentimientos de un paciente. O puede que se enteren de ello cuando el paciente deja de ir a su consulta. Para evitar esto, los terapeutas tienen que bajar el «volumen», es decir, mitigar la contundencia de sus palabras. Todo el mundo tiende a poner en palabras sus pensamientos con la misma intensidad con la que los demás les hacen llegar sus mensajes. Sin embargo, las personas altamente sensibles sólo necesitan detalles, gestos, miradas, matices y tonos de voz, y así es también como ellas se comunican. Las sugerencias de un terapeuta no sensible les pueden parecer órdenes que hay que obedecer sí o sí. «No deje mensajes después de las nueve de la noche» puede significar, simplemente, que no vas a comprobar si hay mensajes pasada esa hora, pero una persona sensible lo puede entender como «No seas un incordio y no me molestes después de las nueve». Las preguntas pueden sonarle como ataques, parecerles inquisitivas («¿Por qué hiciste eso?»). Las interpretaciones pueden llegar como juicios acerca de la integridad de sus intenciones («¿No me habrás traído estos regalos porque tienes miedo de que te rechace si no lo haces?»).

El terapeuta tendrá que andar con pies de plomo, sobre todo, cuando una persona altamente sensible esté desvelando cautelosamente sus sentimientos más sutiles, pues tales sentimientos son como criaturas marinas que se sacaran desde las profundidades y apenas pudieran sobrevivir a la luz del día. Una sonrisa a destiempo o una digresión podrían parecerle demasiado irreverentes, llevándola a no volver a sacar jamás ante ti este tipo de materiales, aunque sean claves en su vida. Tal como lo expresó una paciente, «Es como si yo estuviera en una habitación oscura, iluminada sólo por una vela, orando, y entonces entraras tú, encendieras la luz del techo y me preguntaras qué estoy haciendo».

Claro está que estos pacientes pueden adaptarse al volumen de un terapeuta no sensible –muchos lo hacen ya– y pueden ganar mucho con ello o de ti con otras cosas que dejan de perturbarlos. Pero el peligro con un volumen alto es que tendrás demasiada influencia sobre el paciente. Éste quizás no diga nada sobre ello, y puede que ni siquiera sea consciente de ello, por estar tan habituado a que le anulen.

Después estarán los pacientes sensibles que han aprendido a «repartir» con los mejores, pero que, decididamente, no son capaces de asumir lo mismo que dan.

Caso ilustrativo

Josh era un adolescente de baja estatura, delgado, extremadamente inteligente y muy sensible, que se crio mayormente con niñeras y en internados. Siendo invariablemente el más pequeño de su clase, había aprendido a defenderse de forma muy agresiva y con burlas, método que encubría un agudo temor al rechazo. Esta defensa era especialmente útil en los internados, donde la mayoría de sus compañeros de clase se sentían igualmente rechazados por sus progenitores e intentaban liberar su cólera entre ellos.

Josh vino a terapia durante unas vacaciones de verano, después de que la policía lo detuviera conduciendo bajo los efectos del alcohol, lo cual reveló las múltiples adicciones a sustancias que padecía y sus comportamientos autodestructivos. Siendo joven y disponiendo de la mejor defensa legal que sus progenitores pudieron pagar, el juez lo sentenció sólo a un tratamiento por abuso de sustancias, seguido por un año de terapia. Una vez más, sus progenitores contrataron a los mejores terapeutas y, claro está, Josh recurrió a sus defensas del internado con ellos. Los dos primeros le correspondieron en estilo, si no contentos, pensando probablemente que estaban poniéndose a tono con un hombrecito duro. El tercero intentó escuchar de forma reflexiva, lo cual dio como resultado un silencio sepulcral por parte de Josh. El chico se negó a continuar con ninguno de ellos, diciendo que eran unos incompetentes. El cuarto, un colega mío, no se dejó engañar. Mi colega no era altamente sensible, pero tenía una hija que sí lo era. La joven había desarrollado un estilo similar, de chica dura, para tratar con las chicas de su instituto, que «la apuñalaban por la espalda».

Mi colega comenzó por acercarse a Josh como lo hubiera hecho con un caballo tímido; miró por encima el documento de ingreso de Josh y comenzó a reflexionar en voz alta para sí mismo acerca del conflicto existente en nuestra cultura en lo referente a si «está bien ponerse ciego». Josh estalló en cólera, pero no contra este nuevo terapeuta, que mantenía la calma, se mantenía atento, presente y sin casi muestras de excitación. Josh estalló ante la sensación de abuso y de rechazo que había experimentado en los tribunales, en casa por parte de sus progenitores y, por encima de todo, en los entornos clínicos por parte de los tres terapeutas previos. Los dos primeros le habían respondido agresivamente, y el tercero le había tratado «como a un niño». En muchos aspectos, estos tres intentos de terapia habían sido de las vivencias más decepcionantes de su joven vida. Sentía que aquellos profesionales, que deberían haber sabido de qué iba la cosa, habían validado lo antipático y perturbado que él estaba en realidad.

Poco a poco, Josh comenzó a dejar entrever su sensibilidad, que mi colega utilizó como primer punto focal de la terapia. De hecho, juntos decidieron que su consumo de drogas no era por diversión, ni por seguirle la corriente a sus amigos, ni siquiera por llamar la atención de sus progenitores, sino simplemente para automedicarse, para intentar superar su sobreexcitación en el internado, así como sus emociones, que oscilaban de forma tan salvaje. Cuando comprendió por qué se hallaba en aquella situación y entendió que no era por culpa suya, aceptó tomar medicación de momento para contenerse a sí mismo. Y, en cuanto Josh comenzó a tener en cuenta su sensibilidad (junto con su apego inseguro), descubrió que era posible abandonar toda ilegalidad, con el apoyo de la relación que estableció con su terapeuta, para comenzar a disfrutar en la moderación de lo legal. Lo que más le costó fue abandonar su tono defensivo, para adoptar una actitud más representativa de sus verdaderos sentimientos y naturaleza.

Cuando el terapeuta es también altamente sensible

Las ventajas de un par terapéutico «exacto» deberían ser obvias, pues ambos se van a comprender de inmediato. El paciente se va a sentir cómodo, escuchado, y tiene en el terapeuta un modelo de rol idóneo, por ser otra persona sensible que se está enfrentando a la vida de un modo relativamente exitoso. El terapeuta habrá aprendido a gestionar la sobreexcitación, las emociones intensas y el resto de problemas asociados universalmente con la sensibilidad en la vida real. El terapeuta no se va a sentir desconcertado por la profunda y amplia intuición del paciente, ni va a sentir envidia de ella. Y, por encima de todo, simplemente siendo ellos mismos, los terapeutas sensibles van a fomentar la autoestima de sus pacientes sensibles.

En resumen, no va a hacer falta aquí demasiado trabajo de adaptación. Sin embargo, aunque los terapeutas sensibles se hallan cómodos con su rasgo, también se van a encontrar con obstáculos. Uno de ellos es el de suponer que el paciente es similar también en otros aspectos. Por ejemplo, yo suelo dar por sentado que los pacientes altamente sensibles sean introvertidos como yo, pero algunos no lo son. No obstante, puedo pedirles que me recuerden esto cuando caigo en este error, y yo tendré que adaptarme a las maneras de pensar de las personas extravertidas sensibles. También puedo suponer que un paciente sensible tiene las mismas limitaciones y preferencias que yo, y más de una vez he tenido que disimular mi confusión cuando me he enterado de que un paciente sensible se dedica a volar en ala delta o tiene una movida carrera política, yendo en pos de objetivos que yo ni me plantearía ni sería capaz de alcanzar.

Además, cuando hables con tu paciente de sus relaciones con los demás, sobre todo si está casado con una persona no sensible, se os puede pasar por alto a ambos la perspectiva de la persona no sensible. Será de gran ayuda que el terapeuta tiene en su vida a otras personas cercanas que no sean altamente sensibles; pero, si no es así, convendrá que el terapeuta establezca una estrecha amistad con alguna.

Los terapeutas sensibles pueden sufrir también problemas que podrían tener efectos perjudiciales en todos sus pacientes, pero sobre todo en los pacientes sensibles. Por ejemplo, si tú mismo o tú misma has padecido los efectos de estereotipos negativos, es muy posible que hayas llegado a sentirte defectuosa y tengas la tendencia a someterte en los conflictos. Así, quizás te resulte difícil ser asertiva en lo referente a tus necesidades, como puede ser una adecuada compensación o el disponer de tiempo de reposo sin interrupciones. Tendrás que tener esto muy en cuenta y recordar que estos comportamientos no te van a servir para modelar el comportamiento de un paciente sensible a la hora de establecer límites, pues sería lo último que necesitaría. Fíjate en si sueles posponer las confrontaciones difíciles, si aceptas la culpabilidad en un conflicto con demasiada rapidez o si te sientes profundamente culpable o avergonzado en ocasiones, todo ello sin tomar en consideración si estos sentimientos podrían deberse a la presión inconsciente del paciente o la paciente para que te sometas a su voluntad. Siendo tú mismo una persona altamente sensible, podrás comprender mejor las necesidades de tus pacientes altamente sensibles, pero eso no significa que tengas que satisfacerlas.

Adaptarse a las necesidades de un paciente sensible puede llevar al éxito profesional, pero convendrá que trabajes primero con tus propios problemas respecto a tu sensibilidad, pues así dispondrás de la oportunidad de disfrutar también del éxito personal.

Conclusión: Si, como terapeuta, no eres altamente sensible, tendrás mucho que ofrecer a un paciente sensible: la importancia que le dará éste al hecho de que tú valores su rasgo; la experiencia de que se comunique de forma efectiva con una persona no sensible; tu calma durante aquellos momentos intensamente emocionales y potencialmente amenazadores; y tu firme estímulo. Pero tendrás que ser más paciente y tendrás que ajustar tu «volumen» con el fin de no dañar los sentimientos de estos pacientes o no tener una excesiva influencia que les lleve a perder de vista su propia perspectiva. Por otra parte, si eres altamente sensible, tendrás la ventaja de comprender al paciente y de poder ejercer como modelo de rol en tu adaptación, pero quizás des por supuesto que tu paciente es como tú en otros aspectos, juzgues erróneamente los sentimientos de las personas no sensibles de la vida del paciente y quizás tengas problemas por resolver relativos a tu rasgo que puedan afectar tu trabajo.

La profundidad de procesamiento y cómo no perder de vista sus productos

Volviendo al acrónimo PIES (presentado en el capítulo 2), ¿cómo puede un terapeuta adaptarse a la profundidad de procesamiento de los pacientes altamente sensibles?

Podemos comenzar con los silencios a que da lugar tal procesamiento de información. Debido al hecho de que las personas sensibles procesan muchísima información, van a tener problemas, qué duda cabe, para poner palabras a muchos de sus pensamientos durante la sesión. Además, sus sentimientos pueden ser tan intensos que quizás no dispongan de palabras para describirlos. Por otra parte, van a censurar muchas de las cosas que les pasen por la cabeza y que podrían ser analizadas. Y esto no se debe exclusivamente a sus defensas personales, pues en los pacientes sensibles se puede deber también a su temperamento innato, que les lleva a reflexionar más que los demás y a seleccionar los pensamientos más importantes antes de hablar.

Presta atención durante los silencios

Una de las consecuencias del procesamiento profundo es que te vas a sumir en la incertidumbre durante los largos silencios de estas personas.

Pues es complicado mantener la atención con estos pacientes, sobre todo los introvertidos, cuando tantas cosas estás ocurriendo en su interior, gran parte de lo cual no se cuenta y resulta tan difícil para una persona sensible poner en palabras. Simplemente, no sabes lo que está ocurriendo, y ni deseas anticipar una exploración interna de la persona, que puede ser muy aprovechable, ni quieres dejarla en un silencio que le va a provocar una angustia aún mayor.

Tendrás que recurrir a todas tus habilidades de interpretación de pistas no verbales y a tu intuición acerca de lo que podría estar sucediendo en ese momento, a partir de lo que acaba de suceder o de lo que podría venir a continuación. En resumen, la cuestión estriba en hablar o no hablar y, si hablas, qué vas a decir, pues todo está en función del silencio.

Los silencios en los que no se puede hablar

Normalmente, son los más habituales, sobre todo al principio. Con pacientes sensibles, que pueden estar dándole vueltas a casi todo y quizás durante mucho tiempo, yo simplemente doy un paso al frente e interrumpo, si no sé lo que está ocurriendo. Quizás diga, «Me pregunto si este silencio te es útil, si lo necesitas. Si es así, tómate todo el tiempo que quieras. Pero dime si de pronto cambia a una situación en la que quizás te venga bien compartir tus pensamientos».

Algunos agradecerán la interrupción, pero otros perderán la línea de pensamiento. Puedes pedir disculpas por la pifia, pero no dejes que eso te impida volver a interrumpir cuando haga falta. La mayor parte del tiempo en la vida, y en la terapia, nos vamos a encontrar con dos personas que no consiguen sintonizar, por poco o por mucho. Arriesgarse está bien, y los pacientes pueden aprender también de ello. Un desajuste suele llevar a los pacientes a aclarar sus estados mentales y sus necesidades.

Los silencios que proceden de, o llevan a, la sobreexcitación

Éstos son los que yo quiero detectar. A veces, la tensión es palpable. El paciente está casi congelado por el miedo o por la sobreexcitación. Si no se interrumpe, la excitación va a seguir creciendo en la medida en que el silencio se prolongue y cada vez sea menos probable que los pensamientos ayuden.

El silencio que oculta pensamientos incómodos

Claro está, algunos silencios se dan con el fin de evitar un pensamiento que ha emergido, pero del que los pacientes no quieren hablar. Tras escuchar todo tipo de respuestas a mis sondeos en los silencios, he descubierto que los silencios prolongados y moderadamente tensos suelen guardar relación conmigo o con la terapia; es decir, son pensamientos que los pacientes sensibles dudan en compartir porque les preocupa lo que yo pueda sentir o temen las consecuencias a largo plazo de confesarlos. Esto precisa de algo de intuición respecto al estado de la relación, pero yo casi siempre sondeo estos silencios ligeramente tensos, dado que pueden dar lugar a grandes avances. «¿Puede ser que estés pensando en nosotras, en cómo nos llevamos?». O bien, «¿Estás pensando en algo acerca de lo que acaba de ocurrir?». Repito, suele suceder que lo que se divulga en ese momento sea muy importante para mejorar la relación terapéutica. Cuando un paciente procesa en profundidad, lo único que cabe esperar es que lo que emerja a la superficie sea demasiado difícil de revelar sin tu ayuda.

El silencio sereno y profundo

En otros silencios, te llegará una sensación de paz y de «todo está bien». No hace falta echar sondas en estos silencios. El paciente los utiliza para calmarse, para tomar conciencia de sentimientos más profundos, para recordar algo importante o, simplemente, para saborear el instante.

Los silencios compartidos

Algunos silencios tienen el potencial de convertirse en momentos de un profundo significado, en los cuales terapeuta y paciente comparten sentimientos inefables, más allá de las palabras. Si el paciente intenta hablar y se ve de pronto incapaz de expresar lo que siente, yo podría hacer simplemente este comentario: que algunos sentimientos son demasiado profundos para ponerles palabras. Los pacientes sensibles se suelen sentir aliviados al escuchar esto. No obstante, puede estar bien hablar de ello más tarde, con reverencia por lo sucedido, a fin de reiterar la profundidad de conexión que puede llegar a darse entre dos personas, sobre todo si el paciente raramente tiene experiencias así.

Cómo mantener la atención
durante un largo discurso

Igualmente habituales, no obstante, son esos momentos en los que, debido a la profundidad de procesamiento, los pacientes sensibles nos inundan de materiales. A veces, el hilo conductor pretende ocultar algunos sentimientos importantes en los que el paciente no podría soportar centrarse. Mantener la atención para detectar estos detalles requiere de una técnica parecida a un marcador de páginas, o bien trasladar desde la memoria a corto plazo a la memoria a largo plazo una idea sobre la que quieres regresar después. Afortunadamente, las pocas ideas que puedas recordar suelen ser los mensajes secretos. Sin embargo, si se te pasan por alto, regresarán, puedes estar tranquila. Este discurso puede haber sido una ronda de prueba y, si el sentimiento no se hizo escuchar y no era demasiado aterrador como para ser pronunciado, el paciente incrementará el volumen la próxima vez.

Sin embargo, la mayor parte de las veces, la rápida cadena de pensamientos es el resultado de un procesamiento tal que no hay suficiente tiempo en una sesión para expresar siquiera una pequeña parte de él. Y el problema se intensifica tras una pausa en la terapia, cuando hay muchas novedades que contar, además de todo el procesamiento realizado con ellas, junto con la sobreexcitación de volver a estar en la consulta de nuevo.

Si el paciente se puede permitir incrementar el número de sesiones por semana o mes, ésa será la mejor solución a la presión de los contenidos. El distribuir las sesiones en sesiones dobles también es posible, pero normalmente acabaréis exhaustos. Algunos pacientes sensibles llevan espontáneamente un diario de pensamientos entre sesiones, simplemente para intentar registrar todo ese procesamiento, por lo que ahí podrías encontrar una cantidad extraordinaria de material importante adicional. Pero, ¿cómo pueden paciente y terapeuta absorber todo este material externo a las sesiones, cuando emerge tanto contenido ya en una sesión? Aunque pudieras leer ese diario y cobraras por el tiempo que le dedicas, ¿lo que leas ahí no te alejará de los contenidos que se deberían discutir?

Una complicación añadida es que, con frecuencia, los diarios contienen pensamientos demasiado incómodos como para que te los exprese el paciente directamente. Así, creo que lo mejor es que, si un paciente quiere que leas sus reflexiones del diario, convendrá que le pongas como condición que eso sólo lo puedes hacer en presencia suya. De este modo, el paciente sabrá exactamente dónde se hallan los límites del trabajo y de la vida, en la cual, en último término, tendrá que elegir qué línea de pensamiento seguir. Tendrá que aprender a tomar decisiones en función de su brújula interior y de su intuición acerca de lo que se necesita en cada momento. Así pues, yo normalmente dejo que sea el paciente quien elija qué quiere que yo lea, aunque, si considero que esto puede interferir con el hecho de que esté presente, se lo comunicaré. Sus anotaciones, tras una sesión especialmente difícil, serán probablemente de las más útiles.

Los pacientes sensibles se pierden muy pocas cosas

Con tal profundidad de procesamiento, no sólo vas a tener que leer de vez en cuando la mente de un paciente sensible durante sus silencios o sus largos discursos, sino que también tendrás que aceptar que, de cuando en cuando, él te lea a ti la mente, aunque puede que no haga una buena lectura. Por ejemplo, quizás busque en ti una mirada o un gesto de desaprobación o de que no prestas suficiente atención. Los pacientes sensibles se pierden muy pocas cosas, aunque es posible que tengan mucho cuidado en no mencionar lo que han observado. Si has dicho algo que les ha podido disgustar, como podría ser el simple comentario de que son «superemocionales» o que «rumian demasiado», pueden entenderlo como una indirecta y pueden sentirse heridos. Si estás en tu butaca con los brazos cruzados o echas un vistazo al reloj o a algo detrás de ellos, se van a dar cuenta. Incluso sonarte la nariz puede ser interpretado como una falta de atención que les puede doler.

Esto no significa que no puedas decir o hacer determinadas cosas, pero conviene que sepas que eso ha tenido un efecto. Normalmente, no te lo dirán; o no, al menos, hasta que el sentimiento causado se haga imposible de contener, por lo que valdrá la pena esforzarse para que los pacientes sensibles le pierdan el miedo a decir aquello de lo que se percatan o lo que no les acaba de encajar en una relación estrecha como es la relación terapéutica.

Un caso más grave en este aspecto se da cuando la suma de sus observaciones se convierte en una evaluación negativa sobre ti o sobre la terapia. Las personas sensibles tienden a ser sumamente críticas consigo mismas y con todo el mundo. Suelen albergar dudas durante mucho tiempo antes de que estos pensamientos emerjan totalmente elaborados, pero normalmente distorsionados. (Por otra parte, pueden conducirse de forma bastante correcta y ofrecerte un curso de acción alternativo). Así pues, convendrá que les preguntes con frecuencia cómo sienten que está yendo el trabajo y, cuando lo hagas, pregunta varias veces de diferentes maneras, con el fin de evocar este tipo de comentarios. Y convendrá asimismo que recibas bien las críticas, sin ponerte a la defensiva, pero tampoco tienes por qué tomártelas como verdad ineludible. En particular, los pacientes críticos contigo serán probablemente incluso más críticos consigo mismos, e igualmente inexactos.

Cuando intento comprobar cómo perciben la terapia, si me dicen que están complacidos con los progresos, me lo guardo en la cabeza para recordárselo cuando emerjan a la superficie comentarios más oscuros. Pero les aseguro, cuando traigo a colación alguno de esos comentarios, que no lo hago para demostrar que están equivocados, sino sólo para mantener cierta perspectiva y evitar cambios precipitados.

Los aspectos del marco terapéutico reciben el mismo escrutinio. Algunos plantearán preguntas astutas acerca de tus procedimientos o límites particulares. Los pacientes sensibles son plenamente conscientes de toda impuntualidad, sea al comienzo o al final de la sesión, y no pueden evitar observar a los otros pacientes de su terapeuta con los que se cruzan al llegar o al marcharse, pues siempre les evocan sentimientos. Además, los honorarios son un tema delicado, por todas las razones habituales y algunas más.

Caso ilustrativo

Betsy, una paciente altamente sensible y extremadamente escrupulosa, pagaba unos honorarios reducidos porque era estudiante. Cuando se graduó y encontró empleo, esperé unos meses hasta que, un día, le pregunté si podría permitirse pagar unos honorarios más elevados. Betsy se horrorizó por haber olvidado plantearlo ella misma. Había pensado hablarme de ello, pero se le olvidó. Tras aquella sesión, soñó que yo era una prostituta y que estaba furiosa con ella por no haberme pagado. Esto dio paso al problema planteado por ella (y por la mayoría de los pacientes) respecto a «tener que pagar por recibir afecto y atenciones».

Conclusión: La profundidad de procesamiento de los pacientes puede llevar a largos silencios, y algunos de ellos convendrá interrumpirlos. Por otra parte, estos pacientes pueden precipitarse en sus pensamientos y hablar con rapidez. Si esto no es una respuesta defensiva, puede ser un indicio de la necesidad de realizar más sesiones. Los pacientes sensibles puede que escriban sus pensamientos y reflexiones fuera de la consulta, en un diario, y quizás sea oportuno que leas algo de este material con el paciente presente. El procesamiento profundo que hacen de hasta los más mínimos comentarios significa que quizás escuchen cosas que tú no pretendías decir, de modo que comprueba con frecuencia cómo está yendo el trabajo, y ten en cuenta que puede haber reacciones a cualquier cambio en el marco (que llegues tarde, que termines tarde, que aumentes los honorarios, el cambio en el número de contactos entre sesiones, etc.).

Sobreexcitación en la oficina

¿Cómo puede un terapeuta adaptarse a sus pacientes sensibles, a su tendencia a sobreestimularse con tanta facilidad y, con ello, a sobreexcitarse? Una persona sensible puede indicarnos que está sobreexcitada si muestra problemas de concentración, si no recuerda lo que quería decir, si no capta una interpretación o sugerencia sencilla o si parece aturdido o confuso. La excitación acompaña también a toda emoción, por lo que, además de los efectos que tiene cualquier emoción, nos encontraremos también con los efectos de la sobreexcitación generada por esa emoción. El miedo o la ansiedad son los excitadores más habituales. El paciente evita el contacto ocular, con lo cual mitiga su excitación, además de ser una conducta instintiva de sumisión; puede hacer gestos nerviosos repetitivos, como retorcer un pañuelo;

puede adoptar una postura rígida o incómoda en la butaca (porque ignora al cuerpo), y puede ofrecer un aspecto ansioso o desdichado en general. El paciente quizás diga que está nervioso, o incluso ansioso, y, claro está, puede estar sintiendo todo eso por motivos que nada tienen que ver con su sensibilidad; por ejemplo, por miedo a decirte algo. La excitación se complica después de todos modos debido al nerviosismo o la ansiedad, ya que, cuando una persona se sobreexcita, sabe que va a perder eficacia y va a empeorar su rendimiento, y eso le causa pavor. De modo que convendrá pensar tanto en términos de sobreexcitación como en términos de ansiedad, porque la sobreexcitación está teniendo un efecto aparte multiplicativo.

En las primeras sesiones

He aquí algunas maneras de reducir la sobreexcitación y la ansiedad en las primeras sesiones.

Entrevistas telefónicas antes de la primera sesión

Toma en consideración la posibilidad de aprovechar el primer contacto telefónico para algo más que para fijar día y hora para la cita. Una llamada telefónica puede tener coste económico, claro está, y, no sabiendo en un principio si un paciente es sensible o no, probablemente tendrás que decidir si haces esto con todos tus nuevos pacientes que parezcan ansiosos o sensibles. Sin embargo, habiéndoos familiarizado por teléfono y conociendo de antemano los objetivos del paciente, los primeros minutos de la consulta cara a cara serán mucho más fáciles tanto para ti como para el paciente.

Adopta una actitud informal en los primeros minutos

Aunque no sea éste tu estilo habitual, plantéate la posibilidad de conducirte de manera informal mientras observas al paciente en busca de señales de sobreexcitación y ansiedad. No hagas preguntas, sino comentarios, como, por ejemplo, que te alegra que no haya tenido problemas para encontrar tu consulta. Observa si el paciente necesita más o menos tiempo de introducción de este tipo para alcanzar el nivel óptimo de excitación, y recuerda que «óptimo» no significa tener una baja excitación o hallarse en completa relajación, aunque podría ser un buen punto de partida.

Normaliza el nerviosismo

Cuando un paciente o una paciente se queja de nerviosismo o se siente avergonzada por estar nerviosa, puedes ayudarla a diferenciar sentimientos diciéndole algo como: «Es normal que estés un poco nerviosa. Es la primera sesión. Estás recibiendo mucha información de golpe y eso cuesta mucho de procesar por el cerebro, además de generarte una sensación extraña, la de sentirte nerviosa o, al menos, sobrecargada. En cuanto te familiarices un poco con todo esto, podremos centrarnos en lo que te esté provocando el nerviosismo que aún quede».

Un caso ilustrativo

Tess fue una de mis pacientes, y fue una de las que más nerviosa he visto en una primera sesión. De hecho, la ansiedad le dificultaba tanto pensar, que estuvo en silencio durante un buen rato antes de poder hablar. Cuando conseguí relajarla un poco, Tess se lanzó a hablar precipitadamente, como intentando compensar su largo silencio. Y, casi al final de la sesión, me señaló lo mucho que le había ayudado que la hubiera sacado de su silencio. Me habló de una experiencia previa en lo que parecía ser una terapia psicodinámica muy clásica. El terapeuta tomó los datos básicos de información y luego se quedó en silencio a la espera de que ella hablase. Tess estaba ya muy nerviosa y no tenía ni idea de qué decir, de modo que le preguntó al terapeuta qué debía hacer y él sólo dijo, «¿Qué piensa usted de esto?», lo cual le pareció a ella una prueba y la puso aún más nerviosa.

Se pasó la sesión casi en completo silencio, al igual que las siguientes dos sesiones, hasta que Tess optó por no regresar con aquel terapeuta. Fue una primera experiencia de terapia especialmente desafortunada, porque esta mujer, sumamente sensible, nunca había conseguido atraer la atención de su padre, tanto en la infancia como en la edad adulta. Una de las cosas que no le gustaba de sí misma era su «tonto nerviosismo» cuando estaba con él, que hacía que fuera incapaz de pensar en nada durante una conversación. El padre decía que era aburrida y se iba, o bien, si jugaban a la pelota y ella la arrojaba lejos, el padre se enojaba por su torpeza; o, si Tess bajaba la cabeza y su largo cabello le ocultaba el rostro, el padre la tachaba de ser poco atractiva.

La excitación óptima general durante las sesiones

Los pacientes suelen olvidar las sugerencias o las interpretaciones que se realizan mientras están sobreexcitados. Por otro lado, estas sesiones les resultarán especialmente desagradables, e incluso pueden llegar al punto de potenciar los traumas. Las mismas señales de sobreexcitación descritas arriba pueden servir de advertencia al terapeuta para que relaje la situación. Reducir la sobreexcitación no significa en modo alguno pasar a un estado de baja excitación mediante una actitud excesivamente informal o tranquilizadora, y puede ser muy adecuado y necesario cuando los pacientes se muestran en estado de alerta, excitados, angustiados, recelosos o ansiosos. Simplemente, el nivel de excitación no debería ser tan alto como para que la sesión sea una pérdida de tiempo, tanto para el paciente como para ti.

Mantener un nivel óptimo de excitación tampoco significa que no pueda darse algo de sobreexcitación en algún momento. La sobreexcitación y las emociones abrumadoras son casi inevitables en una psicoterapia eficaz y, desde mi punto de vista, pueden ser valiosas, pues, además de ofrecer la oportunidad de ver hasta qué punto y en qué situaciones se siente abrumado un paciente, le proporcionan al terapeuta la ocasión de enseñarle a regular estos afectos. Pero, en términos generales, un paciente obtendrá más beneficios de una sesión si puedes evitarle la sobreexcitación.

Presta atención a las pistas

Habrá personas que te dirán cuándo quieren que vayas más despacio o que reduzcas la estimulación, en tanto que otras aprenderán, consciente o inconscientemente, a señalizarlo, aunque no puedan decírtelo. Yo tuve una paciente que se mareaba en cuanto yo abría la puerta a un exceso de emociones, a otro le dolía la cabeza o le entraban náuseas, en tanto que otros pueden llegar tarde a la siguiente sesión o no venir siquiera. Con cada uno de ellos pude hablar finalmente de estas defensas, y pudieron ver sus avances en la medida en que redujeron la necesidad de dar este tipo de señales.

Restablece la calma

Existen muchas formas de calmar a un paciente, y algunas funcionan mejor con unos que con otros. Puedes llevar la conversación hacia algún tema un poco más mundano o conectado con el mundo exterior. Los pacientes sensibles pueden muy bien darse cuenta de lo que estás haciendo, pero puedes hablar de ello más tarde y explicarles por qué. Puedes pedirles también que miren a su alrededor, que piensen en qué cambios harían en tu despacho. Puedes pedirles que se percaten de lo que sucede en su cuerpo. Esto podría intensificar el problema, pero, si funciona, no hará falta dejar a un lado el tema. Lo mismo se puede decir si optas por centrarte en la propia sobreexcitación y en por qué ha surgido, quizás utilizando los verbos en pasado para sugerir que el mal trago está pasando ya o ha quedado atrás.

Ínstales a aprender de la experiencia

Cuando la excitación haya vuelto a su nivel óptimo, en esa sesión o en otra posterior, determinad lo que provocó ese sentirse abrumado y compararlo con otras experiencias en la consulta o en cualquier otro lugar. El objetivo es aportar un aprendizaje válido al repertorio de regulación del afecto del paciente.

Cuando la sobreexcitación no cede

Habrá ocasiones en que los pacientes se irán de la consulta sintiéndose aún abrumados. En estos casos, quizás podrías pedirles que llamen por teléfono más tarde o que dejen un mensaje diciéndote cómo les va, incluso puedes decirles que, si lo desean, les puedes devolver la llamada (para algunos, el mero hecho de hablar contigo por teléfono les podría resultar sobreexcitante). También puedes decirles que se queden un rato en la sala de espera o puedes sugerirles que esperen en su auto estacionado hasta que se hayan calmado. En la siguiente sesión, será importante que averigües cómo resolvió el paciente la tormenta emocional, y quizás convenga que le hagas sugerencias acerca de cómo abordar el problema en el futuro. Si te llama por teléfono, discute con el paciente cómo le han funcionado tus sugerencias. Mientras tanto, toma nota de lo que desencadenó la sobreexcitación y volved sobre ello cuando el paciente se halle en un estado especialmente óptimo.

Estas sesiones de «digestión» suelen ser más tranquilas y pueden parecer menos productivas, pero los pacientes deberían ser conscientes de que toda sesión, sea del tipo que sea, tiene valor; de hecho, hasta las sesiones más decepcionantes son valiosas. Explorar lo que sucedió en una sesión desde el punto de vista de ambos permitirá también al paciente percatarse de que él o ella tiene también parte del control en el ritmo al cual avanzan las cosas en la terapia.

Baja excitación cortical y pacientes sensibles

Es extremadamente desagradable estar sobreexcitada, sobre todo cuando la sensación tiene su origen en pensamientos que generan temor o en emociones abrumadoras. De ahí que no sorprenda que algunos pacientes sensibles hayan desarrollado elaboradas defensas para que estos estados no se reproduzcan. Esto es especialmente cierto en los hombres, dado que la imagen masculina en nuestra cultura nos transmite la idea de que los hombres han de mostrarse imperturbables. Esto hace que el paciente te mantenga a ti y se mantenga a sí mismo en un nivel de baja excitación mediante la técnica de embarcarse en largas digresiones de distracción. Si utilizas enfoques conductuales activos no tendrás problema alguno en interrumpir estos devaneos.

De otro modo, siempre podrás prestar atención a los contenidos simbólicos. Por ejemplo, toma en consideración la siguiente cháchara: «Hoy no he ido a trabajar. Me sentía mal. Mi amiga me llamó, pero es un incordio… siempre está intentando llevarme a su médica para averiguar por qué estoy enferma con tanta frecuencia. No quiero hablar de mi enfermedad a todas horas. No quiero hablar de eso con ella, ni tampoco contigo». Ésta podría ser una declaración de lo que esta mujer siente hoy, y también de lo que siente acerca de la terapia hoy. Para elevar su excitación, lo único que tendrás que hacer será sugerir esta posibilidad.

Pero no siempre conviene explorar el simbolismo en las digresiones, pues la persona podría sentirse avergonzada o podría desmantelar una defensa que todavía necesita. En cualquier caso, convendrá que, primero, explores delicadamente si el tema que está tratando es, de hecho, un asunto importante para el paciente, en cuyo caso prestar atención a esto será esencial, aunque parezca que trata de alguna otra cosa o te aburra un poco. Un acontecimiento importante para una persona sensible podría no ser importante para ti. Por decirlo de otra manera, el hecho de que tú no estés sobreexcitado no quiere decir que tu paciente no lo esté.

Por otra parte, el hecho de que tú te sientas profundamente subexcitado –aburrido, con sueño– suele ser un indicio de una digresión defensiva. Esto podría señalar el momento de hacer una «simple comprobación» para ver si lo que está ocurriendo en la sesión de hoy es lo que el paciente pretendía. ¿Se irá el paciente satisfecho de la sesión, o hubiera querido decir algo más? O bien podrías preguntar qué está pasando en estos momentos, qué está sintiendo el paciente en este momento, quizás un estado corporal. ¿Hay algo por ahí de lo que no te hayas percatado?

En mi propia consulta he tenido pacientes sensibles que han estado dándole vueltas a un tema insulso porque yo parecía estar interesada; yo no dejaba de hacer preguntas y parecía estar escuchando atentamente. El paciente quería dejar a un lado ese tema, pero pensaba que yo estaba interesada en él. Otros pacientes han aprendido lo suficiente acerca de estas defensas que me piden que les detenga cuando se ponen a divagar. Les excita poder compartir los detalles de sus complejas observaciones, pero quieren también hacer algo que esté más conectado conmigo y con sus objetivos. Es decir, les gustaría estar más excitados.

Conclusión: Un nivel óptimo de excitación –ni demasiada ni poca excitación– facilita los cambios, de modo que valdrá la pena observar la excitación del paciente y gestionarla, la cual puede ser especialmente elevada en las sesiones iniciales (aunque no siempre es posible ni deseable evitar la sobreexcitación).

La intensidad emocional: ajustes que fomentan la regulación afectiva

En el capítulo 3 hablé de algunos ajustes que puedes hacer para abordar las intensas reacciones emocionales de los pacientes sensibles. Resalté allí lo que puedes enseñar a estos pacientes con el fin de convertirles en expertos a la hora de regular sus propias reacciones. Pero existen otras opciones que quizás quieras considerar.

Los pacientes sensibles suelen apreciar mucho toda ayuda que se les pueda prestar en relación con los sentimientos que les abruman. Suelen dar muchas vueltas a todas las sesiones, pero sobre todo a éstas. Si no se discuten estas dolorosas sesiones, pueden desarrollar ideas extremas acerca de lo que significan sus estallidos emocionales o acerca de cómo te sientes tú al respecto. La mayoría de los pacientes sensibles se avergüenzan de sus intensos sentimientos y temen que tú, al igual que los demás, consideres que se han excedido. Estos momentos son muy valiosos para tranquilizarlos, para construir confianza y para educarlos en las emociones intensas, explorando qué las precipitó y cómo, y cuándo sería apropiado expresarlas, de tal modo que puedan mejorar incluso una relación cercana.

Tu consultorio

Puedes utilizar el entorno de tu consultorio para reflejar tus puntos de vista acerca de las emociones, porque tu consultorio estará lleno de pistas que tus pacientes sensibles van a captar, sean o no conscientes de ello. Obviamente, puedes estar animando a la expresión de las emociones si tienes cojines a los que poder golpear u ositos de peluche a los que abrazarse, aunque la presencia de estos objetos pueda resultar molesta o embarazosa para los pacientes sensibles al principio. También puedes no tenerlos a la vista y sacarlos más adelante con cuidado. Pero materiales artísticos, materiales para bandeja de arena, una manta discreta y un lugar en el cual echarse pueden transmitir también el mensaje de que tu despacho es un lugar donde se pueden expresar los sentimientos.

Sin embargo, transmitirás un mensaje muy diferente, mensaje que tus pacientes también captarán, si amueblas tu despacho con firmes butacas de despacho y lo decoras como la consulta de un médico, quizás con un escritorio tras el cual te sientas tú. Los libros visibles en los estantes enviarán también mensajes, al igual que la iluminación, si es suave o intensa. Y, claro está, la decoración y lo que cuelgues de las paredes dejará también su impronta. Los diplomas significan una cosa, los mandalas otra. Si tu despacho tiene una costosa decoración, el mensaje será que tú tienes un estatus superior, lo cual puede transmitir la idea de que quizás mires por encima del hombro a quienes no controlen sus emociones, o bien que les exigirás que se controlen. Incluso, algunos pacientes sensibles pueden entender un exceso de lujos como una señal de que no te preocupa la justicia social.

Hasta la marca, el modelo, el color, las condiciones y los contenidos visibles de tu automóvil, si lo ve un paciente, le darán pistas acerca de tu personalidad y tu estilo emocional. La clave aquí estriba en que ninguno de estos detalles los va a pasar por alto un paciente sensible, dándole una impresión de cómo van a ser recibidos sus sentimientos. Yo creo que hay un entorno que dice que las emociones son bienvenidas, pero que pueden ser contenidas, y ése es quizás un consultorio tranquilo, con una decoración emocionalmente atractiva, pero «silenciosa», y, evidentemente, un terapeuta dentro de él que acoge los sentimientos sin temor a que las emociones negativas se apoderen de todo.

La medicación

Naturalmente, unas intensas reacciones emocionales, sobre todo si son negativas, le traen a una a la mente que quizás haya necesidad de medicación. Comparados con los demás, los pacientes altamente sensibles pueden ser bastante más reacios a los medicamentos o, al menos, pueden necesitar más tiempo para decidirse a usarlos. Evidentemente, les preocupan las consecuencias a largo plazo. Se sienten avergonzados de no haber podido controlarse a sí mismos, sobre todo porque, con anterioridad a la terapia, eran perfectamente capaces de hacerlo, de manera que tú les estás viendo ahora bajo el peor de sus aspectos. Quizás teman que la medicación les cambie tanto que ya no vuelvan a ser los mismos, que empiecen a ser sosos, insensibles, dominantes o lo que sea. Y, aun cuando hayan aceptado tomar medicación, pueden tener miedo a la ingesta de la primera dosis y pueden sentir sus efectos más que otros pacientes, tanto en ese momento como más adelante. Y no es que te encuentres ante un molesto «somatizador» o un paciente «que no responde bien al tratamiento». Los pacientes sensibles realmente sienten estas cosas y, por desgracia, tienen normalmente más efectos secundarios.

No dejes de explicarles los motivos

Déjales claro que, cuando los pacientes hacen un buen trabajo en la terapia –siendo sinceros y diligentes–, normalmente se van a sentir peor antes de comenzar a mejorar, y que la medicación les va a proporcionar una red de seguridad para que no se vengan excesivamente abajo o se pongan extremadamente ansiosos, pero que no va a dejar de hacer su trabajo en su interior. Con todo, seguirá haciendo falta la terapia, pero la medicación será útil, en la medida en que amortiguará los intensos sentimientos que se están generando. Quizás les venga bien saber también algo acerca de las investigaciones que indican que la medicación y la terapia funcionan muy bien juntas.

Háblales de la medicación a la luz de la sensibilidad

Que empieces a hablar de medicación puede parecerle a un paciente sensible que estás pensando que algo va mal en él, que hay algo más aparte del hecho de ser altamente sensible, o que la sensibilidad es en realidad un trastorno después de todo. Insiste en que la sensibilidad no es un trastorno y que la medicación no pretende ni va a arrebatarle su sensibilidad. Háblale de las dificultades y de los traumas de su historial y explícale que su sensibilidad le ha hecho más vulnerable, pero que, al mismo tiempo, va a hacer que la psicoterapia sea más efectiva.

Prepara el terreno a conciencia

A continuación, discute cualquier potencial efecto secundario negativo o cualquier problema a largo plazo que pudiera surgir. Que no te preocupe hablar de cualquier resultado negativo posible, pues los pacientes sensibles van a leerse a fondo el prospecto del medicamento de todas formas. Así pues, compensa cualquier riesgo todavía desconocido con los muchos peligros a largo plazo conocidos de una depresión no tratada. Si, posteriormente, ganan peso o pierden el interés sexual, no se sentirán traicionados por el hecho de que tú ya lo supieras y no les hubieras advertido.

Sin embargo, si una persona está profundamente deprimida, yo discuto menos las cosas y decido más por ella. Puedo resaltar los daños que, de no tratarse la depresión, pueden sufrir el cerebro, el corazón y demás órganos, así como sus relaciones personales y la terapia en sí, y les señalo que, tras una depresión no tratada, el riesgo de recaída se incrementa. No obstante, no lo pintes todo demasiado negro, no sea que la medicación no sea eficaz o tenga que abandonarla por causa de los efectos secundarios y se angustie todavía más.

Procura que comience con una dosis baja y que no la incremente en tanto no haya sentido los beneficios que cabría esperar, sea cual sea la dosis clínica supuestamente correcta. He visto a muchos pacientes mejorar con una dosis muy pequeña y a otros desarrollar desagradables efectos secundarios con una dosis cercana a la «normal». Dile que se va a sentir diferente, pero que sin duda habrá probado otras cosas antes que alteraron su estado de ánimo sin por ello sentir que habían perdido su identidad. Las mujeres comprenden bien esto si les recuerdas que las hormonas, que produce su propio organismo, alteran su estado de ánimo de forma importante, y que sin embargo preservan su sentido unitario de identidad. El día en que la persona tome su primera dosis, dile que estarás disponible, por si necesita hablar acerca de su experiencia.

Sin embargo, no te preocupes demasiado, los pacientes más sensibles que se animan a tomar medicación se encuentran con pocos problemas y quedan satisfechos con los resultados.

Un caso ilustrativo

Ann pasó por una fase profunda de aflicción que, poco a poco, fue derivando hacia una verdadera depresión, hasta que finalmente accedió, no sin gran reluctancia, a probar un antidepresivo. Yo le había sugerido que investigara por sí misma aquel fármaco a través de páginas web de confianza, y que se fijara especialmente en todos los riesgos que para la salud tiene el no tratarse una depresión. Ann vio que la medicación podría ayudarla y accedió a probar. Pero, a la mañana siguiente de haber tomado la primera dosis, me dijo que se había pasado toda la noche despierta observando «a las fuerzas de la oscuridad combatiendo con las fuerzas de la luz». Cada vez que se iba deslizando hacia el sueño, sentía que el bando bueno en ella cedía terreno y moría. Ann me dejó un lacrimoso mensaje jurando que nunca más volvería a tomar aquella medicación. A la luz del día pudimos revisar por qué estaba tomando el antidepresivo y qué estaba ocurriendo realmente en su cerebro. Lo intentó con un fármaco diferente y, esta vez, fue capaz de capear los cambios que sintió.

Se sintió mejor en diez días con una dosis muy pequeña, pero al cabo de dos semanas se le dijo que debía incrementarla. Con la nueva dosis, comenzó a sentir que su sistema nervioso «crepitaba». No dejaba de percibir aquello ni de día ni de noche, lo cual le dificultaba dormir. Al final, redujo la dosis, pero decía que el chisporroteo seguía allí. Y, cuando le sugirieron tomar un antipsicótico y Ann se puso a investigar sobre la nueva medicación, decidió que prefería estar deprimida. Posteriormente, descubrió que un tratamiento alternativo, unido a la meditación, le resultaba más útil que aquella breve y positiva experiencia con el antidepresivo. Yo nunca cuestioné sus experiencias, y le di todo el apoyo que pude a lo largo del proceso. Afortunadamente, terminó encontrando una solución.

Conclusión: El entorno en el cual tiene lugar la terapia le ofrece al paciente sensible pistas acerca de tu orientación con respecto a las emociones, al tiempo que crea un lugar donde los sentimientos se pueden experimentar mejor, se pueden controlar mejor, o ambas cosas a la vez. Cuando tengas la impresión de que conviene tratar las intensas emociones negativas de un paciente con alguna medicación, prepara al paciente, mantén una dosis baja e increméntala lentamente, da por válidas las experiencias del paciente por extrañas que puedan parecer y acepta la posibilidad de que la medicación pueda no funcionar.

La sensibilidad sensorial: una oportunidad para mostrar afecto

La sensibilidad sensorial es un aspecto importante al que hay que adaptarse en el trabajo con estos pacientes, aun en el caso de que no se quejen de nada. Pero recuerda que los pacientes están pagando, en parte, para que tú les proporciones un espacio que les resulte lo más adecuado posible. Prestar atención a estos detalles es una de las mejores maneras de mostrar respeto y afecto dentro de los límites adecuados de la relación terapéutica.

Lo que viene a continuación son sugerencias para adaptarse a todo tipo de pacientes sensibles. Tendrás que decidir qué actitud vas a adoptar ante necesidades específicas, así como qué será mejor para cada paciente. Yo intento adaptarme a las necesidades específicas de los pacientes porque sé que cada uno tiene diferentes sensibilidades; lo que para mí no es nada puede ser realmente molesto para cualquier otro. Si a alguien le resulta molesto a la vista el resplandor de las ventanas, tomo nota para ajustar la intensidad de la luz que entra por éstas antes de que la persona llegue en la siguiente sesión. Y hago lo mismo si un paciente se pone siempre determinado cojín para la espalda en su butaca; es decir, lo pongo allí antes de que llegue el paciente. Quiero que sepan que mi consultorio es un lugar donde se acepta plenamente su sensibilidad ante la estimulación física. Evidentemente, también hay pacientes que, desde mi punto de vista, esperan demasiado de mí o parecen sentirse con autoridad como para exigir cosas que exceden lo sensato. Si no consigo satisfacer sus necesidades (por ejemplo, si piden que otros pacientes no lleven perfumes químicos o que no haya fuentes de radiación electromagnética en el edificio), no atiendo sus peticiones, y no lo hago porque sé que terminaré sintiéndome resentida con ellos. Y como estas sensibilidades emergen normalmente desde un principio, les sugiero que se busquen un terapeuta con sensibilidades similares, quizás a través de grupos de apoyo, salas de chat o en Internet, y que yo intentaré ayudarles con eso.

El sentido del olfato

Entre un paciente y otro, yo aireo mi consultorio, dado que puedes haberte habituado a algún olor que una persona de fuera va a percibir en cuanto entre. Por el mismo motivo, intento no comer en mi consultorio. Flores y plantas que proporcionen fragancias agradables pueden estar bien. Si alguien es alérgico a ellas, se pueden sacar del consultorio y airearlo antes de que entre esta persona.

La vista

Mi consultorio está siempre ordenado, y tengo mis pertenencias normalmente fuera de la vista. Me gusta tener flores y mucha luz, pero nada que deslumbre, como los anticuados focos de techo. La decoración debe tomarse bien en consideración y debe ser discreta, desde las alfombras hasta los relojes. Los objetos y las obras de arte que a mí me parecen bellos y significativos suelen ser bien recibidos por los pacientes.

El sonido

Tengo un productor de ruido blanco fuera del consultorio, y apago cualquier timbre o zumbador. Por otra parte, cuidé de montar mi consultorio lejos de calles con mucho tráfico o de cualquier otra fuente de ruido previsible. Considera cuidadosamente la música en la sala de espera, y no pongas la radio.

El tacto

Los muebles tienen que estar tapizados con una tapicería suave y confortable, dado que las piernas desnudas, si la paciente lleva falda, pueden pegarse al cuero. Es mejor dejar pasar tiempo suficiente entre un paciente y el siguiente, para que los muebles en los que haya podido estar sentado o echado el paciente anterior no estén ya calientes cuando entre el siguiente paciente. Las alfombras blandas son agradables de pisar. Las mantas o colchas pueden tener texturas maravillosas y un peso reconfortante. Las cosas se colocan siempre igual, y yo intento no hacer cambios en mi consultorio sin advertir a mis pacientes de antemano.

El gusto

Hay terapeutas que sirven café y té, quizás en la sala de espera. Los pacientes más sensibles querrán té, especialmente variedades de hierbas.

La temperatura

Algunos pacientes pueden ser por naturaleza muy sensibles al frío o al calor (normalmente al frío), por lo que yo ajusto la temperatura antes de que lleguen. Si veo que un paciente intenta ajustar su temperatura quitándose o poniéndose ropa, siempre les pregunto, dado que los pacientes sensibles rara vez piden que hagas cambios ambientales que ellos dan por hecho que están dispuestos a tu gusto.

Conclusión: Ajusta el entorno físico para que los pacientes con sensibilidad sensorial se sientan cómodos. Pensar en cómo puede afectar cada detalle en cada uno se sus sentidos es una manera de tomar en consideración sistemáticamente el consultorio en su integridad.

Resumen y conclusiones

Para adaptarse a los pacientes sensibles no hace falta que seas una persona altamente sensible. Existen numerosas maneras de hacer que los pacientes sensibles se sientan acogidos y de mejorar los resultados con ellos. Todas ellas se pueden agrupar en estos cuatro campos: métodos para mantener un nivel óptimo de excitación; prestar atención a sus pensamientos y sentimientos, que suelen ser más profundos que los de otros pacientes; trabajar con sus emociones, que son especialmente intensas; y acomodarnos en la medida de lo posible a su sensibilidad sensorial.

Cuando al profesorado en una escuela se le pide que tengan en cuenta los temperamentos individuales de sus estudiantes, la primera respuesta es, normalmente, que no disponen de tiempo para adaptar su enseñanza a cada persona. Sin embargo, si lo intentan y se acomodan a las necesidades de estudiantes con temperamentos extremos, normalmente dirán que, a la larga, sí que han ahorrado tiempo. La clase se gestiona con más facilidad y los estudiantes aprenden más rápido. Cuando el profesorado se adapta, pueden optar por enviar a los niños y niñas más activas a darse una vuelta por la escuela, o advertir a los más perseverantes que pronto llegará el momento de parar. Pero los niños y niñas altamente sensibles suelen ser tan buenos que no reciben un tratamiento especial en la escuela, aunque eso signifique sacrificar en ellos el deleite de aprender.

Sin embargo, en la terapia, las ventajas de acomodarse a las necesidades de los pacientes altamente sensibles son mucho más evidentes, pues facilita que no abandonen el tratamiento, se sienten acogidos y, en general, progresan con más rapidez. Además, el hecho de tomarte la molestia de acomodarte a sus necesidades y deseos sin vacilar es algo que les sorprende gratamente y es, probablemente, una de las cosas más fáciles y gratificantes que puedes hacer.

Capítulo 6

Cómo ayudarles a establecer relaciones

Conocer gente, la timidez
y el temor al compromiso

Siendo niño, me aplicaron en múltiples ocasiones el calificativo de «sensible»… algo que estaba lejos de ser un cumplido. Todo lo contrario, pues el efecto de aquel calificativo me situaba aparte de todo lo que era normal, para identificarme, de una vez y para siempre, como un extraño, sumiéndome en un sentimiento abrumador de soledad.

Yo intentaba ocultar los síntomas más obvios de aquella extrañeza mía, pero mi mayor descubrimiento fue la adaptación. […] Me llevó tiempo darme cuenta de lo que había perdido en el camino que me llevó desde ser «sensible» a ser «adaptable». Y descubrí que no era el único. De hecho, éramos muchos, todos agazapados por causa de las mismas voces ignorantes y suspicaces, y todos guardando en su interior los notables poderes perceptivos y creativos con los cuales habíamos nacido.

—Francis Martineau, *The Sensitive Vein (La vena sensible)*

Éste es el primero de dos capítulos que se van a centrar en las relaciones. Tras detallar las investigaciones realizadas sobre las relaciones en las personas sensibles en general y las cosas positivas que estas personas traen a las relaciones, en este capítulo nos centraremos en las dificultades que algunas de ellas tienen para conocer gente y, posteriormente, para comprometerse en una relación prolongada.

Este capítulo y el siguiente se basan en gran medida en los muchos estudios que hemos hecho mi marido y yo sobre las relaciones estrechas (p. ej., Aron, Mashek y Aron, 2004). En estos capítulos se hace referencia frecuentemente al matrimonio, pero esto se debe a que el matrimonio es el contexto en el cual se han desarrollado muchas de las investigaciones. No obstante, este material se puede aplicar a todo tipo de relación: amistades, relaciones familiares, relaciones laborales y, claro está, parejas románticas con una relación prolongada.

Investigaciones en las que se compara a personas sensibles y no sensibles en las relaciones

La influencia más importante en las relaciones de los pacientes es, de lejos, las experiencias previas en este campo, como se puede ver por los efectos ubicuos del estilo de apego en las relaciones adultas (Cassidy y Shaver, 1999). Según estudios propios aún no publicados, no existen más probabilidades de encontrar estilos de apego inseguros en las personas sensibles que en el resto de la población. No obstante, los pacientes altamente sensibles que son inseguros pueden verse más afectados por su inseguridad, en la medida en que otros aspectos de su infancia les afectan más.

En la búsqueda de algún papel directo del temperamento en las relaciones, he podido incluir la Escala PAS en un buen número de estudios sobre el tema, utilizando diversas medidas estándar de calidad de la relación y obteniendo datos de alrededor de 600 estudiantes universitarios y de una muestra social de 200 adultos casados. No hemos observado una correlación directa y sin modificaciones con la sensibilidad en las variables estándar –éxito, satisfacción, cercanía e intimidad en las relaciones– una vez que se elimina el neuroticismo (Aron, 2004a). Dicho de otro modo, no se encontró nada en estos estudios acerca de la alta sensibilidad *per se* que pudiera afectar a la capacidad de estas personas para desarrollar y mantener una relación estrecha y satisfactoria.

Sin embargo, la sensibilidad podría influir en el estilo de cercanía o en las preferencias en cuanto a las formas de estrechar lazos, lo que a su vez podría influir de diversas maneras en función de tu pareja, así como en tu propia capacidad para negociar los conflictos derivados de las diferencias de temperamento. Cabe imaginar que, en una relación estrecha, las personas sensibles podrían verse especialmente capacitadas o especialmente perjudicadas por su rasgo. Esto resalta una vez más la importancia de la interacción (Aron *et al.,* 2005) entre sensibilidad e historial de relaciones en la infancia.

No obstante, en otro tipo de estudio, del que dimos cuenta en *El don de la sensibilidad en el amor* (Aron, 2001),[1] los encuestados sensibles, en tanto que grupo, parecían menos satisfechos que los no sensibles, si bien en este caso la mayoría de los encuestados eran mujeres. Este estudio se diseñó con otro propósito, el de comparar la sexualidad de los dos grupos, y utilizó una encuesta anónima por correo que se envió a 1 200 personas y proporcionó datos de 443 encuestados (una tasa de respuesta habitual en los cuestionarios por correo). Se trataba de 600 suscriptores de un boletín para personas sensibles, además de un grupo de comparación formado por un amigo o amiga seleccionada por cada encuestado como similar en demografía, pero no sensible (y a los que se proporcionaron sobres propios con los que enviar sus cuestionarios por separado).

Entre los encuestados sensibles autoseleccionados era menos probable que se encontraran satisfechos en sus relaciones que entre los encuestados del grupo compuesto por sus amistades no sensibles. Los encuestados altamente sensibles en una relación con una persona no sensible estaban también menos satisfechos; y, dado que el 50 % de los encuestados caía en esta categoría, puede que ésa fuera la principal razón de insatisfac-

---

1. Publicado en castellano por Ediciones Obelisco, Barcelona, 2017.

ción general. También es probable que haya diferencias sustanciales entre las muestras de estudiantes y de matrimonios en la sociedad, que habíamos medido anteriormente, y esta muestra de personas sensibles, en su mayoría mujeres, que estaban suscritas a un boletín y se tomaron la molestia de responder a una encuesta acerca de su sensibilidad. Por ejemplo, puede que les afectara más el mero hecho de saber que su pareja tenía un temperamento distinto, de modo que era más probable que pensaran que era un problema importante cuando había problemas.

Conclusión: La sensibilidad, por sí sola, no parece predecir la satisfacción en las relaciones entre la población general, aunque estar emparejado con una persona no sensible sí puede hacerlo. Además, dado el fuerte efecto negativo del apego inseguro y del afecto negativo (neuroticismo) en las relaciones, la sensibilidad puede tener un efecto notable en las relaciones merced a la intensificación del afecto negativo en pacientes con historiales negativos.

Los beneficios que las personas sensibles aportan a las relaciones

Como ya se ha dicho, y se explorará más a fondo en el Apéndice C, la interacción de la sensibilidad con el entorno temprano no sólo puede traer consigo una mayor vulnerabilidad, sino también una mayor susceptibilidad a las ventajas de un buen entorno. Si la terapia puede convertirse en un entorno ventajoso, emergerán activos con los cuales fortalecer al paciente. Por ejemplo, las personas sensibles en general y los pacientes sensibles en determinados momentos pueden captar los significados sutiles de una comunicación y discernir sus muchas implicaciones. Es por ello que pueden detectar mejor y sacar mucho más partido que los demás de tu atención, tu apoyo y tu afecto sincero, los cuales aprenderá a captar en ti y también en los demás, al tiempo que podrás incrementar su generosidad mediante modelado de rol. Una conciencia relativamente no distorsionada de sutiles pistas sociales, junto con otros activos que vienen con el rasgo, pueden no estar a disposición de determinados pacientes, al menos en un principio. Pero estate atento a ellos y elogia al paciente cuando se presenten. Éste es el tipo de apoyo que necesitan especialmente los pacientes sensibles cuando se hallan en pugna por cambiar todo aquello que no hacen bien. A continuación, se discuten tres de tales activos que puedes señalar y celebrar con él.

La empatía

Cuando no están sobreexcitadas, las personas sensibles pueden ser maravillosamente sensibles ante los sentimientos y las comunicaciones, tanto verbales como no verbales, de otra persona. Evidentemente, estos pacientes suelen utilizar mal su sensibilidad, pues recurren a ella para saber cómo satisfacer mejor las necesidades de los demás mientras pasan por alto las suyas propias. Por otra parte, como ocurre con cualquier otra persona, sus propios problemas pueden llevarlos a distorsionar lo que escuchan, lo cual trae como resultado una ausencia total de empatía. Sin embargo, normalmente, podrás hacerle notar a un paciente sensible hasta qué punto aporta bondad y empatía a sus relaciones, tanto en la relación que mantiene contigo como en todas las demás.

La profundidad de la conversación

Las personas sensibles, incluso las extravertidas, prefieren normalmente las interacciones uno a uno sobre temas profundos, cosa que puede hacerlas cada vez más fascinantes, a medida que las conversaciones se amplían y las relaciones se desarrollan. También reflexionan sobre las cosas que suceden y suelen ser las primeras en percatarse de cuándo una conversación desvaría y conviene centrarla de nuevo. Esto también se lo puedes comentar a tu paciente cuando suceda, relacionándolo con su sensibilidad general, para que no llegue a la conclusión de que esto sólo ocurre entre vosotros dos. Si los pacientes dicen que se quedan fuera de las conversaciones suele ser porque reflexionan tan profundamente acerca de lo que se está diciendo que, para cuando han llegado a formular sus ideas, los demás ya han cambiado de tema. Quizás puedas fomentar en ellos la determinación de continuar en la conversación hasta que se alcance un nivel más profundo y ayudarles a que encuentren vías para conseguirlo.

La lealtad

Las personas sensibles son normalmente leales, en el sentido en que no les gusta traicionar a nadie ni abandonar una relación que sigue disponiendo de potencial. Lo malo de esto es, claro está, que pueden seguir alimentando una relación irremediablemente viciada o que la otra persona no corresponda su nivel de afecto o, incluso, se aproveche de él. Sin embargo, la lealtad en una relación sigue siendo una cualidad deseable y merece todo tipo de elogios, aun en el caso de que, de vez en cuando, tengas que señalarle al paciente los inconvenientes de una relación.

Los pacientes sensibles son también muy leales en la relación terapéutica y quizás haya que decirles que no pasa nada por concluir la relación cuando sientan que están preparados para ello. De hecho, puedes enseñarles que también es lealtad albergar pensamientos afectuosos con respecto a una relación tan especial como la vuestra, y que no hace falta ser leal en el sentido de tener que verse regularmente.

Conclusión: Todos los pacientes sensibles aportan beneficios a sus relaciones (p. ej., empatía, profundidad, lealtad), y también a la relación terapéutica. No des estos beneficios por descontado, sino resáltalos cuando lo consideres apropiado.

La dificultad para conocer gente

Una de las quejas más frecuentes de las personas sensibles es su dificultad para conocer gente con la cual les gustaría establecer una relación. Si son introvertidas, como lo son el 70 % de las personas sensibles, estas dificultades pueden deberse en parte a que no pasan tiempo suficiente con otras personas. O también puede ser que sean tímidas debido a haber sufrido dolorosos rechazos en el pasado. Además, las personas sensibles pueden ser muy exigentes a la hora de elegir gente a la cual conocer, pues se aburren fácilmente con las conversaciones superficiales, se irritan con comportamientos que pasan desapercibidos a los demás y perciben rápidamente valores y actitudes con los cuales no están de acuerdo. Las tres dificultades, habituales en las personas altamente sensibles –evitar la sobreestimulación, la timidez y el no encontrar a la persona adecuada– precisan para su abordaje de enfoques bastante diferentes. Los pacientes sensibles, al igual que todos los pacientes, tendrán sus propios problemas por causa de sus experiencias personales, problemas que se entremezclarán con su sensibilidad y generarán dificultades adicionales, como el temor a la pérdida o la traición. No obstante, se pueden ofrecer algunos puntos y consejos generales con respecto a cada una de estas dificultades.

Cómo gestionar la sobreestimulación

En cuanto al primer problema –el hecho de que conocer a alguien genera demasiada estimulación, sobre todo en un entorno «ajetreado»–, lo mejor que pueden hacer los pacientes sensibles es ser más selectivos en lo relativo a dónde y cuándo encontrarse con la persona a conocer. Puede ser más fácil conocer a gente nueva durante una actividad orientada a otro fin, como sería participando en un curso o uniéndose a un grupo de lectura. Así, el proceso por el cual se llega a conocer a otra persona no se realiza directamente y de una vez, sino de forma gradual.

Por ejemplo, en vez de frecuentar las *happy hours* –los días en los que pubs y establecimientos de ocio ofrecen bebidas a precios reducidos–, sugiérele a tu paciente que diga a sus amistades que le presenten personas nuevas, pero de una en una, de forma individual. Una tranquila cena para tres o cuatro personas proporcionará el tiempo suficiente para relajarse y conocer a otra persona. Un amigo o amiga bien seleccionada puede elegir a una persona que sea un buen ajuste para el paciente, puede sacar a la luz los puntos buenos de éste, dar apoyo en la conversación inicial y mitigar la sobreexcitación al ofrecer familiaridad y apoyo. El siguiente paso sería mantener una charla individual con la otra persona, de nuevo en un lugar tranquilo. Tu paciente sensible debería disponer de antemano de unas cuantas ideas sobre las cuales conversar, preferiblemente construidas sobre la base de preguntas que hacer a la otra persona, unas preguntas que puedan abrir la conversación a otros temas. Si el paciente conoce a otra persona en un lugar excesivamente estimulante, al menos podrá apreciar el efecto que esos estímulos tienen en él, no exigiéndose demasiado y buscando vías para limitar la estimulación del entorno o para compensarla; por ejemplo, sugiriendo dar un paseo por los alrededores o buscar un lugar más tranquilo en el interior.

Conclusión: Los pacientes sensibles no tienen demasiadas oportunidades de hacer amistades debido a su tendencia a evitar la sobreestimulación; pero, una vez comprenden el problema, pueden disponer de muchas soluciones prácticas.

La timidez

El segundo problema, la timidez, es obviamente más complejo. En primer lugar, no utilices este término a menos que el paciente lo haga, y asegúrate de que realmente tiene un miedo crónico a la evaluación social y no se califica a sí mismo como tímido cuando en realidad está haciendo referencia a su sensibilidad. Todo el mundo teme o evita el juicio social, que es la esencia de la timidez. Quizás hasta Bill Clinton se sintió tímido cuando conoció a la Reina Isabel de Inglaterra. Pero deberíamos utilizar el término de timidez para aquellas personas que tienen este temor de forma crónica, si bien en este caso el diagnóstico hace más mal que bien. Explora las situaciones específicas en las que la persona se muestra tímida y experimenta el resto de sentimientos subyacentes a la timidez, así como las situaciones en las cuales no se comporta de esta manera, experiencias que normalmente se olvidan.

Indícale que la sobreexcitación se puede confundir con la timidez. En un estudio que ya mencioné en el capítulo 3, el estudio de Brodt y Zimbardo (1981), mujeres de «disposición tímida» fueron asignadas a dos grupos, en los que tenían que conversar con un varón atractivo aliado de los experimentadores, mientras se las exponía a ruidos de alta frecuencia. En uno de los grupos se les dijo que el ruido generaría «efectos colaterales» en el ritmo cardíaco, acelerando el pulso, correlatos frecuentes tanto de la sobreexcitación como de la timidez. A las mujeres del otro grupo se les dijo que los efectos del ruido serían sequedad de boca y estremecimientos, correlatos infrecuentes tanto de la excitación como de la timidez. Pues bien, las mujeres del segundo grupo se mostraron muy tímidas, pero aquéllas que pudieron atribuir su excitación al ruido no se comportaron en absoluto con timidez. No les costó conversar, disfrutaron de la interacción y se mostraron dispuestas a conversar de nuevo con un extraño en caso de que se las necesitase para otro experimento. Además, el varón aliado de los experimentadores, no sabiendo a qué grupo pertenecía cada mujer ni tampoco acerca de su disposición, ni se percató de que algunas de las mujeres eran tímidas habitualmente. Yo les hablo a mis pacientes tímidos de este estudio porque, aun en el caso de que estén seguros de que no sólo es sobreexcitación lo que sienten, queda claro que hasta la timidez crónica o «disposicional» está mediada por nuestra visión de la situación.

Con frecuencia, unos sencillos métodos cognitivo-conductuales pueden ser de gran ayuda, pero cuidado con decirles a tus pacientes que no den por cierto aquello que ciertamente saben; por ejemplo, que nadie se fija en ellos. Ellos saben que la gente juzga a los demás a todas horas, muchas veces de forma negativa, por lo que el cambio que necesitan estriba en tomar conciencia de que los juicios negativos son inexactos o sólo superficialmente verdaderos. Cierto es que ellos no hablan tanto como los demás, pero no porque sean aburridos o no sean «guays». Es que son más profundos. Lo que ocurre, simplemente, es que hace falta tiempo para conocerlos. Evidentemente, en estos casos convendrá aplicar todo lo dicho ya sobre cómo ayudarles para que superen su baja autoestima y para gestionar las críticas.

Existen muchos libros, páginas web y clínicas que ofrecen ayuda para la timidez, pero son pocas las que tienen en cuenta el temperamento. Algunos de sus consejos pueden ser útiles, pero convendrá advertir a los pacientes de que otros consejos pueden ser tan agresivos como un entrenamiento militar. Algunos tendrán objetivos que los pacientes no van a compartir –tal vez aprender a «disponer la habitación» y ser popular– o pueden intentar motivar a los clientes con nefastas predicciones sobre lo desastrosa que será su vida si no superan su problema. Lo que se suele hacer en estos casos es enseñar habilidades sociales básicas, que pueden resultar aburridas, o incluso insultantes, para una persona sensible, que normalmente dispone ya de esas habilidades. Estas personas probablemente se beneficiarán más de, simplemente, poder disponer de un lugar adecuado en el cual conocer a personas nuevas. El capítulo sobre «Las relaciones sociales: caer en la "timidez"», en *El don de la sensibilidad* (Aron, 1996), también puede ser útil.

Siendo personas extremadamente meticulosas, a las personas sensibles les puede ir bien una desensibilización gradual mediante deberes para casa evaluados. Un adolescente sensible que estaba participando, a más de 1 500 kilómetros de distancia, en un programa de dos semanas para estudiantes de secundaria orientados a la universidad, me llamó un día para decirme que se sentía desesperadamente solo y que quería volver a casa de inmediato. Ante tal desesperación, me arriesgué a pedirle que llegara a un acuerdo conmigo y se comprometiera a no marcharse y seguir mis indicaciones durante tres días, al cabo de los cuales, si no había mantenido una conversación con una persona nueva, podría volver a casa con mis bendiciones. Yo era consciente de que quizás no aguantara tres días, pero también sabía que él había confiado en mí, de modo que al final hizo lo que se le pidió y prosiguió el programa.

A lo largo del proceso, tendrás que ser amable, paciente, elegir objetivos alcanzables, proporcionar un análisis detallado de los fallos que hayas percibido y, quizás, compartir tus propias experiencias de timidez con el fin de normalizarla y de explicarle cómo gestionaste tú tus sentimientos.

Cuando la timidez surge de una profunda sensación de inutilidad por parte del paciente, así como de muchos rechazos previos, incluso de sus propios progenitores, la timidez comenzará a sanar, en primer lugar, en vuestra relación. De hecho, la capacidad para abrirse a una potencial intimidad contigo, y más adelante con otras personas, puede ser la mejor medida de progreso para estos pacientes, algo que yo no dejo de recordarles mediante la analogía del contacto social como alimento, es decir, como una verdadera necesidad. Sin él, cualquier persona comenzará a sentirse extraña y débil. Normalmente, hacemos una o dos comidas al día, y nos hacemos una comilona una vez a la semana o así. Cuando no puedes «comer», te dedicas a «picar» de vez en cuando, es decir, a tomar «tentempiés», como por ejemplo sonriendo a alguien con quien te cruzas por la calle, siendo amable con alguien que te espera o charlando con otras personas mientras haces cola en un establecimiento. Si eso «te está bueno», seguirás recurriendo a los «mordisquitos». Pero, si no «comes» suficiente, tendrás un problema. El contacto humano, una parte de él contacto íntimo, es necesario para todo el mundo, seamos o no sensibles.

Conclusión: Convendrá que los pacientes diferencien entre sensibilidad y timidez, y que comprendan que, aun en el caso de que la timidez sea crónica, se trata de un estado mental que viene determinado por la situación, y no es un atributo permanente. Recurre a cualquier método que tengas a tu disposición para reducir la timidez, pero ajusta a tus pacientes con la sensibilidad.

Cuando no encuentran a nadie adecuado

El tercer problema, que se da cuando un paciente sensible es muy exigente respecto al tipo de personas que quiere conocer, puede convertirse en un verdadero problema, o bien puede ser una postura defensiva. Les suele resultar difícil encontrar personas que les valoren y que, al mismo tiempo, tengan tanta profundidad como ellos. Hay personas sensibles más inclinadas hacia la profundidad intelectual y otras más inclinadas hacia la profundidad de sentimientos, pero siempre están hambrientas de algo que las personas no sensibles pueden querer o no. Aun en el caso de que la persona no sensible se sienta atraída por tal profundidad, quizás no pueda corresponder a la persona sensible en tanta medida como ésta pueda desear.

A las personas sensibles que son también buscadoras de sensaciones fuertes les resulta aún más difícil conocer gente que sean no sólo sensibles, sino también aventureras. Si encuentran una profesión, como puede ser el periodismo, que engrana ambos aspectos, normalmente encontrarán amistades y pareja en su propio campo profesional, pero seguirá siendo un problema a lo largo de su existencia.

Las personas superdotadas tendrán un problema similar para encontrar pares, y muchas personas sensibles son también superdotadas. En ambos casos, tendrán que aceptar que no van a encontrar una relación que satisfaga sus diversas necesidades a la vez.

Algunas personas sensibles están tan ocupadas con otros intereses, y tan frustradas con la combinación de rechazo y aburrimiento con la que se encuentran, que piensan que no les vale la pena el tiempo que puedan dedicar a conocer a otras personas. Quizás haya que recordarles que, aun en el caso de que tengan unas cuantas amistades de calidad, las amistades se pueden desvanecer por diversos motivos, como puede ser un cambio de residencia, de manera que será conveniente no dejar de hacer nuevas amistades.

A veces, el problema de no encontrar a nadie interesante se resuelve buscando a otras personas sensibles, que no van a resultar difíciles de identificar en cuanto el paciente se dé cuenta de que esa otra persona piensa de manera muy parecida a él. Las personas sensibles introvertidas se suelen encontrar en los márgenes de las fiestas, observando. Y tanto introvertidas como extravertidas se encontrarán, por ejemplo, en parajes de belleza natural, en talleres de arte, retiros espirituales, conciertos, conferencias sobre temas complejos, seminarios de psicología, reuniones relacionadas con causas sociales, cerca de niños y animales, o en lugares relacionados con la salud. No se suelen encontrar en entornos ruidosos o masificados, pero se les podrá detectar en el fondo o de alguna otra manera involucradas. Existen, por otra parte, actividades específicas para personas sensibles (hay una relación de ellas en mi página web, hsperson.com). Evidentemente, el hecho de que dos personas sean altamente sensibles no es una garantía de que vayan a congeniar.

Posiblemente, la mejor forma de ayudar a los pacientes sensibles a superar su reluctancia a conocer a otras personas es insistirles en que no tienen por qué abordar el problema del modo en que lo hacen las personas no sensibles. No tienen por qué forzarse a pasar por un proceso de citas rápidas. Ni tienen por qué criticarse a sí mismos de antemano en situaciones sociales o por comenzar simplemente observando. En ocasiones, bromeo diciendo «No damos una buena primera impresión, pero nuestra segunda impresión es descomunal». En resumen, estos pacientes tienen que encontrar su propia manera de conocer a otras personas.

Obviamente, el desdén que muestran en ocasiones por los demás o por situaciones sociales ordinarias puede ser un mecanismo de defensa, una plataforma sobre un agujero negro de inferioridad. En estos casos, tendrán problemas también con sus actuales relaciones. La defensa está funcionando –a nadie se le permite acercarse lo suficiente como para descubrir su supuesta inutilidad–, pero el coste es demasiado alto. Puede resultar tentador atravesar esta despreocupación o indiferencia con una firme confrontación, pero estos pacientes no dejan de ser altamente sensibles, por lo que tendrás que pisar el terreno con cuidado, fijándote bien en qué medida admite el problema.

Diálogo de ejemplo

Lo que viene a continuación es un diálogo típico entre un paciente y un terapeuta trabajando el tema de conocer gente.

Paciente: Tú crees que soy tímido, que soy un inadaptado social.

Terapeuta: No recuerdo haber utilizado la palabra «inadaptado». Sólo estaba reflexionando en lo que tú dijiste hace un minuto, de que creías que nunca te habías sentido cómodo con nadie.

Paciente: Bueno, otras personas se sienten cómodas, de manera que yo tengo que ser un inadaptado…

Terapeuta: …por no haberte sentido cómodo con nadie… Como dije antes, yo creo que todo el mundo se siente mal a veces. Si sientes malestar en todo momento, entonces te estarás sintiendo incómodo justo ahora, conmigo.

Paciente: No te lo tomes como algo personal. No estoy cómodo con nadie. Pero no es timidez. Como tú misma has dicho, la timidez es una especie de miedo a los demás, y yo no le tengo miedo a la gente.

Terapeuta: Entonces, se trata de otro tipo de sentimiento. Dado que lo estás sintiendo en este momento, quizás puedas determinar de qué se trata.

Paciente: No lo sé. Nunca he podido saberlo.

Terapeuta: Pero tú lo sientes ahora, de manera que quizás podamos determinarlo juntos. ¿Es una sensación buena o mala?

Paciente: Como te he dicho, estoy acostumbrado a ella. Pero, bueno, supongo que es mala, ¿no? Mal-estar no suena a que sea bueno, ¿no te parece? Es estar mal, como estar enfermo.

Terapeuta: ¿Quieres decir que ves este sentimiento casi como una especie de enfermedad?

Paciente: No, no lo es. No es una debilidad. Es casi una especie de fortaleza.

Terapeuta: Tengo la sensación de que cualquier debilidad te resultaría duro de aceptar.

Paciente: ¿No le pasa eso a todo el mundo?

Terapeuta: No en aquellos momentos en que una persona quiere mejorar de algún modo. Tú no quieres sentir malestar. De modo que, para ello, tendrás que comenzar por saber qué necesitas cambiar. ¿Cuál es ese mal que no te deja estar? Tú pensabas que la sensibilidad era una debilidad, y ahora estás de acuerdo en que no lo es.

Paciente: No siempre, pero a veces lo es.

Terapeuta: En este caso, creo que podría ser una ventaja. Ser sensible significa procesar las cosas de un modo más profundo, de modo que quizás podamos utilizar esa ventaja para darnos cuenta de qué es lo que hay detrás de ese sentimiento que tienes justo en este momento.

Paciente: Para eso te pago, para que lo averigües.

Terapeuta: Pero no es fácil para ninguna persona sensible, ni siquiera para mí, escuchar a alguien y de inmediato saber por qué se siente mal. Por qué te sientes mal justo en este momento por estar conmigo. Es por hablar, como hacemos ahora, de problemas profundos y duraderos, incluso debilidades, sin caer en la sensación de que eres completamente inútil, una especie de inadaptado.

Paciente: Entonces, el problema no es si soy un tarado, sino qué causa este «no sentirme cómodo con nadie».

Terapeuta: Exacto.

Paciente: Y exactamente cómo se siente eso, lo mal que uno se siente.

Terapeuta: «Exacto» es la palabra, ¿no? Observarlo con mucha atención y verlo tal como es.

Paciente: Entonces, sí, es miedo. Supongo que tengo miedo de lo que la gente piensa de mí, que no les guste lo que vean, que incluso yo no les guste.

Terapeuta: Incluso yo…

Conclusión: Las personas altamente sensibles pueden tener una dificultad genuina para conocer a otras personas de las que disfrutarían en una relación, así como una carencia de interés defensiva debida a un temor al rechazo especialmente acrecentado.

Las dificultades en la etapa de profundización de las relaciones

Los pacientes cuyas relaciones no van nunca más allá de unos cuantos encuentros o que sólo duran unos meses son siempre un desafío, sobre todo cuando estos pacientes no se plantean la posibilidad de que el problema radique en ellos mismos. Con los pacientes sensibles, sobre todo con hombres sensibles, cabe siempre la posibilidad de que el problema no se deba tanto a ellos como a los prejuicios que existen contra ellos. En muchos otros casos, el problema es, simplemente, que no saben cómo hacer las cosas, asumir los riesgos necesarios y confiar en sus sentimientos.

Las dificultades de las que parten casi todas las personas sensibles

Abrirse mutuamente el corazón es clave para profundizar cualquier relación, pero eso significa asumir un buen número de riesgos –el de hacerlo prematuramente, el de revelar algo que desagrade a la otra persona o el de desilusionarse mutuamente–. A las personas altamente sensibles no les gustan los riesgos ni la incertidumbre que entrañan, de manera que enseñarles algunas técnicas para reducir riesgos podría serles de gran utilidad. Por ejemplo, la persona debería abrir su corazón lo suficiente como para mantener el interés del otro, pero no demasiado como para abrumarle o parecer extraña. Y, por encima de todo, debería ir a la par de la apertura de corazón de la otra persona, para luego seguir avanzando cuando se considere oportuno. Aquí será de gran utilidad la intuición de las personas altamente sensibles, pues pueden detectar el momento de dar un audaz salto adelante que las lleve a descubrir que el cariño es mutuo.

Todos conocemos los pasos que llevan hacia una relación estrecha, pero convendrá dejárselos bien sentados a estos pacientes. Está la charla inicial donde se habla del estado del tiempo y de películas, después se abren a decir cosas más personales, como en qué trabajan, dónde viven y de dónde son. Si las cosas avanzan bien, se estrecharán los vínculos un poco más; se hablará de cosas que agradan y desagradan, aparecerán opiniones y sentimientos. Después, los sentimientos compartidos se irán haciendo más personales e inmediatos, como aquellos asociados a una pérdida o un logro reciente. Un gran paso se da cuando se manifiestan sentimientos acerca de la otra persona: el intercambio de cumplidos sinceros o la expresión del placer por la mutua compañía. Finalmente, están esos momentos de profunda sinceridad en los que sabemos que podemos decir cualquier cosa, incluso algo que no esté funcionando bien en la relación, o lo bien que funciona ésta, o lo afortunados que nos sentimos. Cada persona se siente bienvenida y valorada por la otra. Si una persona altamente sensible ha experimentado tal intimidad, sea en el pasado o en la relación terapéutica, y sabe lo que se requiere para recrearla en cualquier otra situación, entonces es que dispone de las habilidades y la motivación necesarias para lanzarse y llevar a otra persona hacia esas profundidades.

Conclusión: El proceso hacia una relación más profunda precisa de una apertura cordial mutua, algo que los pacientes altamente sensibles pueden evitar debido a los riesgos que para ellos implica. En realidad, tales pacientes deberían ser capaces de gestionar esto especialmente bien en cuanto perciban el objetivo, el cual debería serles especialmente atractivo.

Cuando existen miedos intensos a la proximidad y el compromiso

Claro está que, para muchos pacientes, el proceso de aproximación puede verse bloqueado en algún punto debido a miedos más complejos que el miedo al rechazo. Normalmente, son miedos relacionados con el logro; el miedo a acercarse a una persona para después perderla, por ejemplo. Algunos de estos temores son naturales en las personas altamente sensibles, en tanto que otros surgen de las interacciones con experiencias de la infancia.

Un caso ilustrativo

Steve, de 53 años, perdió a su primera esposa cuando tenía sólo 30 años, cuando aún no habían tenido hijos. Steve sentía que su pérdida estaba resuelta desde hacía tiempo y estaba desesperado por volver a casarse. De hecho, había iniciado y abandonado numerosas relaciones. Desde un principio, yo misma le había proporcionado una fácil excusa: la de que era tanto una persona altamente sensible como un buscador de sensaciones fuertes, de tal manera que lo natural era que le resultara difícil encontrar a alguien similar en ambos aspectos. Sin embargo, cada vez que iniciaba y terminaba una relación, nos quedaba claro a ambos que Steve estaba evitando tener una nueva relación con tanta intensidad como deseaba tenerla, pues lo echaba a perder todo con sus críticas no confesadas hacia la nueva relación, que no tardaban en convertirse en críticas abiertas. Ciertamente, no era la mejor manera de hacerse querer, pero para entonces él ya estaba convencido de que aquella mujer no era para él. Sin embargo, por debajo de todo esto, Steve tenía miedo de perder una vez más a la mujer amada, de no amar a su siguiente esposa tanto como había amado a la primera y, al mismo tiempo, temía también que la nueva esposa no le amara tanto como le había amado su primera esposa. Además, él era consciente de que les encontraba defectos con rapidez a todas las mujeres con las que se citaba, y esto lo convertía en una pareja poco atractiva.

Pero el problema se complicaba aún más por su historial familiar de infancia. Steve había sido hijo único y había sido muy querido por sus progenitores, que, sin embargo, sentían entre sí un profundo desagrado. A muy temprana edad, Steve ya había vencido en su conflicto edípico, en el sentido de que su madre no tardó en sentir preferencia por él antes que por su padre, convirtiendo a aquel niño sensible en su confidente. Sin embargo, lo apartaba de su lado cuando el padre llegaba a casa al término de la jornada laboral, porque el padre era muy crítico con ella y ella intentaba evitar su cólera de todos los modos posibles. Viendo todo esto, Steve perdió el respeto por ella, a pesar de estar encantado de recibir sus atenciones cuando estaban solos. Por otra parte, su padre, pensando que Steve era un poco afeminado, simplemente porque no le interesaban los deportes, no hizo nada por sacar a su hijo de aquel romance infantil con la madre, relegándolo a aquella situación. Así,

Steve terminó asociando la falta de interés de su padre y el ser el «niño de mamá» con su sensibilidad.

Cuando llegó a la edad adulta, fue su madre, y no su padre, quien le dijo que no sería un «hombre de verdad» en tanto no se independizara. Y, como suele ocurrir con muchos pacientes sensibles, la idea de vivir solo le resultaba aterradora. Estaba tan habituado al hogar familiar como refugio ante un mundo saturado de estímulos que no sabía cómo iba a lidiar con aquello. No obstante, se lanzó al mundo para ser un hombre, con su padre como único modelo disponible de comportamiento, pero decidido a tener pareja lo antes posible, una mujer que pudiera recrear su precoz paraíso materno sin el peligro de un padre regresando a casa.

Le asombró su suerte en su segundo intento, hasta que la súbita muerte de su joven esposa acabó con su sueño. Y, por mucho que anhelaba su tercer paraíso, el proyecto parecía condenado al fracaso. Además de sus miedos, vimos que no se sentía lo suficientemente hombre, y que, aunque lo fuera, el destino (¿imagen de su padre?) no iba a consentirlo. Evidentemente, era él mismo el que condenaba al fracaso todas las relaciones. Steve tenía miedo de perder a su esposa de nuevo, o bien, en caso de que viviera lo suficiente, estaba aterrorizado ante la idea de que ella pudiera descubrir su falta de hombría.

Sin embargo, cuando nuestra relación terapéutica comenzó a parecerse a aquel primer paraíso, Steve intentó destruirla también con todo tipo de críticas ácidas. Esto no era el paraíso; o era yo la inútil o lo era él. Pero, esta vez, ambos comprendimos el temor que él intentaba ocultar. Además, yo aceptaba y admiraba su sensibilidad, y no lo veía menos hombre por ello. Por otra parte, no iba a morir, ni había perspectivas de que lo hiciera en breve. Esta vez, Steve fue capaz de perseverar con alguien hasta que parte de su idealización desapareció, sin que la relación quedara destruida. Y, lo más importante, fue él el que decidió el final, y lo hizo cuando encontró a otra mujer suficientemente buena con la que poder compartir un semiparaíso durante muchos años.

Lo que yo aprendí con este complejo caso fue que puede haber múltiples motivos para evitar la proximidad que las personas sensibles afirman desear. Además, hacer que el paciente se percate de esto puede suponer un largo viaje de superación de miedos, debido a su habitual capacidad para apreciar y contrarrestar sus propias defensas.

El temor a la proximidad y el compromiso a largo plazo

Todo un surtido de preocupaciones razonables emerge también en torno al compromiso en una relación próxima, debido especialmente a que tomar en consideración las consecuencias a largo plazo es algo que forma parte de la naturaleza de las personas sensibles. Traté en profundidad de estos temores en *El don de la sensibilidad en el amor* (Aron, 2001). También aquí, muchos pacientes irán más allá de los temores normales que su propio rasgo intensifica, como hizo Steve, y emergerán problemas que habrán estado interfiriendo con la proximidad en todas sus relaciones a lo largo de su vida. Steve también tuvo muchos problemas a la hora de conservar sus amistades y de permanecer en un empleo, pero es evidente que los pacientes sensibles pueden estar absolutamente justificados en sus vacilaciones a la hora de comprometerse con alguien y tienen estas intuiciones con más frecuencia que la mayoría de las personas. Será importante considerar si las precauciones son específicas de una relación o si se vienen repitiendo desde hace tiempo.

Pueden surgir, al menos, ocho temores, y voy a ofrecer algunas sugerencias breves sobre cómo resolver cada uno de ellos. En primer lugar, está el temor a verse expuesto y al fracaso –el núcleo del yo, o simplemente la parte sensible, parece avergonzada–. Esto era lo que sucedía en el caso de Steve. En ocasiones, vendrá bien recordarles que todo el mundo siente que sus defectos y pecados particulares son peores que los de todos los demás. El hecho de que hayan vivido tanto tiempo con la sensación de que había algo mal en ellos va a exigir un esfuerzo extra para mitigar este temor. Afortunadamente, se puede resolver en parte merced a la relación terapéutica y en parte merced a una creciente capacidad para percatarse de aquellas ocasiones en que se les acepta.

El segundo temor es el miedo a la separación y la pérdida, sobre todo el de la muerte de la otra persona. Con mucha frecuencia, este temor se ha disociado y, al principio, sólo se puede inferir a partir del historial –en el caso de Steve, la pérdida de su mujer–, o bien por la reacción del paciente cuando el terapeuta se va. Yo les insisto en que ésta es una respuesta profundamente instintiva. El miedo puede ser muy intenso, pero, en cuanto comienza a hacerse consciente, se puede convertir en objeto del trabajo y, con el tiempo, se puede superar.

El tercero es el miedo al abandono o la traición, a una separación deliberada provocada por la otra persona. En la mayoría de los casos, este temor emerge debido a que ha sucedido realmente y, por tanto, es muy resistente a la extinción, sobre todo en una persona sensible. Lo más habitual es que sólo el tiempo, con una nueva relación, una relación más cariñosa, restablezca la confianza.

El cuarto es el miedo al conflicto, el que uno o una tiene que capitular por el bien de la paz o, de lo contrario, tener que soportar interminables peleas a gritos, con la consiguiente sobreexcitación. (En el siguiente capítulo hablaré de cómo ayudar a las personas sensibles a tratar con el conflicto y el miedo al conflicto). Steve era un caso típico de persona que «podía poner a bajar de un burro» a todas las mujeres con las que se citaba, cosa que posteriormente hizo también conmigo, pero se sentía profundamente herido cuando se le devolvían las críticas. Otros pacientes jamás expresarán una crítica, y mucho menos un ataque de cólera, bien por miedo a los contraataques o bien por sentirse indignos de juzgar a nadie.

En quinto lugar, las personas sensibles pueden sentirse profundamente preocupadas ante la idea de sentirse responsables por otra persona y quizás, además, ante la consecuente pérdida de independencia. ¿Ganaré suficiente dinero como para mantenernos dos personas si fuese necesario? ¿Seré un buen padre o madre? ¿Interferirá este compromiso con mis objetivos creativos? ¿Me convertirá en una persona ordinaria? Ninguna de estas preguntas debería tomarse a la ligera. Hay personas sensibles con antecedentes problemáticos que podrían sentirse realmente abrumadas si el tipo de compromiso que están valorando les supusiera demasiadas responsabilidades. En particular, fíjate en si están intentando rescatar a alguien. También es cierto que algunas personas sensibles superdotadas no quieren aceptar compromiso alguno porque su alma está en gran medida consagrada a otra cosa. Pero convendrá recordarles que, en un futuro, puede que lamenten la soledad –el elevado coste de rebelarse contra el contexto familiar para el cual los seres humanos fuimos diseñados.

En relación con este miedo a la responsabilidad y a la pérdida de libertad está también la preocupación por ser controlado, absorbido o engullido –el yo anulado–. Los niños y niñas sensibles se ven especialmente perjudicados cuando tienen que sufrir progenitores narcisistas, intrusivos y excesivamente implicados, algo que normalmente se puede encontrar en el origen de este sexto temor. Obviamente, evitar todo tipo de relaciones de proximidad, incluso con personas que no son narcisistas, implica que la persona sigue estando controlada por aquellos perturbadores individuos de su pasado.

Séptimo, algunas personas sensibles temen a su propia naturaleza instintiva, a su potencial para comportarse de forma despiadada en sus relaciones sexuales, en arranques de odio o cólera, o momentos de completa indiferencia por aquellas personas a las que se supone que aman. Tanto el miedo como los instintos se hallan por debajo del umbral de la consciencia, pero no están lo suficientemente lejos. Convendrá que las personas sensibles aprecien todo esto como instintos que se hallan en todo el mundo y que son controlables.

Por último, algunos pacientes sensibles temen su irritabilidad o su tendencia a la crítica, lo cual puede ser justificable en muchas ocasiones. Por ejemplo, las personas sensibles se irritan con facilidad por hábitos o ruidos que no molestarían a los demás. Normalmente no expresan en voz alta estas críticas, pero, en una relación íntima, terminarán emergiendo y harán que la otra persona se enfurezca, comprensiblemente, por ser sometida a tan altos estándares, en tanto en cuanto ella no tiene problema alguno con las pequeñas idiosincrasias de la persona sensible. Los pacientes tendrán que aprender a controlar algunas de estas reacciones para llevarse bien con la otra persona. La cercanía siempre trae momentos de irritación, y es normal que las personas sensibles se percaten más de estas cosas, pero, centrándose en lo que les gusta de la otra persona, normalmente dejarán pasar tales detalles.

En otras personas sensibles, sin embargo, el temor a su propia irritabilidad está sumamente exagerado; se irritan, pero rara vez expresan su irritación. Temen ser rechazadas por el mero hecho de haber tenido pensamientos negativos que surgen de forma natural o por expresar alguna queja habitual en las personas sensibles, como «¿Podrías hablar más bajito?». De este modo, en vez de vivir irritadas, terminan viviendo solas. Creen que son misántropas y que no son personas aptas para vivir en relación. También en estos casos, la relación terapéutica puede ser el primer lugar donde

221

enfrentarse a tales temores, cuando sean capaces de dar voz a sus críticas y se percaten de que la relación y parte de las idealizaciones sobreviven.

Con todos estos temores, la zanahoria va a funcionar mejor que el palo, siendo la zanahoria la necesidad que todo ser humano tiene de mantener relaciones cercanas, en contraposición al palo de intentar presionar a los pacientes para que superen sus miedos y, con ello, llevarlos quizás a cometer un grave error. Y casi podríamos decir que esto no es una metáfora, ya que, en mi experiencia con los caballos –animales que son extremadamente sensibles al peligro–, puede ser que nieguen a hacer algo debido al miedo. En estos casos, en su resistencia y obstinación, que lleva al caballo a salirse con la suya por ser más grandes que el jinete, éste puede tener la tentación de golpearle con la fusta cada vez con mayor dureza, cuando esto no va a hacer otra cosa que incrementar el temor del caballo. Sin embargo, sería mucho más eficaz ofrecerle una zanahoria o un puñado de hierba. Esto, normalmente, calmará al animal –es difícil masticar cuando se está aterrorizado– para luego ayudarle a afrontar el temor de nuevo y, en la mayoría de los casos, superarlo. En el trabajo con pacientes sensibles, pronunciar insistentemente cumplidos sinceros y adecuados, así como palabras tranquilizadoras, puede tener el mismo efecto.

Conclusión: Existen cierto número de temores naturales en las personas sensibles cuando se plantean comprometerse en una relación más estrecha, y habrá que reconocer que tienen verdaderos motivos para vacilar. Las personas sensibles van a sentir estas cosas con más intensidad, y el terapeuta tendrá que trabajar con sus miedos pacientemente.

A la hora de tomar grandes decisiones

Habría que resaltar de nuevo que, aunque pueda parecer que muchos de estos temores se han superado, muchas personas sensibles dudarán, acertadamente, en el momento de asumir los mayores de estos compromisos, los que conllevan la decisión de vivir con una persona, casarse o tener hijos. Estos individuos *son conscientes* de las responsabilidades que estas decisiones suponen. Conocen sus propios límites emocionales y físicos, sobre todo su necesidad de disponer de algo de tiempo en soledad. Si se trata de asumir responsabilidades económicas, quizás no estén dispuestos a hacer lo que habría que hacer por el hecho de ganar más dinero. Y, aun en el caso de estrechar mucho más una amistad, van a ser conscientes de la importancia del papel que están asumiendo. De modo que quizás dejen simplemente que pase el tiempo, a veces tanto tiempo que se pierde la oportunidad.

Convendrá recordarles en estos casos que las cargas se comparten y que nadie espera que una persona asuma toda la responsabilidad por la vida de otra persona, ni económica ni de otro tipo, ni que se le tenga que dar tiempo ni atención sin límites. Incluso los niños, sólo necesitan este tipo de cuidados durante más o menos una década.

Naturalmente, también aparecerán dudas respecto a si están eligiendo a la persona adecuada o si concebirán un hijo o una hija con algún problema genético que suponga una carga imposible para toda la vida. Aquí convendrá recordarles que determinadas decisiones importantes en la vida están estrechamente vinculadas con la incertidumbre y que, sin embargo, tendrán que decidir, pues decidir no decidir no deja de ser otra forma de decidir.

Conclusión: Existen buenas razones para temer el compromiso en una relación a largo plazo, razones que serán más potentes en el caso de los pacientes altamente sensibles, pero tanto tú como tu paciente tendréis que recordar las consecuencias de la indecisión y de dejar que las buenas oportunidades pasen de largo en la vida.

Resumen y conclusiones

El temperamento tiene un poderoso impacto en las relaciones, y las personas sensibles hacen importantes aportaciones a la relación, como su habilidad para captar pistas sutiles de la otra persona o señales de que la relación necesita de una mayor atención, además de sus preferencias por la intimidad y el estar juntas. Si un paciente exhibe estas virtudes con el terapeuta, habrá que reconocérselo.

Con frecuencia, estos pacientes forcejean a la hora de establecer relaciones debido a su «timidez», pero muchas veces ni siquiera son tímidos, sino sólo introvertidos y sensibles. En estos casos, el problema se resuelve mediante una mejor comprensión de su sensibilidad, lo cual llevará a una mayor confianza en sí mismos a una reevaluación de sus comportamientos sociales del pasado. Por otra parte, el miedo de otros pacientes al enjuiciamiento tendrá, probablemente, unas raíces más profundas y precisará de más tiempo para su resolución.

Una vez establecida la relación, los temores de estos pacientes ante la posibilidad de llegar a un mayor compromiso son, en parte, bastante comprensibles. Por ejemplo, pueden sentir temor a perder su independencia, a comprometerse con la persona equivocada o a ser incapaces de satisfacer todas las responsabilidades que conlleva el compromiso. No deja de admirar que sean capaces de reflexionar sobre implicaciones a tan largo plazo, pero la espera y el no hacer nada no dejan de ser otra decisión. El terapeuta tendrá que cerciorarse de que todos los temores del paciente con respecto al compromiso se discuten abiertamente.

A lo largo de todo este capítulo he imaginado que muchas de las personas altamente sensibles, extravertidas y seguras que conozco se habrían sentido horrorizadas ante la sugerencia de cualquier terapeuta de que la alta sensibilidad lleva emparejada la timidez o un miedo paralizador ante el compromiso. Una vez más, hablo aquí de dificultades que se encuentran frecuentemente en los *pacientes* sensibles. En términos generales, su timidez proviene de experiencias sociales dolorosas de la infancia y de una crianza en general deficiente, que lleva posteriormente a la depresión y la ansiedad, y más tarde a la timidez (Aron *et al.,* 2006). Sin tal historial, las personas sensibles no van a ser más tímidas que el resto de la gente.

La importancia de este capítulo se halla en el hecho obvio de que somos animales sociales, con intensas emociones sociales, entre las que hay que incluir la ira y la desesperación debidas a la pérdida, la vergüenza, el temor al rechazo y, por encima de todo, la soledad. Por estos motivos, las personas sensibles se van a beneficiar sin ninguna duda de toda relación a largo plazo que sea segura y les proporcione apoyo, y lo harán en mayor medida que la población general, al tiempo que sufrirán más que la población general el hecho de carecer de una relación así. De ahí que el trabajo con los pacientes sensibles para mejorar sus habilidades de relación con los demás puede que sea la tarea más importante de todas y el objetivo principal de una terapia con estos pacientes.

Capítulo 7

Cómo facilitar las relaciones duraderas

El trabajo con los conflictos, el grado de similitud temperamental y la sexualidad sensible

> Sin duda un observador atento habría descubierto que la hija mayor era ligeramente la preferida de los padres. Esta predilección se basaba en la particular sensibilidad de esta hija. Era más cariñosa, madura y desenvuelta que la pequeña. Junto a esto mostraba algunos rasgos coquetos e infantiles, cosas que, precisamente a consecuencia de su carácter un poco contradictorio y desequilibrado, contribuían al encanto de su personalidad.
>
> —Carl Jung, *Obra completa, vol. 4, párr.* 384.[1]

Este capítulo continúa abordando las relaciones de los pacientes altamente sensibles, centrándose ahora en los problemas que surgen en las amistades a largo plazo y en las relaciones románticas de la vida de la persona, problemas

---

1. Publicado por Editorial Trotta, 2.ª ed., Madrid, 2011.

como negociar conflictos y la reluctancia a abandonar una mala relación. Se ofrecen también sugerencias para resolver los problemas que se encuentran los pacientes sensibles si tienen una pareja no sensible, así como los que afrontan aquellos cuya pareja también es sensible. El capítulo concluye con los resultados de una encuesta en la que se comparó la sexualidad entre personas sensibles y personas no sensibles.

Como Jung sugiere aquí, las personas sensibles pueden ser muy atractivas para los demás, sobre todo en una relación a largo plazo, como en la familia o el matrimonio. Tu objetivo como terapeuta consistirá en sacar a la luz esas cualidades de tus pacientes sensibles para que destaquen en sus relaciones más estrechas.

¿Viene el divorcio genéticamente determinado?

En un sorprendente estudio que permite comprender la importancia clínica del temperamento, McGue y Lykken (1996), trabajando con una muestra de gemelos (con el fin de estudiar la influencia entre herencia y entorno), descubrieron que el 53 % de la varianza en el riesgo de divorcio es atribuible a la aportación genética de un miembro de la pareja (el gemelo en este estudio). En un estudio de seguimiento, Jockin, McGue y Lykken (1996) recurrieron a tests de personalidad de autoinforme para medir rasgos que se sabe son hereditarios. (Hereditario significa que existe alguna influencia genética sobre una variable, pero no quiere decir que haya un gen específico para ella; por ejemplo, no hay ningún gen que determine el llevar falda, pero esto es algo altamente hereditario debido a su vínculo con el género). La emocionalidad positiva y la emocionalidad negativa se asociaron con la tasa de divorcios, en tanto que el control y la restricción se relacionaron de forma negativa. En general, algunos rasgos de personalidad hereditarios, medidos de algún modo por estos tests, contribuían al 30 % del riesgo de divorcio en mujeres y al 42 % del riesgo en los hombres.

¿Qué hay de hereditario en el divorcio? Los efectos negativos de la emocionalidad positiva se podrían atribuir a un alto nivel de búsqueda de sensaciones fuertes, dado que ambos están relacionados con los niveles de dopamina (Canli, 2008). Se sabe que las personas con medidas elevadas en búsqueda de sensaciones se aburren con más facilidad en una relación y es probable que tengan algún asunto amoroso externo a la relación (Seto, Lalumiere y Quinsey, 1995). En cuanto al papel de la emocionalidad negativa, yo hubiera esperado que tuviera su influjo a través de la interacción ya detallada. Algo innato, la sensibilidad, interacciona con un pasado difícil, que es algo no innato, llevando a una emocionalidad negativa crónica, y se sabe que el afecto negativo crónico (denominado también neuroticismo) es el mayor predictor singular de baja satisfacción marital (Karney y Bradbury, 1997). El rasgo asociado con un menor riesgo de divorcio –es decir, el control y la restricción– sería sin duda otra manera de describir la sensibilidad; y, según mi experiencia, las personas sensibles se lo piensan todo mucho antes de dejar una relación. En resumen, el temperamento innato influye de diversos modos en la longevidad de una relación.

Sin embargo, estos hallazgos no indican que el divorcio, en sí, sea innato o que *algún* gen *causa* el divorcio. Al igual que en la medicina, determinadas condiciones innatas pueden convertirse en peligrosas si no se reconocen, pero, de hacerlo, son fácilmente tratables, de manera que estos rasgos innatos de personalidad sólo se convertirán en una amenaza para las relaciones si los miembros de la pareja no comprenden el papel de su propio rasgo y los aspectos inamovibles del rasgo de la otra persona, a fin de que puedan hacer las compensaciones pertinentes. Ser capaz de sugerir el modo de hacer esto le da al terapeuta un buen punto de agarre para mejorar las relaciones de los pacientes.

Conclusión: Casi la mitad del riesgo de divorcio está probablemente determinada por el temperamento innato, que se manifiesta como rasgos de personalidad que se desarrollan a través de las tendencias genéticas en la interacción con el entorno. El riesgo de divorcio se puede reducir si los miembros de la pareja comprenden el modo de compensar sus temperamentos.

Las relaciones prolongadas: problemas generales

En primer lugar, evidentemente, hemos de tener mucho cuidado en no «ayudar» a una pareja en conflicto discutiendo el problema sólo con un miembro de la pareja. (Como en el capítulo anterior, esto también se debería aplicar a la familia y a las amistades). El otro miembro de la pareja tiene *siempre* una historia diferente e igualmente importante que contar, y ambas personas en la relación hacen de algún modo su aportación a cada uno de sus problemas. Dicho esto, yo trabajo mucho, no obstante, con las personas sensibles en sus relaciones. Por una parte, por su perspicacia y por la influencia que tienen en estas relaciones. Por otra, porque pueden estar afrontando problemas inusuales, como que se les identifique como el «paciente identificado» (incluso más de lo que lo que deberían ser) debido a su sensibilidad o por no ser suficientemente asertivos. En cualquier caso, con frecuencia, los cambios que estas personas hacen y sus percepciones ayudan de forma espectacular a mejorar la relación.

Caso ilustrativo

Bella, de 32 años, había conocido a Jerry en Europa, donde ambos estaban haciendo un viaje de turismo tras su graduación. Bella era graduada con altos honores en una magnífica universidad, en tanto que Jerry era graduado con especialización en arte por una universidad estatal del montón. Cada uno encontró al otro fascinante desde que se conocieron, y se enamoraron. Volvieron a los Estados Unidos y trabajaron como becarios durante varios años para distintas organizaciones, para luego «vivir de la tierra», cultivando alimentos orgánicos y marihuana. El consumo de marihuana fue parte importante de su relación desde el principio, pues fumaban a diario.

Bella solía hablar de lo mucho que amaba a Jerry; decía que era muy atento, divertido y sumamente creativo. Su objetivo en la vida era convertirse en un profesional del humorismo gráfico y, mientras tanto, hacía algo de dinero pintando señales y vendiéndolas. Para ella, lo único negativo era muy positivo: que detestaban estar separados. Tal como lo expresó Bella, «Jerry *no* es mi problema».

El problema, pensaba ella, era «mi vida entera», y creía que podría estar relacionado con su sensibilidad. Ella era maestra de enseñanza elemental y pensaba que aquél era un trabajo importante, pero detestaba el alboroto y la confusión del aula, además de las inevitables tensiones con madres, padres y administradores. Le pregunté qué haría si pudiera hacer cualquier cosa que le apeteciera y me respondió de inmediato: «Sacarme el doctorado en historia, para luego dar clases en una universidad pequeña y, junto a esto, escribir libros de viajes acerca de la historia de sitios medievales en diversas regiones de Francia». Pero Jerry y ella necesitaban unos ingresos fijos, de modo que Bella tuvo que sacrificar su sueño para obtener el certificado de enseñanza.

Bella había crecido en una familia numerosa y acomodada en la que el alboroto –sobre todo en la forma de ruidosas y agrias peleas– era constante. Su padre criticaba a todo el mundo y su madre se enfurecía con él, aunque no le sirviera de nada. Bella estaba orgullosa de que ella y Jerry no estuvieran repitiendo un patrón similar de relación. Le pregunté si esperaba tener hijos, y Bella se mostró confusa. Lo deseaba, mucho, pero le preocupaba que, sin ella buscarlo, sus hijos fueran tan poco felices como lo había sido ella. En cuanto a Jerry, su familia había sido muy pobre durante su infancia. Había sido el único hijo de la familia, dado que Jerry había presenciado la muerte de su padre cuando tenía cinco años. Después, había tenido que lidiar con una sucesión de tres padrastros dominantes, y también tenía dudas respecto a tener hijos. Para mis adentros, señalé que, por la edad de Bella, tendrían que tomar la decisión pronto.

Evaluar la relación

Debido a su intensidad emocional, las personas sensibles suelen irse a los extremos a la hora de hablar de sus relaciones; quizás necesitan tanto la relación que ni siquiera se replantean nada, de modo que la ven como casi perfecta, o bien sienten de forma tan profunda el dolor de una mala relación que, cuando las oyes hablar, parece que estén hablando del infierno. Sin embargo, cuando se les pregunta acerca de su amor por la otra persona, podemos obtener importante información no verbal, dado que la respuesta verbal puede estar lejos de la realidad. Hay quienes piensan en el amor como una virtud; hay quien lo ve como una emoción que pueden o no sentir en ese momento; hay quien lo considera la necesidad o el deseo de estar cerca de la otra persona, pase lo que pase; y hay quien lo ve como una sensación de apego tras años de proximidad, cosa que pueden llegar a sentir incluso por una persona horrible. Una definición mejor de amor, tanto para el terapeuta como para el paciente, podría establecerse sobre la capacidad de respuesta: querer conocer al otro y satisfacer las necesidades del otro en la medida de lo posible (sin ignorar las propias necesidades básicas, al menos sin negociar primero de igual a igual).

En el caso de Bella, yo sospechaba que ella era más cariñosa con Jerry que viceversa (cariñosa en el sentido de capacidad de respuesta), aunque se trataba sin duda de una suposición arriesgada, por no haber escuchado la versión de Jerry. Después de todo, dado que ella nunca había vivido sola (incluso su viaje a Europa lo había hecho con un hermano), yo sospechaba que el amor de Bella podía ser, más bien, un apego desesperado. Así pues, hice lo que normalmente hago, evaluar su relación en términos de conductas y actitudes, acerca de las cuales los pacientes sensibles intentan ser meticulosamente objetivos. ¿Cuánto tiempo pasaban juntos? («Todo su tiempo libre», si bien eso no encajaba con el hecho de que Jerry estaba hasta altas horas de la noche dibujando viñetas, y dormía mientras ella se levantaba temprano para ir a trabajar, no viendo a Jerry tampoco en las mañanas del fin de semana). ¿Hasta qué punto confían el uno en el otro? («Totalmente», pero todavía no habían hablado acerca de las preocupaciones de Bella acerca de su «reloj biológico» ni de su sueño de hacer el doctorado). ¿Y qué tal el sexo? (A Jerry le gustaba mucho el sexo, pero Bella no habló de las distintas necesidades existentes entre ambos hasta que le pregunté específicamente sobre ello). ¿Se siente satisfecho sexualmente el paciente? (Los orgasmos de Bella normalmente «se deshinchaban», algo que Jerry no sabía).

John Gottman (1999; Gottman y Notarius, 2000), que es un investigador en interacción de parejas, aconseja que cada miembro de la pareja conozca el «mapa del amor» del otro miembro; es decir, que lo conozca en profundidad. De hecho, Gottman ve el mapa del amor como una excelente herramienta de evaluación. Algunas de las «preguntas geográficas» son: «Puedo decir el nombre de las mejores amistades de mi pareja» (1999, p. 50), los estreses bajo los cuales se encuentra, sus sueños en la vida, su filosofía de vida, su música preferida, los familiares que menos le agradan, etc. Con frecuencia, los pacientes sensibles pueden dar respuesta a todo esto en su pareja, pero saben que su pareja no podría hacer lo mismo. Como sería de esperar, éste era el caso de Bella, pero ella no estaba interesada en trabajar sobre esto con Jerry. Cumplimentar los detalles del mapa del amor es una forma de incrementar la proximidad, y toda resistencia indica que la relación no está yendo por buen camino.

Conclusión: Cabrá esperar que los pacientes sensibles se vayan a los extremos al hablar de sus relaciones, de modo que, en la medida de lo posible, convendrá evaluar la situación sobre la base de conductas reales (si sólo conoces una de las dos versiones de la historia). Los pacientes sensibles se esforzarán normalmente por ser objetivos en la valoración de sus conductas.

Amor y poder

Paradójicamente, en una relación amorosa, los problemas de poder pueden ser incluso más importantes que el amor: cómo aborda la pareja la escasez de recursos como la atención, el tiempo o el dinero, o cómo resuelven los conflictos acerca de, por ejemplo, las filosofías de crianza. Los pacientes sensibles suelen ser los que menos poder ejercen en la pareja, pues tienden a sentirse inferiores, y sus parejas pueden haber llegado a asumir también esta idea. Las parejas de las personas sensibles suelen aprender, de forma casi inconsciente, que pueden aprovecharse del deseo de éstas por evitar la sobreexcitación mediante una escalada del conflicto hasta el punto en que saben que la pareja sensible terminará cediendo. Además, a las personas sensibles les lleva más tiempo pensar contraargumentos al calor de la discusión, y suelen sustentar la filosofía de que dejar que el otro se salga con la suya es más moral. De hecho, en cierto modo, parece que lleguen a disfrutar sometiéndose pues, al menos, eso les hace sentirse más amables y virtuosos. Con frecuencia albergan la esperanza de recibir algún día la recompensa por su generosidad, cuando lo que suele ocurrir es que esto se hace cada vez menos probable, en la medida en que la otra persona se afianza en su posición de privilegio.

Incluso en relaciones básicamente buenas, la mayoría de las parejas recurren a maniobras de poder sin identificarlas como tales, y se niegan a hacer cambios aunque el miembro de la pareja menos poderoso señale la injusticia, por el mero hecho de que tienen demasiado que perder. Sin embargo, alcanzar una mayor igualdad en la relación es un objetivo que merece la pena, dado que, como señala Gottman (1999), tanto las parejas felices como las desdichadas tienen el mismo número de conflictos no resueltos; en lo que se diferencian es en el modo en que los gestionan. Si cada miembro de la pareja se siente escuchado y la resolución parece justa, el conflicto se podrá tolerar dentro de un contexto más amplio de cariño mutuo. Pero existe otro motivo más para abordar los problemas y los conflictos de poder, y es que, como ya señalé en lo relativo al carácter hereditario del divorcio, muchos conflictos emergen debido a diferencias de temperamento, que parecen irresolubles porque los miembros de la pareja no saben qué cosas pueden cambiar y qué cosas no pueden cambiar.

Como señala Gottman, hubo una época en que enseñábamos a las parejas habilidades de escucha reflexiva, pero ahora sabemos que es igualmente importante, sobre todo para el miembro de la pareja con menos poder, aprender a dar voz con más claridad a sus necesidades y a los motivos de éstas. Podemos darle a una necesidad o un deseo un número entre el 1 y el 10 para evaluar cuán importante es para la persona que lo tiene, junto con los costes que puede tener para la otra persona satisfacerlo. Un resultado justo sólo podrá darse si existe una escucha mutua suficiente como para transmitirse estas valoraciones. Además, los miembros de la pareja deben evaluar las valencias no por lo ruidosa o persuasivamente que se afirme una necesidad, sino por los verdaderos sentimientos y los resultados de cada curso de acción.

Por ejemplo, Dick, un abogado y padre con una gran fuerza de voluntad y sin pelos en la lengua, quería bautizar en la fe católica a su hijo recién nacido, pero Lela, mi paciente, una mujer sensible y de suaves maneras, sentía en lo más profundo que su hijo debía crecer en la tradición judía de ella, comenzando por la circuncisión. Dick no creía en los principios fundamentales de la fe cristiana y nunca iba a misa. Tenía claro que su hijo no iba a recibir enseñanzas religiosas por su parte, pero la madre de Dick se había opuesto al matrimonio y le hizo prometer que su nieto se educaría en el catolicismo. En un principio, Lela accedió a esto sin decírselo a sus progenitores; pero, cuando nació el niño, se vieron en la tesitura de tener que decidir entre circuncisión o bautismo, y Lela se sumió en una profunda depresión. Dick decía que era la depresión postparto. Por otra parte, Lela no quería decepcionar a su afectuosa familia extensa, que celebraban juntos todas las festividades judías y ya estaban pensando en la celebración del *bar mitzvah* de su primer nieto cuando alcanzara los 13 años de edad. Así pues, remití a Dick y a Lela a una terapeuta de parejas de confianza que estaba dispuesta a comenzar con ellos de inmediato. Yo sabía que, en terapia, cada uno de ellos tendría que escuchar los sentimientos del otro y basar su decisión en necesidades y sentimientos, que no se saldría con la suya quien hablara más alto o quien argumentara mejor su caso. La terapeuta utilizó la escala de 1 a 10 para sopesar lo que cada uno de ellos sentiría si la decisión se tomaba en una dirección o en la otra. La escala sopesa los sentimientos tanto de ganancias como de pérdidas en cada persona, porque éstas pueden ser diferentes. Dick calificó sus sentimientos por tener un hijo católico con un 2, y su pérdida por tener que contárselo a su madre con un 5. En cuanto a Lela, las ganancias por tener un hijo judío las puntuó con un 10, en tanto que la pérdida la puntuó también con otro 10. Al final, el niño fue educado en la tradición de Lela.

Los pacientes sensibles suelen necesitar ayuda para tomar conciencia de que tienen derecho a satisfacer sus necesidades y para establecer límites a la hora de satisfacer las necesidades de los demás. Como ya se ha dicho, las personas sensibles inician su vida con unos límites muy finos debido a que son conscientes de las necesidades de los demás, y muchas de ellas renunciaron incluso a esos límites hace mucho con el fin de ver al otro feliz, de someterse ante alguien amenazador o de, simplemente, no quedarse solas. En ocasiones, necesitan años de preparación para adoptar una postura. Y uno de los modos en que un terapeuta puede ayudarles es actuando como modelo para ejemplificar cómo ha satisfecho sus necesidades siendo amable, pero firme en la defensa de sus límites.

Cuando los pacientes sensibles están preparados para adoptar una postura por sí solos, todavía tendrán que practicar cómo van a decir las cosas; pues, a esas alturas, sus parejas deben tener ya respuestas listas para todo. En ocasiones, hago interpretación de papeles con diálogos, en los que el paciente hace su propio papel, o bien el papel de su pareja, mientras yo le muestro de qué formas puede responder. E insisto siempre en que el tema se puede sacar a la palestra de nuevo con la pareja si el paciente siente que se dejó algún punto importante en el tintero.

Conclusión: Los pacientes sensibles necesitan normalmente ayuda para ver los problemas de poder en sus relaciones y para reivindicar sus derechos.

Bella se enfrenta a Jerry

Bella admitió finalmente que fumar marihuana no sólo ponía en riesgo su empleo como maestra pública, sino que era también un obstáculo para sacar el máximo partido a su vida, en tanto en cuanto sentía que la marihuana le hacía «perder de vista» sus propios objetivos a largo plazo. Comenzó por fumar sólo los fines de semana, y descubrió que estaba soñando de nuevo, lo cual fue importante para ella porque, cada vez que tenía sueños y los discutíamos en la consulta, obtenía nuevas y útiles percepciones. También comenzó a tener más y mejores orgasmos sin la marihuana. Y dado que el organismo precisa de más de una semana para eliminar la marihuana, Bella optó finalmente por fumar aún menos.

Ahora Jerry estaba nervioso. Tenía la sensación de que irían distanciándose al no tener la hierba como vínculo de unión, y lo cierto es que estaban acostumbrados a darse un «subidón» todos los días, cuando ella volvía de trabajar, para después hacer una cena suave juntos, antes de que él se pusiera de nuevo a dibujar viñetas y ella a hacer limpieza.

Yo intentaba mantener la neutralidad mientras ella le daba vueltas a su vida con Jerry; según mi experiencia, el conflicto debe permanecer en el paciente, en vez de repartirse entre el paciente y el terapeuta, siendo éste el que imponga la opción más conservadora. Con frecuencia establecíamos contacto con la parte de Bella que no quería molestar a Jerry, la niña que tenía miedo de vivir sin él y a la que le gustaba lo divertido que era, sobre todo lo mucho que se divertían con la marihuana. Pero aquella niña tenía otras necesidades, quería sentirse verdaderamente valorada y quería continuar con su desarrollo, y Bella sentía que esas necesidades no se estaban satisfaciendo.

Un día me anunció que estaba dejando la marihuana por completo y, aún más allá, instaba a Jerry a que dejara de fumar también. Bella pensaba que ambos sabían que sus dibujos no tenían la calidad profesional necesaria, que aquello era un «sueño imposible» con el que evitaba pensar en su verdadero futuro. Ella pensaba que Jerry tenía un talento considerable, pero que tenía que formarse en la escuela de artes. Empezó a pensar que deberían vivir más cerca de la ciudad, a fin de que ambos pudieran ir a la universidad, recurriendo a los préstamos para estudiantes. Una vez hecho el traslado, ambos necesitarían «empleos de verdad» para devolver los préstamos y tener hijos, pero ella quería tomar las riendas de su vida ya, con Jerry o sin Jerry.

Entonces se desató la tormenta. Ella se echó para atrás en varias ocasiones, toda vez que Jerry le argumentaba persuasivamente en contra de la vida en la ciudad, que dar clases en una escuela pública era socialmente más valioso que estudiar historia medieval, que su estilo de dibujo quedaría arruinado tras la formación técnica en la escuela de arte, etc. Y dado que Bella no podía pensar en respuestas adecuadas en aquellos momentos, discutía conmigo cómo podría responder la próxima vez. Podrían volver a vivir al campo en un futuro, y se dio cuenta de que era muy arriesgado ser maestra de escuela teniendo plantas de marihuana en sus terrenos. Enseñar historia en la universidad también era socialmente valioso, y si él iba realmente en serio con el dibujo, y si de verdad tenía talento para ello, una formación adicional no podría perjudicarle, pues se capacitaría para distinguir acertadamente lo que era bueno de lo que no. Pero, por encima de todo, se reafirmó en la idea de que los sentimientos son simplemente sentimientos, como el tiempo atmosférico. No son buenos ni malos, y no pueden ignorarse. Ella quería oír hablar de los sentimientos de Jerry, y le daban igual las sugerencias, pero no toleraría más argumentos que en realidad no buscaban otra cosa que pasar por alto los sentimientos de ella.

Al final sucedió lo inevitable, pues Jerry comenzó a criticar la personalidad de Bella, deplorando sus anhelos académicos y su malhumor, diciéndole que terminaría convirtiéndose en una gruñona como su madre. Una vez más, ella le dio la razón en un principio, de modo que tuve que indicarle que los insultos, las etiquetas y los pronósticos no están permitidos en una discusión justa, que ambas personas deben ceñirse al problema. En cuanto al asunto de remitirse a la familia de origen, Bella podía aducir que Jerry se estaba comportando ahora como sus padrastros, incluso como su propio padre, y que ella podía ser como la madre de él, un felpudo, o como su propia madre, que luchó y perdió. Pero la opción más sensata era pedirle a Jerry que se ciñera al problema, en vez de hacer tales generalizaciones, y ver lo que sucedía.

Después, Jerry comenzó a culparme a mí, diciendo que era una mala influencia para Bella, que estaba arruinando lo que había sido un matrimonio perfecto. Una vez más, Bella pensó que quizás aquello fuera cierto, pero pude hacerle ver que las decisiones de dejar la marihuana y de volver a la universidad habían sido decisiones suyas, no mías. Las tensiones fueron en aumento, y Bella comenzó a enfrentarse a la posibilidad de que la marihuana y la vida en el campo fueran más importantes que ella para Jerry. Cuando ella le planteó la posibilidad de casarse y tener hijos, su otro objetivo, él se mantuvo en sus trece de por qué las cosas no podían seguir como siempre habían sido. Y cuando Bella le presionó un poco más sobre este asunto, él dijo que los niños no encajaban con una vida de artista.

Al escuchar tal respuesta, Bella se dio cuenta de que tenía que actuar, de manera que se matriculó en la universidad. Y, cuando vio aceptada su primera elección, hizo planes para marcharse. Para su sorpresa, él decidió acompañarla. Ella estuvo encantada en un principio, pero, con el tiempo, Bella vio que prefería estar sola, a menos que él accediera a casarse y tener hijos, cosa que pensó que podrían hacer tras haber terminado con el curso, pero antes de hacer la tesis doctoral. Él tendría que aceptar mantener la casa, mantenerla a ella y a su bebé hasta que éste tuviera dos años; después de esto le llegaría el turno a él de ir a la escuela de artes. También le marcó como condición que tenía que dejar de fumar marihuana de inmediato, pues aquello ya no encajaba con la vida que ella quería llevar. También le dijo a Jerry que podía no aceptar las condiciones y que ella lo comprendería, pero que aquéllos eran sus sentimientos. Mientras tanto, Bella estaba sumida en un gran pesar y en el miedo a quedarse sola por vez primera en su vida.

Tras la mudanza, continuamos las sesiones a través del teléfono, de forma intermitente. La transición fue extremadamente tensa, pues Bella tuvo que encontrar un apartamento para vivir allí, sola, en la ciudad, mientras iniciaba unos estudios ciertamente complicados y sin conocer a nadie. Jerry la visitaba con frecuencia y la apoyó heroicamente, ayudándola a encontrar un apartamento y amueblándolo para ella. Al cabo de un año, Jerry se reunió con Bella, libre ya de la marihuana. Cinco años después, Bella dio a luz a un hijo de Jerry.

La evitación de los conflictos debido al temor a la sobreexcitación

Frecuentemente, los pacientes sensibles evitan los conflictos o ceden poder en sus relaciones debido a que la más mínima amenaza de conflicto los lleva a un nivel de excitación superior al de su pareja. Gottman (1999) descubrió que esto es cierto en los hombres en general, pero que era especialmente cierto en los hombres sensibles. Cuando una persona se sobreexcita, el pensamiento se nubla y la disputa suele entrar en una escalada hacia posturas irracionales y desagradables. Además, las personas sensibles suelen ser conscientes de que haber dado rienda suelta a su resentimiento. No querían sacar determinadas cosas a colación, pero, cuando «se sacan los cañones», disponen de munición suficiente como para responder al fuego y provocar importantes daños. Posteriormente, tras la mala experiencia, su evitación del conflicto se hará aún más intensa.

Gottman recomendaba que, durante un conflicto, si alguna de las dos personas incrementa su tasa cardíaca hasta más allá de las 100 pulsaciones por minuto –y convendrá que aprendan a tomar estas medidas y las tomen–, deberían abandonar la discusión durante al menos 20 minutos para dejar que el nivel de excitación regrese a la normalidad. Los pacientes sensibles y sus parejas deberían discutir sus conflictos tomándose tiempos muertos, acordados de antemano y con reglas específicas; por ejemplo, que ambos deberán acordar en qué momento van a volver a reunirse. Sin embargo, dejarlo para el día siguiente con la idea de «consultarlo con la almohada» no es aconsejable si uno de los miembros de la pareja no va a poder dormir. Yo recomiendo también que afronten los conflictos cuando estén descansados y no sobreexcitados por cualquier otra cosa y, a ser posible, que lo hagan al aire libre. Un río, un lago o el mar ayudan a poner las cosas en perspectiva.

También puede ser útil en el caso de pacientes sensibles disponer de otras «reglas de guerra», como, por ejemplo, nada de insultos («Eres una llorona») ni diagnósticos ni pronósticos («Te estás comportando como tu padre»); ceñirse al actual conflicto y no irse por las ramas con otros agravios; no utilizar el «y tú más» u otras defensas de evasión; hacer las declaraciones en primera persona y evitar las verdades globales («Me molesta mucho que dejes unas propinas tan pequeñas, cuando en realidad lo estás haciendo también por mí», en vez de «nunca dejas suficiente propina»); y recurrir a muchas metacomunicaciones positivas, siete por cada crítica es lo ideal («No me molestaría en sacar a relucir esto si nuestra relación no fuera importante para mí», o «La mayoría de las veces eres tan considerada que me ha sorprendido mucho que hayas…»). Finalmente, los pacientes sensibles pueden verse muy beneficiados si el conflicto se lleva a la consulta de un terapeuta de parejas cualificado que pueda mediar, mantener un nivel óptimo de excitación y dar esperanza y confianza en que ambos miembros de la pareja conservarán su relación frente a tan dolorosas perturbaciones. Tal terapeuta debería comprender bien el papel que juega el temperamento, y especialmente la sensibilidad, en las relaciones.

Pero, por encima de todo, convendrá que las personas altamente sensibles valoren lo importante que es comunicarse abiertamente en los conflictos. Conviene que experimenten de primera mano cuánto mejora una relación –a veces de la noche a la mañana, literalmente– cuando se sacan los sentimientos a la luz. De hecho, puede darse un efecto de rebote en el que el amor se reanime entre los miembros de la pareja por haber superado el terrible abismo que se abría entre ellos. Si se diera tal rebote, convendrá hacerlo ver, para que lo recuerden la próxima vez que teman entrar en conflicto. A menudo, el conflicto abordado en la relación terapéutica destaca este efecto positivo especialmente bien.

Conclusión: Presta atención a la evitación del conflicto y proporciona vías para abordar los argumentos de un modo menos catastrófico o excitante, como puede ser el que los dos miembros de la pareja desarrollen normas que faciliten una disputa justa.

Cuando una persona abusa de su «extraordinariamente alta sensibilidad»

No todos los pacientes sensibles son el miembro con menos poder en las relaciones de pareja, pues la mayoría ha desarrollado, al menos, unos cuantos mecanismos con los cuales utilizar su rasgo para obtener poder, normalmente de forma inconsciente. Esto suele ser útil para definir el poder como influencia, a fin de que se juzguen con menos dureza cuando reconozcan aquello de lo que estás hablando. Lo cierto es que quizás hayan aprendido que llorar delante de la pareja es algo que funciona o bien que estar «enfermo» o exhausto durante días después de hacer algo que no deseaban hacer les dota de cierto poder. En resumen, este tipo de paciente sensible puede resultar sumamente desagradable en el trato si los demás no satisfacen sus necesidades.

Conviene que los pacientes sensibles tomen conciencia de su poder, aunque en un principio no sean capaces de ver que lo tienen. Suelen ejercer una asombrosa influencia, simplemente por su capacidad para sugerir la mejor manera de hacer las cosas o por señalar los problemas que pueden surgir si sus necesidades no son satisfechas. Nada de esto es necesariamente erróneo, pero es poder en el sentido en que influencia es poder, de modo que las desigualdades en la relación quizás precisen de una valoración. Además, suele ocurrir que toda víctima de injusticias del pasado se convierta inintencionadamente en una persona dominante, ante la cual nadie se atreva a cruzarse por miedo a que se le acuse de ser dominante.

Una vez toman conciencia de su poder, los pacientes sensibles tienen que aprender a negociar de manera justa aquello que necesitan. Tienen que afrontar los costes reales que sus necesidades, e incluso su buena influencia, tienen sobre los demás. Por ejemplo, las parejas pueden estar simplemente cansadas de que siempre tengan razón. Cada vez que una persona sensible accede a hacer algo para complacer a otro o porque espera disfrutar de ello, será esencial que asuma la responsabilidad de su decisión, en vez de ir de víctima. En una relación basada en el afecto, nadie puede *hacer* que el otro haga nada.

Conclusión: Ayuda a los pacientes sensibles a que reconozcan y utilicen su poder («influencia») sobre su pareja de un modo acorde a sus valores, sin preocuparse indebidamente por decepcionar al otro ni parecer dominante por el hecho de que suelen ver mejor lo que conviene hacer y lo digan.

Cómo deben hablar de su sensibilidad al principio

Cuando las personas altamente sensibles se enteran de lo que significa su rasgo (o hacen algún otro descubrimiento durante la terapia), se lanzan a hablar de ello con todas aquellas personas que les importan, esperando también de ellas una respuesta entusiasta. Yo suelo advertirlas de antemano que, cuanto más las quiera una persona, menos encantada se va a mostrar. En ocasiones, compartir la noticia se puede convertir incluso en un problema, pues, mientras la persona sensible puede sentirse entusiasmada, la otra persona puede no mostrar interés alguno en ello. O puede pasar todo lo contrario, que la otra persona quiera saber de inmediato de dónde surge esta nueva y extraña idea. «¿Quién te ha dicho que eres sensible?». Así, el paciente sensible puede terminar con la sensación de burbuja que estalla.

El mero hecho de sacar a la luz una diferencia entre dos personas que mantienen una relación íntima probablemente generé cierta distancia, al menos en un principio. Es como decir, «no nos parecemos tanto como creías», o como estar implícitamente menos cerca. También puede entenderse como una señal de que va a haber cambios, de que los equilibrios de poder pueden cambiar si la otra persona está contemplando nuevas necesidades y considera que tiene derecho a satisfacerlas. Por ejemplo, si los pacientes sensibles comprenden ahora por qué no les gustan los conciertos de rock, ir de compras a centros comerciales, los partidos de fútbol americano o las fiestas ruidosas, algo necesariamente va a cambiar. Desde el punto de vista de la persona que disfrutaba haciendo todas esas cosas juntos, no va a ser un cambio deseable. Y, si se trata del miembro dominante de la pareja, va a sentir de inmediato que la persona sensible está a punto de darse cuenta de que tiene derechos que defender, en lugar de debilidades que ocultar. En estos casos, sobre todo, será mejor que haya un tercer lado, un excelente terapeuta de parejas, que ayude a transformar la relación desde una relación basada en el poder a una relación basada en el amor.

En otros tipos de relaciones estrechas, los progenitores de un adulto sensible, por ejemplo, se pueden poner a la defensiva si tienen la sensación de que su hijo o hija les está acusando de que su crianza fue dañina porque le coartaron su sensibilidad o, aún peor, porque no tenían ni idea de lo que hacían, pues los progenitores pensamos que lo sabemos todo acerca de la crianza de nuestros hijos, o que deberíamos saberlo. Convendrá que el paciente sensible tenga mucho tacto, por tanto, a la hora de comunicar todo esto, por lo que es muy posible que necesite ayuda por tu parte.

La clave del trabajo aquí es la empatía, algo de lo que son perfectamente capaces los pacientes sensibles en cuanto dejan a un lado su entusiasmo y se esfuerzan por ponerse en la piel de los demás ante la noticia, anticipando incluso su primera, segunda y tercera reacciones. Para ello, convendrá que el paciente espere un poco hasta que se asiente el entusiasmo inicial. En ocasiones, yo aminoro las expectativas del paciente diciéndole que, aunque lo de la alta sensibilidad pueda ser la información más importante que haya recibido jamás, se convertirá en algo cotidiano al cabo de unos meses, al punto que apenas hablará de ello.

Conclusión: Prepara al paciente sensible para que sea capaz de asumir una respuesta poco entusiasta por parte de su pareja, de amistades y familiares cuando se enteren de su recién descubierta sensibilidad.

La reluctancia a romper relaciones insatisfactorias

Los pacientes sensibles, en especial lo que tienen serios problemas de apego, baja autoestima y tendencias depresivas y ansiosas, suelen pensar que su vida será un desastre sin su actual pareja, por muy perversa que sea. Pueden convencerse de que no podrán vivir solos y que, decididamente, no van a encontrar a nadie más que quiera estar con ellos. Y hay veces en que esto es cierto, por lo que tendrás que ir con mucho cuidado para no instigar una separación o, al menos, para que no tenga lugar la separación en tanto el paciente no disponga del apoyo adecuado, tanto dentro de sí como fuera.

Y, como suelo hacer con cualquier paciente, aunque no vea esperanza alguna en su relación, soy reacia a instar al paciente a que se separe, sobre todo si no conozco al otro miembro de la pareja. Sin embargo, es cierto que, en ocasiones, he apoyado un plan para romper una relación cuando un paciente sensible me ha pedido ayuda, pero daba marcha atrás una y otra vez por motivos equivocados. En el caso de Bella, aunque yo intentaba no tomar partido en sus decisiones vitales, una vez las tomaba o parecía tomarlas, tengo que admitir que la respaldé con entusiasmo para que rompiera con Jerry. Si bien el hecho de que Bella emprendiera la acción en esa dirección pudo ser clave para que Jerry comenzara a cambiar, de tal modo que todo terminó bien al final, yo seguía pensando que Jerry no sería capaz de cambiar de verdad. Sin embargo, se convirtió en un marido devoto y un padre responsable.

Ahora, con la experiencia que obtuve con aquel caso, no me habría decantado por uno de los bandos, ni siquiera ante el hecho de que ella hubiera tomado la decisión, dado que un paciente, sobre todo si es sensible, siempre puede retractarse. Bella podría haber regresado o no con Jerry y la marihuana, sabiendo bien el dolor emocional que las rupturas conllevan para cualquier persona, sobre todo para las personas sensibles. Mientras los miembros de la pareja le dan vueltas al asunto, si el terapeuta se ha pronunciado en favor de la separación, el hecho de que el paciente opte finalmente por continuar la relación convertirá a éste y su pareja en nuevos aliados, y te dejará a ti como alguien que se dedica a destruir matrimonios, algo que probablemente habrá estado diciendo el otro miembro de la pareja todo el tiempo a tu paciente. A menos que exista un motivo para pensar que la relación es excesivamente dañina, será mejor que recapacites sobre los sentimientos del paciente sensible, que oscilarán entre dos polos durante el tiempo en que esté sumido en dudas, aunque esto suponga que el paciente tarde más en romper la relación. (Pero deja claro en todo momento tu plan, para que el paciente tenga la garantía de que te preocupa el resultado final; hazle saber que ésa es una decisión que tiene que tomar él o ella). Otra gran ventaja de no tomar partido en el conflicto interior del paciente es que, si éste se ve incapaz de tomar «la decisión correcta» al final, no tendrá que preocuparse por la idea de haberte decepcionado. (Sin embargo, en un par de ocasiones en que un paciente sensible se echó atrás varias veces, aunque la decisión parecía obvia y definitiva, les pregunté si estarían dispuestos a firmar un pacto conmigo acerca de cuándo y cómo romperían definitivamente la relación. Esta idea me funcionó muy bien, pues los pacientes sensibles sienten intensamente que deben cumplir con sus promesas). Lo que importa es que revises constantemente el estatus de una relación problemática, dado que los pacientes sensibles pueden evitar hablar del tema debido al estrés que puede ocasionarles tanto quedarse como marcharse.

Conclusión: La mayoría de los pacientes sensibles tienen dificultades para tomar decisiones importantes en la vida, como la de romper una relación abusiva prolongada, por lo que cambian de opinión repetidas veces. Los terapeutas deberían hacer que se centraran en su decisión, pero intentando mantener la neutralidad en la medida de lo posible, para que el paciente pueda tomar las decisiones por sí solo.

Cómo ayudar a un paciente a discutir con su pareja la necesidad de cambios en su relación

Poner en marcha cambios o saber cuándo hay que romper la relación requiere que los pacientes exploren a fondo los problemas con su pareja. Ninguna persona merece ser rechazada o abandonada sin explicarle siquiera el motivo, aunque muchos pacientes sensibles no hayan dicho nada antes acerca de una ruptura o, al menos, no lo hayan dicho al «volumen» necesario para ser escuchados. Cuando les sugiero a los pacientes que saquen sus conflictos a la luz, los preparo para que elijan el momento oportuno, para que eviten una reacción defensiva en la medida de lo posible y para que dispongan de las réplicas más adecuadas ante las respuestas previsibles de su pareja. Sin embargo, dejo claro que ellos conocen la situación mejor que yo, por lo que les corresponde a ellos decidir si van a mantener esa conversación y cómo la van a ejecutar. Y les insisto en que me parecerá bien lo que decidan, sobre todo si he dedicado tiempo a hacer sugerencias. Cuando un paciente está deseando actuar y no lo hace, le indico simplemente que esto nos aporta más información, una información que deberemos tomar en consideración.

Con frecuencia, los pacientes regresan tras tales intentos con el triste relato de que han sido ignorados o les han convencido de que su postura no tenía sentido. Presta atención a cualquier argumento de la pareja que el paciente no haya sabido contraargumentar –normalmente será una etiqueta o un diagnóstico o pronóstico que hará pensar al paciente que no tiene razón. Pero, tenga razón o no, normalmente no se percatan de cómo su pareja está eludiendo futuras negociaciones. Una vez más, a una persona sensible le resultará particularmente difícil responder con rapidez a un argumento, y cualquier duda puede parecer a ambos miembros de la pareja que el miembro más sensible ha sido derrotado. Las respuestas deben estar profundamente engranadas en tanto que argumentos válidos y casi sobreaprendidos, algo que resulta importante en estos pacientes para que se crean sus propias palabras.

Una vez se sientan preparados, tras de practicar en una sesión de terapia, estos pacientes querrán intentarlo de nuevo. Este ir y venir entre la casa y la consulta del terapeuta continuará durante un tiempo prolongado, mientras se trabaja en otras cosas. Sea cual sea el resultado, tendrá el poderoso efecto de enseñar a los pacientes sensibles cómo pueden pronunciarse para defender sus posiciones, cómo responder ante contraataques absurdos o defensivos y cómo seguir intentándolo si por error desistieron en la primera ocasión. (El ensayo de diálogos funciona muy bien para otros escenarios también; por ejemplo, para ayudar a un paciente sensible a defender su posición respecto a un bien merecido ascenso en el trabajo).

Como es obvio, yo normalmente animo a los pacientes sensibles a que vayan con su pareja a terapia de parejas. A veces, todo esto no funciona, por lo que, posteriormente, tendremos que afrontar el problema, más grave, de la separación, tarea enormemente difícil para los pacientes sensibles, en la medida en que sienten intensamente el apego y la pérdida, por detestable que sea su pareja. Yo no les digo a los pacientes sensibles que encontrarán a otra pareja mejor, ni que les resultará menos duro de lo que creen vivir solos, aunque a ellos les gustaría oír estas cosas y a mí me gustaría poder decirlas. Lo que sí intento es ayudarles a visualizar una vida alternativa, sin el otro, porque disponer de una alternativa es el mejor predictor de la ruptura de la relación.

Todo lo dicho arriba se puede aplicar también a amistades de larga duración que están causando un sufrimiento indeseable en el paciente, normalmente porque se le está utilizando mientras sus necesidades se están ignorando. Éste suele ser un patrón seguido en muchas relaciones de amistad, de modo que tiene que haber un cambio de actitudes y de comportamientos que envíen el mensaje adecuado. También aquí, aprender a pronunciarse y defender la posición, incluso en una amistad abocada al fracaso, será una buena práctica para ellos, y les ayudará a evitar problemas con futuras amistades.

Conclusión: La decisión correcta y justa para la ruptura de una relación sólo se puede tomar si los pacientes sensibles han expresado en voz alta sus agravios. Con frecuencia, habrá que enseñarles a hacer esto, lo cual constituirá un valioso aprendizaje, sea cual sea el resultado.

Las relaciones duraderas: cuando la pareja del paciente no es tan sensible

Ahora nos vamos a centrar en dos situaciones, cuando la otra persona en una relación duradera es mucho menos sensible y, en la siguiente sección, en relaciones duraderas, cuando las dos personas son similarmente sensibles. Con la primera pareja, normalmente, el mayor problema se hallará en los conflictos. Con la segunda, en el aburrimiento. Al menos, el matrimonio de opuestos jamás resultará soso.

Las ventajas

Las numerosas ventajas de una combinación sensible-no sensible se parecen mucho a las de un paciente sensible que tiene un terapeuta no sensible. Este tipo de pareja disfruta de un amplio rango de capacidades, pues uno de ellos se toma tiempo para captar las sutilezas, mientras el otro puede emprender la acción con rapidez cuando es necesario. Uno de ellos propicia aventuras interiores y el otro exteriores. Uno se cerciora de tomar en consideración todas las opciones y el otro se cerciora de que finalmente se elija una. Uno tolera bien los momentos oscuros de la vida y los misterios más irresolubles y el otro tolera bien los cambios en la vida y, cuando se tercia, los elevados niveles de estimulación.

Cada uno puede encontrar al otro sorprendente y fascinante. Ambos pueden aprender más acerca de su «sombra», de sus aspectos rechazados, de lo que lo harían un par de personas que fueran similares. Por ejemplo, si los dos miembros de una pareja no sensible convierten toda su vida en trabajo y no juegan, ninguno de ellos se percatará de la falta de equilibrio. Si la persona sensible necesita más tiempo de reposo e insiste también en que ambos presten más atención a su relación, la persona no sensible tendrá que considerar por qué su pareja tiene esas tendencias. En última instancia, ambos tendrán que buscarse en el punto medio, si bien los miembros de las parejas, por diferentes que sean, se van haciendo cada vez más similares con el transcurso de los años (Karney y Bradbury, 1997); hasta se parecen físicamente más con el paso del tiempo (Zajonc, Adelmann, Murphy y Niedenthal, 1987).

Las personas sensibles en estas relaciones se benefician personalmente de muchas maneras. Con suerte, disfrutarán de la experiencia curativa de ser valoradas por su sensibilidad. Al mismo tiempo, tendrán a alguien al lado que podrá encargarse de hacer algunas de las cosas que les resultan más desagradables, alguien que quizás, incluso, hasta disfrute con ello. A mi marido, que no es tan sensible, le encanta planificar las vacaciones, por lo que es él quien consulta los horarios y hace las reservas. Yo detesto hacer tales cosas, pues se me antoja que hay demasiadas opciones. Pero, una vez en el sitio, mientras yo descanso, él disfruta yéndose a explorar de antemano lo que quiere mostrarme. Él detestaría quedarse en el hotel a descansar tan pronto como llegamos, y ninguno de nosotros se siente culpable por hacer lo que más nos gusta.

Al mismo tiempo, el miembro sensible de la pareja vive más aventuras. Yo no saldría tanto por las noches como desea mi marido, pero lamentaría ciertamente no haber ido a conciertos y diversiones a los que él me insistió en ir. Me he llegado a comprometer a hacer cosas juntos que jamás se me habría pasado por la cabeza hacer yo sola, como es vivir en Manhattan durante tres meses al año. Y al final he llegado a disfrutar de estas estancias. En términos generales, vivir con él me ha hecho mucho más flexible.

Los miembros no sensibles de las parejas se pueden beneficiar igualmente o más de sus parejas sensibles. Por ejemplo, él siempre me consulta cuando tiene que tomar una decisión, sabiendo que yo contemplaré todos los aspectos. Y suelo señalarle cosas que él nunca hubiera tenido en cuenta de otro modo, está más seguro y más sano gracias a mí, y es más consistente en su trabajo espiritual. Yo le ayudo a interpretar sus sueños, que de otro modo le desconcertarían, y se toma los sueños muy en serio gracias a mis sugerencias. De hecho, ha aprendido mucho con ellos.

Conclusión: Cuando dos amigos o los miembros de una pareja no son similares en este rasgo, pueden no obstante disfrutar de un amplio rango de posibles ventajas y es probable que se encuentren mutuamente interesantes. Cada uno disfrutará de la admiración del otro por sus diferencias, algo que es sumamente importante en el caso de los pacientes sensibles, y se ayudarán mutuamente de las más diversas maneras.

Los problemas

Son muchos los posibles conflictos que pueden desatarse en este tipo de parejas, pero se pueden agrupar en unos pocos destacados. Las personas sensibles querrán disponer de más tiempo de reposo que sus parejas no sensibles, que pueden sentirse rechazadas por ello. En estos casos, yo insto a los pacientes sensibles a que pasen su tiempo de tranquilidad en compañía de su pareja; puede que la pareja piense que se va a aburrir, pero terminará disfrutando de estos interludios, que en su mayor parte son silenciosos. Si el miembro sensible de la pareja opta por ir a dar una vuelta solo, convendrá que especifique cuándo va a regresar.

Un problema más grave se presenta cuando la persona sensible desea menos estimulación en general de lo que preferiría su pareja no sensible. La persona sensible querrá normalmente vivir en el campo, tener pocos hijos y no trabajar tanto, aunque eso signifique tener menos dinero, pero muchas personas no sensibles consideran inaceptables estas opciones.

Además, la persona sensible quizás quiera minimizar los riesgos económicos y maximizar la seguridad, en tanto que la persona no sensible puede sentirse permanentemente frustrada por esto, o bien tome el control del asunto y deje a su pareja sensible sumida en una ansiedad constante. El miembro no sensible de la pareja quizás vea al sensible como excesivamente quisquilloso, irritable y emocionalmente inestable: silencioso y aburrido ahora, y aterradoramente intenso una hora más tarde. Por otro lado, el miembro sensible de la pareja puede pensar que su pareja sensible habla demasiado, es superficial o manda demasiado.

Un problema especialmente delicado se presenta cuando la persona sensible se siente decepcionada toda vez que su pareja no sensible es incapaz de llegar a sus profundidades a menos que se la acompañe, que nunca lo haga de forma espontánea, en tanto que la persona no sensible puede sentirse enjuiciada por ello. De hecho, el miembro sensible no puede evitar percatarse de todo tipo de defectos o hábitos irritantes, por lo que tendrá que elegir entre decir algo y ser honesto, aunque parezca enjuiciarlo todo (cosa que tendrá que reconocer), o bien callarse y aguantar, distanciarse del otro, devaluarlo y resentirse con él, mientras el malestar hierve a fuego lento en lo más hondo. Y, casi siempre, si alguno de los dos siente atracción por otra persona, será por alguien que tenga su mismo temperamento.

Por último, siempre habrá problemas de comunicación, debido a que la persona sensible intentará comunicarse a través de insinuaciones o mediante el tono de voz, comunicaciones que pasarán desapercibidas para la persona no sensible, en tanto que las más simples afirmaciones de ésta sonarán como órdenes u opiniones inamovibles para la persona sensible. Durante los conflictos, tal como se ha detallado ya, la persona sensible se sobreexcitará y se desconectará, o bien sufrirá una «crisis» emocional, cosa que sacará de quicio a la persona no sensible, llevándola a pensar que aquello no es más que una dramatización. Estas diferencias de estilo se convierten frecuentemente en el centro de la discusión, apartando así el conflicto original; y, debido al hecho de que ambas personas toman conciencia clara de los «defectos» del otro (de aquellas conductas que nos les encajan debido a su propio temperamento), cada una de ellas recurrirá al diagnóstico o etiquetado preciso de la otra. Sin embargo, se estarán olvidando de las ventajas que les proporciona el mismo defecto que ahora desprecian.

El principal obstáculo para resolver el problema estriba en que, normalmente, cada uno de los miembros de la pareja no sabe qué comportamientos puede cambiar el otro, pero se niega obstinadamente a ello, y cuáles son imposibles de cambiar. En nuestro actual clima social, lo que suele suponer es que todo el mundo lo puede cambiar todo, que deberíamos cambiar y madurar a todas horas. Incluso, puede haber personas que hayan escuchado decir que tienen derecho a exigir que su pareja cambie, y que adaptarse a ella sería algo así como una rendición. Sin embargo, estas actitudes no funcionan cuando nos enfrentamos a diferencias de temperamento.

Conclusión: Las parejas de temperamento distinto en cuanto a sensibilidad se enfrentan a conflictos considerables en lo relativo a la cantidad de tiempo que desean pasar juntas, el nivel de estimulación que cada persona prefiere, el nivel de riesgo que es aceptable en la vida, el desagrado por el estilo de pensamiento general de la otra persona y la diferencia de intensidad comunicativa existente entre ellas. Además, no tienen ni idea de que quizás su pareja no pueda cambiar en modo alguno.

Cómo ayudar a resolver lo irresoluble

Tanto si trabajas con el miembro sensible como si trabajas con los dos miembros de la pareja, el mero hecho de que comprendan sus temperamentos puede ser de inmensa ayuda para ellos. En primer lugar, puedes hacer que se planteen las preguntas de qué se puede cambiar, qué no se puede cambiar y hasta qué punto se puede transigir. En segundo lugar, puedes ayudar a la pareja a restablecer el equilibrio de poder cuando las desigualdades se deben a que uno o los dos miembros de la pareja siguen viendo la sensibilidad como una debilidad. En este caso, el paciente sensible puede pasar por «defectuoso» por este motivo exclusivamente, mereciendo aparentemente por tanto más simpatía, pero menos influencia, dentro de la pareja. Estos pacientes puede que necesiten terapia individual para reforzar su sentido de igualdad de derechos, con el fin de, a continuación, pasar a una terapia de parejas, donde podrá ejercerse tal igualdad en un entorno seguro.

Por otra parte, si es el paciente sensible el que domina o degrada al miembro no sensible de la pareja, aunque no sea consciente de ello, se precisará de más tiempo para que el paciente pueda digerir este hecho y comprender lo que está ocurriendo, y en qué medida interfiere con lo que realmente desea, que es el amor mutuo.

Si la admiración de ambos miembros de la pareja es mutua, salvo por la exasperación que puedan sentir ante las peculiaridades del temperamento del otro, lo que tendrán que hacer es lamentarse por ello y seguir adelante. Tendrán que enfrentarse a lo que pierden por tener una pareja con un temperamento diferente al suyo, pero esto no va a ser tan difícil de comprender, pues nadie puede tenerlo todo en la vida ni puede aspirar a tener una pareja perfecta. Eso sólo sucede en las películas, cuando tanto hombres como mujeres son conmovedoramente sensibles, si bien se conducen también de forma heroicamente impávida ante ingentes niveles de estrés. En el mundo real no existen estas cosas. Sin embargo, el dolor es real, y debe ser afrontado y sentido.

Sin tal aceptación y duelo, cada miembro de la pareja seguirá esperando en secreto que el otro adopte la actitud correcta, que haga un seminario, tome una medicación o un suplemento, que siga un método de ejercicios, un entrenamiento en *biofeedback* o cualquier otra cosa que genere el cambio milagroso. Seguirán inmersos inconscientemente en multitud de batallas pequeñas, pero sistemáticas, a lo largo de un frente de combate con la esperanza de terminar en la victoria final sobre ese enemigo oculto en el ADN de la otra persona, una victoria que jamás llegará.

Puedes facilitarles el duelo recordándoles simultáneamente los beneficios que el temperamento de cada uno, o incluso el mero hecho de ser distintos, puede proporcionar al otro. Además, también es cierto que ambos se fortalecerán en carácter desde el momento en que acepten lo que no pueden cambiar, ni en uno ni en el otro, sea que uno es de baja estatura, o que el otro llore con facilidad o esté envejeciendo –y, sin embargo, el amor mutuo perdura.

Sea cual sea el modo en que se logre, en cuanto se aceptan las diferencias de temperamento (no otros problemas) como algo inalterable, la mayoría de las parejas sienten que su amor se renueva; y, con el nuevo amor, llega una oleada de creatividad. Descubren innumerables maneras de reacondicionar sus vidas, de tal modo que ambos se sienten satisfechos: toman dos automóviles para ir a una fiesta, de manera que uno puede regresar a casa antes; viven en la ciudad una parte del año o parte de su vida y en el campo la otra, etc.

Me gusta lo que dice Gottman (1999) sobre los conflictos, cuando señala que muchas veces vienen como consecuencia de que los sueños de futuro no confesados de uno de los miembros de una pareja se ven amenazados inintencionadamente por las acciones del otro. Cuando los dos miembros de una pareja difieren fuertemente en temperamento, sus sueños pueden ser bastante diferentes. Cuando A acusa a B de gastar mucho dinero, puede ser porque, desde el punto de vista de A, ese dinero se debería ahorrar para comprar una cabaña junto a un lago para cuando llegue la jubilación. Estos sueños deben sacarse a la luz, pues dos personas que se aman pueden encontrar la manera de satisfacerlos todos, o quizás los sueños de una persona se puedan sacrificar en favor del otro, al menos, momentáneamente. Pero, en una relación mutua, el amor mutuo podría incrementarse a partir de la donación y la recepción de tal regalo.

Conclusión: Cuando un miembro de la pareja es sensible y el otro no, habrá muchos conflictos, que no podrán resolverse en tanto no entiendan ambos que el temperamento no se puede cambiar, en tanto no hagan el duelo por el pesar que esto cause, valoren las ventajas de los rasgos del otro y de sus diferencias, y lleguen finalmente a soluciones creativas para sus distintas preferencias y necesidades.

Cuando ambos son altamente sensibles

Al igual que decíamos antes, lo que viene a continuación se puede aplicar también a amistades y familiares, y no sólo a parejas en una relación prolongada. Dicho esto, lo que sigue tiene más la apariencia de aplicarse a parejas. Por ejemplo, con el análisis de los datos de nuestra encuesta de temperamento y sexualidad (Aron, 2001), descubrimos que muchas personas sensibles, sobre todo mujeres, pensaban que sus parejas no eran sensibles, cuando lo cierto es que sí lo eran. Este descubrimiento lo hicimos por casualidad. La encuesta requería que las personas sensibles pasaran el mismo cuestionario anónimo a otra persona no sensible, junto con un sobre en el que la otra persona pudiera enviar su encuesta por separado. Para verificar que la otra persona era no sensible, ésta tenía que responder a un breve formulario de la Escala PAS. Muchas de las personas sensibles pasaron el cuestionario a sus parejas, en su mayor parte las mujeres a sus maridos, y no pudimos utilizar las respuestas de muchos de estos hombres en el grupo de control debido al hecho de que ellos también puntuaron alto en la escala de sensibilidad.

Teniendo en cuenta este descubrimiento, convendrá que los terapeutas evalúen la sensibilidad de la pareja o amistad de la persona sensible, en lugar de asumir que la otra persona es no sensible. Si el paciente ha pasado por alto la sensibilidad del otro, convendrá que toméis en consideración lo que eso significa para la relación y en qué medida se pueden reducir los conflictos por el mero hecho de saber que ambos tienen un mismo temperamento.

Las ventajas

En cuanto a las ventajas de este tipo de emparejamientos, como ya se mencionó al principio de este capítulo, en nuestras investigaciones descubrimos que las personas altamente sensibles se sentían ligeramente más felices cuando se emparejaban con otra persona sensible. Los motivos parecen obvios, dado que los problemas causados específicamente por la diferencia de temperamentos no se suelen comprender y, por tanto, no se resuelven, en tanto que las parejas de similar temperamento no tienen tantos conflictos por ese motivo. Estas parejas se comunican al mismo «volumen», coinciden más en el tiempo que han de dedicar al reposo y el silencio, y en lo que consideran excesivamente estimulante, y es menos probable que los conflictos entre ellos den lugar a una escalada que lleve a la sobreexcitación. Además, pueden intercambiar estrategias sobre cómo gestionar las relaciones con la mayoría no sensible y, si se sienten cómodas con su sensibilidad, pueden constituir una asociación de dos personas que se fortalezcan mutuamente la autoestima. Pueden conversar en profundidad acerca de sus sentimientos, tanto de los habituales como de los que necesitan sanación, y de ahí que puedan conseguir un mayor nivel de intimidad que otras parejas.

Conclusión: Dos personas sensibles en una relación serán probablemente un poco más felices que cuando la relación es entre temperamentos distintos. Ciertamente, disfrutarán de múltiples ventajas, como la de compartir las mismas necesidades y preferencias.

Los problemas y cómo ayudarles

El mayor de los problemas a los que se enfrentan estas parejas es, posiblemente, que sufren lo que yo llamo una «baja autoestima en pareja». Estas personas pueden sentir que son deficientes en múltiples aspectos: por ser una pareja que gana menos dinero (si ése es su caso) que otras parejas, que tienen menos aventuras y realizan menos actividades «divertidas», que se preocupan demasiado, que no asumen suficientes riesgos económicos, que son indecisos, que se les agrandan los conflictos con el tiempo por no molestar al otro, que carecen de coraje para enfrentarse a las personas no sensibles que les incomodan, etc. Algunos de estos problemas pueden ser graves para dos personas sensibles y, como ya se ha señalado, la mayor parte de ellos pueden darse también entre dos amigos o amigas, que quizás sientan que se han tenido que conformar con una amistad de inferior calidad porque carecían de la suficiente popularidad en el colectivo de pares.

Cuando los pacientes sensibles no están satisfechos con su pareja sensible, convendrá ver si es que están proyectando su propia insatisfacción ante su propia sensibilidad: «Él es muy precavido», dicho por un paciente ansioso, o «Ella es demasiado emocional», dicho por un paciente igualmente intenso. Además, las mujeres sensibles (al igual que las no sensibles) pueden ser muy críticas con sus parejas sensibles masculinas debido a sus propios prejuicios culturales o a la reacción que haya podido tener su propio padre ante su pareja, cualquiera de los cuales puede llevarlas a pensar que se equivocaron al elegir pareja. Tengamos en cuenta que la sociedad y los medios de comunicación describen al verdadero hombre como alguien decidido (¿podrías hacer ver a tu paciente que el término «decidido» podría interpretarse también como «impulsivo»?), franco (¿dogmático?), seguro de sí mismo (¿narcisista?), imperturbable (¿carente de sentimientos?), asertivo (¿agresivo y egocéntrico?), con intereses «masculinos» como los deportes profesionales de equipo o las carreras de autos (¿violencia?), la caza o la pesca (¿más violencia?), la política y las inversiones (¿obsesión por el poder?) y los chistes sexuales o la pornografía (¿sexismo?). Claro está que muchos hombres sensibles tienen también algunos o muchos de estos intereses, pero el retrato general del varón ideal no es, precisamente, el de un hombre sensible. Si las mujeres sensibles reflexionan sobre todos estos detalles, normalmente terminarán sintiéndose satisfechas de haber elegido a un hombre sensible.

Quizás el origen de este prejuicio cultural en las mujeres se halle en la idea de que los hombres sensibles no son verdaderos «guerreros», y de ahí que se piense que quizás no fueran unos buenos protectores. Convendría debatir este tema con las mujeres en relación con un hombre sensible, pues tendrán que admitir que su sensible pareja tiene pensado de antemano cómo enfrentarse a casi cualquier emergencia y que cuidaría de todas las personas a las que quiere antes que ocuparse de sí mismo. (Uno de mis pacientes incluso preparó para mí y para todos los miembros de su familia «un kit de preparación ante un ataque terrorista» con toques de humor tales como chocolatinas, pero también con mascarillas y pastillas de yodo para proteger la tiroides de las radiaciones atómicas). Si tales muestras de preocupación y de anticipación no son «varoniles», ¿a qué nos referimos cuando hablamos de «verdaderos hombres»? Aunque, en una situación de emergencia, los hombres sensibles puedan sobreexcitarse, su conciencia y su previsión probablemente les convertirían en los mejores compañeros hasta en la peor de las emergencias.

Aunque las parejas homogéneas tienen menos conflictos por temperamento que las parejas heterogéneas, sí que es cierto que pueden tener más problemas con el aburrimiento. De ello trataré a continuación.

Conclusión: Las parejas sensibles pueden cometer el error de compararse negativamente con las parejas no sensibles y mixtas; en particular, una mujer sensible podría minusvalorar a su compañero sensible. Otro posible problema es el aburrimiento.

Cómo mantener vivo el amor

Rara vez se califica al aburrimiento como de un problema en las relaciones, pero mi marido, yo misma y nuestros colaboradores (Aron, Aron y Norman, 2001; Aron, Norman, Aron, McKenna y Heyman, 2000; Reissman, Aron y Bergen, 1993) pensamos que puede jugar un importante papel. Hemos descubierto que las parejas que realizan actividades autoexpansivas («novedosas, emocionantes») juntos, en el hogar o en un experimento de laboratorio, dicen amar más a sus parejas y dicen sentirse más satisfechas con su relación, además de mostrar más patrones de comunicación positivos en tareas de laboratorio valoradas por codificadores imparciales. Creemos que esto se debe a que todo ser humano siente la necesidad de «expandir el yo», de hacerse más competente, de convertirse en una persona más completa. Y, aunque a las personas sensibles no les guste la sobreestimulación, sí que les gusta expandirse de formas que les resulten atractivas e interesantes.

Desde el momento de nacer, la mayoría de las personas intenta expandirse acercándose lo suficiente a otra persona como para «incluirla en el yo». A través de un prolongado programa de investigación (para una revisión, véase Aron *et al.,* 2004), hemos descubierto que, de hecho, cuanto más próximas están dos personas, más incluirán al otro, en tanto en cuanto describen su relación como dos yoes representados por círculos que se superponen estrechamente; más confusiones cognitivas tendrán entre el yo y el otro; serán más generosas con el otro, aunque el otro no lo sepa; y mostrarán una excitación cerebral cuando piensen en el otro más parecida a la excitación cerebral que se registra cuando piensan en sí mismas. (Todos los estudios que se citan en esta sección se resumen en Aron *et al.,* [2004]). Es ésta una hermosa solución a la pregunta de si el amor se basa en el altruismo o en el egocentrismo: no es ni una cosa ni la otra; todo depende de cómo se vea.

Según esta teoría, cuando nos enamoramos experimentamos un enorme incremento de autoexpansión. En un estudio longitudinal (Aron, Paris y Aron, 1995), realizado a lo largo de un año con personas que se enamoraron, se descubrió que éstas se describían a sí mismas de forma más compleja de lo que lo habían hecho antes de enamorarse. Así pues, parte del éxtasis del enamoramiento estriba en compartirnos con otra persona y en incluir a esa persona en nuestro yo, al tiempo que ella nos incluye a nosotros; de hecho, en una definición de la esencia del amor cada uno desea incluir al otro hasta el punto de la unión.

Pero, a medida que disminuye esta sensación de autoexpansión a través del otro, la intensidad de los sentimientos decrece. Los sentimientos de amor pueden descender hasta una meseta o pueden incluso entrar en declive. Pero hemos descubierto que las relaciones se seguirán percibiendo como autoexpansivas si, una vez más, los miembros de la pareja se involucran juntos en actividades autoexpansivas. (La autoexpansión no asociada con la relación no tiene este efecto [Aron *et al.*, 2001]). Estas actividades pueden ser de cualquier tipo, desde competir juntos en algún deporte hasta ir a la ópera por vez primera; es decir, la pareja decide qué es autoexpansivo. Evidentemente, es una forma bastante sencilla de mejorar las relaciones, que puede ser muy importante en el caso de parejas con un temperamento similar. Para éstas, en cierto sentido la expansión no debería percibirse como una expansión continua, ya que muchas partes del otro ya estaban presentes en el yo casi desde el principio.

A menos que uno de los miembros de la pareja sea también un buscador de sensaciones fuertes, una pareja sensible puede no tener suficientes actividades novedosas y emocionantes debido a que pueden utilizar su relación como un refugio ante un mundo sobreestimulante. Estarán en casa juntos o, como amigos, harán las mismas cosas cada vez, porque les resultará más descansado y fácil que decidirse a hacer algo nuevo. Pero también aquí hay que tener en cuenta que toda relación necesitará de cierta sensación de autoexpansión o, de lo contrario, se volverá aburrida. Si piensas en la gente que consideras aburrida, el problema es que «no obtienes nada» estando con esas personas. Conocerlas no te expande.

Obviamente, una pareja sensible puede expandirse hacia dentro procesando experiencias juntos a profundidades cada vez mayores. Pero, con todo, tendrán que tomarse tiempo para ello y no adoptar simplemente un patrón sensible como el de irse a la cama pronto, leer cada uno un libro y, finalmente, apagar la luz de la mesilla. Además, parte de su autoexpansión debería dirigirse hacia el exterior. Para las personas altamente sensibles, sobre todo si son introvertidas, la autoexpansión hacia el exterior resulta especialmente misteriosa, emocionante e incluso peligrosamente placentera, si se realiza en la adecuada medida.

Lo cierto es que los miembros de cualquier dupla de personas se expandirán de múltiples maneras en el mundo, aparte de la pareja, quizás en el trabajo o en otras relaciones. Pero, con el fin de mantener un vínculo estrecho, tendrán que vivir juntos experiencias de expansión como éstas. Como terapeuta, convendrá que le indiques esto a tu paciente y, si le resulta difícil, intenta hacerle sugerencias sobre actividades que les puedan resultar emocionantes, aunque no en exceso.

Conclusión: Convendrá que las parejas sensibles realicen juntas actividades que sean *agradablemente* excitantes y novedosas, todo ello con el fin de que ambos miembros sientan que su relación sigue aportando valores a la autoexpansión.

Depresión, medicación y relaciones

Muchos pacientes sensibles pueden estar deprimidos cuando llegan a la consulta o quizás se depriman durante el transcurso del tratamiento, pero suele suceder que las únicas personas que se percatan de ello son las más cercanas a ellos, ya que las personas altamente sensibles siguen trabajando y llevando a cabo sus responsabilidades. Y la pareja no sólo se va a dar cuenta de la situación, sino que, obviamente, la van a sufrir, a veces tanto como el propio paciente. Además del sufrimiento que les pueda causar el estado anímico de su compañero o compañera, quizás se sientan también culpables de algún modo, e incluso pueden estar siendo culpabilizados, recibiendo cada vez más críticas. Los pacientes sensibles, cuando están deprimidos, pueden ser sumamente críticos con sus parejas. He podido observar que la gente que se siente inútil y desesperada puede llegar a pensar lo mismo de sus relaciones más cercanas, debido a la inclusión de la otra persona en su yo deprimido. Esta situación se puede hacer extremadamente dura, sobre todo cuando la persona es proclive por naturaleza a las críticas. Al mismo tiempo, es probable que los pacientes sensibles se beneficien más del apoyo social durante una depresión, de manera que convendrá que el terapeuta lleve un control de sus diversas relaciones durante ese tiempo, con el fin de cerciorarse de que éstas no se desmoronan por completo.

Además, cuando los pacientes sensibles deciden no tomar una medicación, cosa que suele suceder, yo les recuerdo la obligación que tienen con aquellas personas que los quieren para que, al menos, prueben los efectos del fármaco con una dosis menor. Y lo digo de verdad, pues considero que, hasta cierto punto, se trata de una decisión moral, ya que, en última instancia, se deben a las personas que aman. Incluso puedo llegar a señalarles algo de lo que puede que no sean conscientes debido a la propia depresión: que esas personas queridas se están dejando la piel y están obteniendo de ellos muy poco a cambio en esos momentos. Sin embargo, convendrá medir muy bien las palabras, en la medida en que estamos tratando con un paciente sensible deprimido, sobre todo cuando, quizás, las medicaciones no estén funcionando con ellos. Habitualmente, sólo el mostrarse dispuestos a tomar una medicación puede transmitir a las personas que les rodean la sensación de que al menos están intentando salir de esa situación que tanta desdicha trae a todos.

La sexualidad sensible

Un rasgo de temperamento innato como la sensibilidad, que afecta al «estilo» de la persona en todas las áreas de su vida, va a tener también, como es lógico, un efecto sobre la sexualidad. Para determinar el grado de tal efecto, realizamos una encuesta en 1998, que se describe en el capítulo 6, en la que incluimos una serie de materiales en un número de un boletín trimestral, que se envió por correo a alrededor de 600 personas sensibles. Se les pedía que rellenaran el cuestionario de forma anónima y que lo devolvieran dentro del sobre que se les proporcionaba. Por otra parte, con el fin de obtener un grupo de control lo más similar posible, les pedimos que entregaran el mismo cuestionario a alguna otra persona para que lo devolviera por separado (no a través de la persona que se lo había entregado). Además del cuestionario, incluimos la escala de sensibilidad de 15 ítems y una medida de búsqueda de sensaciones fuertes de 6 ítems. Por último, invitamos a estas personas a que expresaran también libremente sus ideas acerca de su vida sexual, su sensibilidad o del cuestionario en sí.

Recibimos respuestas de 308 mujeres y 135 hombres, 120 de las cuales eran amistades de las personas sensibles para componer el grupo de control. La media de edad era de 46 años para las mujeres y 48 para los hombres. La tasa de respuestas fue elevada, alcanzando al 45 % de la lista de correos del boletín, pero la encuesta estaba abierta a distintos sesgos posibles, además de la negativa a responder. Quizás lo más destacado sea que las personas que no respondieron quizás fueran las menos dispuestas a revelar una información tan personal como aquélla, aunque fuera de forma anónima. La tasa de respuesta de las personas no sensibles a las que las personas sensibles enviaron el cuestionario fue mucho más baja (es decir, si las personas que intentamos reunir para el grupo de control siguieron las instrucciones), lo cual apunta a diversos sesgos, tanto debidos a la persona como quizás a la falta de interés, por no ser altamente sensibles, o debido a los sentimientos que pudieran tener por la persona que les hizo llegar la encuesta. No obstante, la información se puede generalizar, al menos, a las personas sensibles, que respondieron al cuestionario.

En qué no se diferenciaban

No hubo diferencias significativas entre personas sensibles y no sensibles en lo referente a: el número de parejas sexuales con las que habían convivido, la duración de su más reciente encuentro sexual, la visión del sexo como una de las cosas potencialmente más satisfactorias de la vida, el agrado por ser el miembro activo en la relación y a decidir qué van haciendo durante el juego amoroso, las fantasías de poder sobre la pareja sexual, el gusto por hablar durante el encuentro sexual y la frecuencia de orgasmos o de masturbaciones. Dicho de otro modo, las personas sensibles parecen implicarse en las relaciones sexuales lo mismo que las demás.

Tampoco hubo diferencias significativas en cuanto a: problemas físicos o emocionales, o bien medicaciones que pudieran interferir con el sexo; los abusos sexuales sufridos y el efecto que estas experiencias tuvieron en su vida; la declaración de algún tipo de disfunción sexual (como la falta de interés, no sentir placer con el sexo, impotencia, eyaculación precoz), o bien sentimientos de satisfacción, preocupación, excitación o culpabilidad durante el encuentro sexual. En resumen, las personas sensibles no parecen tener más problemas con la sexualidad que las personas no sensibles. Sin embargo, todos los análisis controlaron la depresión y la ansiedad, por lo que esto no constituyó un factor. Y dado que los pacientes sensibles tienen normalmente más afectos negativos para determinados niveles de trauma, quizás estos resultados no puedan aplicarse a la mayor parte de los pacientes sensibles que puedas tener en tu consulta.

Las diferencias generales

Las respuestas de las personas altamente sensibles fueron significativamente diferentes de las respuestas del grupo de control en que, como sería de esperar, el sexo posee para las personas sensibles un aura de misterio y de poder; y en que, después del encuentro sexual, les resulta difícil regresar de forma abrupta a las actividades cotidianas. La intensidad de la que dan cuenta estas personas las lleva también a preferir, claro está, que las cosas se hagan de la misma manera cada vez y a no disfrutar especialmente de la variedad en los encuentros sexuales. Esta diferencia en la necesidad de variedad fue incluso más patente entre los hombres sensibles y los no sensibles, si bien no se observaron diferencias significativas en ambos géneros entre los buscadores de sensaciones fuertes sensibles y los no sensibles.

No resulta sorprendente que, comparadas con el grupo de control, las personas altamente sensibles declararan: no excitarse con estímulos sexuales fuertes y explícitos; sentir estímulos dolorosos o demasiado intensos, incluso estando excitadas, en determinadas zonas de los genitales (esto se daba tanto en hombres como en mujeres, aunque más en las mujeres); sentir la necesidad de hacer una pausa durante el encuentro sexual por sentirse abrumadas o sobreestimuladas; perder la excitación sexual debido a una distracción o una interrupción; y distraerse con facilidad con leves sonidos, olores u objetos visuales del entorno o relacionados con la otra persona.

Diferencias por género

Hubo diferencias que sólo se presentaron al tomar en consideración el género de la persona sensible y de las personas del grupo de control. Era menos probable que las mujeres sensibles tuvieran problemas para alcanzar el orgasmo y para lubricar que las mujeres no sensibles, y también era menos probable que se sintieran tristes, sobresaltadas o temerosas, y más probable que se sintieran amadas. (También preferían tener menos sexo, si bien esto podía ser el resultado de unas pocas puntuaciones extremas, o del hecho de que las personas sensibles suelen estar estresadas por tener que lidiar ya con demasiadas actividades altamente estimulantes, siendo el sexo una más). Tuve que preguntarme si su placer sexual general podría estar relacionado con las diferencias que se relacionan a continuación: por haber tenido menos parejas sexuales a lo largo de su vida y durante aquel año en particular; por haber tenido sexo con menor frecuencia durante el último año, por haber tenido su primera relación sexual tarde en la vida, por dar más consideración al efecto que una relación sexual hubiera podido tener en la otra persona y por estar más preocupadas antes de entrar en una relación sexual por un posible embarazo o por el posible contagio de enfermedades de transmisión sexual. Quizás las precauciones influyeron.

Comparadas con las mujeres no sensibles, las mujeres sensibles necesitaban también mucho más amor por parte de sus parejas para poder disfrutar del sexo, lo disfrutaban menos con alguien a quien no amaban, sentían menos deseo por diversas parejas sexuales, aunque no fuera en una relación de compromiso; y eran «menos capaces de tomarse el sexo a la ligera». La fusión de sexualidad y amor, cosa que deseaban la mayoría de las personas, parece ser incluso más importante para las mujeres sensibles, y es quizás otro de los motivos de satisfacción general y de ausencia de experiencias sexuales negativas.

Era menos probable que las mujeres sensibles tuvieran fantasías sexuales mientras estaban teniendo sexo con su pareja, fueran fantasías sexuales románticas o fantasías en las que la otra persona ejerciera poder sobre ellas.

Debido a que el número de hombres que respondió a la encuesta fue más pequeño, nos encontramos con menos diferencias significativas entre los hombres sensibles y los no sensibles de las que probablemente existan. Pero algunas diferencias sí que salieron a la luz. Era más probable que los hombres sensibles tuvieran en ese momento una relación, y preferían significativamente no escuchar música mientras tenían sexo que los hombres no sensibles, lo cual apuntaría a su experiencia general de que menos estimulación se disfruta más. Curiosamente, a diferencia de las mujeres, era más probable que tuvieran fantasías sexuales mientras tenían sexo con una pareja o mientras se masturbaban que los hombres no sensibles. Por último, comparados con los hombres no sensibles, era más probable que el alcohol afectara adversamente su rendimiento sexual, algo que no debería sorprendernos, dado que el alcohol tiene, en mayor o menor medida, ese efecto en todos los hombres, y dado que las personas sensibles reaccionan de forma más adversa a la ingestión de alcohol, cafeína y medicamentos.

Conclusión: Las personas altamente sensibles en general no parecen tener más disfunciones sexuales, experiencias o daños por abusos sexuales ni menos implicación sexual o una sexualidad insatisfactoria, pero sí que ven la sexualidad como algo misterioso y poderoso, prefieren menos variedad en sus experiencias, no les gustan los estímulos sexuales explícitos (pornografía), y pueden distraerse o sentirse sobreestimulados con facilidad. Las mujeres sensibles, que fueron la mayoría de las personas que respondieron, también mostraron menos experiencias sexuales desagradables, reflejando así, probablemente, su propensión a considerar las cosas en profundidad antes de actuar.

Cómo hablar de estos resultados y de la sexualidad en general con los pacientes

Obviamente, la encuesta formulaba preguntas que yo ya sospechaba que serían respondidas de forma afirmativa entre las personas sensibles. Posteriormente, me percataría de que los resultados les habían proporcionado un gran alivio, al ver que sus respuestas no eran tan inusuales, sino bastante similares a las conductas y actitudes sexuales del 20 % de la población. De este modo, las personas sensibles parecen darse permiso para ser ellas mismas sexualmente, aceptando que pueden sentirse abrumadas y sobreestimuladas, o que pueden distraerse o perder la excitación de repente con cosas que podrían parecer extrañas para parejas sexuales no sensibles. De hecho, esto les permite expresar sus gustos y desagrados sexuales de un modo más libre. Por ejemplo, si les gusta que las cosas sean iguales cada vez y se sienten incómodas realizando las «extrañas» actividades sexuales que sus parejas les piden, están en su derecho de pedir menos variedad o, al menos, que se les avise de antemano. Quizás la pareja descubra que menos variedad mejora realmente su vida sexual. La persona sensible quizás no se sienta ansiosa ya por tener que hacer algo que le resulta incómodo o, simplemente, por preguntarse qué vendrá después. Ahora, cada miembro de la pareja se estará adaptando al otro, en vez de ser la persona sensible la que se tenga que adaptar a todo. Con frecuencia, los pacientes sensibles sienten mucho más deseo sexual tras hablar con su pareja de estos aspectos de la sexualidad que no les proporcionan placer o que incluso han llegado a temer.

En la mayoría de las buenas relaciones, la pareja terminará aceptando que las preferencias de la persona sensible forman parte del lote completo de la sensibilidad. Todo el mundo tiene preferencias en lo referente a la sexualidad. Después de todo, la pareja probablemente disfrutará mucho de las intensas respuestas emocionales de su compañero o compañera sensible durante la relación sexual, de lo especial que es hacer el amor con él o ella y del hecho de que es menos probable que tenga un asunto amoroso con otra pareja sexual por una cuestión de variedad. Así pues, ¿quién necesita cambios constantes, cuando la sexualidad con la que está familiarizada la persona sensible ya es suficientemente misteriosa y poderosa? Lo que importa es que tu pareja esté anhelando hacer el amor contigo.

Es importante ser consciente de que las personas sensibles se pueden hacer daño con facilidad durante la relación sexual y que habrá pacientes que difícilmente van a manifestar su dolor por miedo a interferir con el placer de su pareja. Pero lo que duele, duele, y las personas sensibles tienen un bajo umbral de dolor. Por otra parte, también es cierto que las experiencias dolorosas reducen el deseo de futuros encuentros sexuales.

Dado que la encuesta reveló que las mujeres sensibles tienden a tener menos fantasías sexuales en pareja (no se observaron diferencias con las fantasías en la masturbación), si estas mujeres tuvieran problemas para alcanzar el orgasmo, yo les preguntaría por sus fantasías. Muchas personas no ven apropiadas las fantasías sexuales durante un encuentro sexual con otra persona, pero ésa es una idea que yo intento corregir, pues las fantasías sexuales están fuertemente asociadas con la satisfacción marital, siempre y cuando no sean fantasías con una persona con la cual quien fantasea esté queriendo tener un asunto amoroso, claro está (Griffin, 1990).

Aunque no fue un tema que formara parte de la encuesta, también he encontrado útil en algunos casos de pacientes sensibles discutir acerca de sensaciones genitales ordinarias de las que quizás sean inusualmente conscientes y de las cuales quizás se sienten culpables, dado que suelen acaecer cuando no parece apropiado o relevante. Yo señalo que los genitales de todo el mundo vuelven a la vida cuando nos encontramos bien o nos gusta alguien, y que están en su derecho de «sonreír cuando se sienten felices». Una «sonrisa» genital no implica mayores intenciones sexuales de lo que una sonrisa en los labios implica el deseo de dar un beso.

También saco a colación el tema de la masturbación, sobre todo como una manera de «practicar» y aprender lo que les gusta y lo que no. Sin embargo, el terapeuta deberá estar muy atento a los puntos de vista religiosos o culturales de la persona acerca de la masturbación.

Obviamente, los pacientes sensibles suelen ser especialmente reacios a hablar de sexualidad, pero, frecuentemente, no les importa tanto hablar de ello como el hecho de no saber si es apropiado o no hablar del tema. Yo les animo a hablar diciéndoles que es un aspecto con un gran impacto, tanto en el cuerpo como en la mente de una persona, de tal manera que no hablar de ello en la consulta sería un grave error por mi parte. Nuestro interés como terapeutas es un interés clínico benigno y apropiado.

Para aquellos terapeutas que lo consideren relevante, los sentimientos sexuales que puedan surgir durante la transferencia tendrán que ser explorados, evidentemente, *con delicadeza,* de formas apropiadas para cada caso en particular. Es importante darse cuenta de que, sobre todo en el caso de los pacientes sensibles, estos sentimientos, aunque puedan estar presentes, quizás no se expresen. Los pacientes pueden tener intensos sentimientos sexuales y, al mismo tiempo, avergonzarse profundamente de ellos. Pero, una vez se les hace saber que también éstos son sentimientos perfectamente aceptables, así como material valioso para el trabajo terapéutico, y que ninguno de los dos les va a dar expresión física, los pacientes sensibles pueden ser muy meticulosos a la hora de informar de estos sentimientos, liberándose así de la presión de parte de sus impulsos naturales, que normalmente mantienen bajo férreo control.

Suele ocurrir que ambos miembros de la pareja hayan visto la sensibilidad como un defecto o debilidad que se halla en la raíz de todas las dificultades del paciente. Esto puede hacer que los datos de investigación que muestran el efecto positivo que la sensibilidad tiene en su vida sexual se conviertan en toda una revelación para ambos miembros de la pareja. Además, esta valiosa información puede ayudar a los pacientes sensibles a recuperar una posición de igualdad en la relación, cosa que llevará a mejoras en otras áreas de la vida en pareja.

Conclusión: El terapeuta tendrá que adoptar un papel activo a la hora de hablar con los pacientes sensibles acerca de su sexualidad. Cuando el paciente forma parte de una díada sexualmente activa, hablar de este tema no sólo va a llevar a que experimente una mayor satisfacción sexual, sino también a una mayor igualdad y felicidad en todas las áreas de su relación.

Resumen y conclusiones

Lo que parecía ser el descubrimiento del «gen del divorcio» fue, en realidad, el descubrimiento de la importancia del temperamento innato, un buen recordatorio de que los terapeutas pueden mejorar en gran medida la vida de sus pacientes si toman en consideración las diferencias innatas con las que las parejas pueden estar lidiando. En el caso de la sensibilidad, esto lleva frecuentemente a la desigualdad. Los miembros sensibles de las parejas necesitan ayuda también para no evadirse del conflicto por miedo a las consecuencias de la sobreexcitación. El terapeuta puede resolver estos temores normalmente instando a la pareja a introducir tiempos muertos y ayudándolos a que establezcan acuerdos acerca de las «conductas de pelea», acuerdos que pueden tener un potente efecto en la reducción de la excitación. También convendrá entrenar a los pacientes sensibles en cómo responder ante las rápidas réplicas de su pareja, cuando aquéllos necesitan más tiempo para pensar en una respuesta.

Las parejas en las cuales uno de los miembros es sensible y el otro no, van a tener que resolver bastantes conflictos, pero lo bueno de todo esto que no se van a aburrir, pues cada uno será un desafío para el otro en distintas áreas. Por otra parte, las parejas en las cuales ambos miembros son sensibles tendrán que buscar experiencias que compartir, que les supongan un reto y les exciten.

Hablar con un paciente sensible de sus preferencias sexuales puede suponer una liberación para él o ella, en tanto en cuanto podría permitirle establecer las condiciones necesarias para alcanzar una mayor satisfacción sexual, al capacitarle para hablar del tema libremente con su pareja y para que dé voz a sus necesidades y preferencias sexuales.

En resumen, comprender los efectos que tiene sobre las relaciones el temperamento, concretamente la sensibilidad, puede ser la vía más ignorada, y sin embargo más fértil, de mejora en el tratamiento de las dificultades de pareja, y puede proporcionarles una mayor satisfacción mutua.

Capítulo 8

La persona sensible en el puesto de trabajo

Nunca olvidaré un trabajo temporal que tuve como mecanógrafa en una compañía de seguros cuando estaba realizando mis estudios en la universidad. Una compañera mecanógrafa me dijo que llevaba 20 años realizando aquel mismo trabajo, mecanografiando nombres y direcciones en formularios de seguros. Pero el trabajo era más interesante, según ella, cuando trabajaba con otro formulario en el que la información estaba *al revés*. Ya puedes imaginar lo que pensé y sentí en aquel momento. Lo importante no es lo que le da color a otras personas en su trabajo, lo que importa es lo que te da color a ti. Créeme, no vas a poder tolerar eso de tener «simplemente un empleo», ni siquiera aunque lo encasilles en un rincón limpio y ordenado de tu vida. Claro está que existen PAS que tienen que hacerlo, porque tienen familia u otras responsabilidades importantes, pero nuestra alma sufre mucho con una pérdida como ésa.

—Barrie Jaeger, *Making Work Work for the Highly Sensitive Person (Cómo hacer que el trabajo funcione en la persona altamente sensible)*, p. 29.[1]

---

1. Publicado por Editorial Trotta, 2.ª ed., Madrid, 2011.

Este capítulo comienza examinando las dificultades habituales que la mayoría de las personas sensibles se encuentra cuando intentan encontrar una carrera profesional adecuada. El segundo tema se centra en el puesto de trabajo en sí: cómo ayudar a los pacientes sensibles a elegir un buen entorno laboral y adaptarse a aquellos aspectos que no pueden cambiar por haber sido diseñados para ajustarse a la mayoría no sensible. El tercer tema aborda el modo en que se puede ayudar desde la terapia a los pacientes sensibles más afectados para que mantengan un empleo remunerado y cómodo.

La cita de Pearl S. Buck con la que se inicia el capítulo 5 y esta cita de Barrie Jaeger captan el motivo por el cual rechacé las ofertas que me hicieron para que escribiera un libro sobre las personas sensibles en el puesto de trabajo, pues puede haber un abismo trágico entre la necesidad de estas personas de tener un trabajo creativo y con sentido y los verdaderos trabajos que van a tener que aceptar con el fin de ganarse la vida de forma razonable. Tal abismo suele ser más amplio para los pacientes sensibles. El libro de Jaeger resalta la necesidad de las personas sensibles de encontrar su vocación, pero es difícil dar aquí más consejos prácticos.

No obstante, existen miles de formas en que ser altamente sensible supone una ventaja en el puesto de trabajo, pues se trata de personas con una gran creatividad, meticulosas y leales, que sienten gran empatía por clientes y colegas. De ahí que, a medida que detalle sus «problemas habituales», recuerda, por favor, que muchas personas altamente sensibles no han sufrido ninguno de estos problemas. De hecho, muchas de ellas han encontrado un trabajo que adoran, son buenas en él, no están estresadas y disfrutan de sus colegas y del lugar de trabajo. Con todo, pueden surgir problemas específicos.

La preparación y elección de profesión

Hay que destacar el tema de la elección de profesión en los pacientes sensibles porque aquéllos con historiales plagados de tensiones lo van a pasar mal para tomar una decisión o habrán tomado ya una mala decisión laboral. Quizás hayan tenido que cambiar varias veces de profesión o hayan tenido que permanecer en un empleo que no les agradaba por temor a tomar otra decisión equivocada. En muchos casos, no se les animó en su juventud a que pensaran en su futuro, como si se diera por sentado. Pero yo insto a mis pacientes jóvenes que no saben a ciencia cierta qué hacer a que obtengan un grado y hagan períodos de prácticas en los veranos para probar tantas áreas de especialización como les sea posible. También los animo a que se sometan a algún tipo de orientación profesional, utilizando pruebas vocacionales y el Myers-Briggs (donde la mayoría recibirá la calificación de Introvertido o Intuitivo, y con frecuencia ambas cosas). Pero, por encima de todo, sean cuales sean los campos de su elección, convendrá que obtengan la mayor cualificación o formación posible, con el fin de darse credibilidad y confianza a sí mismos, para que puedan hacer el tipo de aportación que quieran hacer. Sin embargo, seguir una educación superior les va a exigir una buena cantidad de tiempo durante prolongados períodos, así como no cargarse con demasiadas asignaturas en cada curso. No todos van a tener el deseo ni la capacidad para tantos años de formación, por lo que, para ellos, la orientación vocacional puede ser incluso más importante.

Cuando los pacientes sensibles tienen dificultades en la elección vocacional, asegúrate de que entiendan bien que deben tomar en consideración su rasgo. E, igualmente importante, averigua bajo qué tipo de presiones ajenas se encuentran, pues los pacientes rara vez vienen en busca de orientación con problemas profesionales exclusivamente.

Un caso ilustrativo

Les tenía 29 años cuando lo conocí, y venía de un largo linaje de emprendedores e inversores, la mayor parte de ellos por parte de su padre, en tanto que había heredado la sensibilidad de su madre. Se suponía que Les daría continuidad a la tradición familiar y que se formaría en una destacada facultad de ciencias empresariales. Esa parte del asunto fue fácil y resultó interesante, pero su primer empleo no lo fue. Por algún motivo, él había pensado que la economía y la contabilidad, su especialidad, no supondría tener que enfrentarse a compañeros de trabajo altamente competitivos, pero ése era el clima laboral en aquella empresa.

Por otra parte, a él no le importaba estudiar durante largas horas por su cuenta, pero sí que le importaba trabajar durante largas horas en un edificio. Su padre, al ver que su hijo lo estaba pasando mal, le sugirió que se uniera a él en la empresa familiar, que probablemente fuera el plan que su padre le tenía reservado desde un principio.

Les fue bien recibido en la empresa, hicieron que se sintiera cómodo y le dieron el trato deferente que él sentía que merecía. Pero, mientras tanto, Les se había estado sensibilizando con los problemas sociales ante los cuales se había visto expuesto en sus estudios de grado y de los cuales no se hablaba en la facultad de ciencias empresariales. Sin conocimiento de su padre, Les se había matriculado en algunos cursos en la universidad que le habían dado lo que su padre hubiera llamado un «sesgo progresista» y había pasado la mayor parte de su tiempo con amistades políticamente activas. Y, aunque Les ya esperaba que el mundo corporativo no iba a estar demasiado interesado en los problemas sociales, no por ello dejó de sentirse angustiado al constatar que en la empresa de su padre se respiraba una hostilidad manifiesta hacia tales problemas. Cada vez se sentía más culpable de tener tanto cuando otros tenían tan poco, y quería hacer algo al respecto, pero temía decepcionar a su padre. Tras debatir el problema con sus antiguas amistades de la universidad, Les decidió finalmente volver a la universidad para formarse en educación, con la idea de convertirse en director de instituto en un barrio pobre de la ciudad. Sin embargo, lo primero que tendría que hacer sería lo que más temía: decepcionar a su padre.

Yo intenté mantenerme neutral en lo relativo al dilema profesional, con la sensación de que el modo en que tomara la decisión sería más importante que lo que decidiera en sí. Evidentemente, su padre era un hombre carismático y con iniciativa, que había dirigido cuidadosamente la crianza y educación de su prometedor y obediente hijo. Angustiado por las primeras señales de sensibilidad en su hijo, el hombre había adoptado la estrategia de invalidar las vacilaciones de Les a través de conferencias motivacionales. El joven había aprendido a invalidarse a sí mismo de la misma manera, pero había trazado una línea que le impedía invalidar a los desfavorecidos.

Al igual que Bella, en el capítulo anterior, Les estuvo aumentando el volumen durante un año hasta que su padre le escuchó finalmente, sólo para repudiarle: nada de fondo fiduciario ni de herencia. Aquello impactó profundamente a Les. Ni siquiera quiso seguir en terapia para discutirlo, pues la terapia le parecía ahora otra tontería de ricos, un colectivo al cual ya no pertenecía. Y, así, inició de inmediato su nuevo sendero profesional.

Me encantó saber de él cinco años más tarde, pero no me sorprendió que su problema ahora fuera cómo evitar terminar «quemado». Ahora estaba más dispuesto a hablar de su sensibilidad y de las dos elecciones profesionales que había realizado hasta el momento. La primera carecía de significado personal para él, en tanto que la segunda le estaba resultando demasiado sobreestimulante. Con el transcurso de la terapia, Les pensó que le gustaría seguir mis pasos y convertirse en terapeuta, pero especializándose en jóvenes adultos desfavorecidos y con problemas.

Una vez más, dejamos de vernos durante varios años. Para entonces, Les había obtenido su titulación, se había casado y había tenido dos hijos, y ahora se encontraba con que no podía mantenerlos con los honorarios que podía cobrar a sus pacientes ni con los salarios iniciales de las agencias sin ánimo de lucro que él admiraba. Estaba profundamente decepcionado consigo mismo. En una de aquellas sesiones, me descubrí a mí misma imaginando un pie grande que intentara ponerse un zapato pequeño. Se lo comenté. Me dio la sensación de que estaba exprimiéndose en un empleo en el que no estaba poniendo en juego todo el rango de sus talentos. Aquello nos llevó de vuelta a la relación con su padre y a constatar que, tanto el padre como él, habían perdido la fe en aquel joven Les a lo largo del camino. Se le veía, y él se veía a sí mismo, como a alguien que se había bajado del mundo para unirse a las filas de aquéllos que sirven a los demás con el corazón, por no ser lo suficientemente duros de mente o de cuerpo como para hacer un trabajo más competitivo. Lo siguiente que escuché fue que Les había puesto en marcha un negocio suplementario para ayudar a otros terapeutas con su contabilidad y sus impuestos, y que luego había hecho lo mismo con otras amistades y otros tipos de empresas pequeñas. La mayor parte de aquel trabajo era aburrido, pero, mientras ayudaba a un amigo con una *start-up,* se dio cuenta de una oportunidad de negocio inusual que se les había pasado por alto a todos salvo a unos pocos. Durante meses estuve escuchando las razones de sus temores a invertir en aquella idea, y esta vez fui especialmente cuidadosa en mantenerme neutral, pero con energía: tanto que ganar, tanto que perder.

Por entonces no nos reuníamos, pero él me dijo después que, en un principio, simplemente chapoteaba, pero que, en cuanto comprendió los parámetros, fue como si no pudiera dejar de hacer dinero. Contrató a varios ayudantes para que se ocuparan de los aspectos más tediosos del trabajo, principalmente trabajos de investigación, de tal manera que él sólo trabajaba dos horas al día. Esto le liberó para poder impartir seminarios sobre cómo desenvolverse bien en este campo, pero no tardó en darse cuenta de que tal enseñanza no sólo era aburrida, sino también estresante para un introvertido, de modo que volvió a trabajar dos horas al día en su empresa y a preguntarse qué hacer a continuación. Su familia estaba cómoda, su matrimonio iba bien, ¿por qué no estaba satisfecho?

Casi no intervine mientras él recordaba sus tiempos de profesor en otro lugar, en el instituto de barrio pobre del que había huido por terminar exhausto. De eso hacía ya veinte años. Volvió allí de visita un día, y luego volvió para hacer trabajos de voluntariado, y ahora se sentía más feliz.

Volvieron a pasar los años hasta que volví a verle. Vino a una única sesión para decirme que había decidido poner su talento al servicio de su más profundo deseo, fundando un programa autosustentable sin ánimo de lucro para tutelar a los más brillantes y vulnerables estudiantes de la ciudad, ayudándolos a entrar en la universidad y financiándolos hasta que estuvieran preparados. Pero tenían que comprometerse a donar posteriormente parte de su tiempo para hacer el papel de mentores de la siguiente oleada de estudiantes. Les me dijo que sus «seis intentos hasta acertar» le habían dado algo de caché con los jóvenes con los que trataba, la mayor parte de los cuales habían abandonado el instituto y habían estado yendo de un mal empleo a otro peor antes de entrar en su programa.

El patrón profesional típico
de las personas sensibles

Las dificultades de Les con el trabajo son habituales incluso en algunas de las personas sensibles más estables emocionalmente, mejor dotadas y acomodadas. Al igual que le ocurrió a Les, estas personas suelen seguir los deseos de sus progenitores y de su profesorado, que reconocen su talento y su sensibilidad, pero a quienes esta última preocupa en extremo. Estas personas bienintencionadas o bien ignoran la sensibilidad de la persona y la presionan para que siga una profesión de alto nivel «como si no hubiera nada malo en ello», o bien desean verla situada y segura en una profesión lucrativa y de alto estatus, como medicina, abogacía, odontología, ingeniería o profesorado universitario.

Otras personas sensibles con dones muy destacados emprendieron un camino erróneo debido a que no tuvieron en cuenta su sensibilidad. Por ejemplo, aunque estaban de sobra capacitadas y cualificadas, no podían disfrutar del ejercicio de la abogacía, del ambiente empresarial, de los desalentadores despachos de los abogados de oficio o de los fiscales de distrito, o de una práctica privada en la que tenían que «venderse» a sí mismas. Susan, de la que hablamos en el capítulo 1 es otro ejemplo. Las personas sensibles pueden destacar con rapidez en el mundo empresarial, pero cuando están cerca de la cima se sienten desdichadas por un motivo u otro. En ocasiones, también, sus colegas pueden mostrar pocos escrúpulos ante cuestiones éticas, que sin embargo pueden tener gran importancia para las personas sensibles, con lo cual se ven obligadas a callar ante decisiones poco éticas o tienen que arriesgarse a que se las tache de enjuiciadoras. Y debo añadir que conozco a personas altamente sensibles en el mundo legal y empresarial que funcionan muy bien, pero el problema es que su talento puede introducir a algunas de estas personas en entornos altamente estimulantes que no van a encontrar el modo de gestionar. Todas hemos oído hablar de gente con gran talento que se vino abajo debido a la presión de su enorme éxito, y algunas de estas personas eran sin duda altamente sensibles.

Al igual que Les, cuando estas personas se encuentran entre la espada y la pared, suelen optar por alternativas más creativas de su profesión, continuando su práctica en entornos de bajos honorarios, recurriendo a métodos alternativos innovadores o bien trabajando para una organización no lucrativa. Con mucha frecuencia, se decantan por profesiones que se ocupan de «enderezar entuertos»; por ejemplo, como docentes en escuelas o institutos de barrios pobres, como hizo Les, o bien estudiando medicina para luego unirse a Médicos Sin Fronteras. Por desgracia, las personas sensibles no pertenecen a las «primeras líneas», y serán más útiles en otros papeles: orientando, diseñando estrategias, dando apoyo o formando a aquellas personas que sí se van a sentir cómodas en aquellos empeños que para ellas son demasiado estimulantes o angustiosos. Esto no contradice mi afirmación de que las personas sensibles destacan en emergencias o crisis. Sin embargo, no están diseñadas para profesiones en las que tengan que enfrentarse constantemente a situaciones casi desesperadas, confrontaciones con personas verdaderamente crueles o el trabajo con víctimas en tan malas condiciones que la ayuda es casi imposible, sean niños en hambrunas o ballenas con arpones clavados (todo lo cual puede servir para incitar a alguien no sensible a alcanzar un nivel óptimo de excitación para la acción heroica).

Muchas personas sensibles se encaminan de forma natural hacia las artes o, al menos, un trabajo relacionado con las artes, como la gestión de librerías, galerías, pequeños periódicos, organización de conciertos o enseñanza musical. Otras personas quizás sientan que tienen que trabajar al aire libre, bien en cultivos orgánicos o practicando alpinismo, en carpinterías o en refugios de animales. Hay quien opta por las ciencias o las humanidades dentro de un entorno académico, donde pueden ir en pos de sus ideas con un poco más de libertad de la que se puede encontrar en la mayor parte de los entornos empresariales, aunque a veces se enfrentan a grandes dificultades con los estudiantes de grado, o bien con el manejo de la política universitaria. Y otras muchas personas optan por el trabajo corporal o por la práctica de alguna de las muchas medicinas alternativas.

En ocasiones, estas personas sienten que deben elegir entre hacer dinero o hacer algo que les aporte significado, y un terapeuta quizás albergue la esperanza de encontrar el modo de hacer lucrativa su pasión. No hay mayor gozo que trabajar en aquello que adoras hacer y que, encima, te dé de comer, y esto sucede cuando encuentras ese punto donde tu mayor «dicha» viene a coincidir con una importante necesidad del mundo que te rodea. También puede tener sentido lo que hizo Les:

hacer dinero eficientemente y dedicar el resto de su tiempo a «seguir su propia dicha». Éste es un curso de acción bastante probable entre aquellas personas que adoran las artes, donde se ha demostrado que, por cada empleo razonablemente bien pagado, hay siete personas con la esperanza de vivir de su arte (Eikleberry, 1999).

Cuando las personas altamente sensibles son buenas en casi todo, como le ocurría a Les, necesitarán ayuda para establecer prioridades, y para aceptar que el córtex cerebral puede soñar con más creaciones de las que jamás podrá llevar a cabo la persona. Además, algunas de estas ideas simplemente no serán adecuadas para su sensible organismo.

Sin embargo, a diferencia de Les, muchos pacientes sensibles permanecen durante demasiado tiempo en trabajos que no les resultan satisfactorios o que son demasiado estresantes simplemente por una cuestión de lealtad para con aquellas personas que se han habituado a contar con ellos. Jaeger (2004) diferenciaba entre trabajo pesado, oficio y vocación. Los trabajos pesados son aquéllos en los que uno cuenta las horas hasta que puede finalmente largarse a casa. Los oficios conllevan el placer de trabajar sabiendo que eres competente en lo que haces. Pero, una vez dominas el oficio, lo que antes fue un oficio puede convertirse en un trabajo duro. Sin embargo, una persona sensible, trabaje en lo que trabaje, si no lo hace en lo que constituye su vocación, se va a sentir desdichada, y tan agotada como insatisfecha.

Conclusión: La elección de trabajo resulta más difícil en el caso de las personas altamente sensibles, por lo que pueden cambiar de dirección varias veces a lo largo de su vida antes de encontrar su nicho. Esto se debe a que estas personas necesitan trabajar en algo que les aporte sentido y que, además, no sea sobreestimulante. También puede deberse a que disponen de talento para hacer bien múltiples cosas y a que, frecuentemente, se sienten presionadas por los demás.

El problema más grande

Existe una perspectiva más amplia que me permite discernir a qué se enfrentan las personas sensibles y hasta qué punto podré ayudarlas en determinados casos. Aunque lo que viene a continuación es especulativo, yo diría que, tradicionalmente, las personas altamente sensibles han realizado en la sociedad papeles que, en general, requerían de la reflexión y de cierta cualificación; es decir, de una mayor profundidad de procesamiento. Tengo la impresión de que, en el pasado, muchos más profesionales de la medicina, la abogacía, la enseñanza, la enfermería, el clero, la ciencia, la historia, las artes y el asesoramiento de líderes eran altamente sensibles. No estoy segura de las razones por las cuales esto ha cambiado, salvo quizás porque, en los últimos decenios, la mayoría de las personas no sensibles podía encontrar trabajo en otros campos, en empleos que eran igualmente lucrativos, pero requerían de más fortaleza y resistencia, o bien precisaban de cierta tolerancia a la monotonía o a elevados niveles de estimulación (p. ej., el trabajo en fábricas, granjas o el ejército). Dar de comer a la familia, disfrutar de la camaradería en el trabajo y anticipar las vacaciones o la jubilación eran alicientes suficientes para muchas de estas personas no sensibles. Pero, en la medida en que los trabajos duros y aburridos se han mecanizado, quizás las personas no sensibles han comenzado a buscar empleo en aquellos campos que, previamente, solían ocupar las personas sensibles. Por otra parte, se ha incrementado mucho el número de personas que quieren ejercer la medicina, la abogacía, las ciencias y la enseñanza, de tal manera que todo esto parece practicarse ahora en una atmósfera de mayor presión temporal, de recursos limitados o de una búsqueda de mayores beneficios. Esta atmósfera parece favorecer a aquellas personas que hacen las cosas con más rapidez o que están dispuestas a trabajar más horas, teniendo menos en cuenta los resultados y obviando más las imperfecciones.

En algunos casos, da la impresión de que los empleos hacia los que gravitaban antaño las personas sensibles parecen exigir actualmente una mayor resistencia, como ocurre con los guardabosques y los guardaparques. Hace años, solíamos decir, medio en broma, que estas profesiones aparecían en los tests vocacionales con el fin de proporcionar alguna salida a los introvertidos. Ahora, estos profesionales tienen que aprender técnicas de control de muchedumbres y algunos llevan incluso armas. El clero es otro ejemplo. Algunos seminaristas me han confesado que, actualmente, se desalienta la sensibilidad en el clero, en la medida en que tienen que trabajar muchas horas, disponer de habilidades competitivas de recaudación de fondos y gestionar grandes y conflictivas congregaciones. La pasión por la oración, la soledad, la erudición y la reflexión parece que ya no es tan importante.

Si hubiera todavía más personas altamente sensibles en profesiones tales como la enseñanza o la medicina, harían el trabajo de una forma distinta, y la calidad del servicio mejoraría ciertamente en algunos casos. Pero las condiciones de trabajo son muy complicadas. Yo podría conformar un gran grupo de apoyo con las muchas enfermeras altamente sensibles que conozco y que sé que se esfuerzan por seguir siendo sensibles con sus pacientes en los modernos entornos hospitalarios. Además, en las artes, la promoción de uno mismo y el establecimiento de redes puede ser tan acuciante como la destreza artística. Así pues, quizás estemos perdiendo la perspectiva en muchos campos debido a la inadvertida exclusión de muchas personas sensibles en unos dominios que fueron siempre tradicionales para ellas.

Sean cuales sean las razones, una vez que la mayoría no sensible establece unos estándares, a las personas sensibles se les hace muy difícil trabajar con ellos. Todo lo que expongo arriba no pretende ser una excusa (y, ciertamente, no es una acusación), sino un tema sobre el que los terapeutas quizás deberían reflexionar y, quizás, explorar con sus pacientes sensibles a la hora de buscar el campo laboral más adecuado para ellos. También me gustaría ver las reflexiones de esta sección como una especie de reto para las personas sensibles, animándolas a que hallen el modo de trabajar en sus profesiones tradicionales, pero haciéndolo a su manera. Cada vez más estudiantes de medicina, por ejemplo, buscan condiciones humanas de formación, forzando de este modo a que se realicen cambios lentos en su campo, dando como resultado, quizás, más médicos y médicas sensibles. Y, si pensamos en Abraham Lincoln como en una persona altamente sensible, lo cual es más que probable, la política podría beneficiarse enormemente de más personas como él.

La persona altamente sensible puede realizar casi cualquier trabajo, siempre y cuando se la deje hacerlo a su manera. Conozco a una agente inmobiliaria que está especializada en captar las necesidades reales de sus clientes para ajustar su propuesta a la casa más adecuada. Otra vende vinos de calidad. Y se les puede encontrar en trabajos donde una no esperaría encontrarlos: dando charlas motivacionales, en el orden público y en la extinción de incendios. El policía era un investigador especial. La que daba charlas motivacionales captaba el interés de su audiencia con mensajes inusuales. En una encuesta realizada por teléfono, cuyos datos figuran en un estudio nuestro no publicado (Aron y Aron, 1997), la única tendencia que encontramos en cuanto a ocupaciones fue que un porcentaje ligeramente mayor de personas sensibles se quedaba en casa para el cuidado de los niños.

En general, a las personas altamente sensibles se le da mejor recordar a los demás que contemplen el «cuadro general» y las posibles ventajas o los peligros a largo plazo que una decisión en particular puede acarrear. Suelen prestar mucha atención a la ética y al control de calidad. Se les dan bien los papeles que precisen de creatividad, diseño de estrategias, formación, orientación y resolución de problemas. Convendrá que estas personas recuperen algunos de sus antiguos roles para que reinventen estas profesiones.

Conclusión: Ten en cuenta el cuadro general, que los tiempos han cambiado y que muchos de los papeles tradicionales de las personas altamente sensibles les resultan ahora más difíciles de realizar. Si es posible, anímalas a que regresen a esos trabajos, pero que los realicen a su manera.

Problemas interpersonales habituales en el puesto de trabajo

Regresando a los problemas en el puesto de trabajo, he descubierto que la mayor parte de ellos son de carácter interpersonal. Los demás, que están más relacionados con entornos sobreestimulantes, los abordaré más abajo. Lo que se dijo en el anterior capítulo acerca de los valores y los problemas de las personas sensibles en las relaciones interpersonales se aplica también aquí. Son personas con dotes de escucha, concienzudas compañeras de trabajo, gerentes justas y, en general, eficaces a la hora de levantar la moral, de modo que se granjean seguidores leales, sobre todo si son extravertidas.

En cuanto a los problemas, muchas de las sugerencias del capítulo anterior se aplicarán también aquí, pero no todas ellas. Los compañeros de trabajo y los supervisores no están tan obligados a adaptarse a la persona sensible como puedan estarlo las amistades y las parejas. En el ámbito laboral, la persona sensible tendrá que dar cuenta de sus necesidades dentro del contexto de las necesidades de la entidad: «Mi desempeño será mejor si…», o bien «Dado que usted valora mi creatividad, ésta se verá reforzada si…». A diferencia de lo que ocurre en una relación estrecha, una persona sensible no va a poder pedir tiempos muertos durante una confrontación en el trabajo. Si es posible, ensayad en la terapia la confrontación que el paciente está anticipando a través de la interpretación de papeles y busca el modo de que le resulte menos amenazadora; por ejemplo, haciendo que esté presente un compañero o compañera de trabajo que comprenda también el problema.

Convendrá especialmente que el paciente eleve el «volumen» de su discurso en el trabajo, en el sentido de ser tan desenvuelto y directo como las personas no sensibles que lo rodean y que no espere que los demás entiendan insinuaciones o sugerencias que pretendan decir algo más de lo que dicen. Por otra parte, las personas altamente sensibles pueden estar excesivamente atentas a los defectos de los demás, por lo que éstos pueden llegar a verlas como criticonas, de modo que convendrá que aprendan a elegir sus batallas y a pasar por alto el resto. Cuando el paciente haga alguna crítica, tendrá que recordar la norma de decir siete cosas positivas por cada negativa. Encajar siete cosas positivas en una conversación normal es bastante más fácil de lo que pueda parecer: «Te valoro mucho como compañera, y sé que puedo contar contigo toda vez que necesito ayuda. Nunca me dejas en la estacada. Y valoro especialmente tu sentido del humor. Realmente, disfruto de trabajar contigo. Y, dado que valoro tanto nuestra relación, creo que tengo que decirte lo que me sucede cuando tú… Siempre hemos podido hablar de estas cosas, y no me gustaría que entendieras esto como una crítica pura y dura de tu trabajo, que valoro mucho en términos generales».

Si la persona sensible es también introvertida, cabe la posibilidad de que, en un principio, la perciban en el nuevo entorno social del puesto de trabajo como una persona no demasiado inteligente o con algún problema de personalidad (Paulhus y Morgan, 1997), a menos que haga un esfuerzo decidido por entablar relaciones y por mostrarse más participativa en las reuniones. Posteriormente, con el transcurso del tiempo, es muy posible que sea infravalorada si hace su trabajo de forma callada, por muy efectiva que sea. Esto será más fácil que ocurra si la persona insiste en la creencia de que el trabajo duro siempre es recompensado y que no se debe alardear de los propios logros. Tendrá que aprender a promocionarse a sí misma y deberá hacerlo a un volumen suficiente como para que no pase desapercibida entre las personas no sensibles.

En ocasiones, una persona menos sensible puede reconocer el valor de la persona sensible en su trabajo: una persona sensible estuvo esperando durante diez años a que sus amistades de la universidad, que conocían sus inusuales capacidades, ocuparan cargos de responsabilidad para que la contrataran, cosa que efectivamente hicieron. También, la persona sensible puede recurrir a su sensibilidad para observar de qué modo se promocionan los demás a sí mismos, fijarse en lo que funciona y lo que no, y desarrollar su propia manera de promocionarse, de acuerdo con su propia personalidad. Convendrá discutir con el paciente el hecho de que no proporcionar una información completa de sus propios valores, una información basada en los hechos, debería ser también éticamente cuestionable, dado que la entidad necesita saber cuáles son los talentos de sus empleados con el fin de utilizarlos plenamente y no perderlos en beneficio de otra entidad u organización.

Las personas sensibles pueden enfrentarse a un importante dilema durante las reuniones o cuando trabajan en equipo sobre algún proyecto. Suele ocurrir que vean la solución a un problema antes que los demás, o puede ser la única persona que vea las consecuencias negativas a largo plazo de determinado curso de acción. Pero destacar sobre los demás puede tener un alto coste. El hecho de tener una idea mejor debería complacer a todo el mundo, pero lo cierto es que puede suponer una amenaza para otras personas en colectivo, o bien la sugerencia puede parecer demasiado extravagante. Por otra parte, plantear problemas a un plan puede enfrentar a la persona sensible con aquéllos que lo promueven o hacer que la tachen de negativista y pesimista. Pero no decir las cosas también tiene sus costes. Contenerse va a llevar a la persona a sentirse cada vez más alienada del grupo, y los demás lo van a percibir, atribuyéndolo quizás a alguna otra cosa.

En estas situaciones, habrá que animar a la persona sensible a que haga uso de su intuición para percibir las defensas, las preocupaciones, las lealtades, la capacidad de comprensión y el resto de cualidades de las personas que conforman el grupo, para luego trabajar en torno a esto. Del mismo modo que un docente tiene que transmitir su enseñanza a un nivel que sus estudiantes puedan comprender, las personas sensibles tendrán que ajustar la explicación de su punto de vista si no quieren verse derrotadas antes de comenzar. Pero esto precisa de confianza en la propia capacidad para persuadir a los demás, lo cual significa superar la mala opinión que estas personas tienen de sí mismas. También habrá que recordarles que una solución casi tan buena como la suya, pero que incremente la cohesión del grupo, puede ser la mejor opción después de todo.

Otro problema radica en el poder. La mayoría de las personas que trabajan están por encima o por debajo de alguna otra persona, y las personas sensibles suelen elevarse en estatus y poder con el transcurso del tiempo, si bien contemplan ambas cosas como algo intrínsecamente poco ético, pues no desean tener control sobre los demás ni que éstos sientan que están por debajo de ellas. En estos casos, habrá que recordarles que otra definición del poder es influencia, la cual se puede utilizar para bien o para mal, y que, si alguien responsable no asume ese poder, entonces lo hará otro. El libro de Joseph Badaracco, *Liderando sin hacer ruido: con excelentes resultados* (2002),[2] les puede resultar muy útil. Badaracco describe a sus silenciosos líderes como personas que «no encajan con el estereotipo del líder audaz y con agallas, […] lo que quieren es hacer lo "correcto" […] pero de forma discreta y sin bajas» (en la sobrecubierta). Este libro ofrece modelos de rol de líderes éticos en todos los niveles de las organizaciones, líderes que ni caen en la ingenuidad ni en la sumisión, sino que utilizan su poder eficazmente, siendo sumamente perceptivos, realistas y estratégicos en defensa de los valores que las personas sensibles suelen ostentar.

Se pueden hacer algunas sugerencias más. En primer lugar, al igual que cuando se preparan para una profesión en concreto, las personas sensibles deberían obtener toda la formación adicional posible para poder dar un mayor crédito a sus opiniones y para incrementar la con-

---

2. Publicado en castellano por Ediciones Deusto, Zalla, Vizcaya, 2006.

fianza en sí mismas. En segundo lugar, hay entornos interpersonales más estresantes y angustiosos que otros, de manera que, cuando alguien en la supervisión o un compañero o compañera dé la impresión de ser patológicamente problemático, deberían plantearse si hay alguien más a quien esa persona está perturbando. Si el problema se niega, no va a ir a mejor, por lo que convendrá cambiar de aires en lugar de soportar la situación con la esperanza de que las cosas mejoren de algún modo.

Por último, los trabajadores altamente sensibles suelen recibir ascensos hasta alcanzar cargos de dirección y gestión, por lo que convendrá que estén advertidos, o al menos que reciban ayuda, ante determinadas dificultades potenciales. Tendrán que subir el volumen aún más y estar listos para actuar con rapidez ante los problemas de disciplina. Tendrán que estar alerta ante maniobras ilegítimas de poder por parte de los que se hallan bajo su supervisión. Casi con toda seguridad, tendrán que trabajar más horas y tendrán más dificultades para dejar atrás las preocupaciones del trabajo cuando se vayan a casa para descansar o para cumplir con otras responsabilidades. Yo sugeriría que, al menos, reciban algún curso sobre dirección, aunque su organización no los ofrezca, o que consideren la posibilidad de tomar un camino alternativo en la línea del asesoramiento a la dirección.

Conclusión: Las personas altamente sensibles tendrán que subir el volumen en el trabajo, sobre todo si supervisan a otras personas, si quieren satisfacer sus necesidades, que se escuchen sus puntos de vista y que no se les vea como personas débiles o menos capacitadas. Por otra parte, deberían seguir formándose con el fin de tener una mayor influencia y de poder cambiar de aires si se encuentran ante una situación interpersonal imposible.

Problemas habituales
en el entorno de trabajo

Casi todas las personas sensibles que no están autoempleadas se enfrentan a entornos de trabajo que están diseñados para aquellas personas a quienes no les afectan tanto los ruidos, una mala iluminación, la falta de ventanas, los cubículos sin paredes de verdad, salas abiertas donde el tráfico de personas es constante, los edificios «enfermos» y todo lo demás. Si la organización valora a su empleado sensible, éste se hallará en posición de negociar su espacio de trabajo. Por ejemplo, una científica sensible que trabajaba en un laboratorio se lamentaba de no poder concentrarse debido a que sus compañeros ponían la radio mientras trabajaban. Y, dado que era la única a la que le molestaba la radio, los compañeros se negaban a ponerse audífonos. Yo le pregunté si ellos valoraban su trabajo, y ella me dijo que, cuando los demás tenían problemas que no podían resolver, acudían a ella en busca de ayuda. Le sugerí que explicara a sus compañeros que, simplemente, ella no iba a poder asumir aquella carga extra de concentración a menos que apagaran la radio o se pusieran audífonos. Con mi apoyo, esta mujer pudo hacer su demanda y funcionó.

Si un empleado sensible no se halla en una posición en la que pueda negociar, o bien intuye correctamente que será mejor no dar indicio de sensibilidad alguno por su parte, tendrá que reducir la estimulación de la forma que sea y pueda. Puede salir fuera a tomar descansos, reducir de algún modo el tiempo de viaje entre su casa y el trabajo, o hacer aquellas tareas que requieran de una mayor concentración cuando los demás no estén alrededor, quizás trabajando con turnos escalonados de trabajo. Hay enfermeras sensibles, por ejemplo, que eligen el turno de noche, cuando hay menos tráfico en las calles para ir al trabajo y cuando han cerrado ya las tiendas.

Sin embargo, existe un problema con el hecho de retirarse en exceso, y estriba en que la persona puede quedar socialmente aislada, siendo percibida como alguien solitario o, incluso, como problemática. Incluso peor, pues la persona corre el riesgo de no percatarse de los múltiples aspectos de la «política» de la oficina, que sólo se pueden discernir y abordar a través de conversaciones casuales entre los compañeros de trabajo. De ahí que los estímulos que convendrá que reduzca no deberían ser principalmente los interpersonales.

Por último, las personas sensibles tienden a ser meticulosas y perfeccionistas, de modo que creen que tienen que trabajar más horas para hacer las cosas bien, o bien sufrir a cambio ansiedad ante la idea que recibir reproches por no hacer bien su trabajo. Ayúdalas a mantener el equilibrio entre el trabajo y el resto de su vida. La persona sensible tiene que ser creativa y averiguar de qué modo puede «hacer menos para conseguir más». Para estas personas, la base de un buen trabajo estriba en estar descansadas. Si descansan, su sensibilidad les ayudará a encontrar vías para ser más eficaces.

Si lo ves apropiado, saca a colación el tema del autoempleo. Entre la población de autoempleados, la proporción de altamente sensibles es ciertamente más elevada (Jaeger, 2004). Para muchas personas sensibles, la mera idea de poner en marcha un negocio les puede parecer abrumadora: demasiados riesgos y más trabajo que en un empleo normal. Para otras, el autoempleo les resultará más fácil, en tanto en cuanto no tendrán que soportar las «políticas» de la oficina, la persona se marcará sus propios horarios y la diligencia trabajará por completo a su favor. Y no tiene por qué abrumar ni resultar arriesgado, si las cosas se van haciendo de forma gradual, manteniendo por algún tiempo los ingresos procedentes de otras fuentes. Además, no será necesaria una gran inversión inicial de fondos si se planifica todo sobre un concepto de crecimiento lento basado en la calidad, en vez de poner en marcha el negocio con un local grande permanente y una amplia campaña publicitaria.

Conclusión: Las personas altamente sensibles pueden sentirse incómodas con las condiciones del puesto de trabajo que no resultan molestas para los empelados no sensibles. Si estas organizaciones las valoran, podrán pedir cambios. De otro modo, tendrán que adaptarse como puedan, cuidando de no apartarse demasiado del resto de la gente. También pueden tomar en consideración el autoempleo.

Los problemas laborales de los pacientes sensibles con problemas psicológicos más profundos

Los terapeutas están familiarizados con los problemas a los que se enfrentan sus pacientes más afectados en sus esfuerzos por conservar un empleo del cual depende su subsistencia; por ejemplo, el problema de la ansiedad constante por el rendimiento. La depresión les puede impedir trabajar o puede afectar a su rendimiento. Las dificultades interpersonales pueden hacer que se sientan excluidos o victimizados. Pueden tener problemas de límites, si utilizan las relaciones laborales para satisfacer necesidades previas no satisfechas o no pueden trazar una línea a la hora de satisfacer las necesidades de los demás. Su baja autoestima general puede suponer un grave obstáculo a cada paso, sea para solicitar un empleo, para llevarse bien con los demás o para pedir un aumento de sueldo. Los pacientes sensibles, sin embargo, pueden mostrar algunas diferencias concretas en sus problemas laborales que sería conveniente comentar.

Un caso ilustrativo

Richard, de 31 años, era un joven con dos másteres universitarios y altamente capacitado, que estaba en el paro y vivía gracias a una herencia menguante cuando vino a verme por causa de su alta sensibilidad, que le estaba causando «algunos problemas interpersonales». En vista de la profundidad de sus problemas, debidos a la interacción de su sensibilidad con los efectos de haber crecido con un padre y una madre narcisistas, Richard quiso comenzar la terapia a razón de varias sesiones por semana. Sin embargo, antes de lanzarnos a ello, sentí que tenía que discutir con él la posibilidad de que se quedara sin dinero antes de que hubiéramos terminado el trabajo que parecía estar necesitando. Yo era consciente también de que, si un gran porcentaje de los recursos que aún le quedaban los destinaba a la terapia y ésta terminaba prematuramente debido a la falta de fondos, él podría decir que la terapia le había dejado sin dinero y no había mejorado su situación.

Le sugerí que buscara un trabajo a tiempo parcial con el fin de estirar su dinero un poco más o bien para crear un fondo destinado a la terapia, pero entonces explotó. El trabajo a tiempo parcial era indigno de él, y lo que yo estaba haciendo era repetir los sermones de su madre. El mero hecho de discutir aquello indicaba que yo me había equivocado de enfoque. Sin duda, dijo él, su economía era asunto suyo. En cierto modo, claro está, tenía razón en ello; y, ciertamente, yo prefiero dejar estas cosas a los pacientes y no tener que dar consejos a nadie al respecto. Así pues, di marcha atrás y decidí, para mis adentros, plantearme objetivos menos ambiciosos, como podía ser el ayudarle a desarrollar algunas habilidades sociales y discernimiento en temas interpersonales.

Antes incluso de resolver el problema del pago, me enteré también de las dolencias físicas de Richard: dolores de cabeza y musculares, náuseas y episodios súbitos de fatiga, que él admitía que eran probablemente psicosomáticos, dado que sus progenitores habían cuidado más de él cuando había estado enfermo y nadie espera demasiado de una persona enferma. Así pues, estos síntomas eran un motivo adicional para no trabajar, pues temía no poder gestionar el estrés físico. Claro está que yo sospechaba que podía haber también un miedo general y más profundo al fracaso.

Con todo, los sueños de Richard vinieron al rescate, en uno de ellos apareció una figura en una silla de ruedas, un veterano de guerra llamado Sam, a quien Richard había conocido en la infancia. En la vida real, Richard había escuchado que, aparte de la silla de ruedas, la verdadera enfermedad de Sam era la «neurosis de guerra», junto con el temor de que, si volvía al trabajo, los demás pudieran darse cuenta de sus heridas internas. Richard pensaba ahora que Sam había sido una persona altamente sensible y que nunca debía haber estado en zona de combate. Aquel sueño le permitió a Richard entender y aceptar que su mente también estaba herida y que aquello guardaba relación con su salud.

Llegamos a conocer al Sam interior de Richard, que empezó a darse cuenta de que él también tenía miedo de que alguien en el puesto de trabajo se percatara de sus heridas internas; heridas que eran mucho peores que las demás por ser «demasiado» sensible y no «un hombre de verdad». Cuanto más insignificante fuera un empleo, más vergonzoso sería fracasar en él, y el fracaso en cualquier trabajo le parecía inevitable.

Con el tiempo, y a fin de proseguir con nuestro trabajo juntos, se arriesgó a enviar una solicitud para un empleo a tiempo parcial en una librería especializada. Para su sorpresa, lo contrataron, a pesar de que el propietario lo veía como «peligrosamente sobrecualificado». Richard sufrió una ansiedad aguda antes del primer día de trabajo, pero estuvimos discutiendo diferentes maneras en que podría gestionar la situación. En particular, consiguió que un familiar le formara de antemano en el tipo de caja registradora que se utilizaba en la librería. En cuanto superó la fase inicial de formación, se dio cuenta de que el trabajo era fácil y que el personal de la librería era interesante. Incluso se sintió orgulloso de lo rápido que había aprendido a desempeñarse en la tienda y lo rápido que había intuido los principios básicos de la venta, que también había comenzado a estudiar por su cuenta. A su vez, en la librería estaban encantados de tener a un erudito aconsejando a los clientes.

Sin embargo, unas semanas después, regresaron las náuseas matinales y los espasmos musculares, y Richard comenzó a ausentarse del trabajo. Exploramos lo que había ocurrido el día en que comenzó a tener síntomas y, tras pensárselo mucho, admitió que le habían reprendido por leer en el trabajo. Como respuesta, Richard se había puesto furioso con el propietario y se había ido de la librería de malas maneras. Posteriormente, y para satisfacción del dueño, estuvieron hablando del asunto, pero Richard estaba muy avergonzado; tan avergonzado que no me lo había contado hasta aquel momento.

Lo primero que tuvimos que hacer fue mitigar la vergüenza. Estuvimos de acuerdo en que su «pecado» era difícilmente comparable con un hurto. No había hecho ningún daño. En la tienda no había clientes en aquel momento. Simplemente, estaba aburrido y, con una mente como la suya, era normal que se pusiese a leer. De hecho, el haber hojeado algunos libros podría haberle llevado a recomendarlos de una forma más entusiasta. Más tarde, sintiéndose menos avergonzado, llegó a entender el punto de vista del librero y a admitir el problema causado por su reacción, enormemente defensiva. Finalmente, aquel mismo día volvió al trabajo con nuevas energías y un orgullo renovado.

Cada vez que reaparecían los síntomas conseguíamos localizar las causas, normalmente un incidente que reavivaba su temor a que los demás pudieran descubrir que en el fondo era un inútil. Pero, en cuanto se resolvía el temor, los síntomas remitían. Sin embargo, nos enfrentamos de pronto a otro problema. Con el transcurso de los años, él veía que sus pares se situaban en la vida en lo que él consideraba carreras profesionales de éxito, mientras que él, visto en otro tiempo como el más prometedor de todos, estaba trabajando en una librería.

Le llevó algún tiempo aceptar que podría haber emprendido una carrera profesional a tiempo completo algunos años antes, pero que, como ocurre con muchas personas sensibles, un comienzo lento era también normal. En su caso, la lentitud venía determinada porque primero necesitaba pasar por la terapia. El trabajo que estaba haciendo conmigo y en la librería eran para él los cimientos sobre los cuales establecer otras metas.

Richard se dio cuenta de lo que había avanzado cuando pudo responder a unas preguntas de cortesía acerca de su trabajo con «En realidad, todavía estoy estudiando». Y, cuando le preguntaron qué estudiaba, sonrió y dijo, «A mí mismo. ¿No has oído eso de "Conócete a ti mismo"?». Si el tema de la conversación era su trabajo a tiempo parcial, él decía que le resultaba agradable estar rodeado de libros mientras iba en pos, sin distracciones, del trabajo de su vida, trabajo que no tenía ya ningún problema en divulgar para entonces. El hecho de poder explicarse con sinceridad, incluso de forma interesante, sin sentir vergüenza, supuso una bendición para su vida social, dado que había pasado mucho tiempo evitando encontrarse con la gente, debido en parte a su incapacidad para responder a la pregunta «¿A qué te dedicas?». El día en que alguien le recordó que Einstein había estado trabajando en una oficina de patentes mientras desarrollaba su teoría de la relatividad, agradeció el cumplido y, al mismo tiempo, fue capaz de admitir sus dudas acerca de que el trabajo de su vida fuera a ser tan impresionante.

Consideraciones especiales en el tratamiento de los problemas laborales en pacientes sensibles

Muchos de los problemas a los que se enfrentó Richard son problemas habituales en las personas altamente sensibles. Por ejemplo, la sensación de ser especiales, sea real o sea una mera defensa, puede hacer que se avergüencen más de sus dificultades en el trabajo. El trabajo suele exacerbar los vaivenes emocionales que se dan entre la sensación de estar inusualmente capacitado y la de estar inusualmente discapacitado social y emocionalmente. En cuanto a los síntomas físicos de Richard, el hecho de tener un organismo físicamente sensible hace que estos pacientes suelen desarrollar síntomas más intensos ante el estrés. Algunos tienen también sensibilidades medioambientales que se pueden incrementar con la tensión. Por último, no hay duda que, en la medida en que se asume que todo adulto tiene que trabajar, si la persona se siente incapaz de hacerlo, una excusa adecuada siempre será la de la enfermedad física. Sin embargo, nunca he visto un caso de enfermedad ficticia –la decisión de fingirse enfermo– en pacientes altamente sensibles, aunque no dudo que el organismo pueda cooperar cuando ésta es la única solución para un terrible problema.

Los pacientes altamente sensibles son especialmente proclives a sentirse victimizados. Habrá quien se someta en silencio durante demasiado tiempo, hasta que ambos tengáis que admitir que la situación se ha vuelto insostenible y el paciente tiene que salir de ella. Y habrá quien culpe, se lamente o se comporte de forma pasivo-agresiva hasta que se quede sin empleo.

Afortunadamente, los pacientes sensibles suelen ser los primeros en plantearse la pregunta de cuál es su responsabilidad ante el hecho de que sus fracasos en el trabajo se encadenen. Pero cuidado con aprovecharse demasiado rápido de tal concesión. Una vez más, avergonzarles inadvertidamente puede ser contraproducente. Tendrán que aprender a aceptar su bondad básica, así como sus verdaderos problemas, y es probable que pongan más énfasis en los últimos, aunque no te lo digan. Yo intento que sean conscientes de que tienen que amarse y criticarse al mismo tiempo. Puede que saque a relucir un solo problema en el trabajo y me centre en él, o que deje que se repita algo varias veces, como llegar tarde a trabajar, antes de que comience a cuestionar qué puede estar pasando ahí. Lo que hay que hacer es ayudarles, amablemente, para poder ver con más claridad su papel en el proceso.

Las mejores pistas acerca de lo que el paciente puede estar haciendo con los demás las puedes discernir, normalmente, a partir de tu propia experiencia con él: ¿Me permite este paciente que lo victimice sutilmente, pensando «Éste es mi paciente fácil, por lo que no necesito prestarle demasiada atención»? ¿O es el paciente el que me hace sentirme víctima o sentirme culpable? ¿No será esto lo que se le repite en el entorno laboral?

Cuando un paciente sensible deja un empleo de manera justificada, haz que estudie en profundidad su siguiente empleo antes de aceptarlo, no se deje cegar por el agradecimiento por el hecho de que le vayan a contratar y no se percate de que ellos, también, están eligiendo entre diversas opciones. Volved sobre el criterio de la «bondad de ajuste», la compatibilidad entre el temperamento de una persona y las demandas y expectativas del entorno. Por ejemplo, sabiendo que todos los trabajadores sensibles medran con una dieta de alabanzas y retroalimentación positiva –y si están angustiados aún más–, yo les sugeriría a estos pacientes que, en la entrevista de trabajo, le digan al entrevistador que ellos responden especialmente bien al refuerzo positivo, y vean cómo responde éste.

En cierto modo, el factor más importante para el éxito del paciente serán las habilidades interpersonales de las personas que le rodean. Esto es algo muy difícil de evaluar a través del filtro del paciente, pero un paciente sensible siempre podrá obtener pistas valiosas a partir de la cultura de la empresa –si se enfoca más en el trabajo en equipo o en la competitividad, por ejemplo– si pregunta por este tipo de enfoques durante la entrevista. Yo les pregunto por aquellas personas en su trabajo con las que «conectan» y aquéllas con las que no, instándoles a relacionarse todo lo posible con las primeras, y a intentar conectar –mostrándose tan presentes, sinceros e interesados como les resulte posible– con cualquiera con quien interactúen. Y si no pueden conectar con alguien, convendrá que se pregunten por qué, lo cual podrás atribuir normalmente al hecho de que se encuentran en su «complejo» de sentirse inferiores, injustamente tratados o avergonzados. Esto les mantiene comprensiblemente preocupados consigo mismos.

No he hablado aquí de la elección de carrera profesional en el contexto de los pacientes más afectados, que quizás hayan diseñado unos gloriosos planes con la intención de dar una solución permanente a sus sentimientos de inutilidad, convirtiéndose en médicos o en grandes escritores. Cuando estos planes fracasan, se sumergen en una profunda crisis. Y, aunque otros problemas puedan mejorar merced a la terapia, el paso del tiempo no hará otra cosa que añadir presión al anhelo de «convertirse en alguien». Su autoestima parecerá dar un paso adelante y dos atrás a medida que vayan viendo que sus pares reciben los frutos de sus logros profesionales.

Al igual que con Richard, intento que acepten que, por ahora, el trabajo interior en el que están inmersos es su verdadera profesión, o quizás me arriesgue a sugerirles que reanuden su carrera o su formación, con la esperanza de que su determinación, combinada con las nuevas ideas y el trabajo que hacemos juntos para superar las crisis, termine dando frutos. Sin embargo, este enfoque entraña el riesgo de que sufran otro fracaso, de modo que prepararles para el fracaso puede ser de gran ayuda, en la medida en que reduce la presión, al menos la que puedan percibir por mi parte: «Ambos sabemos que quizás esto no funcione, pero, si no funciona, también nos proporcionará información; nada de lo cual avergonzarse, sino simplemente más información». Una vez más, convendrá hablar respetuosamente del *trabajo* que están realizando en la terapia y de la integridad de su empeño.

Con otros pacientes que están demasiado afectados como para emprender una carrera profesional adecuada a sus talentos, lo que se puede hacer es animarlos a que acepten una carrera menor, pero con igual o mayor significado real que aquella otra con la que pretenden impresionar a los demás o sanar su sensación de inutilidad. Después, en su tiempo libre, siempre podrán trabajar en la dirección de su vocación, sin tener que soportar la presión de una facultad de medicina cuando, por ejemplo, una persona quiere ser médica, pero opta por trabajar momentáneamente como voluntaria en una clínica para personas sin hogar.

Conclusión: Los pacientes altamente sensibles pueden culpar a los demás, sentirse víctimas o desarrollar síntomas psicosomáticos debilitantes para evitar situaciones en las que podrían sentirse avergonzados por su rendimiento en el trabajo, sobre todo si se aferran a la idea de ser alguien especial y sin problemas personales. En el caso de que la persona haya pasado por repetidos fracasos laborales, convendrá que contemplen su posible responsabilidad en ellos. Con frecuencia, van a necesitar ayuda para elegir mejor, y quizás puedas reducir la vergüenza que sienten por quedar rezagados con respecto a sus pares, validando la importancia de estar haciendo ahora un importante «trabajo interior».

Oportunidades para mitigar la vergüenza

Aunque el trabajo puede generar problemas, también ofrece valiosas oportunidades para los pacientes sensibles. Por ejemplo, si les está yendo bien en el área laboral, su productividad puede ser un punto que pueden sacar a relucir cuando se sientan avergonzados. El trabajo también les va a proporcionar oportunidades para replantearse los límites, para idealizar, para sentirse victimizados y para otros problemas que muy posiblemente se ciernen sobre todas las áreas de su vida. De hecho, los pacientes sensibles suelen percatarse con rapidez de los paralelismos existentes, por ejemplo, entre las reacciones que tienen en su grupo de trabajo y las que tenían en su disfuncional familia. Y esto porque los compañeros y compañeras de trabajo reavivan las rivalidades fraternas, en tanto que las reacciones ante los superiores reflejan los problemas que la persona tuvo con sus progenitores, como ocurre cuando los idealizan, cuando buscan su afecto o cuando se decepcionan con ellos para luego enfurecerse con el fin de encubrir la vergüenza que les provoca el rechazo.

Los pacientes sensibles también pueden entender algunos aspectos de sus problemas a partir de sus comportamientos en el trabajo, y pueden mitigar su vergüenza tomando nota del modo en que manejan su sensibilidad. ¿La ocultan, intentan compensarla, recurren a ella para conocer las necesidades de los demás y complacerlos a toda costa, o no se dan cuenta de las ventajas que les proporcionan y de cómo puede ayudarles a lograr sus objetivos?

Por último, los problemas laborales pueden ser la vía a través de la cual ambos podéis ver cuán profundos son los problemas de tu paciente. Eventualmente, quizás descubras que un paciente sensible en particular simplemente es incapaz de trabajar en estos momentos, y quizás nunca sea capaz de hacerlo. Puede que la interacción entre su rasgo y su sensibilidad le haya provocado un daño extremo. Con suerte, habrá alguien más en su vida que pueda darle soporte, sea su propia familia o algún tipo de ayuda procedente de programas gubernamentales. En ocasiones, si la persona ha llegado al punto en que no puede ganarse un salario, quizás pueda contribuir a la sociedad de otras maneras que tengan sentido para ella, sea a través de la poesía, de la música, de la escritura o del voluntariado. De hecho, muchos de los grandes creadores culturales no podían sustentarse por sí solos —algunos, de hecho, por motivos emocionales— y necesitaron recibir asistencia. Sin embargo, esto puede generarles también mucha presión. Quizás habría que aceptar que algunas personas vivan modestamente merced a una fuente económica externa, aportada por otras personas con buena salud, y que no aporten nada tangible, salvo su sensibilidad. Pero, en casos como éstos, los pacientes sensibles van a sufrir más por causa de la vergüenza de lo que podrían sufrir los demás, y será tarea tuya, como terapeuta, ayudarles a aceptar su situación y que no se sientan culpables por los traumas sufridos.

Conclusión: Los acontecimientos en el puesto de trabajo proporcionan oportunidades para mitigar la vergüenza en los pacientes sensibles mediante la discusión de sus logros laborales, tomando conciencia de cómo sus comportamientos en el trabajo reflejan sus antiguas dinámicas familiares y de qué manera podrían hacer uso de todas las ventajas que les aporta su sensibilidad. Si no pueden realizar ninguna actividad lucrativa, o no al menos de momento, se van a sentir más avergonzados que otras personas, por lo que será labor tuya mitigar esa vergüenza.

Resumen y conclusiones

Con demasiada frecuencia, las personas altamente sensibles eligen, o se ven obligadas a trabajar en, empleos en los que nadie tiene en cuenta su sensibilidad, sobre todo su necesidad de realizar un trabajo que tenga un significado para ellas. Una vez encuentran la profesión más adecuada en su caso y se establecen en lo que consideran el trabajo de su vida, todavía pueden tener dificultades con aspectos sociales y físicos de su entorno laboral que el resto de las personas puede tolerar perfectamente. Prestarles ayuda en estos asuntos puede ser de gran utilidad, en tanto en cuanto, viendo su mejoría, sentirás que algo realmente valioso puede expresarse ahora libremente. La persona florece y madura ahora cuando, sin la terapia, esto no habría sucedido.

Necesitamos personas altamente sensibles en todos los puestos de trabajo, en todos los campos, pero sobre todo en aquéllos que en otros tiempos fueron su campo de acción tradicional. Aquellos pacientes en los que consigas infundir una sólida confianza en sí mismos van a tener una mayor influencia en su trabajo, en la medida en que cuestionarán planes defectuosos y ofrecerán a cambio ideas nuevas y bien meditadas, tomando en consideración el mejor modo de explicar las cosas a quienes aún no estén convencidos. Se podría pensar incluso que, si alguna de estas personas se hallara en algún puesto de poder, las cosas irían mejor en el mundo. Éste es el tipo de resultados que a todo terapeuta le gustaría poder aportar, y en este caso bien podría hacerlo.

Capítulo 9

Variaciones de personalidad en las personas altamente sensibles

[Las personas sensibles extravertidas sienten que los eventos sociales] les drenan con sus interminables cháchuras, cortesías e intercambios superficiales acerca innumerables temas carentes de importancia. […] Creo que esto se debe a nuestra tendencia natural a querer «conocer y ser conocidas» y a conectar de una forma auténtica con los demás. […] [Pero] si no tenemos cuidado y no somos conscientes de nuestras verdaderas intenciones, cuando estemos «ahí fuera» en el mundo podemos encontrarnos con que vamos con el corazón en la mano, haciéndonos así sumamente vulnerables.

—Jacquelyn Strickland, «An insider view of the extravert high sensation seeking HSP» (La PAS extravertida buscadora de sensaciones fuertes: una visión desde dentro). *HSP Highlights and Insights,* Invierno/Primavera 2007, www.lifeworkshelp.com

Como conclusión, este capítulo pretende recordar a los terapeutas que existe una amplia variedad de pacientes sensibles, y que siguen siendo altamente sensibles a pesar de que muestren otros rasgos e intereses. Se utilizan como ejemplos casos ya descritos en otros capítulos de este libro y algunas otras combinaciones imaginarias.

Tengo la esperanza de que, a estas alturas del libro, dispongas ya de un retrato integral de las personas y los pacientes altamente sensibles, del PIES, presentado en el capítulo 1, a través de los capítulos sobre los distintos problemas clínicos y vitales a los que se enfrentan. En particular, en el capítulo 2, viste cómo evaluar la sensibilidad, pero convendrá que volvamos sobre el tema ahora que sabes mucho más. En este punto dispones ya de una especie de plantilla, que puedes situar sobre cada paciente para ver si coincide y puedes determinar si es altamente sensible o no, pero las posibles variaciones de las personas sensibles son infinitas, pues cada ser humano es único, por lo que ahora tendremos que tomar en consideración cómo encajarían otros rasgos, innatos o no, sobre la plantilla original, como si pusiéramos juntas dos transparencias, viendo qué es lo que aporta cada una de ellas a la imagen final. Si vamos poniendo encima muchas de estas imágenes sobrepuestas, la plantilla original de la sensibilidad puede quedar muy oscurecida, pero seguirá estando ahí ejerciendo su influencia sobre el conjunto.

Variaciones de las que ya hemos hablado

Ya hemos hablado del papel del género, la edad, el grupo étnico y de la interacción del historial personal con el rasgo. También son importantes los síntomas clínicos de aquellas personas que no ejercen suficiente control y las que ejercen demasiado control emocional, y los de las personas sobreexpuestas a la estimulación o, incluso, sobreexcitadas crónicas, en contraposición a las que llevan una vida excesivamente protegida y con muy pocos estímulos. Todo esto da lugar a importantes variaciones que tendrás que tomar en consideración en cada paciente.

También sabes ya lo relativo a las variaciones entre introvertidos y extravertidos, y las de las personas que muestran una alta o una baja búsqueda de sensaciones fuertes, diferencias que vale la pena mencionar porque, como introvertida y buscadora de sensaciones fuertes que soy, yo suelo moverme desde esa perspectiva.

Extraversión

La autora de la cita con la que he iniciado este capítulo, Jacquelyn Strickland, se considera una extravertida, y detalla algunas de sus características en el artículo ahí citado. Por ejemplo, ella dice que las personas de este tipo «pueden hacer nuevas amistades con facilidad, pero sólo en el entorno adecuado… cuando van solas en el autobús, cuando están solas en un restaurante o cuando están solas en la playa». Y dice que «decididamente, no se sienten cómodas en los centros comerciales, en una convención nacional o en una reunión de un consejo de administración». En general, los tipos sensibles extravertidos afirman sentirse bastante diferentes de otros extravertidos… más sensibles.

Strickland conoce a muchas personas de este tipo que trabajan como «activistas por la justicia social», pero son personas que «nunca se plantearían presentarse a unas elecciones para un cargo público, aunque, en ocasiones, la pasión que ponemos en nuestras convicciones podría dar la impresión de que somos posibles candidatos». Al igual que otras personas sensibles, las extravertidas disfrutan del proceso creativo, pero quieren compartir de inmediato los resultados con los demás. También disfrutan de todo proceso colaborativo, como los que se desarrollan en un comité.

En resumen, encontrarás muchos pacientes sensibles que son bastante abiertos, habladores y con muchas amistades o, al menos, en el centro de grandes colectivos. Con todo, seguirán necesitando tiempo para sí mismos, tendrán fuertes reacciones emocionales, cierta preferencia por temas de conversación profundos, se mostrarán más preocupados por los demás, se sentirán fácilmente heridos en sus sentimientos y, a veces, exhibirán un elevado nivel de creatividad o intuición, amor por la naturaleza e intensos intereses espirituales.

La búsqueda de sensaciones fuertes

Por último, no olvides las sorprendentes diferencias que muestran algunas personas sensibles que son, además, buscadoras de sensaciones fuertes. Como ya expliqué en el capítulo 2, yo creo que ésta es una diferencia innata que, si es elevada, suele llevar a la extraversión, pero no necesariamente. Las personas introvertidas pueden ser buscadoras de sensaciones fuertes también, pero de maneras que no supongan un incremento en los niveles de interacción social con personas con las que no están familiarizadas. Este rasgo afecta a la elección de profesión, de amistades y parejas, de actividades recreativas y, en general, a la participación en todo tipo de actividades. Las personas sensibles que son también buscadoras de sensaciones muestran su lado sensible en lo meticulosas que son, en su preocupación por los demás y en su desagrado por las conductas arriesgadas o impulsivas. Pueden recurrir a su búsqueda de sensaciones para viajar o para involucrarse en una causa, por ejemplo, como recaudadoras de fondos.

Diferencias demográficas

Las personas sensibles que han crecido en un entorno altamente urbano en contraposición con las que viven en el campo diferirán en que las primeras están habituadas a elevados niveles de estimulación, aunque seguirán intentando limitarla de algún modo. Están familiarizadas con la densidad social, e incluso les puede resultar tranquilizadora. Se sienten más seguras en aceras y tiendas concurridas, conversando con extraños, en barrios de mucha relación social e, incluso, utilizando el suburbano en vez del automóvil. Disfrutan especialmente de las actividades culturales, aunque también harán frecuentes salidas al campo (si bien afirmarán que no serían felices allí). Estos moradores de urbes parecen mostrar una mayor confianza en sí mismos, ser más abiertos, más conversadores y divertidos. En algunos pacientes, la identificación con el escenario urbano satisfará necesidades narcisistas a expensas de su propia sensibilidad.

Las personas sensibles que viven en el campo, hayan nacido o no en un entorno similar, estarán allí por simple preferencia. Les gusta el silencio y la calma visual, viven cerca de la tierra y de los animales, y suelen cultivar sus propios alimentos. Sin embargo, no les gusta que las conversaciones se limiten a cuál es la mejor motosierra o el método de compost más adecuado. Mantendrán el contacto con algunos aspectos de la vida que les permitan disfrutar de un significado intelectual o artístico más profundo, quizás siendo escritoras, artistas o científicas aficionadas, e Internet les va a facilitar mucho este aspecto de la vida. Claro está que hay pacientes sensibles que utilizan también el campo como una manera de apartarse de todo.

Las diferencias socioeconómicas tienen también poderosos efectos. Las personas sensibles ricas tienen la tendencia a utilizar su dinero para los demás, así como para obtener silencio y privacidad. Las personas sensibles que he conocido que tenían escasos recursos o que no habían cursado estudios superiores destacaban por sus inusuales intereses y disponían de amplios conocimientos en, al menos, un tema, como la ópera, la meteorología, la historia o la psicología. Si sus ingresos eran bajos, gestionaban bien su dinero (aunque algunos pacientes han tenido algún problema en particular con el dinero, normalmente aprendido de los progenitores, que les había mantenido en una situación de vulnerabilidad). En cuanto a las variaciones en inteligencia, no he llegado a ver una combinación de baja inteligencia y alta sensibilidad. Es posible que su meticuloso procesamiento no haga posible esto.

Las diferencias en personalidad

Tanto si son innatas como aprendidas, o son el resultado de una familia disfuncional, las diferencias de personalidad entre las personas altamente sensibles variarán enormemente. Podemos comenzar con aquellos rasgos que ya eran evidentes a los tres meses de edad y que son, posiblemente, innatos. Thomas y Chess (1977) proporcionaron la primera lista de tales rasgos, una lista basada en investigaciones observacionales. Además de un bajo umbral sensorial, identificaron otros ocho rasgos: grado de flexibilidad (cambiar de rumbo cuando se lo piden los demás), ritmicidad biológica (sueño, hambre, etc.), conductas de aproximación frente a conductas de retirada, distractibilidad, persistencia (distinta de distractibilidad porque una persona puede distraerse pero, si es persistente, volverá a centrarse en aquello que le interesa), nivel de actividad, intensidad de la expresión emocional y estado de ánimo positivo frente a negativo (se duda actualmente de si este último rasgo es innato). Evans y Rothbart (2007) desarrollaron un Cuestionario de Temperamento en Adultos, basado en el trabajo de Thomas y Chess, que ofrece una relación de cuatro rasgos: afecto negativo, extraversión, sensibilidad orientativa y control del esfuerzo.

A continuación, se ofrece una lista parcial de otras diferencias individuales, bien innatas o bien resultado de la experiencia, que probablemente son, al menos parcialmente, independientes del hecho de ser altamente sensibles:

- Curiosidad, mente abierta y anhelo por aprender frente a desinterés o incluso suspicacia.
- Propensión a la ira. No he encontrado una relación entre esto y la sensibilidad, aunque su expresión puede estar excesivamente o poco controlada.
- Desorden frente a orden. En tanto que las personas sensibles pueden parecer en general ordenadas, pulcras en el vestir y puntuales, aquéllas que llevan una vida muy creativa pueden olvidarse de estos detalles. Quizás intenten protegerte de tu desorden, pero lo verás de otras maneras, como puede ser perdiendo cosas.
- Grado de coordinación física e implicación en actividades deportivas.
- Una notable independencia, dependencia o interdependencia. En relación con esto está el grado de poder personal que se percibe en diversas relaciones, que varía desde elevados niveles de liderazgo a intensos sentimientos de inferioridad.
- Las variaciones en la apariencia y el atractivo, aunque quizás no sea un rasgo de personalidad, son ciertamente notables y afectan a la personalidad.

- Los talentos particulares.
- Los valores y actitudes particulares hacia la política, la religión, las relaciones raciales y otros cientos de temas.
- La salud.
- El estilo de apego.
- Los efectos del trauma y el estrés en el historial personal.

Imaginando personalidades sensibles

Las variaciones que se acaban de detallar aquí han aparecido de forma natural a lo largo de todo el libro en los casos ilustrativos de Susan, Anna, Ida, Bella, James, Kevin, Tom, Josh, Julian, Les, Richard y demás. Sus historiales y datos demográficos van desde la riqueza hasta la pobreza, y desde la confianza en ellos mismos hasta importantes trastornos de personalidad, en tanto que sus rasgos iban desde introvertido y artístico hasta extravertido y orientado a los negocios.

Para concluir, te sugiero que recurras a los siguientes ejercicios con el fin de consolidar tu capacidad para reconocer pacientes sensibles y tratar con ellos.

Rellena los casos ilustrativos

Piensa en los casos que acabo de relacionar e imagina otras cualidades que no conozcas de tus pacientes, y discierne en qué medida y cómo podría eso cambiar el modo en que comprendes y tratas a estas personas. Por ejemplo, supón que descubres que Susan era extravertida, que Josh era tímido o que Richard era políticamente muy conservador.

Imagina personalidades completas

Te voy a sugerir algunos tipos y mira a ver si puedes imaginarlos. Después, te sugeriré alteraciones en el perfil, y tendrás que ver si puedes imaginar cómo ese factor cambiaría a la persona en términos generales sin cambiar el hecho de su alta sensibilidad. Recurre al PIES si es necesario; imagina dos o tres de los cuatro que se mencionan en las primeras sesiones e imagina cómo afectaría eso a la sensación que te llega de esa persona.

Para comenzar, imagina a un hombre sensible que no hubiera terminado sus estudios de secundaria, con escasos recursos económicos, que viviera en el campo, sin pareja y que no estuviera interesado en casarse. ¿Tendrá confianza en sí mismo y será enormemente creativo? ¿Qué aspecto te ofrecería su personalidad? ¿De qué viviría? ¿Por qué motivo podría venir a terapia? ¿Qué problemas podría tener? No existe una única imagen correcta de una persona que pudiera llegarte a la mente, pero lo que importa después de todo esto es si podrías reconocer su sensibilidad y cómo podrían estos otros atributos cambiar el modo en que se manifestase tal sensibilidad.

A continuación, cambia el hombre por una mujer con todas las características de arriba, salvo que está casada y tiene una baja autoestima y poca confianza en sí misma.

Luego, ponla en la ciudad –todavía sensible, pobre, con escasa formación, casada, sin confianza en sí misma, pero creativa. ¿Qué aspecto tendría su personalidad y cómo sabrías que es sensible?

Ahora imagínala rica y sin pareja, pero todavía creativa, sin formación y carente de confianza en sí misma.

Imagínala ahora con unos ingresos medios y buscando sensaciones fuertes.

Imagina a una mujer con un doctorado, rica, sin pareja y sensible. Su madre sufrió una depresión grave que la llevó finalmente a suicidarse cuando la paciente tenía diez años, pero la niña fue adoptada por una familia rica que la crio con habilidad y paciencia. Ahora es una mujer políticamente conservadora, muy introvertida, afroamericana y musulmana.

Imagina la misma mujer como euroamericana, extravertida y no siendo rica ni teniendo un doctorado.

Imagina a un hombre sensible con una formación media y con dinero, casado y con hijos, hispano y con baja confianza en sí mismo.

Imagínalo ahora con origen en el sur de Asia y budista.

Sigue imaginando variaciones. Estoy segura de que has captado la idea. Hazlo ahora, mientras lo dicho en este libro sigue fresco en tu memoria.

Evalúa a personas famosas

A menos que conozca a la persona y disponga de su permiso, intento seguir la premisa de no declarar si esa persona es altamente sensible o no. En realidad, no puedo saberlo, y se me antoja que eso sería una invasión de la privacidad. Sin embargo, tras el fallecimiento de Michael Jackson, apareció un artículo en un blog que sugería que era altamente sensible. Claro está que me puse a imaginar cómo habría yo llegado a la conclusión de que lo era, o no. Si lo hubiera tenido en terapia durante una hora, ¿qué preguntas le habría formulado? ¿Qué comportamientos habría detectado? ¿Qué hubiera intentando averiguar si hubiera podido entrevistar a los miembros de su familia, a sus amistades y asociados?

Si pudieras pasarte una hora con las siguientes personas, ¿cómo evaluarías si son altamente sensibles? (Teniendo en cuenta la posibilidad de que fueran o son extravertidas o buscadoras de sensaciones fuertes): el expresidente Jimmy Carter, Marilyn Monroe, el «Unabomber» Theodore Kaczynski, Abraham Lincoln, Martin Luther King Jr., Coretta Scotts King, Al Gore o el entrevistador de la Radio Pública Nacional, Terry Gross. Aplica las preguntas de arriba a unas cuantas personas famosas que conozcas bien por haber leído sus biografías.

Evalúa a aquellas personas que conoces

Pero, acerquémonos a casa. ¿Qué tal si evalúas el rasgo de la sensibilidad en amistades o miembros de tu familia? Claro está que deberás tener mucho cuidado con cómo manejas tus conclusiones, sobre todo si se trata de un niño o niña sensible. Podría ser extremadamente valioso para ese niño o niña si le plantearas a sus progenitores la posibilidad de que sea sensible.

¿Y qué puedes decir de ti?

Si eres altamente sensible, considera de qué modo el resto de tus características de personalidad interactúan con tu rasgo. ¿Qué tipos de pacientes sensibles se te podrían pasar por alto debido al hecho de que son diferentes a ti en esos aspectos? Esto también se aplica si no eres altamente sensible. ¿En qué medida las características de personalidad que puedas tener en común con un paciente sensible podrían hacer que no te percataras de su alta sensibilidad? Por ejemplo, supón que te encantan las artes, que eres concienzudo y que te gusta disponer de tiempo para ti.

Por cierto, si eres altamente sensible, felicidades por la decisión de hacerte psicoterapeuta. No somos demasiados en nuestra profesión, a pesar de que ser altamente sensible podría ser un prerrequisito y de que es, ciertamente, uno de esos trabajos que encajan a la perfección con nuestro rasgo. Sin embargo, nos encontramos con problemas porque, por ejemplo, no nos gusta asumir riesgos, y ser terapeuta supone riesgos. Quizás te ayude saber que, según los datos recogidos acerca de psicólogos con licencia entre 1995 y 2001, sólo se presentaron quejas ante las juntas de licencias contra alrededor del 2 % de los titulares de licencias cada año (Van Horne, 2004), y menos del 20 % de estas quejas dieron lugar a acciones legales. Si sigues los estándares de la práctica profesional, conoces tus límites, te documentas y consultas, el riesgo de verte envuelto en acciones legales adversas es «negligible» (p. 177).

Aparte de que no nos guste asumir riesgos, tampoco nos gusta la sobreestimulación, y en aquellos momentos en que estés llevando demasiados casos o, incluso, en que tengas un paciente en crisis, puedes sentir los efectos de la sobreexcitación. No nos gusta ser conscientes de las potenciales consecuencias adversas de nuestros actos si éstos van más allá de toda consideración ética o legal. Tememos hacer daño. Somos emocionalmente reactivos, de modo que nuestros pacientes nos afectan más, sobre todo nuestros pacientes coléricos o críticos. Obviamente, deberás recurrir a todos los métodos habituales de cuidado personal, pero necesitarás más cuidados personales que el resto de terapeutas. Esto limitará tus ingresos y, quizás, afecte a tu orgullo profesional, pero las cosas son como son.

Monitorea a tus pacientes con más cuidado del que puedan poner los demás, porque exhibirás una gran eficacia con algunos pacientes, en tanto que no alcanzarás el nivel deseado con aquellos otros pacientes que te resulten estresantes. Todas conocemos a terapeutas a quienes les encantan estos casos, para quienes cuanto más problemático sea un paciente, tanto mejor. Envíaselos a ellos y centra tus energías allí donde puedes hacer el máximo bien. Esto supondrá, frecuentemente, el trabajo con pacientes sensibles, pero ni siquiera todos ellos, pues algunos pueden ser muy exigentes si están profundamente perturbados, y no olvides que esto les ocurre con menos experiencias negativas en la infancia que en otros casos.

Si no eres altamente sensible, felicidades por haberte familiarizado con este rasgo. Ahora serás un terapeuta bastante más eficaz, te lo prometo. Disfrutarás más de tus pacientes sensibles y verás como se iluminan cuando comprendan mejor lo que son.

Resumen y conclusiones

Con independencia de las similitudes básicas, vas a encontrarte con amplias variaciones entre las personas sensibles que conozcas y entre los pacientes sensibles que vayan a tu consulta; diferencias resultantes de las variables demográficas, de otros rasgos –sean innatos o aprendidos–, de intereses y actitudes. Ya has podido imaginar algunas de estas presentaciones posibles y quizás quieras reconsiderar algunos de tus pacientes que, en un principio, pensaste que no eran altamente sensibles.

Hemos llegado al final, tanto del capítulo como del libro. Ahora ya tienes una idea bastante completa de lo que es la alta sensibilidad, de cómo evaluarla, cómo adaptarte a los pacientes sensibles en tanto que terapeuta, cuáles son sus problemas más habituales, cómo afecta el rasgo a sus relaciones y a su trabajo, y cómo pueden variar en términos generales mientras siguen siendo altamente sensibles. Tus pacientes sensibles actuales y futuros te van a estar muy agradecidos.

Apéndice

A

La Escala PAS

¿Eres una persona altamente sensible?
Autoexamen

Instrucciones: Responda a cada pregunta en función de lo que usted sienta. Responda verdadero si al menos es en parte verdadero en su caso. Responda falso si no es verdadero o no del todo cierto en su caso.

Tengo la sensación de ser consciente de cosas muy sutiles en mi entorno.	**V**	**F**
Me afecta el comportamiento de los demás.	**V**	**F**
Suelo ser muy sensible al dolor.	**V**	**F**
En los días ajetreados, suelo tener necesidad de retirarme, de echarme en la cama, buscar una habitación en penumbra o cualquier otro lugar donde pueda encontrar algo de intimidad y alivio frente a la estimulación.	**V**	**F**

Soy particularmente sensible a los efectos de la cafeína.	V	F
Me abruman fácilmente cosas como las luces brillantes, los olores fuertes, los tejidos bastos o las sirenas de policía o ambulancias.	V	F
Tengo una vida interior rica y compleja.	V	F
Los ruidos fuertes me hacen sentir incómodo/a.	V	F
Me conmueven profundamente las artes o la música.	V	F
Soy muy concienzudo/a.	V	F
Me asusto con facilidad.	V	F
Me agobio cuando tengo muchas cosas que hacer en poco tiempo.	V	F
Cuando alguien se siente a disgusto en un entorno físico, suelo saber lo que hay que hacer para hacerlo sentir más cómodo (como cambiar la luz o los asientos).	V	F
Me molesta que los demás pretendan que haga demasiadas cosas a la vez.	V	F
Me esfuerzo mucho por no cometer errores u olvidarme de algo.	V	F
Suelo evitar las películas violentas y los shows televisivos.	V	F
Me resulta desagradable la activación que me provoca el ajetreo a mi alrededor.	V	F
Los cambios en la vida me conmocionan.	V	F
Suelo percibir y disfrutar de las buenas esencias, sabores, sonidos y obras de arte.	V	F
Para mí, tiene mucha importancia disponer mi vida de modo que pueda evitarme situaciones perturbadoras o abrumadoras.	V	F

Cuando tengo que competir o ser observado en la ejecución de una tarea, me pongo tan nervioso/a e inseguro/a que termino haciéndolo peor de lo que podría hacerlo.	**V**	**F**
Cuando era niño/a, mis padres o mis profesores me solían ver como una persona sensible o tímida.	**V**	**F**

Instrucciones para puntuarse en el autoexamen de alta sensibilidad (Éstas son las instrucciones para el público en general, pero los terapeutas deberían seguirlas también).

Si ha respondido verdadero a más de 14 de las preguntas, es probable que sea usted una persona altamente sensible. Pero, francamente, no hay ningún test psicológico tan preciso como para que usted deba basar su vida en él. En psicología, intentamos formular buenas preguntas, para luego decidir sobre el corte basándonos en la respuesta promedio. Si sólo unas pocas preguntas son verdaderas para usted, pero lo son *en grado extremo*, quizás también esté justificado decir que es usted una persona altamente sensible, sobre todo si es varón.

Reimpreso a partir de *El don de la sensibilidad,* publicado por Ediciones Obelisco. Para una versión de investigación de este test, por favor escriba un email a aron@ic.sunysb.edu.

La Escala PAS y el género

Como ya se mencionó en el capítulo 1, no existen evidencias de que en el momento de nacer haya más niñas que niños sensibles. Sin embargo, en todos nuestros estudios, las mujeres han puntuado más alto que los hombres en la Escala PAS, a pesar de todos nuestros esfuerzos por construir una escala que no tuviera sesgos de género. Por ejemplo, llorar con facilidad correlacionaba fuertemente con el resto de la escala, pero bastantes menos hombres que mujeres contestaban «verdadero» a este ítem, motivo por el cual lo sacamos del cuestionario. En cambio, había pequeñas diferencias de género en ítems tales como la sensibilidad en las horas de luz diurna, que eran biológicas y neutras. No obstante, al final, hubo una diferencia de genero en las puntuaciones generales, lo cual es sin duda un reflejo del ideal cultural occidental de que los hombres no han de ser sensibles. Es probable que cualquier conjunto de ítems, por favorecedor o neutral que sea, evoque en los hombres determinados estereotipos culturales de sensibilidad que les impida marcar como «verdaderos» tantos ítems como las mujeres sin que eso les genere sentimientos negativos acerca de sí mismos.

Apéndice

B

Cómo diferenciar la sensibilidad de los trastornos del *DSM*

Después de diferenciar entre la alta sensibilidad y los trastornos en general, intentaré diferenciar entre este rasgo y los trastornos que se definen específicamente en el DSM y que se pueden confundir con él, como puede ser el Trastorno de Estrés Postraumático (TEPT). En segundo lugar, en la misma discusión de cada uno de tales trastornos, sugeriré cómo pueden presentarse en la consulta aquellos pacientes altamente sensibles que cumplan con los criterios de tales trastornos.

Téngase en cuenta que el objetivo estriba en diferenciar entre tres tipos de pacientes: 1) personas altamente sensibles diagnosticadas con un trastorno que en realidad no tienen, 2) las muchas personas que son altamente sensibles y que, además, padecen un trastorno diagnosticable (del cual pueden ser conscientes o no) y 3) aquellas pocas personas que llegarán a la consulta diciendo que son altamente sensibles y que no lo son (y que, en la mayoría de los casos, estarán padeciendo realmente un trastorno diagnosticable).

***Nota acerca del** DSM: Parece ser que no se harán más ediciones tras la publicación del DSM-5, y que toda actualización que haya que hacer a partir de entonces aparecerá en la página web de la American Psychiatric Association, en psychiatry.org, o bien a través de alguna búsqueda en Internet en la línea de «actualizaciones del DSM-5».*

¿Es la sensibilidad en sí un trastorno?

La American Psychiatric Association define el trastorno como una «alteración clínicamente significativa del estado cognitivo, la regulación emocional o el comportamiento [...] Habitualmente [...] asociados a un estrés significativo o una discapacidad [...] [en] actividades importantes. Una respuesta predecible o culturalmente aceptable ante un estrés usual o una pérdida, tal como la muerte de un ser querido, no constituye un trastorno mental» (APA, 2014, p. 5).

Evidentemente, esta definición adolece del problema de que la disfunción se encuentra hasta cierto punto en la mirada del observador. En el caso de la sensibilidad, un clínico o clínica no sensible podría ver a un paciente sensible y razonar de esta manera: «¿Hay angustia o estrés? Obviamente, sí. Esta persona admite estar angustiada simplemente por el hecho de pasar unas pocas horas en medio de una multitud o por ver las noticias de la noche en televisión. ¿Supone esto una discapacidad? Esta persona ha rechazado ascensos porque la nueva propuesta de empleo suponía tener que hacer muchos viajes. Reacciones ante estresores comunes... ¿son de esperar o son culturalmente aceptables? No», dice nuestro clínico imaginario. «Admite que le afectan más las cosas de lo que les afectan a los demás. Ni siquiera puede ir a cenar a un restaurante que sea un poco ruidoso, siendo el ruido una especie de estresor para ella, cuando cientos de personas pasan un buen rato en esas condiciones. Tengo que considerar que esta persona presenta un trastorno». Y la paciente hasta puede aceptar el diagnóstico, aunque sea reacia a ello.

Por otra parte, a medida que éstas u otras reacciones similares comiencen a verse como relativamente esperables en un 20 % de la población, y que proporcionan tantas ventajas y capacidades como vulnerabilidades (p. ej. Belsky *et al.*, 2009), y a medida que las propias personas altamente sensibles dejen de verse como incapacitadas y empiecen a verse como personas con respuestas culturalmente aceptables, posturas como la de arriba se harán cada vez más insostenibles e, incluso, ridículas. (Para una discusión sobre la diferenciación general entre temperamento y trastorno, sobre todo en niños, véase Kristal [2005]).

Será importante tener en cuenta también que, cuando se hacen los diagnósticos, durante las primeras semanas de una psicoterapia, las personas sensibles no van a estar exhibiendo su conducta habitual, sino que se van a situar en los extremos. Estas distorsiones serán el resultado de la sobreestimulación, del temor a las críticas, de la vergüenza culturalmente inducida por su rasgo o de su excesiva meticulosidad a la hora de informar de sus síntomas y deficiencias. Estas reacciones iniciales les producirán excitación, y cualquier persona que no se halle en su nivel óptimo de excitación se va a desempeñar de forma deficiente en cualquier tarea. El mal desempeño puede ser erróneamente interpretado como un bajo nivel de inteligencia, ansiedad crónica u otros muchos problemas. El estado de sobreexcitación puede llevar también a una falta de relación debida a la ansiedad, que puede ser erróneamente atribuida a una timidez extrema, a un estilo de apego desorganizado o a un trastorno de personalidad de evitación o esquizoide. Claro está que todas estas cosas pueden estar presentes, pero lo que pretendo transmitir aquí es que podrían no estarlo y parecer que están ahí.

Una nota final es que los pacientes utilizan cada vez más Internet y el *DSM* para diagnosticarse a sí mismos, acertadamente o no. Dado que las personas altamente sensibles reflexionan más que las demás acerca de sí mismas y a que tienen también que explicarse de algún modo el hecho de ser diferentes del resto de las personas, es muy probable que lleguen a la consulta con unas ideas muy bien establecidas acerca de lo que anda mal en ellas, de modo que no estará de más escuchar sus razonamientos, pues se conocen a sí mismas desde hace mucho y han escuchado a otros muchos hacer comentarios acerca de ellas.

Trastornos por los que puede ser tomada erróneamente la alta sensibilidad o pueden presentarse de un modo alterado

Trastornos del desarrollo neurológico

Discapacidad intelectual (antiguamente, retraso mental)

Es bastante raro comenzar por aquí, pero éste es el primer trastorno relevante que se relaciona en el *DSM*. Unos cuantos pacientes sensibles con los que trabajé fueron diagnosticados erróneamente, por un breve tiempo, como personas con retardo mental en la infancia debido a que su desempeño en los test de inteligencia era deficiente. Esto se debió a la sobreexcitación (en un caso, incluso, el niño se negó a realizar la prueba) y a que al parecer tenían déficits en el funcionamiento adaptativo, como la comunicación y la participación social. Sin embargo, se trató de diagnósticos deficientes a la vista de su posterior rendimiento escolar. De hecho, las personas altamente sensibles suelen hallarse en el otro extremo del continuo, y se consideran superdotadas (Wood y Laycraft, 2020).

Trastorno del espectro del autismo

La sensibilidad innata, sobre todo cuando se combina con cierta incomodidad social o con respuestas negativas notables ante estímulos intensos, se confunde a veces con una suave forma de autismo (denominada Asperger hasta no hace mucho y todavía en ocasiones) o con otra disfunción «en la parte alta del espectro». Esta diferencia quedó posteriormente difuminada por el movimiento de la neurodiversidad, especialmente a través del libro de Jenara Nerenberg (2020), *Divergent Mind: Thriving in a World that Wasn't Meant for You (Una mente divergente: Viviendo en un mundo que no estaba destinado para ti),* que habla de la alta sensibilidad, tal como se define aquí, junto con el TDAH, el autismo y la sinestesia como ejemplos de neurodivergencia. Nerenberg deja claro que cada uno es distinto y tiene razón al verlos como diferentes del neurotípico. Sin embargo, este tema, visto en su conjunto, puede confundir, ya que muchos consideran ahora que el autismo no debería ser un trastorno en absoluto, sino una variación más del cerebro humano con sus propias ventajas, del mismo modo que vemos la alta sensibilidad. Pero el asunto aún se prestó más a confusión cuando se centró por vez primera en la relación del trastorno del espectro del autismo (TEA) con las mujeres, que están más inclinadas hacia las relaciones debido a unas marcadas diferencias sexuales en el funcionamiento cerebral (Harrop *et al.,* 2018; Alaerts, Swinnen y Wenderoth, 2016), y que por tanto muestran menos «deficiencias persistentes en la comunicación social y en la interacción social en diversos contextos» (APA, 2014, p. 28) que los hombres con TEA. No obstante, incluso aquí, las mujeres con TEA suelen sentirse incómodas en la mayoría de las situaciones sociales, lo que no es tan cierto para hombres y mujeres altamente sensibles sin TEA. Estas mujeres cuentan (Milner *et al.,* 2019) que tienen que enmascarar su autismo (y tienen que hacerlo muy bien) con el fin de poder encajar en el mundo «neurotípico», y dicen que esto les resulta agotador. Han aprendido de forma consciente y deliberada a leer las señales de comunicación (como aquéllas que significan emociones) y a mostrarse entusiasmadas, por ejemplo, tanto si se sienten entusiasmadas como si no. Sin embargo, la persona altamente sensible es capaz no sólo de leer estas señales, sino también de responder emocionalmente con mucha más facilidad.

Pero, cuando se habla del TEA con los clientes o simplemente se reconoce, especialmente en mujeres y niñas, el asunto se puede complicar, sobre todo cuando aquellas personas que serían diagnosticadas desde el *DSM* como pacientes de TEA empiezan a pensar que, en realidad, no son diferentes de las personas altamente sensibles. Cierto es que ambos colectivos necesitan tiempo para estar a solas, se sobreactivan con facilidad y rechazan las conversaciones triviales, de ahí que puedas encontrarte con una paciente que te diga, alegre o coléricamente, que, tras haberse enterado de lo de la alta sensibilidad, se dan cuenta de que no son autistas, como otros les dijeron que son, sino que son altamente sensibles. Pero esto puede ser así, o puede que no. Por otra parte, muchas mujeres con TEA afirman haber tenido grandes dificultades para conseguir un diagnóstico correcto, y tú no vas a querer contribuir a la confusión diciéndoles, simplemente, que son altamente sensibles.

Claro está que todo el mundo con un trastorno, o como quiera que elijas llamar al TEA, tiene también un temperamento, de manera que una persona puede ser ambas cosas a la vez, pero eso no impide que siga habiendo una clara distinción en otras áreas, de modo que harás bien en leerte los criterios para el diagnóstico del TEA en el *DSM* y un poco más sobre las mujeres con TEA antes de tomar una decisión en un caso concreto.

Sobre el TEA en general, con independencia del sexo, si tienes que decidir si un paciente tiene TEA (en vez de remitirlo a un especialista en TEA), quizás te venga bien saber que hay diferencias importantes, según las investigaciones en imágenes por resonancia magnética funcional (IRMf). Tras comparar 27 estudios sobre actividad cerebral en personas que padecen estos trastornos con otros estudios sobre actividad cerebral llevados a cabo con personas que han puntuado alto en la Escala PAS, las personas altamente sensibles mostraron una excitación significativamente *mayor* en las áreas cerebrales donde las personas con TEA mostraban *déficits* notables en sus respuestas neurales, específicamente en aquellas áreas relacionadas con la empatía, el procesamiento de la información social y el pensamiento reflexivo (Acevedo, Aron, Pospos y Jessen, 2018).

Los únicos puntos en común que se han podido observar entre las personas altamente sensibles y las personas con TEA es que, para las personas con TEA con «Patrones restrictivos y repetitivos de comportamiento», uno de los criterios es la «Hiper- o hiporeactividad a los estímulos sensoriales» (APA, 2014, pp. 28-29). Sin embargo, en este criterio se añade «o interés inhabitual por aspectos sensoriales del entorno (p. ej., indiferencia aparente al dolor/temperatura, respuesta adversa a sonidos o texturas específicos, olfateo o palpación excesiva de objetos, fascinación visual por las luces o el movimiento)» (ibíd., p. 29). La incongruencia parece ser la característica principal de estas extrañas respuestas: el hecho de enfocarse en determinados estímulos, mientras se ignoran otros. Con todo, el estrés sensorial es una característica asociada popularmente con el trastorno autista (p. ej., en el libro de Mark Haddon, *El curioso incidente del perro a medianoche,* 2003),[1] y también está asociada con la alta sensibilidad. Aparte de esto, ni uno solo de los criterios del TEA se cumpliría en el caso de un adulto o un niño

---

1. Publicado en castellano por Salamandra Bolsillo, Barcelona, 2022.

altamente sensible, tal como se define aquí, principalmente porque el primero de los dos criterios, como se especifica arriba, es «deficiencias persistentes en la comunicación social» (APA, 2014, p. 28), cuando las personas altamente sensibles son enormemente reactivas ante las señales sociales, son hábiles en la interacción social cuando no están sobreactivadas y no se tensionan con la comunicación social en tanto no se sientan sobreactivadas por una conversación demasiado prolongada (al menos, mientras interactúen en un entorno social con el que estén familiarizadas). El segundo criterio principal es «patrones restrictivos y repetitivos de comportamiento, intereses o actividades», y las personas altamente sensibles tienen una imaginación intensa e intereses variados, más que preocupaciones rígidas y estrechas.

En tanto que las mujeres pueden ser erróneamente tomadas por altamente sensibles cuando en realidad padecen un TEA, los hombres, que reciben con más frecuencia un diagnóstico de TEA (4 a 1), es más probable que se les vea «dentro del espectro» cuando en realidad son altamente sensibles, aunque proclives emocionalmente a la retirada, debido a que no encajan con los estereotipos masculinos de nuestra cultura. Como ocurre con la mayoría de los hombres, necesitarán demostrarse su valía de algún modo, tener contactos sociales y mantenerse por sí solos, por lo que con frecuencia buscarán empleos no sociales, como pueden ser ciertos tipos de ingeniería y de innovación tecnológica, donde pueden satisfacer estas necesidades al tiempo que evitan encuentros emocionales que pueden generarles un exceso de excitación. Cuando un hombre o su familia buscan una explicación médica de por qué cuando era niño siempre se recluía en su dormitorio y por qué sigue sin casarse, la encontrarán más fácilmente en una explicación biológica relacionada con el TEA.

Por otra parte, al igual que ocurre con las mujeres, los hombres con un TEA no diagnosticado podrían venir a terapia pensando, o habiéndoseles dicho, que son altamente sensibles como respuesta a la pregunta de por qué no encajan.

En términos generales, si existen dudas, lo mejor será buscar ayuda en clínicos especializados en el diagnóstico del TEA con el fin de hacer un diagnóstico diferencial, pero se puede comenzar observando en primera persona si existen respuestas empáticas con el terapeuta (cuando el paciente lleve unas cuantas sesiones y se haya familiarizado con el proceso) y por el modo en que describe su relación con los demás. En su historial, la pregunta es si su baja sociabilidad es el resultado de algún problema con las señales socioemocionales, sea que lo comenten ellos u otras personas, o si es debida a un miedo al rechazo. En una investigación (Cartwright-Hatton, Hodges y Porter, 2003), se descubrió que, incluso los niños tímidos, normalmente saben cómo comportarse en una situación social (mirando un vídeo, estos niños pueden identificar o sugerir un buen comportamiento social), pero su desempeño es deficiente debido a la baja confianza que tienen en sí mismos.

Trastorno por déficit de atención e hiperactividad (TDAH)

El TDAH se suele confundir sorprendentemente con la alta sensibilidad, principalmente porque éste es un diagnóstico frecuente en cualquier niño que tenga dificultades en la escuela, o en cualquier adulto que se sienta abrumado o tenga problemas de ajuste en la vida. Además, en un estudio (Pagagiotidi, Overton y Stanfford, 2020), en el que se utilizó una medida de autoinforme del TDAH, que lo trataba como una dimensión de la personalidad sin un «valor de normalidad» claro, y trabajando sobre una muestra de estudiantes universitarios no clínicos, se descubrió que muchos de los ítems de la medida del TDAH estaban estadísticamente asociados a muchos ítems de la Escala PAS en lo que se refiere a la sobrecarga sensorial; por ejemplo, el sentirse fácilmente abrumados ante intensos estímulos sensoriales o desagradablemente activados ante la ocurrencia de múltiples sucesos. Esto podría interpretarse como una validación, hasta cierto punto, de la opinión de que las personas diagnosticadas y afectadas por el TDAH presentan anomalías significativas en el procesamiento sensorial. Pero, una vez más, habrá que señalar que las personas de la muestra en este estudio no habían sido diagnosticadas con este trastorno, lo cual no hace otra cosa que generar más confusión sobre las diferencias entre el TDAH y la alta sensibilidad.

Además, los ítems clave de ambas escalas no mostraron vínculos estadísticos entre sí; es decir, mientras que las personas que puntuaron alto en la Escala PAS contestaban afirmativamente a ítems en los que se reconocían como personas meticulosas, a quienes se las había considerado como sensibles o tímidas en la infancia, las personas que puntuaron alto en la escala TDAH no contestaron afirmativamente en estos puntos. Quienes puntuaban alto en la medida TDAH tendían a responder afirmativamente a ítems en los que se sugería cierta impulsividad: terminar las frases de los demás, dificultades para esperar su turno, interrumpir a otros cuando están ocupados, hablar demasiado, problemas a la hora de organizar las cosas, demoras en el inicio de las tareas, cambiar de sitio las cosas y no ser capaces de encontrarlas, y dificultades para concentrarse en lo que se les dice. En cambio, las personas con una puntuación alta en la Escala PAS rara vez respondieron afirmativamente a estos ítems vinculados con la impulsividad.

De forma similar, si nos fijamos en los nueve criterios de distractibilidad del *DSM-5* para el TDAH, y si tenemos en cuenta que estos criterios deben presentarse «con frecuencia», va a ser difícil que nos encontremos con pacientes altamente sensibles que presenten alguno de estos criterios: falta de atención a los detalles, falta de atención sostenida durante las actividades, no escuchar cuando se les habla, no seguir instrucciones ni finalizar las tareas, no ser capaces de organizarse el trabajo, evitar cualquier esfuerzo mental sostenido, perder cosas necesarias para una tarea o ser olvidadizos en general.

Respecto a la segunda serie de criterios –los síntomas «hiperactivos» o impulsivos– (aunque estos no sean necesarios para el diagnóstico), las personas sensibles todavía encajan menos, como se ha podido ver arriba (p. ej., interrumpir a los demás, tener dificultades para esperar su turno, etc.). Cierto es que un niño o una niña sensible que se sienta abrumada por un exceso de estimulación en el aula podría tener problemas para prestar atención o para controlar sus impulsos. En la seguridad del hogar, un niño sensible puede tener rabietas o llevar la contraria en todo, de forma parecida a como lo haría un niño con TDAH. Pero, cuando la sobreestimulación ha cedido, el niño sensible se conducirá normalmente de forma considerada, tranquila y escrupulosa, y también será capaz de concentrarse y de prestar atención a los detalles. Los adultos sensibles tienen problemas similares con la sobreestimulación (frecuentemente en el puesto de trabajo) y podría parecer que satisfacen los criterios de distractibilidad (pero sólo cuando están sobreactivados).

En cuanto a lo de posponer o evitar tareas que requieran de concentración o en las que haya que seguir instrucciones, esto les puede ocurrir a las personas altamente sensibles cuando no se les ha dado bien una tarea similar en el pasado. Sin embargo, la causa del fracaso no se hallaría en una incapacidad general para concentrarse, sino en que las personas sensibles, en ocasiones, no son conscientes de que tienen que practicar y prepararse mucho las cosas para superar los niveles de excitación que, en su caso, vienen con la realización de pruebas, ejecuciones y demás tareas de evaluación. Así, la causa de su fracaso fue, en un principio, la sobreexcitación. Pero, tras aquel primer fracaso, la sobreexcitación se hace aún más intensa ante la expectativa de fracasar de nuevo en esa tarea, de manera que, al final, pueden estar evitando consciente o inconscientemente tales tareas, o bien pueden tener dificultades para concentrarse en ellas cuando lo intentan.

Un adulto altamente sensible que sea, además, un buscador de sensaciones fuertes podría parecer una persona con TDAH por intentar sacar adelante demasiados proyectos a la vez. Sin embargo, he observado que la persona sensible lo hace porque es capaz de ver múltiples posibilidades, no por un déficit en el funcionamiento ejecutivo. En general, la persona sensible terminará estableciendo prioridades y finalizando algunos proyectos, dejando a un lado los demás. Por otra parte, en ambos casos, las personas pueden quejarse de estar dispersas y abrumadas; pero, si se les pregunta si tienen una lista de tareas, la persona con TDAH mostrará una lista mucho más larga… ¡si es que tiene realmente una lista de tareas! Por su parte, la lista de la persona sensible tendrá una longitud normal, o puede que incluso sea más corta de lo normal, y la fuente de su angustia será el deseo de tenerlo todo hecho.

Otras características que se atribuyen a las personas con TDAH (Hallowell y Ratey, 1995), pero no a la descripción que el *DSM* hace del TDAH, no hacen otra cosa que aumentar la confusión. Estamos hablando del bajo rendimiento y de la postergación de tareas, siendo la persona «creativa, inteligente y altamente intuitiva» (ibíd., p. 74), con tendencia a sentirse preocupada, insegura y con problemas crónicos de autoestima. Todo esto se puede encontrar en las personas sensibles, pero por motivos diferentes a los de la persona que tiene TDAH. Si nos atenemos a los criterios del *DSM*, existen muchas menos posibilidades de confundir la sensibilidad con el TDAH.

Respecto a la ocurrencia conjunta de la alta sensibilidad y el TDAH, he conocido a personas altamente sensibles que pensaban que tenían TDAH, pero no estaba claro si tenían TDAH realmente, si había un solapamiento entre el TDAH y su rasgo en momentos de excesiva estimulación o si era su sensibilidad unida a algún otro rasgo, como la búsqueda de sensaciones fuertes. En su investigación pionera sobre los rasgos del temperamento en niños, que se inició con observaciones de bebés de no más de tres meses de edad, Chess y Thomas (1987) consideraron que, hasta cierto límite no definido, la distractibilidad es un rasgo normal y cabe esperar que se presente junto con otros rasgos de la lista de nueve rasgos de temperamento de Chess y Thomas. Un niño o una niña puede ser altamente sensible y, al mismo tiempo, tener una elevada concentración. Distractibilidad y concentración pueden parecer conceptos contradictorios, pero una persona se puede distraer fácilmente durante un momento y, no obstante, volver con rapidez a la tarea acometida.

Desde el punto de vista de Chess y Thomas, la distractibilidad puede tener fácilmente una ocurrencia conjunta con, por ejemplo, la triada de sensibilidad sensorial, baja adaptabilidad y tendencia al retraimiento (estas tres, agrupadas, son el equivalente observable/conductual más cercano a la alta sensibilidad, pero carecen de los aspectos fundamentales del rasgo, es decir, de la profundidad de procesamiento y la empatía, que son difíciles de observar en niños muy pequeños). La conclusión es que cada cerebro es único, y que los genes que contribuyen a la alta sensibilidad y los que llevan a la distractibilidad, como rasgo o como trastorno, no se han identificado todavía plenamente y son, qué duda cabe, numerosos. Quizás, pedir algo de claridad en este tema sea demasiado pedir en estos momentos.

Trastornos bipolares y relativos

Desde mi experiencia, el trastorno bipolar sería relativamente raro en esta población y, probablemente, tenga unas causas genéticas distintas, pero las intensas reacciones positivas y negativas de las personas altamente sensibles y su habitualmente intensa creatividad pueden llevar a algo parecido a la hipomanía, y de ahí, al trastorno ciclotímico. De hecho, los criterios para el diagnóstico de un episodio hipomaníaco son lo suficientemente vagos como para que una persona sensible pueda encajar en ocasiones, dado que tales episodios no tienen por qué llevar a una discapacidad notable. Un simple período de intenso entusiasmo creativo podría satisfacer los criterios del diagnóstico si tres de estos criterios se prolongaran hasta cuatro días: inflación de la autoestima, disminución de la necesidad de dormir, aumento de la locuacidad, sensación subjetiva de que los pensamientos se aceleran y aumento de la actividad dirigida a objetivos, o que todo esto es diferente de lo habitual o que los demás pueden ver la diferencia, además no es lo suficientemente grave como para causar una discapacidad (no es un verdadero episodio maníaco).

Si es posible que un episodio hipomaníaco lleve a confundir un trastorno de tipo bipolar con la alta sensibilidad, ¿qué ocurrirá con un verdadero episodio maníaco? ¿Podría darse también aquí una confusión? En tanto que los criterios para un episodio maníaco son similares a los de un episodio hipomaníaco, un episodio maníaco debe provocar una incapacidad y prolongarse durante la mayor parte del día en el plazo de una semana. Tal prolongación de la discapacidad es menor entre las personas altamente sensibles. Ambas, manía e hipomanía, se caracterizan por una implicación excesiva en conductas arriesgadas que conllevan un alto potencial de consecuencias dolorosas. Aunque las personas altamente sensibles tienen, en general, aversión a asumir riesgos, sus comportamientos arriesgados pueden ser más sutiles. En lugar de indiscreciones sexuales o despilfarros, pueden dejarse llevar, por ejemplo, por capacidades intuitivas o psíquicas, hasta el punto de disfrutar dando consejos a los demás o prediciendo el futuro. De ahí que sea muy posible que haya que ajustar los criterios del *DSM* de conductas de riesgo si se quiere reconocer el trastorno bipolar en personas altamente sensibles. La conclusión es que, al cabo de los años de sufrir tales episodios, el resultado puede llegar a suponer una discapacidad notable.

Trastornos depresivos

Trastorno de depresión mayor
y trastorno depresivo persistente (distimia)

Los criterios del *DSM* para el Trastorno de Depresión Mayor (TDM; la persona está depresiva la mayor parte del tiempo cada día durante dos semanas) y el Trastorno Depresivo Persistente (TDP; la persona está depresiva más de la mitad de los días durante dos años) son en gran medida los mismos, salvo por su duración. Muchas personas altamente sensibles están deprimidas hasta cierto punto por diversos motivos, aunque no estén deprimidas durante largos períodos, de modo que sigue existiendo la posibilidad de hacer un diagnóstico erróneo debido a la intensa reactividad emocional de las personas sensibles y a su tendencia a «rumiar» o procesar en profundidad los acontecimientos negativos de su vida. Los pacientes sensibles lloran con más facilidad que los demás, de tal manera que muchos de ellos lloran en la primera sesión en consulta, como ocurriría con una persona depresiva. Pero, en sesiones posteriores, no van a llorar con tanta frecuencia como lo haría alguien que estuviera pasando por un episodio depresivo mayor. Pueden tener un estado de ánimo bajo pasajero o una racha de preocupaciones absurdas debidas al estrés, pero no persistirá más de dos semanas. Con frecuencia, su bajo estado de ánimo tiene que ver con algo que han escuchado o han visto. El mero hecho de escuchar a alguien que les cuenta sus problemas o de leer malas noticias y ver el lamentable estado del mundo puede dejarles deprimidos y ansiosos, lo cual no equivale a un episodio depresivo ni a un trastorno del estado de ánimo. (De hecho, podríamos estar hablando aquí del «realismo depresivo»; Alloy y Abramson, 1979; Moore y Fresco, 2012). La clave estriba siempre en la duración del malestar y la discapacidad que pueda generar.

En cuanto a la ocurrencia conjunta, las personas altamente sensibles son más proclives a la depresión si han tenido una infancia difícil, como ya se ha señalado. De hecho, las investigaciones siguen añadiendo evidencias sobre el tema de la «susceptibilidad diferencial» (Belsky y Pluess, 2009). Además, una ansiedad o una tristeza razonables (como las que se pueden sentir ante la enfermedad de una persona querida) o el pesar completamente apropiado por causa de un fallecimiento, aunque explícitamente excluidos del TDM en el *DSM,* pueden llevar a la depresión a cualquiera. Aunque no existen todavía investigaciones acerca de esto, su progresión puede ser más rápida y más habitual en las personas altamente sensibles, habida cuenta de sus intensas reacciones emocionales.

También es posible que se den otros desencadenantes menos predecibles. Un amigo mío sensible contrajo una cepa de gripe que su médico de atención primaria descubrió que generaba depresión en algunos de sus pacientes. Al cabo de seis meses con antidepresivos, mi amigo pudo dejar la medicación y no tuvo recaídas. No sabemos si su sensibilidad hizo más probable su reacción depresiva ante la gripe.

En cuanto a la realización del diagnóstico, es habitual que las personas sensibles deprimidas parezcan sentirse mejor de lo que realmente están debido a su habilidad para gestionar su imagen socia y a su voluntad de continuar con su vida habitual, siendo en esto muy meticulosas. Así, el criterio más importante será la «angustia de significación clínica» debido a estados subjetivos que, cabría esperar, deberían estar ya discutiendo contigo, como la sensación de inutilidad, de vacío o una tristeza infinita, en lugar de una «deficiencia en áreas importantes de funcionamiento» debida a la fatiga, la pérdida de concentración o a anhedonia. Todo esto podría estar presente también, pero encubierto. Normalmente, sólo aquellas personas que viven con el paciente, que lo han visto previamente durante una depresión, podrán reconocer el episodio actual.

Paradójicamente, los pacientes sensibles pueden admitir con más frecuencia de lo que lo harían los demás el hecho de que tienen ideas de suicidio o, incluso, que lo han llegado a planificar. Esto se debe a que ven las consecuencias potenciales de lo que están sintiendo a muy largo plazo, a que quieren ser escrupulosamente honestos y a que están intentando expresar con exactitud la profundidad de su desesperación. Al mismo tiempo, es más probable que, si acuerdan contigo que no van a dar ese paso, respeten tal acuerdo contigo, dado que saben de qué modo afectaría a los demás o que sería un error en última instancia, además de que su nivel de impulsividad es generalmente bajo. Sin embargo, la valoración sobre el riesgo de suicidio precisaría, obviamente, de un cuidadoso juicio clínico en cada caso concreto.

Los trastornos de ansiedad

Vamos a contemplar estos trastornos de uno en uno. Sin embargo, se da el caso de que muchos pacientes altamente sensibles manifiestan ansiedad, preocupaciones o temores, tanto si estos estados satisfacen los criterios de un trastorno como si no, de tal modo que van a obtener beneficios de cualquier tratamiento que utilices para los trastornos de ansiedad. Así pues, el diagnóstico puede que no sea tan importante en estos casos. Cabría esperar que la ansiedad sea común en una minoría que toma en consideración cada posible consecuencia, tanto positiva como negativa, a partir de lo que saben acerca de una situación, tanto si se trata de la tasa de delitos en el vecindario como si son las ofertas especiales en el supermercado local. Como es natural, estas personas van a saber más acerca de amenazas potenciales y, por tanto, se van a preocupar más que las demás, pero eso es normal dentro de este colectivo. Por otra parte, en las personas altamente sensibles solemos encontrarnos con un verdadero trastorno de ansiedad debido a que, de los traumas y de las amenazas del pasado (amenazas que se hicieron realidad), han aprendido a esperar más de lo mismo. De ahí que generalicen este aprendizaje a cada vez más situaciones –podríamos decir que «por cuestiones de seguridad»– que quizás no sean realmente amenazadoras. Cualquier animal sensible en un entorno peligroso se volvería más cauto. Una vez más, el diagnóstico no importa tanto como la realidad de la ansiedad en este colectivo y como lo que pueda necesitar la persona para sentirse más cómoda en el mundo.

Trastorno de ansiedad por separación

No dispongo de datos sobre este punto en concreto, pero sospecho que los niños y niñas altamente sensibles padecen más este trastorno que los no sensibles. El diagnóstico exige que sea «excesivo», lo cual puede ser discutible, pero también que sea «persistente», estando presente durante al menos cuatro semanas. Evidentemente, la pregunta clínica apuntaría a la causa de la ansiedad por separación. También se diagnostica en adultos, pero el *DSM* sugiere cierta flexibilidad aquí, y señala que debe llevar a una angustia o incapacidad clínicamente significativa. Si un adulto altamente sensible no desea viajar solo porque le pone ansioso y, por tanto, rechaza determinados ascensos u oportunidades sociales, quizás el cliente y el terapeuta, juntos, puedan decidir si es necesario un tratamiento.

Mutismo selectivo

Por la información recogida de madres y padres, tengo la impresión de que este problema es más habitual en los niños y las niñas altamente sensibles cuando cambian de escuela o inician un nuevo curso escolar. Y, aunque no parece que el problema dure mucho, la cuestión estriba en cuánto puede prolongarse. Si dura más de un mes y se extiende hasta más allá del primer mes del curso, se considera un trastorno. Sin embargo, a veces no se resuelve hasta el inicio del siguiente curso escolar, como si la niña o el niño estuviera evitando la atención súbita de la que sería objeto si comenzara a hablar de pronto. Un profesorado empático, comprensivo y capaz de aportar «seguridad» resolverá normalmente este problema con una buena dosis de paciencia, estando más habituados a ello de lo que están los progenitores. De ahí que la pregunta de cuánto tiempo se prolongue el mutismo selectivo puede ser hasta cierto punto un criterio irrelevante, siempre y cuando termine.

Fobia específica

No sé si esto es más habitual en las personas altamente sensibles ni tampoco si mostraría características diferenciales al compararse con otros casos.

Trastorno de ansiedad social (fobia social)

Los criterios para la fobia social son, quizás, algunos de los más vagos del *DSM,* en el sentido en que casi todo el mundo ha padecido, en algún momento de su vida, algún brote de miedo «intenso» ante una o más situaciones sociales en las cuales el individuo teme verse «expuesto al posible examen por parte de otras personas» (APA, 2014, p. 132). Será un trastorno si el miedo o la ansiedad son «desproporcionados» o si duran seis meses o más.

El *DSM* distingue la fobia social de la «timidez normativa», y explica que sólo el 12 % de las personas que se califican a sí mismas como tímidas consideran que tienen síntomas que satisfacen los criterios de este trastorno, que puede interferir significativamente con la rutina normal de la persona y provocarle estrés. Es decir, que los criterios no se satisfarían si una persona es capaz de organizar su vida de tal modo que no se den ocasiones para tener miedo a ser juzgada por los demás. De ahí que el diagnóstico sea complicado, que es lo que parece que está diciendo el *DSM,* y de ahí que, al final, el problema estribe en cómo afectaría el diagnóstico a la autoestima o a la elección de tratamiento para el paciente.

Convendrá que tengas en cuenta que las personas sensibles son aún más conscientes del hecho de que las personas se examinan unas a otras. Estas situaciones sobre sobreactivadoras, y la sobreexcitación afecta a su respuesta, haciendo que se sientan aún más bajo escrutinio, entrando en un círculo vicioso que termina convirtiendo en realidad aquello que la persona teme. De este modo, se puede transformar en un trastorno si la persona llega un momento en que se siente impotente para superar su miedo en la mayoría de las situaciones. Evidentemente, es posible que te encuentres con personas que no son altamente sensibles y que tienen una verdadera fobia social. Sin embargo, las que sean sensibles mostrarán otros signos de su rasgo, además de la timidez extrema.

Trastorno de pánico, ataques de pánico y agorafobia

El trastorno de pánico no es otra cosa que una recurrencia de los ataques de pánico, de modo que, si hay ataques de pánico reiterados, entonces el diagnóstico es fácil, tanto si la persona es altamente sensible como si no. En cuanto al ataque de pánico en sí, muchas personas altamente sensibles lo han padecido, o han padecido algo parecido a un ataque de pánico, satisfaciendo cuatro o más de los síntomas que se indican (probablemente, no todos): palpitaciones o golpeteo del corazón, sudoración, temblores, sensación de dificultad para respirar, sensación de ahogo, dolor en el tórax, náuseas, sensación de mareo, desmayo, escalofríos o sensación de calor, entumecimiento, desrealización o despersonalización, y un decidido miedo a perder el control, a morir o a perder el juicio. Sólo uno o dos de estos síntomas pueden resultar aterradores la primera vez que se sufren.

Para la persona altamente sensible, y quizás para cualquier persona, éstos son los síntomas propios de una sobreestimulación extrema; y, en tanto la persona no tome conciencia de lo mucho que difiere de los demás en este aspecto, la ocurrencia de cuatro o más de estos síntomas puede resultar ciertamente aterradora. Además, la persona percibirá también las propias sensaciones de la sobreestimulación con más intensidad, lo cual incrementará el pánico.

Frecuentemente, el acontecimiento desencadenante puede darse en una persona joven y sensible que, queriendo ser socialmente aceptada, haya intentado ignorar las reacciones de su organismo ante elevados niveles de estimulación, niveles que no parecen molestar a sus amistades. Una situación muy común en la que se puede dar un primer ataque de pánico es tras la ingestión de una droga recreativa en un concierto de rock. Pero, en la mayoría de los casos, en cuanto estas personas comprenden de qué modo interactuó su predisposición innata con la situación en la que se hallaba cuando tuvo lugar el primer ataque, el miedo a que vuelva a ocurrir disminuirá o, directamente, desaparecerá.

Así pues, la agorafobia –para cuyo diagnóstico se exige que la persona no sólo evite salir de casa, sino también que lo haga por miedo a un ataque de pánico– normalmente desaparece cuando estas personas aprenden el modo de responder a la sobreestimulación. Con esa información, estas personas pueden desarrollar un plan para no verse abrumadas en situaciones futuras o, al menos, para no preocuparse tanto cuando suceda. De ahí que sea correcto utilizar en un principio alguno de estos tres diagnósticos, si bien no por mucho tiempo.

En cuanto a la ocurrencia conjunta, si una persona altamente sensible satisface todos los criterios, su trastorno de pánico es muy probable que se resuelva con más facilidad que en el resto de las personas. En el otro extremo estarían los pacientes altamente sensibles en los cuales el trastorno se debe a un condicionamiento profundo ante una amenaza, que se ha generalizado hasta convertirse en un miedo a estar en el mundo en general.

Trastorno de ansiedad generalizada

Al igual que en el caso de la fobia social, los criterios del *DSM* para el trastorno de ansiedad generalizada dependen en gran medida de cómo definamos «excesiva» («Ansiedad y preocupación excesiva que se produce durante más días de los que ha estado ausente durante un mínimo de seis meses» [ibíd, p. 137]); esto tanto si al individuo le resulta difícil controlar la preocupación como si ésta trae consigo tres de estos seis síntomas: sentirse con los nervios de punta, fácilmente fatigado, dificultades para concentrarse o bien quedarse con la mente en blanco, irritabilidad, tensión muscular y problemas de sueño. Dados tales criterios, este diagnóstico se le podría dar con facilidad a muchas personas altamente sensibles, en función del nivel de angustia o discapacidad generada. La pregunta es si realmente hace falta un diagnóstico para el tratamiento o a efectos de seguros. Y por supuesto que se dan ocurrencias conjuntas, y el historial nos ayudará a determinar si algún acontecimiento del pasado ha hecho que el paciente tenga más ansiedad crónica que otras personas con el mismo rasgo.

Trastornos obsesivo-compulsivos y otros trastornos relacionados

Es fácil que se den errores de diagnóstico en estos casos, en el sentido en que la mayoría de las personas sensibles son conscientes de tener pensamientos o imágenes persistentes o recurrentes que les resultan intrusivos, que desearían no tener y que intentan ignorar, que es como se define una obsesión. Las obsesiones se intensifican bajo estrés o durante episodios de depresión y ansiedad, todo lo cual es probable que sufra una persona altamente sensible. Aquí, una vez más, la pregunta sería «¿Qué entendemos por excesivo?». El *DSM* es, en esta ocasión, un poco más específico: tales obsesiones y compulsiones deben ocupar más de una hora al día y deben generar claramente angustia o una discapacidad en el funcionamiento habitual de la persona. Al respecto de las compulsiones, es muy probable que las personas altamente sensibles no caigan en medidas compulsivas, altamente repetitivas o poco realistas para neutralizar sus obsesiones, pues la persona altamente sensible podrá regular normalmente sus afectos lo suficiente como para evitar este tipo de soluciones.

Por otra parte, la ocurrencia conjunta puede ser difícil de diagnosticar de forma correcta, dado que la meticulosidad y la capacidad de adaptación de la persona altamente sensible podría ayudarla a encubrir eficazmente las compulsiones. Una persona con TOC que organizaba grupos de apoyo para personas con su mismo problema me dijo en cierta ocasión que todas las personas de sus grupos eran altamente sensibles, y que la mayoría de ellas podía recordar el suceso que transformó su sensibilidad en obsesión y compulsiones. Sin embargo, yo no dispongo de la experiencia suficiente con este trastorno como para corroborar sus ideas.

Trastornos relacionados con traumas y factores de estrés

Trastorno de estrés postraumático

Me centraré en el trastorno de estrés postraumático (TEPT) y en el trastorno de estrés agudo (los síntomas son los mismos, pero el diagnóstico de este último, al cabo de un mes, pasa a ser TEPT) en tanto en cuanto son los que con más facilidad se confunden con la alta sensibilidad. Unos cuantos entre la larga lista de síntomas de estos trastornos pueden sonar muy parecidos a las características de la alta sensibilidad: insomnio, hipervigilancia o una respuesta de sobresalto exagerada (que es un ítem de la Escala PAS). Los pacientes altamente sensibles quizás hagan mención de síntomas autonómicos, como el pulso frecuentemente acelerado (las personas altamente sensibles pueden mostrar una excitación simpática extrema sólo con una taza de café, si no están habituadas) o intensas pesadillas recurrentes. Sería fácil cometer el error de buscar la causa en un acontecimiento traumático, quizás uno con demora en la aparición de síntomas. De hecho, una persona sensible que no fuera capaz de regular sus afectos debido a una combinación de sucesos traumáticos en la infancia y un apego inseguro, por ejemplo, podría desarrollar con facilidad lo que yo denominaría a la ligera como un TEPT crónico de aparición tardía, si esa explicación le pudiera resultar reconfortante a un paciente.

Sin embargo, la clave estriba en si los síntomas están relacionados con un trauma y tienen lugar exclusivamente tras haber tenido lugar el trauma, pues la diferencia estriba en que la alta sensibilidad tiene sus orígenes en el vientre materno. Sin embargo, sí que puede haber muchas ocurrencias conjuntas debido a que los pacientes sensibles, con sus intensas reacciones emocionales, podrían desarrollar un TEPT donde otras personas, en la misma situación o similar, no lo desarrollarían.

Trastornos de adaptación

Cabría esperar que la persona altamente sensible tenga más trastornos de adaptación debido a que estos pacientes tienen en general respuestas más intensas ante los estresores y se estresan con más facilidad ante elevados niveles de estimulación, son más emotivos en sus reacciones ante los acontecimientos y se preocupan más por las consecuencias a largo plazo de cualquier acontecimiento que las personas no sensibles. De ahí que el diagnóstico pueda encajar con los criterios si sus reacciones ante los estresores son «desproporcionadas» (en comparación con aquellas personas que no tienen el rasgo) y si tales reacciones llevan a algún tipo de discapacidad importante.

Sin embargo, la forma en que se presenten puede diferir, en la medida en que hay pacientes sensibles que están habituados a las emociones intensas y podrían ejercer sobre ellas un fuerte control («¡Oh, eso no me incomoda demasiado!»), o bien muestran su angustia de otras maneras. Es más probable que una persona no sensible con un trastorno de adaptación describa emociones que, para ella, son mucho más intensas de lo que nunca había experimentado. Por tanto, para ver un trastorno de adaptación en estos pacientes altamente sensibles quizás tengas que buscar las pistas en un historial reciente de estrés intenso y en señales de otros tipos de discapacidades, además de en la emoción abrumadora. Por otra parte, el estresor vital de un paciente sensible podría ser más sutil o podría estar orientado al futuro; por ejemplo, el temor a perder el empleo debido a un suceso aparentemente menor, en vez de haber perdido el empleo ya.

Trastornos de síntomas somáticos y trastornos relacionados

Las personas sensibles pueden ser diagnosticadas erróneamente con un trastorno relacionado con síntomas somáticos. En primer lugar, porque son, por naturaleza, más conscientes de sus procesos corporales, por lo que se percatarán antes de los síntomas y se preocuparán más y se verán más afectadas por ellos. En segundo lugar, porque su umbral de dolor es más bajo y, probablemente, tienen sistemas inmunes más reactivos. Tercero, porque tienen más efectos secundarios de los medicamentos, de manera que necesitan dosis más bajas y, aún así, pueden no ser capaces de tolerar sus efectos (Jagiellowicz *et al.*, 2007). Por último, pueden sentirse ansiosas por su salud porque, simplemente, su rasgo las lleva a tomar en consideración todas las posibilidades, incluida la posibilidad de que su médico haya pasado algo por alto o no les haya explicado algo con la suficiente claridad.

Por todos estos motivos y otros (p. ej., por hacerse más preguntas acerca de las pruebas y los tratamientos o por estar más interesadas en las medicinas alternativas y en la prevención), las personas sensibles pueden llegar a suponer el 45 % de las visitas a la consulta médica (Kowal, 1998). Dado que, presumiblemente, la mayoría de los profesionales de la medicina no son altamente sensibles, sería comprensible que tuvieran una imagen de estos pacientes como de personas quejumbrosas que les hacen perder el tiempo, y es posible que los psicoterapeutas acepten esta perspectiva también y terminen viendo las preocupaciones corporales y de salud de las personas sensibles como excesivas. Pero deberás tomar en consideración todo esto cuando hagas un diagnóstico.

En cuanto a la ocurrencia conjunta, con su mayor sensibilidad ante el dolor y los medicamentos y su procesamiento profundo ante cualquier amenaza, podría ser que la atención que los pacientes sensibles prestan a su organismo y su mayor búsqueda de atenciones médicas sean «excesivas», «desproporcionadas» en cuanto a la gravedad del problema o puedan ser una discapacidad en su vida. Obviamente, pueden estar excesivamente enfocados en síntomas que no constituyen un verdadero problema, pero habrá que repetir que el diagnóstico de un trastorno de síntomas somáticos es complicado en el caso de los pacientes altamente sensibles. Así pues, los terapeutas deberán recordar que no se les ha formado para decidir sobre la verdadera gravedad sanitaria de determinados síntomas físicos, y convendrá que estén alerta ante cualquier sesgo que pudieran tener, y recordar momentos del pasado en los que quizás tomaron excesivas preocupaciones por nada. Incluso puede que conozcan a otras personas con quejas similares de las cuales alberguen dudas de que realmente están enfermas. Pero, sin duda, deben conocer también personas que tuvieron una enfermedad para la cual erraron el diagnóstico o se les dio un tratamiento inadecuado. (Habrá que estar alerta también ante aquellos pacientes altamente sensibles que no busquen atención médica cuando deberían hacerlo debido a experiencias pasadas en las que pudieron sentirse avergonzados o pudieron cometer un error).

Trastornos del sueño-vigilia

Uno de los ítems que eliminamos de la Escala PAS fue el de la dificultad para conciliar el sueño, dado que no distinguía a las personas altamente sensibles de las no sensibles. Si una persona sensible se queja de insomnio, se deberá normalmente a la sobreestimulación.

Disfunciones sexuales

Por la información obtenida en la encuesta de la que se habló en el capítulo 7, parece que no existen diferencias en el número o tipo de trastornos sexuales entre las personas altamente sensibles. Con todo, sí podría haber cierta confusión en lo referente al «estilo» sexual. Las personas sensibles se mostraron más afectadas por ruidos u olores desagradables, y menos interesadas en la pornografía, cosas que podrían tomarse erróneamente como señales de hipoexcitación. Con más frecuencia, decían sentirse tan abrumadas por las sensaciones que el acto sexual se volvía doloroso y necesitaban parar; se distraían más durante las relaciones sexuales y les costaba más hacer la transición al terminar; y también se mostraban más cautas que los demás a la hora de relacionarse con personas con las que no estaban familiarizadas, con las enfermedades de transmisión sexual y con el embarazo, todo lo cual podría parecer indicar algún trastorno, pero que, una vez más, no serían otra cosa que variaciones naturales debidas a su temperamento.

Disforia de género

Cabría esperar que el hábito cultural de equiparar sensibilidad con feminidad pueda generar en ocasiones alguna confusión en una persona sensible respecto a su identidad de género.

Trastornos relacionados con sustancias y trastornos adictivos

Evidentemente, son muchos los motivos por los cuales los seres humanos se exceden en el consumo de sustancias que alteran la mente, motivos que van desde la genética hasta la clase social. Pero en algunas investigaciones se ha descubierto que los rasgos de temperamento juegan un papel significativo, sobre todo el rasgo de la búsqueda de sensaciones fuertes (p. ej., Andrew y Cronin, 1997), el de la búsqueda impulsiva de sensaciones (p. ej., Robbins y Bryan, 2004) y el de la búsqueda de novedades y la baja evitación de daños, o, con más frecuencia, ambos a la vez (p. ej., Galen, Henderson y Whitman, 1997). En tales estudios, los niveles bajos en estos rasgos están vinculados con el uso responsable o la abstención en el uso de sustancias. Aunque una persona altamente sensible puede ser también una buscadora de sensaciones fuertes, en general no será impulsiva y evitará daños, por lo que evitará comportamientos malsanos, irresponsables y arriesgados.

Sin embargo, puede haber excepciones entre aquellas personas sensibles que buscan alivio a la sobreestimulación, entre quienes sufren un trauma o un trastorno severo de personalidad, o entre aquellos jóvenes que, inconscientemente, intentan evitar las responsabilidades de la edad adulta por haberlas intuido demasiado bien. En estos casos, la sustancia se puede ver como un objeto de transición con el cual establecen un apego confortante (Denning, 2000). En otros casos, el problema tiene menos que ver con el rasgo genético y más que ver con otros asuntos genéticos (un historial familiar de adicción) o con el entorno social. Sin embargo, incluso en estos casos, los pacientes altamente sensibles son normalmente conscientes de los peligros a los que se enfrentan y el uso de sustancias les genera un mayor conflicto que a los demás.

Trastornos de la personalidad

En primer lugar, la definición general de un trastorno de personalidad es muy parecido al de un tipo temperamental diferenciado como es la alta sensibilidad: «Patrón perdurable de experiencia interna y comportamiento que se desvía notablemente de las expectativas de la cultura

334

del individuo […] es inflexible y dominante» (APA, 2014, p. 359), y se puede rastrear al menos hasta la adolescencia o primera etapa adulta (o, presumiblemente, incluso antes, si bien el *DSM* muestra dudas al respecto). Resulta interesante observar los paralelismos que esta definición tiene con algunos rasgos temperamentales, incluido el de la alta sensibilidad, que se «desvían» en el sentido de que no aparecen en el 80 % de las personas, son «inflexibles y dominantes» debido a que son innatos, y se pueden rastrear hasta la adolescencia o incluso antes, dado que todo rasgo temperamental está ahí, por definición, desde el mismo nacimiento. También nos podemos encontrar con cierto grado de angustia y de discapacidad, sobre todo cuando el juicio lo hace un miembro de la mayoría que no posee ese temperamento, o cuando un profesional parlanchín de la salud mental evalúa la salud mental de una persona silenciosa (Gough y Thorne, 1986).

En resumen, hasta las personas altamente sensibles menos discapacitadas son estadísticamente anormales y lo han sido a lo largo de toda su vida, y ellas mismas y los demás pueden llegar a pensar que estas diferencias les generan discapacidades que no van a cambiar sustancialmente con ningún tipo de tratamiento, ni siquiera con medicación. Por decirlo brevemente, son diferencias ciertamente «inflexibles». Pero es que los genes son así.

Claro está que las ocurrencias conjuntas también son muy reales. Los trastornos de la personalidad de los que voy a hablar aquí, porque son los que con más facilidad se confunden con la alta sensibilidad, son también probablemente aquellos que es más probable que desarrollen las personas sensibles: el trastorno esquizoide, el límite, el de evitación, el dependiente y el obsesivo-compulsivo. (Curiosamente, estos trastornos atraviesan los tres grupos del *DSM*: el raro-excéntrico, el dramático-emocional y el ansioso-temeroso).

Tomando en consideración brevemente el resto de trastornos de la personalidad, las personas altamente sensibles pueden *parecer* paranoides cuando hablan de motivaciones sutiles en los demás, motivaciones que el resto no percibe; esquizotípicas debido a sus inusuales percepciones o propensiones espirituales; narcisistas por causa de su mayor «absorción en sí mismas» o, si hablan de ello, por ser superdotadas; e histriónicas por sus intensas reacciones emocionales. Pero estos trastornos se me antojan más fáciles de diferenciar de las variaciones del temperamento. Vayamos ahora con los cinco trastornos de la personalidad que más fácilmente pueden confundirse con la sensibilidad.

Grupo A, el trastorno esquizoide

En realidad, existen pocas semejanzas entre una persona sensible normal y un paciente esquizoide, aunque en ocasiones he visto que se les equiparaba. Yo creo que esto sucede menos con el actual *DSM,* en el cual se ha cambiado lo de que estas personas prefieren «emplear el tiempo en sí mismos, más que estar con otras personas» (APA, 1995, p. 654) por «casi siempre elige actividades solitarias» (APA, 2014, p. 361). De hecho, los criterios suenan en cierto modo parecidos al TEA, y ya hemos discutido el tema de lo poco que se parece el TEA al rasgo altamente sensible. Toda persona sensible necesita de más tiempo de descanso y soledad para procesar las entradas sensoriales de la jornada. Y esto es especialmente cierto si su empleo le exige que tolere altos niveles de estimulación o largas horas de trabajo, tanto si se dedica a la programación informática como si planifica bodas. Pero, cuando la persona sensible se recarga, ninguno de los criterios de este trastorno de la personalidad se puede aplicar a su caso.

No obstante, se pueden dar ocurrencias conjuntas, sobre todo entre aquellas personas con un estilo de apego evasivo. De forma similar, tanto las personas con el rasgo altamente sensible como las que sufren un trastorno de la personalidad esquizoide suelen sentirse atraídas por profesiones relacionadas con la ingeniería, las matemáticas o la programación informática, y en ambos casos pueden sentir tal atracción por la falta de estimulación social que conllevan (para los animales sociales, como somos los humanos, ésta es la fuente de estimulación más habitual, de tal modo que evitar actividades sociales es uno de los modos de resolver uno de los mayores problemas que puede afrontar una persona altamente sensible). Con frecuencia, las personas sensibles se hallan en estos campos porque su creatividad y su intuición les permiten destacar en la resolución de problemas abstractos y espaciales. Además, éstas son áreas donde los hombres altamente sensibles pueden ser aceptados y admirados, y donde no se espera que las mujeres altamente sensibles estén socializando constantemente.

Grupo B, trastorno de la personalidad límite (TPL)

Aunque la impulsividad y los ataques de furia, que se espera acompañen a este trastorno, son raros en el comportamiento de la mayoría de las personas sensibles, este diagnóstico puede también darse erróneamente debido a las intensas emociones que exhiben las personas altamente sensibles. Después de todo, uno de los criterios de este trastorno es una «inestabilidad afectiva debida a una reactividad notable del estado de ánimo» (ibíd., p. 364). Nos encontramos aquí con otro caso donde un terapeuta no sensible, especialmente, podría ver algo equivocado en lo que es normal para una persona sensible. Además, en un estudio (Meyer, Ajchenbrenner y Bowles, 2005) se descubrió una correlación de .43 entre la Escala PAS y las *características* límite autodeclaradas en una población *no clínica*. Es decir, en sus respuestas al cuestionario, algunas (no todas) las personas sensibles consideraron que algunas formas suaves de los criterios del TPL se les podían aplicar a ellas, como el temor al abandono, la idealización de los demás, el sentido inestable del yo, la sensación de vacío y algunos síntomas paranoides o disociativos.

Sin embargo, en su mayor parte, sería difícil de confundir, presencialmente, a una persona sensible típica con alguien que padece un TPL. La confusión parece tener lugar sólo «sobre el papel», cuando surge la idea de sensibilidad como «sensibilidad emocional» (es decir, una sensibilidad acrecentada ante expresiones emocionales de rostros, Lynch *et al.*, 2006; aunque se encontró todo lo contrario en adolescentes con TLP, Robin *et al.*, 2012). El TPL también se asocia con la «sensibilidad al rechazo» (Staebler, Helbing, Rosenback y Renneberg, 2011) y con la «sensibilidad a la ansiedad» (Gratz, Tull y Gundersen, 2008), de modo que existe cierta confusión debido al uso de la palabra «sensibilidad». Sin embargo, la sensibilidad al dolor parece ser más baja con el TPL (Schmahi *et al.*, 2010), en tanto que es más alta en el rasgo de la alta sensibilidad.

Como señaló van der Kolk (1996), hablando de lo que ahora denominamos susceptibilidad diferencial, «Los niños exquisitamente sensibles pueden interpretar las experiencias de crecimiento normativas como aterradoras. Sin embargo, nuestro estudio indica que la timidez y la vulnerabilidad biológica no son los factores predominantes que llevan a las personas a desarrollar un TLP; es más probable que la clave se halle en la sobreimposición de los terrores de la infancia con las situaciones de la edad adulta» (p. 189).

Yo he visto pacientes altamente sensibles, que podrían haberse considerado como personas con trastornos de apego, que satisfacían muy bien algunos, aunque no todos, los criterios del *DSM* para el TPL. Por ejemplo, puede parecer que estas personas hagan «esfuerzos desesperados para evitar el desamparo real o imaginado» (APA, 2014, p. 364). Pero el esfuerzo está más dirigido a intentar contener, quizás de forma ineficaz, su temor a una pérdida real durante las separaciones que a intentar forzar a la otra persona a que permanezca con ella. En tanto que los pacientes altamente sensibles, al igual que los que tienen un TPL, podrían idealizar o minusvalorar a otra persona en una actitud defensiva, rara vez harán las dos cosas con la misma persona en momentos diferentes. La autoestima de la persona sensible fluctúa más que la de los demás en función de los acontecimientos, pero no muestra normalmente una «inestabilidad intensa y persistente de la autoimagen» (ibíd.), y sobre todo no en la dirección de la ostentación. Además, como ya se ha dicho antes, la «inestabilidad afectiva» está, más bien, en los ojos del observador. La disociación y la «sensación crónica de vacío» (ibíd.) también pueden aparecer durante el tratamiento, pero la clave para diagnosticar cualquier trastorno (aunque se mencione menos en los trastornos de la personalidad) es siempre la existencia de alguna discapacidad.

En cuanto a las ocurrencias conjuntas, pueden darse las conductas típicas del TPL, como los accesos de cólera y los comportamientos impulsivos, pero, según mi experiencia, no se dará con tanta frecuencia en las personas altamente sensibles que padecen este trastorno (si bien una amenaza de suicidio puede ser un acto de agresión a su manera, y esto sí que ocurre). Los pacientes sensibles con TPL intentan evitar comportarse de maneras que puedan resultar molestas para los demás, aunque lo hagan inadvertidamente. Cuando se dan cuenta de ello, normalmente se deprimen inmediatamente después, preocupados por el daño que hayan podido causar a la relación que, según ellos, tan desesperadamente necesitan. También son más capaces de reflexionar posteriormente sobre los motivos de sus respuestas (aunque no las prevengan con ello), como cabría esperar de personas especializadas en procesar las cosas antes o después de actuar.

Como ya comenté en el capítulo 2 (en el caso de Anna), los pacientes con este trastorno o similar puede parecer que funcionen sorprendentemente bien en las primeras sesiones debido a que su sensibilidad les permite observar y recrear el comportamiento adecuado. Pero, desde mi experiencia, la mejor clave para un diagnóstico correcto es que la persona haya tenido una infancia traumática o con maltratos severos, ya que pocas personas sensibles escapan de eso sin un trastorno de personalidad. Parece que ninguna persona sensible escapa de algo así sin algún tipo de trastorno de personalidad. Aunque la buena presentación sólo represente un reagrupamiento detrás de la imagen que ofrece el paciente al exterior, cualquier forma de adaptación que le ayude a mantener unas relaciones estables y sólidas, y un trabajo u otros recursos que le permitan pagar el tratamiento, tendrá el mejor de los resultados. Según Grotstein (1995), los pacientes con trastornos de la personalidad tienen dos yoes: uno que funciona bien y otro que no. Para trabajar con ellos, los terapeutas han de ser capaces de emplear al yo que mejor funciona cuando no están en una sesión de terapia; y, desde mi propia experiencia, los pacientes sensibles suelen ser más capaces de hacerlo. En resumen, la ocurrencia conjunta de sensibilidad y TLP puede significar que el trastorno sea más fácil de tratar, aunque quizás no sea tan rápido.

Grupo C, trastorno de la personalidad evasiva (TPE)

Una persona sensible paranoide podría decir que la minoría sensible ha sido injustamente señalada por los criterios del *DSM* en el caso del TPE. Claro está que este trastorno existe y que perjudica a muchas personas sensibles. Pero es esencial que los profesionales clínicos diferencien bien entre el TPE y una callada, introvertida y tímida persona altamente sensible que no hace otra cosa que ser precavida, quizás con toda la razón, para que no se la juzgue mal en situaciones sociales. En general, el TPE implica «inhibición social, sentimientos de incompetencia e hipersensibilidad a la evaluación negativa» (APA, 2014, p. 366). Los criterios específicos, de los cuales se requieren sólo cuatro para hacer el diagnóstico, se pueden ver como una ordenada lista de formas en que las personas sensibles utilizan su rasgo para detectar situaciones potencialmente estresantes que rara vez serán molestas para los demás. Los siete criterios son «evita las actividades laborales [...] por miedo a la crítica, la desaprobación o el rechazo; se muestra poco dispuesto a establecer relación con los demás a no ser que esté seguro de ser apreciado; se muestra retraído en las relaciones estrechas porque teme que lo avergüencen o ridiculicen; le preocupa ser criticado o rechazado [...]; se muestra inhibido en nuevas situaciones interpersonales; se ve a sí mismo como socialmente inepto, con poco atractivo personal o inferior a los demás [que suele ser el caso de las personas altamente sensibles debido a haberse sentido diferente durante toda la vida]; se muestra extremadamente reacio a asumir riesgos personales o a implicarse en nuevas actividades porque le pueden resultar embarazosas» (ibíd., pp. 366-367). Casi todas las personas sensibles introvertidas, aunque no sean tímidas, exhibirán al menos cuatro de estos criterios en una situación social con la que no estén familiarizadas o que les resulte inquietante. (Y puede que esto le ocurriera a cualquier persona).

En dos estudios de Meyer (Meyer y Carver, 2000; Meyer, Ajchenbrenner y Bowles, 2005), con poblaciones estudiantiles no clínicas, se observó una correlación de .43 entre los comportamientos autodeclarados de la lista de criterios del *DSM* para el TPE y la Escala PAS, aunque, una vez más, si nos fijamos en los criterios, no debería sorprendernos. La principal diferencia estriba en que las personas con TPE se ven *siempre* obstaculizadas por su temor a una valoración negativa; en tanto que, normalmente, las personas altamente sensibles son lo suficientemente seguras y confiadas en sí mismas como para, al menos, no temer evaluaciones negativas de familiares ni de aquellas personas que las conocen bien y las aprecian. Algunas, simplemente, vacilan más a la hora de conocer a un extraño o de estar en grupos grandes (recuerda que en torno al 70 % de ellas son introvertidas). Siendo más sensibles a la retroalimentación como parte de la estrategia de supervivencia del rasgo, suelen evitar ocupaciones o empleos, o cualquier otra situación, donde es probable que experimenten gran cantidad de críticas. Pero las personas sensibles pueden disfrutar de un puesto de trabajo donde se les apoye y tengan buenas amistades, y pueden estar muy motivadas para relacionarse con éstas. Quizás restrinjan el contacto social, sobre todo el conocer a personas nuevas, pero normalmente lo harán para evitar la sobreestimulación tanto como para evitar el rechazo. Dar este diagnóstico va a depender de lo poco realistas que sean los temores del paciente y de lo potencialmente valiosos, y no demasiado estimulantes, que puedan ser los encuentros sociales que el paciente está evitando.

En cuanto a las ocurrencias conjuntas, decididamente tienen lugar. El TPE podría aparecer de forma diferente en las personas sensibles, en el sentido en que quizás *sustituyan* la vida social por una activa vida interior, un sendero espiritual o, quizás, dedicándose a los animales, la naturaleza o las artes. Muchas personas sensibles y no sensibles podrían entregarse a estos empeños, pero la sustitución no entraría en los planes de las que padecen TPE, en el sentido en que estas personas sensibles revelarán un profundo dolor en relación con la falta de relaciones estrechas, si sondeas este punto. En ocasiones, la persona sensible con TPE será capaz de sustituir con éxito toda su carrera profesional por unas relaciones estrechas, si pueden encontrar una que no requiera de interacción social. (Recuerdo a una persona que estaba feliz con un empleo de reparación de parquímetros). Claro está que estas personas serán extremadamente cautas con cualquier relación de transferencia, aunque pueden parecer más apegados de lo que están realmente por el mero deseo de no herir los sentimientos del terapeuta, mientras que los pacientes no sensibles con TPE podrían mostrarse menos preocupados.

Trastorno de la personalidad dependiente (TPD)

La sensibilidad y la dependencia, incluido el nivel de trastorno, se pueden confundir fácilmente debido a que las personas altamente sensibles que mantienen una relación íntima pueden hallarse en una situación en la cual el miembro no sensible de la pareja se ocupa de aquellos asuntos que no les resultan tan fáciles a las personas sensibles; si bien, normalmente, estas personas son conscientes de tal división del trabajo. (Si no, puedes sacar el tema a colación con tu paciente). El miembro no sensible de la pareja se ocupará habitualmente de todo lo que sea potencialmente sobreestimulante, hasta el punto de hacer la mayor parte de las llamadas telefónicas que supongan hablar con extraños. Esta persona puede ocuparse también del dinero compartido, en aquellos momentos en que ambos deseen gastar de forma más libre, en tanto que la persona sensible puede ocuparse de las finanzas comunes cuando hay que ajustar el presupuesto. Una y otra vez, el miembro no sensible de la pareja parecerá que es el más eficaz, siempre y cuando no te fijes en las aportaciones que el miembro sensible hace: creatividad, empatía, lealtad, observaciones atentas, procesamiento profundo de la información, etc.

No obstante, cuando el miembro sensible está dudando sobre qué decisión tomar, el no sensible puede intentar ayudar dando el último paso, con lo que puede dar la impresión de que la decisión la ha tomado éste. También el no sensible puede estar ganando más dinero y compartiéndolo con el sensible, que gana menos y permanece en casa, otro motivo por el que la persona altamente sensible puede parecer dependiente o no recibir un trato igualitario. Esta división del trabajo hace a la pareja más fuerte que otras parejas, y las personas sensibles en tales relaciones pueden terminar confesando que les hubiera resultado más difícil la vida sin su pareja. Sin embargo, no se puede decir que el miembro no sensible de la pareja tenga un TPD si en otras áreas de su vida –profesión u otras relaciones– puede tomar decisiones independientes.

Aun en el caso de que estas personas se vean a sí mismas como dependientes, tanto el terapeuta como el paciente deberían examinar el tema con atención y, quizás, reenmarcar la relación, pues normalmente la persona no sensible estará obteniendo mucho también de la relación. Si, en una pareja, ambos terminaran siendo dependientes el uno del otro, tendríamos que hablar de interdependencia, lo cual no es un trastorno de la personalidad en modo alguno.

Pueden darse ocurrencias conjuntas cuando un paciente altamente sensible sature mucho los criterios del TPD; por ejemplo, presentándose voluntario para hacer tareas muy desagradables o no expresando su desacuerdo por miedo a perder el apoyo de los demás (lo que podríamos denominar «problemas limítrofes»). En ese caso, seguirá difiriendo no obstante de los pacientes no sensibles con TPD en que su carencia de habilidades vitales y su sensación de necesidad de los demás estarán relacionados con su sensibilidad. Quizás haya renunciado a su independencia para evitar discusiones sobreestimulantes o simplemente se someta debido a que siempre haya sentido que había algo que estaba mal en él, hasta el punto que los pacientes altamente sensibles con TPD pueden tener una profunda sensación de vergüenza y no le den valor alguno a sus ideas independientes. Tales pacientes pueden verse atrapados en una espiral de baja autoestima, que les impida utilizar sus talentos compensatorios por sí solos, con lo que éstos no lleguen a ser apreciados. Como consecuencia de ello, su dependencia se hará cada vez más vergonzante y necesaria, con lo que decrecerá aún más su autoestima y su autoexpresión se verá aún más constreñida.

Trastorno de la personalidad obsesivo-compulsiva (TPOC)

Normalmente, las personas sensibles prestan una atención considerable a «hacer las cosas bien», por lo que la mayoría de ellas no va a exhibir todas las conductas identificadas como criterios para el TPOC, si bien todas exhibirán alguna de esas conductas. Por ejemplo, podrían parecer «excesivamente escrupulosas» con el reciclaje, con los límites de su espacio vital, de su trabajo, con sus colecciones o con el orden de sus papeles personales; también podrían parecerlo al comprobar su trabajo dos o tres veces con el fin de no cometer errores, comprobando los horarios varias veces para asegurarse de recordarlo bien, o controlando sus emociones a través de métodos tales como la meditación o mediante enseñanzas espirituales acerca de la ecuanimidad. A partir de mis propias observaciones, estas personas serán las más comprometidas con la moralidad, la ética y los valores. (Ciertamente, que las califiquemos como «demasiado concienzudas, escrupulosas o inflexibles» dependerá de los ojos de quien las observe).

La cuestión estriba aquí en si estas conductas son tan «dominantes» y surgen de una «preocupación» que pasa por alto el verdadero propósito de la actividad «a expensas de la flexibilidad, la franqueza y la eficiencia» (APA, 2014, p. 368). A diferencia de la persona con TPOC, la persona sensible normal no permitirá que estos preparativos o actividades interfieran con su vida o pierdan su propósito; por ejemplo, no reciclarán de un modo que, obviamente, sea más gravoso para el entorno que el mismo reciclaje (p. ej., llevando las basuras a gran distancia de casa). Continuando con los criterios, las personas sensibles preferirán terminar un proyecto en su plazo a asegurarse de que todos los detalles del proyecto son perfectos, y no vivirán una existencia desequilibrada, priorizando la productividad sobre las relaciones, ni tolerarán el desorden por no echar determinados objetos a la basura.

Lo que pueda significar ser «demasiado escrupuloso» en ética es una cuestión de opinión. La mayoría de las personas considera normal copiar obras con derechos de autoría, convertir una cena personal en una cena deducible de impuestos por el mero hecho de haber charlado durante unos instantes acerca del trabajo o no dar cuenta del comportamiento poco ético de un colega. Pero algunas personas sensibles no harían estas cosas, nunca, y están orgullosas de ello. ¿Significa eso que son demasiado escrupulosas?

En cuanto a lo de mostrarse reacias a delegar en otras personas, «a menos que los demás se sometan exactamente a su manera de hacer las cosas» (ibíd.), ésto dependerá ciertamente de la situación, pues cualquiera estaría feliz de ver tal inflexibilidad en una cirujana cerebral o incluso en un mecánico del automóvil. Por otro lado, el juicio sobre cuánto dinero «se ha de acumular para catástrofes futuras» (ibíd.) diferirá ciertamente entre las personas sensibles y las no sensibles, pero puede ser motivo legítimo de debate, incluso entre economistas. El último criterio, la «rigidez y obstinación» (ibíd.) generales también pueden haber sido valoradas desde el punto de vista de una persona no sensible.

Referente a la ocurrencia conjunta de la sensibilidad y el TPOC, estos pacientes serían probablemente menos visibles que sus equivalentes no sensibles, en la medida en que difícilmente van a intentar imponer su comportamiento sobre el resto de las personas. Podrían exhibir también racionalizaciones más plausibles para sus conductas más extremas, como puede ser la de su necesidad de reducir la sobreestimulación. En un capítulo anterior, hablé de una paciente que aisló sonoramente su casa con el fin de no escuchar el vocerío del patio de recreo de una escuela vecina. Sus extraños comportamientos llegaron al punto en que, evidentemente, terminó encajando con los criterios de este trastorno. Por ejemplo, tenía la casa llena de colecciones escrupulosamente ordenadas que ocupaban todo su tiempo, al punto de no tener siquiera amistades ni contacto con su familia.

Apéndice

C

Resumen de investigaciones sobre el concepto de la alta sensibilidad

En este apéndice se ofrece una revisión detallada de investigaciones relativas al concepto de alta sensibilidad. Comienza con la investigación inicial en la cual se desarrolló el concepto y la Escala PAS, seguida por otra investigación que realicé con otros colegas utilizando la Escala PAS, en la que se incluyen datos neuropsicológicos, además de algunas investigaciones realizadas por otros académicos sobre rasgos similares en seres humanos y en animales. Por último, encontrarás algunas teorías acerca de las bases genéticas y evolutivas de este rasgo y respuestas a algunas preguntas que quizás aún te estés formulando. (Por favor, ten en cuenta que, si realizas búsquedas en bases de datos como PsychInfo acerca de estudios realizados sobre la alta sensibilidad, encontrarás la mayor parte de ellos a través del término «sensory-processing sensitivity» [sensibilidad del procesamiento sensorial] o SPS).

La investigación inicial

Prefiriendo obtener una imagen cualitativa del concepto antes de comenzar con un estudio cuantitativo, lo primero que hice fue entrevistar a personas que se identificaban con el término de «altamente sensible». Describí el término de dos maneras: como un alto grado de introversión (estando convencida, no obstante, de que estaba estudiando un aspecto infravalorado de la introversión) o bien como sentirse fácilmente abrumado bajo estímulos tales como ruidos, situaciones evocadoras de emociones o espectáculos impactantes (Aron y Aron, 1997, Estudio 1).

Entrevistas, métodos y hallazgos

Las personas entrevistadas fueron alistadas entre los estudiantes de los cursos de psicología de la Universidad de California en Santa Cruz, donde yo daba clases por entonces, y, con el fin de ampliar la muestra, a través de anuncios en el boletín del personal del campus y en el boletín de la asociación artística de la zona, pidiendo «adultos no estudiantes».

Alrededor del 10 % de los estudiantes de psicología se identificaron con el término y se presentaron voluntarios, en tanto que la respuesta a los anuncios en los boletines fue también numerosa. Las entrevistas duraban entre tres y cuatro horas cada una, y se realizaban sólo con aquellas personas con las que, a través de una llamada telefónica previa, podíamos confirmar que habían comprendido lo que se intentaba transmitir en el anuncio y tenían la sensación de que aquello se aplicaba a ellas (alrededor del 85 %). Tras alistar a los primeros 30 participantes, intente crear una muestra más representativa, dando prioridad a ciertas edades, a hombres, a artistas (de ahí el boletín de la asociación artística) y a aquellas personas que tenían éxito en su trabajo según los estándares convencionales. En total, se entrevistó a 39 personas, de las cuales 12 fueron estudiantes, 17 eran hombres y 30 no tenían pareja (8 de ellas eran divorciadas). Una de cada género se declaró homosexual. Las edades variaban entre los 18 y los 66 años, con al menos cuatro participantes en cada década de edad.

El protocolo de entrevista comenzaba recogiendo los datos básicos, para luego formular preguntas generales acerca de lo que habían pensado los participantes al ver la descripción de sensibilidad de los anuncios y cómo la entendían en su propio caso. A continuación, Las preguntas iban desde asuntos menos personales (como qué clases de películas les gustaban, preferencias medioambientales, etc.) hasta los más personales (primeros recuerdos, relaciones con los progenitores, vida escolar, amistades, citas y romances o matrimonio, actividades creativas y puntos de vista filosóficos y religiosos). Después, las personas entrevistadas respondían a un breve cuestionario sobre el estilo de apego (Hazan y Shaver, 1987) y al Indicador de Tipos Myers-Briggs (MBTI; Myers, 1963).

Alrededor de la mitad de las personas entrevistadas se habían planteado seriamente en algún momento lo de ser altamente sensibles, si bien no disponían de un término concreto para ello. Para otras personas, el anuncio había puesto el foco de su atención sobre su sensibilidad por vez primera. (En tres casos, durante las entrevistas, nos dimos cuenta, tanto la entrevistadora como la persona entrevistada, de que ésta última no era altamente sensible, según la definición de la investigación; los datos de estas personas no se incluyeron en el análisis de datos cuantitativos).

Posiblemente, el resultado más sorprendente fuera que, de las 35 personas entrevistadas que completaron el MBTI, 28 eran introvertidas, pero 7 eran extravertidas, a pesar de que el anuncio de reclutamiento estaba explícitamente sesgado hacia las personas introvertidas (porque yo pensaba que introversión y sensibilidad tenían que ser idénticas, dada la mayor sensibilidad física que daban las investigaciones a los introvertidos). Una de las extravertidas había crecido en una granja comunitaria y declaraba que la gente, incluso personas extrañas y grupos grandes, le calmaba, en lugar de activarla. Sin embargo, era sensible a los ruidos de la ciudad. (Su estilo de apego, al igual que el de otros extravertidos, era seguro). Otras dos de las personas extravertidas parecían haber adoptado una personalidad social extravertida a modo de defensa, o bien por presión de la dinámica familiar (y tuvieron respuestas de evitación en el cuestionario del estilo de apego). Otras tres personas parecían haber adoptado una actitud extravertida a causa de una especie de talento enérgico e inquieto. (Se mostraron indecisas en su estilo de apego entre los estilos seguro e inseguro).

Otra impresión que se obtuvo de los entrevistados, corroborada esta vez por el cuestionario del estilo de apego, fue que alrededor de la mitad de los participantes había tenido una infancia «suficientemente buena», pero eran altamente sensibles de todos modos; es decir, su sensibilidad no era simplemente una reacción a alguna disfunción familiar crónica o a un trauma precoz. Los participantes altamente sensibles con una buena infancia habían tenido un buen desempeño, bien como estudiantes o en el trabajo, y veían que su sensibilidad les proporcionaba muchas ventajas, aunque hubiera condicionado sus vidas considerablemente. Por otra parte, sus historiales de relaciones íntimas eran también bastante mejores que los de aquellas personas que habían tenido una infancia complicada. Entre éstas, algunas habían recurrido bastante a la psicoterapia, y constituían la casi totalidad de las personas que se había mostrado indecisa entre la opción segura y las dos inseguras del cuestionario de apego. El resto de las que habían tenido una infancia difícil evidenciaban unos ajustes bastante severos o bien problemas de personalidad en la etapa adulta, si bien estos problemas no estaban relacionados necesariamente y de forma obvia con su sensibilidad (p. ej., dos tenían trastornos alimentarios). Sin embargo, tenían la sensación de que su sensibilidad era problemática y que había condicionado sus experiencias en la escuela, en su trabajo y en sus relaciones. Particularmente, era más probable que se sintieran vulnerables, discapacitados o defectuosos debido a su rasgo.

También se observó que, en el 70 % de los casos, las personas tenían la sensación de ser diferentes, sobre todo en lo referente a su necesidad de hacer pausas con más frecuencia que los demás en días ajetreados (y luego sentir que algo había mal en ellos por necesitar tiempo para recuperarse). También se observó que estas personas intentaban adaptar su vida con el fin de reducir la estimulación y las sorpresas indeseadas; le daban más importancia a su vida espiritual e interior, incluidos los sueños; y se mostraban meticulosas con los detalles, además de preocuparse por «hacer lo que es correcto».

Dieron la impresión generalizada de tener una baja autoestima leve, como mínimo, que no siempre podía ser explicada por un trauma o una crianza complicada. Algunas de estas personas veían su diferencia como una debilidad en sí, en tanto que otras pensaban que habían tenido muchos fracasos en su vida por causa de su sensibilidad. Sentían tener menos control que los demás sobre sus reacciones ante diferentes situaciones, como el ser observadas en el trabajo, en la realización de exámenes, al tener que hablar o hacer una presentación ante un grupo de personas. Declararon también que les preocupaba mucho ser juzgadas o evaluadas, y que las consideraran inútiles.

La Escala PAS

A partir de las entrevistas se identificaron cierto número de características que parecían corresponder con las personas sensibles. Con ellas se conformó un cuestionario de 60 ítems (Aron y Aron, 1997), que se pasó a 604 estudiantes de psicología pertenecientes a dos muestras: una de 319 estudiantes de la Universidad de California en Santa Cruz y otra de 285 estudiantes de estadística de siete universidades distintas del país. También se le pasó a otras 301 personas de una muestra general de la sociedad que habían respondido positivamente a través de llamadas telefónicas al azar y de estudiantes entrevistadoras (hubo un 37 % de tasa de respuesta, bastante elevada para estos métodos, y un 8 % de las entrevistas se realizaron en español). A partir de estos datos, redujimos los 60 ítems iniciales (en una serie de análisis factoriales y diversos métodos de evaluación de ítems) a los 27 elementos finales de la Escala de Personas Altamente Sensibles (Escala PAS), que se utilizaría a partir de entonces en todas las investigaciones sobre este rasgo. En pruebas exhaustivas, este cuestionario se mostró altamente consistente internamente; es decir, que sus ítems, aparentemente diversos, mostraban altas correlaciones mutuas, situándose el índice alfa de Cronbach entre .64 y .75. (Si no estás familiarizado con este estadístico, alfa de Cronbach puede situarse entre 0 y 1, pero los extremos son inusuales, de modo que los índices que obtuvimos fueron relativamente altos, sobre todo teniendo en cuenta la diversidad de los ítems incluidos en la escala). Posteriores estudios (revisados más abajo) encontrarían índices similares.

En cada muestra hubo también una clara solución monofactorial con una caída drástica de los valores propios (varianza total contabilizada) del primer al segundo factor no rotado, con los factores restantes mostrando claramente un gráfico de sedimentación (donde los valores bajos decrecen progresivamente, sin caídas bruscas). Por tanto, tomando como base el enfoque de la prueba de sedimentación estándar, la medida parece apuntar a un único constructo. (Sin embargo, estudios posteriores sugieren la existencia de subescalas o factores múltiples, tema sobre el que volveré después). Dado el amplio rango de conductas y actitudes que cubren los ítems, desde la propensión a los sobresaltos hasta la sensibilidad ante la cafeína, pasando por el disfrute de una rica vida interior o la valoración de las artes, la solución monofactorial encajaría también con la teoría de que el constructo describe algo fundamental que subyace a la mayoría o la totalidad de las conductas de las personas que tienen este rasgo. (La mayoría de las medidas de un rasgo o comportamiento con índices alfa por encima de .60 tienen preguntas casi idénticas con el fin de disponer de una escala que tenga un adecuado índice alfa de Cronbach y sea unidimensional). En este artículo inicial (Aron y Aron, 1997, Estudio 5) también informamos de la validez externa de la Escala PAS, al encontrar, con una nueva muestra de 119 estudiantes, una relación sustancial entre la Escala PAS y una medida ya validada de un constructo similar, la escala de Mehrabian (1976), que evalúa el filtrado sensorial bajo.

Curiosamente, las distribuciones de las puntuaciones de la Escala PAS en las cuatro muestras (N = 1 494) eran un reflejo de las distribuciones de otras experiencias realizadas sobre el constructo temperamental de «inhibición» estudiado en niños pequeños (utilizando métodos taxométricos; Woodward, Lenzenweger, Kagan, Snidman y Acrcus, 2000), según las cuales el rasgo se distribuye más como una variable categórica aproximadamente dicotómica que como un continuo con una distribución normal. Es decir, aparecía un punto de fractura en algún lugar de las distribuciones de nuestras muestras, de tal modo que la «curva» se aplanaba por el centro, en vez de situarse la mayoría de las personas en el medio de la distribución. Una vez más, entre el 10 y el 35 % de las personas cayó dentro de la categoría altamente sensible, dependiendo de la muestra; por ejemplo, los cursos de psicología tendían a atraer a más estudiantes sensibles que el resto de cursos. (Para una discusión sobre las concepciones tipológicas de la personalidad, véase Robins, John y Caspi [1998]; para una discusión sobre la idea relacionada con éstas de los rasgos globales, véase Funder [1991]).

La Escala PAS y la introversión social

Se llevaron a cabo comparaciones estadísticas sistemáticas de la medida de sensibilidad con diversas medidas de introversión social (Aron y Aron, 1997, Estudios 2-4) usadas en estudios realizados en universidades y en la sociedad en general. Utilizando nuestra breve medida de introversión social, que variaba entre dos y cuatro preguntas (¿Te gusta conocer a personas extrañas? ¿Tienes un círculo de amistades amplio? ¿Evitas las multitudes? ¿«Recargas baterías» en soledad o en compañía de otras personas?), las correlaciones mostradas por las diferentes muestras se situaban entre .25 y .52 (todas ellas significativas), sugiriendo una clara relación con la introversión social, pero demostrando también que las variables eran distintas.

Pero hicimos uso también de otras medidas de introversión social. En una muestra en la que se utilizó el MBTI, la correlación con la sensibilidad fue de .14. En dos de las muestras, medimos la introversión utilizando el *primitivo* Inventario de Personalidad de Eysenck (1981) (en el cual están incluidos los ítems que miden tanto la impulsividad como la sociabilidad) y las correlaciones fueron de .27 y .29 (ambas significativas). Utilizando la Escala de Extraversión de John, Donahue y Kentle (1992), basada en el Modelo de los Cinco Factores (McCrae y Costa, 2003), la correlación fue de .12 (no significativa). La prueba de John, Donahue y Kentle (1992) es más corta que el resto de medidas de cinco factores, pero tiene niveles de fiabilidad comparables a éstas (todas las medidas de cinco factores de la introversión resaltan la sociabilidad). Aunque la mayoría de estas correlaciones fueron significativas, como era de esperar, las puntuaciones no fueron elevadas.

Recurriendo a otra forma de diferenciar la introversión de la Sensibilidad del Procesamiento Sensorial (SPS), comparamos la escala con ítems que medían la sensibilidad, pero que procedían de los 60 ítems originales y no de la escala final. Esto lo hicimos por diversos motivos, pero, con todo, eran ítems que medían obviamente la sensibilidad; preguntando, por ejemplo, si la persona llora con facilidad, si se enamora intensamente, si le afecta mucho el alcohol o si se dan variaciones de sensibilidad ante la luz del sol durante la jornada o según las estaciones.

Utilizamos estos ítems como una segunda medida «externa» de la sensibilidad, con el fin de hacer una serie de análisis correlacionales parciales.

Tras excluir estadísticamente la introversión (lo cual tuvo más o menos el efecto de someter a prueba a personas sensibles que mostraran sólo puntuaciones medias en introversión), la Escala PAS siguió correlacionando fuertemente con esta otra escala de sensibilidad «externa». Y, cuando se excluyó la Escala PAS de las medidas de introversión, la escala de sensibilidad «externa» no correlacionó con la introversión. Como prueba adicional de la especificidad de la Escala PAS en relación con la introversión, hicimos las cosas también del revés, formulando las preguntas de introversión de la «escala externa» (p. ej., ¿prefieres vivir en el campo?) que correlacionaban con las medidas que habíamos utilizado para la introversión. Al excluir las medidas estándar de introversión, la Escala PAS no correlacionó con la escala de introversión «externa». Sin embargo, al excluir la Escala PAS, la medida de introversión estándar seguía correlacionando con la escala de introversión «externa».

La Escala PAS y el neuroticismo

También llevamos a cabo la misma serie de análisis en las mismas muestras centrándonos en tres medidas de neuroticismo (afectividad negativa). La primera fue la compuesta por nuestras tres preguntas utilizadas en todos los estudios: «¿Eres proclive a sentir miedo?», «¿Eres una persona tensa o preocupada por la depresión?» y «¿Eres proclive a la depresión?». Las correlaciones de esta escala de tres ítems con la Escala PAS fueron desde .47 a .62 (todas significativas). La correlación con la medida de cinco factores de neuroticismo de John *et al.* (1992), fue .41 (también significativa).

Aunque las correlaciones entre neuroticismo y SPS fueron siempre entre moderadas y altas, estaban muy lejos de ser perfectas. Además, aplicando la misma serie de análisis de correlación parciales a las medidas «externas» de neuroticismo y sensibilidad, nos encontramos de nuevo con dos constructos claramente diferenciados. Es decir, excluyendo estadísticamente el neuroticismo, la correlación de la Escala PAS con los ítems de sensibilidad «externa» se mantuvo; y, excluyendo la Escala

PAS, las medidas de neuroticismo estándar seguían correlacionando con los ítems «externos» de neuroticismo.

Especialmente importante fue que, dado que el rasgo SPS supone una mayor reactividad emocional, encontramos que tal reactividad se da tanto ante acontecimientos negativos como positivos, y está presente con independencia del neuroticismo. Por ejemplo, tras excluir las medidas de neuroticismo, la Escala PAS seguía correlacionando con preguntas generales (no necesariamente negativas) acerca de las emociones; por ejemplo, en una muestra (Aron y Aron, 1997, Estudio 6), en el ítem de llorar con facilidad, se obtuvo .54 antes de excluir el neuroticismo y .33 después); en el ítem de sentir el amor intensamente, se obtuvieron los valores de .31 y .24; y en el ítem de «Cuando eres feliz, ¿es muy intenso ese sentimiento?», los valores obtenidos fueron de .50 y .30. Estos resultados dan apoyo a la idea de que aquellas personas con una elevada SPS, neuróticas o no, tienen reacciones emocionales más intensas en términos generales, incluyendo aquí las emociones positivas. Esto quedaría corroborado posteriormente mediante una inducción experimental de emociones positivas y negativas (Aron *et al.*, 2005, Estudio 4), descrito más abajo, que desde entonces se ha llegado a demostrar también mediante neuroimágenes (Bar-Haim *et al.*, 2009).

Por último, la Escala PAS no supone una simple combinación de introversión y neuroticismo, aunque la introversión y el neuroticismo correlacionaran significativamente entre sí (.16, .22, .16), al igual que las múltiples correlaciones de ambos con la Escala PAS (.56, .62, .47). En cambio, en todas las muestras de nuestro informe inicial (y en todos los estudios hechos desde entonces donde se han realizado tales análisis), casi todas las correlaciones de la Escala PAS con los ítems o variables «externas» relacionadas con la sensibilidad se mantuvieron fuertes y significativas tras la exclusión de la introversión y el neuroticismo.

En la serie inicial de estudios (Aron y Aron, 1997), no se excluyó sistemáticamente del análisis a las personas que habían tenido un pasado problemático. Si lo hubiéramos hecho, es muy probable que se hubieran reducido sustancialmente las correlaciones con el neuroticismo, y todo lo que hubiera quedado se habría podido explicar mediante los ítems en los que hubieran coincidido las personas sensibles tanto neuróticas como no neuróticas, aunque sus motivos hubieran diferido de algún modo. Por ejemplo, ante el estrés por tener que hacer una presentación en público, por cambios súbitos, por plazos límite o por tener «un montón de cosas que hacer»; para la persona sensible no neurótica, los principales motivos habrían estado relacionados con su disgusto ante situaciones sobreestimulantes; para la persona neurótica, hubieran sido principalmente el miedo al fracaso y la humillación, o bien las consecuencias de la depresión y la baja autoestima.

La sensibilidad y el Modelo de los Cinco Factores

El neuroticismo fue el único de los cinco factores (neuroticismo, extraversión, responsabilidad, amabilidad y apertura a la experiencia) que correlacionó significativamente, o casi, con la Escala PAS en nuestras muestras de 1997. Sin embargo, la correlación múltiple de las cinco escalas con la Escala PAS fue de .54 *(p < .01)*, una cifra sólo ligeramente superior a la de tomar únicamente en consideración el neuroticismo y la introversión prescindiendo del otro allí. Este ligero incremento posiblemente se deba a la existencia de preguntas en las otras escalas que podrían describir a las personas altamente sensibles, aunque las escalas en sí no lo hagan. Aun aceptando que una correlación de .54 es evidentemente sustancial, esto significa que el 71 % de la varianza no quedaría explicado en modo alguno por el Modelo de los Cinco Factores, por lo que habría que concluir que la SPS no está del todo contenida dentro de estos constructos ampliamente utilizados.

Smolewska, McCabe y Woody (2006) compararon también la Escala PAS con el Modelo de los Cinco Factores utilizando el Inventario NEO de los Cinco Factores, y encontraron una correlación de .45 con neuroticismo, similar a lo que habíamos encontrado nosotros, además de una correlación de .31 con apertura (la cual habíamos esperado encontrar y, sin embargo, no apareció en nuestra muestra). También replicaron la falta de una relación significativa con las otras tres escalas del Modelo de los Cinco Factores, sobre todo en la de introversión-extraversión. Esto no debería de sorprender, dado que el Modelo de los Cinco Factores equipara la introversión con una carencia de afecto positivo, en tanto que la sensibilidad está fuertemente asociada con una respuesta positiva a «Cuando eres feliz, ¿es muy intenso ese sentimiento?».

Conclusión: La investigación inicial (Aron y Aron, 1997) sobre la SPS comenzó con una serie de entrevistas, de las cuales se seleccionaron 60 ítems y se administraron a varias muestras amplias antes de dar forma a la Escala PAS de 27 ítems. Ésta resultó ser una medida unidimensional, fiable y válida interna y externamente de un rasgo que se planteó como una estrategia según la cual el individuo prefiere procesar la información antes de actuar.

La interacción de la sensibilidad con una infancia problemática predice el afecto negativo y la timidez

Aunque, en nuestros resultados de 1997, la sensibilidad demostró ser algo muy diferente del neuroticismo, habrá que reiterar que ambos mostraron una correlación de en torno a .45. Sin embargo, las entrevistas nos indicaban que las personas que habían tenido problemas en la infancia eran las que sufrían más depresiones y ansiedad. En aquellos estudios de 1997, descubrimos un subgrupo diferenciado de personas sensibles, de en torno a un 30 %, que eran obviamente más introvertidas y parecían tener más emociones negativas, personas cuyo afecto negativo parecía estar asociado a una infancia complicada. Pero, en la investigación, no habíamos buscado tal interacción. Esto significa que las emociones negativas crónicas o las perspectivas y conductas inusualmente positivas se predicen mejor si se toman en consideración la sensibilidad y la infancia juntas, en vez de verlas cada una por separado. (Específicamente, el patrón de interacción que esperábamos obtener de las entrevistas era que, aunque todo el mundo pudiera haberse visto influenciado por la calidad de su infancia, el efecto de la infancia sería mucho más intenso en las personas altamente sensibles. En conclusión, aquellas personas con una infancia turbulenta deberían mostrar un nivel especialmente alto de neuroticismo, en tanto que aquéllas que hubieran tenido una buena infancia debían mostrar, si es que mostraban algo, un nivel *menor* de neuroticismo que las personas no sensibles).

Tres estudios

En el primer estudio de Aron *et al.* (2005, Estudio 1), se midió el entorno de infancia mediante la utilización una escala de seis ítems, reflejo de experiencias de infancia que podían responderse de un modo relativamente objetivo (p. ej., ¿padeció alguien alguna enfermedad mental o alcoholismo en la familia?, ¿estuvo ausente alguno de los progenitores?, ¿tuviste una relación especialmente estrecha con tus progenitores?, etc.). También utilizamos la escala de tres ítems del afecto negativo o neuroticismo que habíamos utilizado en los estudios de 1997 («¿Eres una persona tensa o preocupada por naturaleza?», «¿Tienes propensión a tener miedo?», «¿Eres proclive a la depresión?»). En los tres estudios medimos también la timidez, utilizando la prueba revisada de Cheek (1983). Medimos la timidez porque se suele equiparar con la sensibilidad y porque es otra variable que, tras las entrevistas, pensábamos que podría predecir la interacción entre la SPS y el entorno de infancia (para una discusión detallada de la relación de la sensibilidad con la timidez, véase E. Aron [1999]). Además, en todos estos estudios evaluamos la introversión, si bien, cuando se excluyó estadísticamente, los resultados no cambiaron en ningún caso.

En este primer estudio (N = 96) descubrimos la interacción prevista, pero más timidez que neuroticismo. En las personas altamente sensibles, cuanto peor era la infancia, mayor era la timidez, en tanto que, en el caso de los no sensibles, la correlación era casi de cero entre la escala de infancia y la timidez. En cuanto al afecto negativo, la interacción fue marginalmente significativa *(p < .07)*. La correlación de la escala de la infancia con el afecto negativo para las personas sensibles fue de .40, y de .12 para las personas no sensibles. El mejor «análisis de trayectoria» descubrió que era probable que las personas sensibles con afecto negativo fueran tímidas; es decir, el afecto negativo era un mediador importante. Si las personas con SPS elevada e infancia complicada se las habían ingeniado para evitar el afecto negativo crónico, no se las consideraba tímidas (Figura 1).

(a) MODELO:

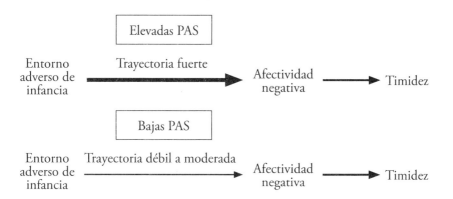

Elevadas PAS

Entorno adverso de infancia ——— Trayectoria fuerte ——→ Afectividad negativa ——→ Timidez

Bajas PAS

Entorno adverso de infancia ——— Trayectoria débil a moderada ——→ Afectividad negativa ——→ Timidez

(b) RESULTADOS (Tal como predice el modelo):

Estudio 1

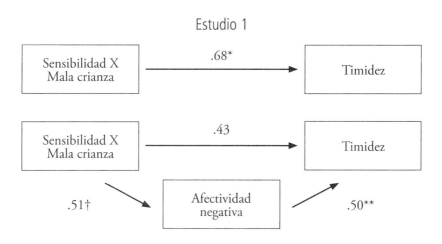

Sensibilidad X Mala crianza ——— .68* ——→ Timidez

Sensibilidad X Mala crianza ——— .43 ——→ Timidez

.51† ↘ Afectividad negativa ↗ .50**

Figura 1

En el segundo estudio (N = 213), se investigaron las mismas hipótesis, pero medimos también el afecto negativo, utilizando el Inventario de Ansiedad de Beck (Beck, Epstein, Brown y Steer, 1988) y el Inventario de Depresión de Beck (Beck, 1978). También medimos el entorno de infancia utilizando en esta ocasión el Instrumento de

Vínculo Parental *(Parental Bonding Instrument, PBI*; Parker, Tupling y Brown, 1979). Con esta muestra, más grande, y con estas medidas más estandarizadas, hubo una interacción claramente significativa, según la cual la SPS, en combinación con un pobre entorno parental o bien con un afecto negativo, estaba relacionada con la timidez de forma significativa. Una vez más, en nuestra investigación sobre la mejor trayectoria hacia la timidez, el afecto negativo fue el mediador entre un mal entorno parental y la timidez. En el Estudio 3 (N = 396), se obtuvieron los mismos resultados utilizando sólo evaluaciones de la madre: una puntuación compuesta por la versión de la madre del PBI y por evaluaciones de vinculación estrecha real y deseada con la madre a los 5, 9, 13 y 16 años de edad (Figura 2). Obsérvese que, aunque no se tomaron medidas para resultados positivos, aquellas personas que obtuvieron puntuaciones positivas en el PBI parecían mostrarse menos neuróticas y tímidas que las personas no sensibles con puntuaciones positivas similares en el PBI; es decir, las personas sensibles lo estaban haciendo especialmente bien. El Estudio 4 (en el que se introdujo una manipulación experimental) se describe más adelante.

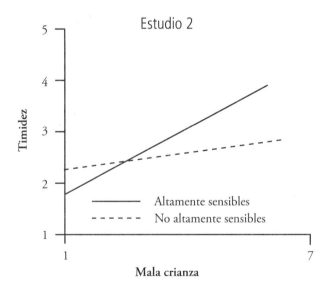

Figura 2

Acerca del uso de autoinformes retrospectivos

Las personas con un alto nivel de neuroticismo es probable que describan el recuerdo de una experiencia pasada de forma más negativa de cómo pudieron describirla en el momento en que ocurrió (Barrett, 1997; Cutler, Larsen y Bunce, 1996; Larsen, 1992), y las personas depresivas tienen la tendencia a dar informes más negativos de la mayoría de los acontecimientos del pasado que las personas no depresivas (Feldman, 1995). Por tanto, para el estudio de estas variables hubiera sido preferible recurrir a datos longitudinales, si bien existen motivos para suponer que tales sesgos de memoria no estaban afectando a nuestros resultados.

No cabe duda de que los autoinformes retrospectivos son problemáticos bajo condiciones en las cuales el patrón de resultados obtenido o pronosticado se corresponde con la dirección probable del sesgo, como sería el caso, por ejemplo, cuando se correlaciona la depresión en adultos con informes retrospectivos de haber tenido una mala infancia. Pero este tipo de correlación no puede explicar el motivo por el cual la asociación de una infancia negativa y el afecto negativo debería ser más elevada en las personas altamente sensibles. De hecho, si una elevada SPS equivalía a tener más afecto negativo o significaba una visión de la propia vida más negativa, incluida la infancia, al compararse una persona sensible y una no sensible con el mismo nivel de depresión en ese momento, y si tal sesgo estaba operando, la persona sensible daría cuenta de una infancia más negativa. Los informes de los pacientes sensibles depresivos estarían más sesgados que los de las demás personas cuando estuvieran deprimidas. Sin embargo, el patrón de resultados observado fue que, con el mismo grado de depresión actual, los sujetos con elevada SPS informaban de una infancia *menos negativa*. (Es decir, el patrón de nuestros resultados indicaba que se precisaba de una infancia menos negativa para ellos, comparada con la de las personas no sensibles, para desarrollar una depresión en la edad adulta).

Dicho de otro modo, si cometieras el error de equiparar el ser sensible con ser neurótico y tener un sesgo negativo, cuando una persona sensible que se encontrara mal por estar sin empleo viniera a ti y describiera una infancia terrible, pensarías para tus adentros que este paciente está ciertamente angustiado, pero que su infancia no fue tan mala como dice, por lo que concluirías que es una persona de carácter negativo.

A la hora siguiente, si un paciente no sensible llegara a tu consulta igualmente afectado por estar en paro y hubiera tenido una infancia parecidamente complicada, esta vez creerías que su infancia fue tan mala como dice porque creerías que un paciente no sensible no va a exagerar, por lo que concluirías que había tenido la infancia terrible que describe. Sin embargo, nuestros resultados demuestran que, para que el paciente sensible tenga el mismo grado de disfunción –la misma angustia por verse en el paro–, habría tenido que describir una infancia mejor, no una peor, que el segundo paciente.

Con resultados como los que se detallan arriba, es evidente que no encontramos este sesgo en nuestro estudio, lo cual debería llevarnos a concluir por los autoinformes retrospectivos que la interacción de la SPS con una infancia difícil lleva al neuroticismo (a los afectos negativos de la depresión y la ansiedad), en vez de llegar a la conclusión de que la SPS es lo mismo que el neuroticismo. Más bien, si este sesgo –que todas las personas sensibles ven su pasado de forma más negativa– hubiera estado presente, habría operado en contra del patrón de resultados obtenido. Así pues, cuando eventualmente se lleve a cabo una investigación longitudinal y observacional, cabrá esperar que el mismo patrón que hemos observado sea incluso más fuerte.

Estudio 4: Un experimento

Cuando planeamos el siguiente estudio (Aron *et al.,* 2005, Estudio 4), estábamos empezando a buscar activamente la interacción entre la sensibilidad y una buena infancia, con la hipótesis de que esta combinación lleva a resultados más positivos que en el caso de las personas no sensibles con una infancia similarmente buena. Nuestro principal objetivo era comprender el proceso por el cual determinados acontecimientos podrían afectar a los niños y niñas sensibles, y algunas cosas más. Asumiendo que este proceso tendría alguna similitud para aquéllos individuos que ya han pasado la infancia, nos pusimos a observar las reacciones que tendrían los estudiantes universitarios justo después de suceder algo que debería ser importante para ellos. Esta vez intentamos incluir una experiencia positiva, aunque, por desgracia, para medir el efecto emocional de la experiencia utilizamos una escala que medía el grado de los sentimientos negativos. Con todo, las personas que participaron podían optar por respuestas como «en absoluto» ansioso, triste, etc.

En el experimento, se les entregaba a los estudiantes una prueba de «capacidad de razonamiento aplicado», de la cual (sin saberlo los participantes) había dos versiones, una muy difícil y otra muy fácil, que se asignaron aleatoriamente en dos mitades. Los que hacían la versión fácil, veían a la gente a su alrededor esforzándose intensamente (de hecho, algunos problemas ni siquiera tenían una respuesta correcta), mientras que los que estaban haciendo la versión difícil veían a los otros terminar la prueba con rapidez. (Mediante un control de manipulación, verificamos que, con independencia de si eran altamente sensibles o no, las personasque tenían la versión difícil creyeran que habían hecho la prueba muy mal, mientras hacíamos que las que tenían la versión fácil pensaran que lo habían hecho muy bien). De nuevo nos encontramos aquí con una interacción, según la cual los estudiantes sensibles que pensaban que lo habían hecho mal se sentían peor que los estudiantes no sensibles que habían recibido la misma valoración, mientras que los estudiantes sensibles que pensaban que lo habían hecho bien tenían una reacción emocional positiva (menos negativa) más intensa que los estudiantes sensibles que habían recibido las mismas noticias (Figura 3).

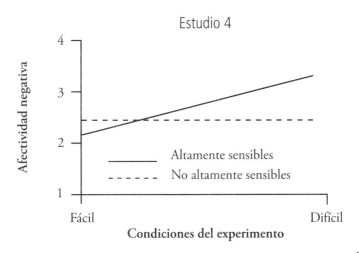

Figura 3

De hecho, los estudiantes no sensibles casi no mostraron reacciones ante ninguna de las dos versiones de la prueba. Presumiblemente, los estudiantes sensibles se sintieron más afectados por la sensación de haber hecho bien o mal la prueba debido a que procesaron con más profundidad el significado subjetivo del hecho. En cualquier caso, si los adultos sensibles respondieron con más intensidad a acontecimientos con valencia emocional, cabría pensar lo mismo de los niños. Obsérvese que, como se dijo anteriormente, los estudiantes sensibles se mostraron efectivamente más sensibles tanto a la retroalimentación positiva como a la negativa, replicando de otra manera los hallazgos de la investigación de 1997 en la que las personas sensibles declaraban tener reacciones más intensas, tanto de felicidad como de desdicha, ante diversas situaciones. En investigaciones llevadas a cabo por otros colegas, de las que se habla más abajo, se ha encontrado también el mismo efecto positivo en las personas sensibles, un efecto mayor del habitual, ante experiencias positivas. Un grupo de investigación (Boyce *et al.,* 1995), en un estudio realizado con niños en edad escolar, con entornos familiares y escolares buenos y malos, indicó que los niños con una sensibilidad acrecentada ante los procesos psicológicos «podrían ser también más capaces de tomar conciencia de aquellas señales sociales que denotan estímulo y aceptación» (p. 420).

Conclusión: Realizando un seguimiento de los resultados de las investigaciones iniciales, que sugerían que una infancia complicada provocaría un efecto diferencial en las personas sensibles, realizamos (Aron *et al.,* 2005) un estudio en el que encontramos una interacción clara entre una infancia difícil y la sensibilidad. Según los resultados, las personas sensibles con una infancia complicada es más probable que desarrollen un afecto negativo en la edad adulta y también que sean más tímidas, si bien en este punto es el afecto negativo el mediador con la timidez. En un experimento en el que se pretendía determinar si las experiencias negativas afectarían más a los niños sensibles, se descubrió que los estudiantes universitarios sensibles tenían reacciones más intensas que los demás ante las experiencias negativas, pero también ante las positivas.

Los hallazgos en neurociencias

La Escala PAS es un instrumento útil para todo tipo de investigaciones. Sin embargo, en última instancia, tanto el concepto como la escala precisan de algún tipo de validación que indique que el rasgo se fundamenta en una diferenciación psicológica entre personas sensibles y no sensibles que afecta al comportamiento.

Las personas altamente sensibles muestran menos sesgos culturales de percepción

En un estudio (Hedden, Ketay, Aron, Markus y Gabrieli, 2008), diseñado para valorar la respuesta cerebral ante una conocida diferencia cultural en la percepción, se crearon dos grupos: uno con diez estadounidenses de origen europeo y otro con diez personas asiáticas orientales con residencia reciente en los Estados Unidos. A ambos grupos se les administró la Escala PAS y se les realizaron pruebas de imagen por resonancia magnética funcional (IRMf) mientras llevaban a cabo unas sencillas tareas de razonamiento visual y espacial en las que se enfatizaban juicios que podían ser independientes del contexto (normalmente más fáciles para personas estadounidenses) o dependientes del contexto (normalmente más fáciles para las personas asiáticas). Cada grupo mostró una mayor excitación cerebral ante la tarea que culturalmente menos preferían, concretamente en las regiones frontal y parietal, en áreas vinculadas con un mayor esfuerzo de atención y de memoria de trabajo. Sin embargo, en un análisis posterior centrado en los resultados de la Escala PAS (Aron *et al.,* 2007), se descubrió que este efecto general se moderaba de forma muy notable y significativa en función de las diferencias individuales en la SPS.

Específicamente, y coherentemente con la teoría, las personas altamente sensibles mostraron pocas diferencias por cultura, en tanto que las personas menos sensibles mostraban fuertes diferencias culturales. Esta interacción siguió siendo significativa *(p < .05)* cuando se controlaron la afectividad negativa (neuroticismo), la introversión social, el género y las diferencias individuales en la fortaleza de la identidad cultural. Dicho de otro modo, las personas sensibles podían superar –con menos o ningún esfuerzo– una percepción culturalmente sesgada con más facilidad que las personas no sensibles (Figura 4).

Tarea absoluta (teniendo que ignorar el contexto)

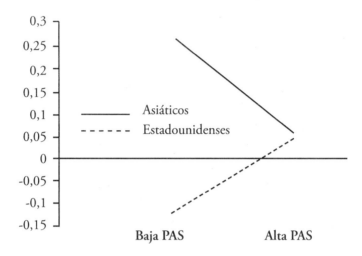

Tarea relativa (teniendo que considerar el contexto)

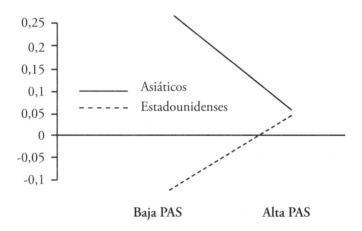

Figura 4

La SPS está asociada a un incremento de excitación en las áreas perceptivas durante la realización de tareas de discriminación perceptiva fina

En un estudio con IRMf (Jagiellowicz *et al.,* en prensa), un grupo de estudiantes con puntuaciones diversas en la Escala PAS llevó a cabo una serie de tareas en el escáner, en las cuales se valoraban la similitud o diferencia de una imagen con respecto a la anterior dentro de una serie de escenas paisajísticas. Las presentaciones se hicieron en bloques, en los cuales las variaciones (cuando las había) podían ser gruesas o sutiles. Había 12 bloques de cada tipo, y se presentaban de forma aleatoria. Las personas que obtuvieron puntuaciones elevadas en la Escala PAS mostraron una espectacular diferencia de excitación en diversas regiones (sobre todo en las del procesamiento visual) durante las tareas sutiles (frente a las gruesas), indicando con ello que trabajaban más activamente en las tareas sutiles que los sujetos no sensibles. Estos resultados sugieren que, incluso con muestras muy pequeñas, las personas sensibles responden de manera bien diferente a las personas no sensibles en según qué tipo de tareas.

Morfología basada en vóxel, diferencias en la estructura cerebral entre SPS y no SPS

En un estudio (Ersner-Hershfield *et al.,* 2007), en el que se utilizó un nuevo método, la morfometría basada en vóxel, que identifica diferencias en la densidad de la materia gris, se buscaron variaciones en SPS entre dos muestras: una de estudiantes universitarios de Estados Unidos y otra de estudiantes universitarios asiáticos recientemente instalados en los Estados Unidos. En las tres muestras, este rasgo se asoció de manera notable con diferencias complejas, aunque coherentes, en la materia gris.

Conclusión: Los estudios neuropsicológicos, aun trabajando con muestras muy pequeñas, han descubierto que las puntuaciones en la Escala PAS están asociadas a diferencias en la morfología cerebral y a diferencias predecibles en excitación cerebral durante la realización de tareas perceptivas.

Investigaciones clínicas y aplicadas utilizando la Escala PAS

La Escala PAS se ha utilizado en un buen número de investigaciones clínicas. Meyer y Carver (2000) exploraron ésta y otras variables que pudieran estar asociadas en un estudio realizado sobre estudiantes universitarios, a los que se pidió que se evaluaran a sí mismos para ver si encajaban con la descripción del trastorno de la personalidad por evitación tal como se describe en el *DSM*. El pesimismo apareció relacionado con las valoraciones de los estudiantes cuando éstos tenían puntuaciones altas en SPS o si recordaban experiencias de infancia adversas. (Sin embargo, los autores no comprobaron si la correlación SPS-pesimismo se mantenía después de excluir estadísticamente las experiencias adversas de infancia).

Neal, Edelmann y Glachan (2002) recopilaron autoinformes a través de correo de voluntarios pertenecientes a organizaciones de autoayuda para la ansiedad y la depresión con el fin de estudiar la relación existente entre diversos problemas de salud mental y la sensibilidad. Ésta pareció estar relacionada con la ansiedad (fobia social, agorafobia, ansiedad, trastornos de pánico) en este grupo, pero no parecía guardar relación con la depresión.

Liss *et al.* (2005) replicaron la interacción PAS-experiencia de infancia que habíamos encontrado previamente (Aron *et al.*, 2005, Estudios 1-3), pero evaluaron la depresión y la ansiedad por separado, en vez de como una única variable de afecto negativo (neuroticismo). En su estudio, la SPS estaba relacionada con la depresión sólo en aquellos casos en los que había habido una crianza deficiente, pero estaba relacionada con la ansiedad fuera cual fuera la experiencia de infancia.

Meyer *et al.* (2005) utilizaron una muestra compuesta por un 50% de estudiantes universitarios y un 50% de población general de la zona de Londres para determinar los antecedentes de los trastornos de la personalidad límite y por evitación, y no encontraron ninguna relación de efecto entre la alta sensibilidad y cualquiera de estos trastornos, ni tampoco con experiencias de infancia negativas. Sin embargo, cuando se dividió la Escala PAS en subescalas (tema del que se hablará más tarde), se encontraron con algunas relaciones.

Benham (2006) descubrió en un estudio con una muestra de estudiantes universitarios que una puntuación elevada en la Escala PAS correlacionaba positivamente con los valores de estrés autopercibido y con la autodeclaración de síntomas físicos de mala salud. En el mismo año, Kemler (2006) dividió un grupo de deportistas entre personas con alta y con baja puntuación en la Escala PAS, y descubrió que, tras participar en un evento deportivo, los que habían puntuado alto en la escala reportaban un nivel mayor de ansiedad y vergüenza, y mostraban una mayor discrepancia entre cómo se veían a sí mismos con respecto a su ideal, y también entre cómo se veían a sí mismos y cómo creían que deberían ser. (Una interpretación alternativa posible es que la ansiedad hizo que su desempeño fuera peor y, quizás, el resto de resultados emocionales fueron una consecuencia de ello).

Hofmann y Bitran (2007) exploraron la relación de las puntuaciones obtenidas en la Escala PAS con el trastorno de ansiedad social en una muestra de personas diagnosticadas con este trastorno a través de entrevista clínica. Aunque las entrevistas habían validado en términos generales los resultados de un test sobre trastorno de ansiedad social que se les había administrado previamente, no se observó una correlación positiva entre la alta sensibilidad y el diagnóstico de este trastorno. La sensibilidad sí que correlacionó, no obstante, con un subtipo generalizado de ansiedad social y agorafobia, así como con una medida de evitación de daños, como si las personas altamente sensibles tuvieran un trastorno atípico de ansiedad social. Otra manera de entender estos resultados sería que los pacientes sensibles diagnosticados con este trastorno a través de entrevista clínica no tuvieran en realidad el problema, dado que el test que validaba normalmente el diagnóstico no lo hizo en su caso.

Evers, Rasche y Schabracq (2008) estudiaron el efecto de la alta sensibilidad sobre el estrés laboral: no ver el trabajo como algo manejable, con sentido y comprensible y el trabajo como una forma de generar alienación, una baja eficacia personal y un afecto negativo. Con una muestra compuesta por personas voluntarias, reclutadas entre amistades que, posteriormente, alistaban a más voluntarios entre sus amistades, como en un efecto bola de nieve (no está claro si sabían cuál era el objetivo del estudio), Evers *et al.* descubrieron que la mayoría de los efectos negativos anticipados de la sensibilidad estaban presentes en toda la Escala PAS y en aquellas dos subescalas que medían los aspectos negativos del rasgo. La SPS no correlacionó con el hecho de ver el trabajo como algo carente de significado ni con lo de que el trabajo llevara a una baja eficiencia personal.

Conclusión: La Escala PAS se ha utilizado de diversas maneras en otras investigaciones, incluso en los intentos por replicar la interacción entre sensibilidad y una infancia problemática como vía hacia un afecto negativo, específicamente la depresión, pero no la ansiedad. La presencia de ansiedad en todas las personas sensibles, sea cual sea su experiencia de infancia, encajaría con la idea de estas personas como individuos que prefieren observar antes de actuar en vez de asumir riesgos. Estudiantes de universidad sensibles declararon sentir más estrés y síntomas físicos que sus homólogos no sensibles, y deportistas universitarios sensibles dieron cuenta de más sentimientos de vergüenza y de ansiedad tras sus respectivos encuentros deportivos. No se ha encontrado que las personas sensibles tengan más probabilidades de sufrir trastornos de la personalidad límite o por evitación ni de que satisfagan todos los criterios del trastorno de ansiedad social, y en un estudio sobre los efectos del rasgo sobre el estrés laboral, los resultados fueron dispares.

La Escala PAS, ¿es unifactorial?

La Escala PAS se fundamentó empíricamente a partir de una serie de entrevistas con las que se diseñó un gran número de ítems, que se redujo posteriormente observando las correlaciones mutuas entre ítems (Aron y Aron, 1997). No sabiendo exactamente lo que estábamos estudiando, éste fue el proceso apropiado en aquel momento. Cuando se concluyó la escala, nos sorprendió ver el amplio rango de contenidos reflejados por los ítems que correlacionaban mutuamente entre sí, desde la sensibilidad al dolor y la facilidad para sobresaltarse hasta la meticulosidad y una vida interior rica. Este hecho nos llevó a profundizar en el concepto que estábamos desvelando y nos llevó a sospechar que estaba reflejando un procesamiento más profundo, y no sólo el que estas personas tuvieran unos sentidos más agudos y se sintieran abrumadas ante un exceso de estimulación. Además, esta sensibilidad de procesamiento profundo traía consigo tanto efectos agradables como desagradables, y daba lugar a estrategias mediante las cuales se pretendía evitar los efectos desagradables de la sobreestimulación.

Por otra parte, como descubrirían posteriormente Aron *et al.* (2005) y otros, la SPS propicia cierta vulnerabilidad ante las experiencias estresantes de la vida, lo cual tendría también un efecto sobre su medida. Sin excluir estadísticamente las medidas de una infancia complicada o de algún estrés similar, la escala que habíamos desarrollado correlacionaba en términos generales con el neuroticismo y con medidas de afecto negativo, todo ello debido a que cierto porcentaje de personas sensibles de nuestras muestras había tenido una infancia difícil, viéndose afectadas por ello más que las personas no sensibles con similares problemas de infancia. No obstante, la Escala PAS ha estado prediciendo bien los resultados, inclusive en los estudios neurofisiológicos que se han realizado hasta la fecha.

En resumen, la Escala PAS, aunque imperfecta, parece ser una medida sorprendentemente útil, cubriendo un rango muy amplio de fenómenos, que parecen ser el resultado de una única diferencia individual subyacente. El índice alfa de Cronbach es un indicador que nos dice en qué medida una respuesta afirmativa a un ítem incrementa la probabilidad de responder afirmativamente a otro ítem. En los estudios en los que se ha dado información sobre el índice alfa de Cronbach (Aron y Aron, 1997; Benham, 2006; Hofmann y Bitran, 2007; Meyer y Carver, 2000; Meyer *et al.*, 2005; Neal *et al.*, 2002), los datos fueron iguales o superiores a .85, indicando con ello que la escala es unidimensional y coherente.

Otra forma de comprobar si una serie de ítems son unidimensionales o pueden dividirse en subescalas es mediante análisis factorial, si bien existe cierto desacuerdo en lo relativo a cuándo podría decirse que una escala tiene subescalas. De aquellos estudios donde se utilizó la medida para otros propósitos, pero utilizando análisis factorial, unos afirmaron que la Escala PAS era unidimensional (Aron y Aron, 1997; Hofmann y Bitran, 2007; Neal *et al.*, 2002). Estos estudios se basaron en términos generales en el ampliamente utilizado método estándar del gráfico de sedimentación, en el cual se revisa el patrón de valores propios (la varianza contabilizada) a medida que se va desde el primer factor no rotado hasta el último, inspeccionando visualmente el patrón en busca del punto en el cual el valor propio de cada uno de los factores restantes desciende de forma uniforme, como un derrubio en la ladera de una montaña. (Si sólo hay un factor, el primer valor propio podría ser 7, y los siguientes podrían ser 2, 1'8, 1'7, 1'5, 1'4, etc.). En los estudios en los que se ha dado cuenta de los valores propios de los primeros factores, los resultados han sido similares en todos ellos, con un primer valor propio grande (p. ej., 26 % de varianza contabilizada), siendo el segundo sustancialmente inferior (p. ej., 8 % o menos) y cayendo el resto poco a poco hasta 0.

Sin embargo, en algunos estudios, apareció un segundo salto tras el salto grande inicial, lo cual podría indicar la existencia de más de un factor. Así, Myer *et al.* (2005) informaron de la aparición de cuatro factores, y Smolewska *et al.* (2006) informaron de tres. Evans y Rothbart (2008), utilizando un método diferente para identificar el número de factores, dieron cuenta de dos. Abajo resumimos brevemente algunos de los hallazgos de estos estudios y lo que podrían estar sugiriendo respecto a la estructura subyacente de la Escala PAS. Meyer *et al.* (2005), como ya se ha señalado, consideraron la existencia de cuatro factores en la interpretación de sus resultados. Tras la rotación, etiquetaron estos factores como sensibilidad general/sobreestimulación (contabilizando el 28 % de la varianza total), reacciones adversas (8 %), discriminación psicológica fina (7 %) y evitación de daños controlada (4 %). En su estudio sobre personalidades límites y de evitación, estos factores (tratados como subescalas) diferenciaron estas personalidades en el sentido en que la personalidad de evitación correlacionó significativamente con la evitación de daños controlada, en tanto que la personalidad límite correlacionaba con la discriminación psicológica fina.

Smolewska *et al.* (2006) etiquetó los tres factores que obtuvo como facilidad de excitación (26 %), sensibilidad estética (8 %) y bajo umbral sensorial (6 %). Sin embargo, los factores de los ítems en los estudios de Meyer *et al.* y de Smolewska *et al.* no fueron los mismos.

Evans y Rothbart (2008) compararon la Escala PAS con el Cuestionario de Temperamento para Adultos de Rothbart (Evans y Rothbart, 2007), que se había desarrollado de forma diferente. Estos investigadores comenzaron estableciendo definiciones de los rasgos e incluyeron exclusivamente ítems que encajaran con esas definiciones. Haciendo uso de análisis paralelo (un método recientemente desarrollado para determinar el número de los factores) y llevando a cabo una comprobación cruzada con análisis factorial confirmatorio, descubrieron que la Escala PAS podía desgajarse en dos factores, haciendo coincidir sus escalas de afecto negativo (específicamente, su subescala de angustia debida a la incomodidad sensorial) y sensibilidad de orientación (específicamente, su subescala de sensibilidad sensorial) con sólo una correlación moderada entre ellas. (Su solución factorial se corresponde bastante bien con los tres factores de Smolewska *et al.* en el sentido de que uno de los factores se superpone con precisión y el segundo contiene a los otros dos. Sin embargo, existe mucha menos superposición con los cuatro factores de Meyer *et al.*).

Habría que señalar en todos estos vaivenes que es probable que todos nuestros análisis factoriales estén sesgados por la interacción con el entorno de infancia. Así, por ejemplo, el factor de incomodidad sensorial de Evans y Rothbart podría deberse en gran medida a la contribución en las respuestas de aquellas personas de la muestra con un problemático historial de infancia. Evans y Rothbart, viniendo desde una perspectiva exclusivamente temperamental, no revisaron los distintos estudios donde se habían encontrado estas interacciones y quizás no fueran conscientes de ello.

Se ha visto que, cuando se divide la Escala PAS en subescalas, algunas de éstas correlacionan con diversos trastornos (Liss, Mailloux y Erchull, 2008; Meyer *et al.*, 2005). Esto es algo que cabía esperar, dado que la Escala PAS general correlaciona en gran medida con el neuroticismo, y las escalas que utilizan ítems relativos a la incomodidad sensorial correlacionan con los trastornos del espectro del autismo, en los cuales se observa tal malestar, si bien de un modo no consistente. Pero, con todo, cabría argumentar que, aunque se puedan encontrar algunas características de la sensibilidad en personas ajenas a la población de personas sensibles, centrarse en ese detalle pasa por alto la fuente. A modo de analogía, las mujeres suelen llevar falda, pero los hombres también pueden llevarla, y los perros tienen cola, pero lo mismo ocurre con otros muchos animales, desde las salamandras hasta los caballos. Sin embargo, además de eso, hay algo específico y singular en las mujeres, en los perros y en las personas sensibles. La idea aquí es que no podemos describir el conjunto, la totalidad, desde sus diversas partes.

Si alguien necesita una medida de incomodidad sensorial, puede encontrarla en una subescala de la Escala PAS, aunque se han desarrollado y se desarrollarán sin duda otras medidas más directamente centradas en el umbral de estímulo y en la incomodidad (p. ej., el Perfil Sensorial para Adultos o la Escala de Incomodidad Sensorial de Brown y Dunn [2002], que se basa en el concepto del trastorno del procesamiento sensorial y tiene su origen en la terapia ocupacional). Sin embargo, estas medidas parecen evaluar exclusivamente los efectos negativos del aspecto sensibilidad sensorial de la alta sensibilidad. La SPS, tal como la conceptualizamos nosotros y otros colegas que vienen desde perspectivas más biológicas y evolutivas, se entiende no sólo como sentir más y, quizás, sentirse incómodo con ello (aquéllas personas con una infancia complicada aún más que los demás), sino también como procesar y responder a los estímulos de un modo diferente a como lo hace la mayoría.

En lo relativo a si el constructo es uniforme o complejo, parece que el jurado está deliberando aún entre tres posibilidades: (a) que existen factores independientes mínimamente correlacionados (una posibilidad sustentada en algunos estudios, pero que no es generalizada), (b) que existen factores parcialmente correlacionados, subescalas o «facetas» de un constructo en general coherente (una posibilidad consistente con varias investigaciones, aunque las variaciones entre los distintos estudios acerca de cómo debería dividirse la escala general genera dudas), o (c) que existe un único factor que representa a un rasgo subyacente común, aunque con diversas expresiones en función de circunstancias tales como la crianza (una posibilidad consistente con bastantes de los datos obtenidos, y especialmente con las investigaciones realizadas con animales de las que se habla arriba, aunque, evidentemente, sin haber quedado definitivamente establecido).

Conclusión: Los ítems de la Escala PAS tienen una enorme variedad, si los comparamos con la mayoría de las escalas de personalidad o temperamento. De ahí que no debería sorprender que todos estos ítems se puedan dividir en subcategorías. Lo que sí debería sorprendernos es que preguntas tan variadas correlacionen entre sí tanto como lo hacen, como si hubiera un rasgo básico por debajo de todos ellos. Además, este conjunto de preguntas variadas parece separar a las personas en grupocon y sin el rasgo, grupos que ofrecen medidas diferentes en aspectos importantes, incluidos el funcionamiento cerebral y la neuroanatomía.

Investigaciones sobre rasgos similares

La primera investigación moderna sobre el temperamento, al menos en los Estados Unidos, comenzó cuando Alexander Thomas, Stella Chess y sus colaboradores (Thomas, Chess, Birch, Hertzig y Korn, 1963; Thomas, Chess y Birch, 1968) se percataron de la existencia de unas diferencias que no creían que fueran el resultado de la educación, comenzando así un estudio observacional longitudinal con el cual poder identificar estos rasgos tempranos en la vida. En aquella época, las causas de las diferencias de personalidad y comportamiento se explicaban exclusivamente a través de teorías psicoanalíticas y de aprendizaje. Tras la observación de una muestra amplia, concluyeron que había nueve rasgos temperamentales, basándose sólo en lo que podía observarse. En su mayor parte, la SPS parecía ser la confluencia de dos rasgos que no siempre se encontraban juntos: un bajo umbral sensorial y el retraimiento o retirada (frente a la aproximación). Aun en el caso de que la SPS fuera el rasgo subyacente, lo que Thomas y Chess podían observar realmente en la conducta de los niños era, por ejemplo, que unos eran sensibles al ruido, a la ropa que pica y a nuevas comidas, en tanto que otros se retraían ante situaciones y personas nuevas. En ocasiones, ambas cosas iban de la mano (el niño o la niña que «tarda en entrar en calor» [Thomas *et al.,* 1968]), pero no siempre, dado que los niños SPS con una elevada búsqueda de sensaciones fuertes no se mostraban retraídos. En conjunto, hubiera sido difícil ver la estrategia subyacente de un procesamiento de estímulos o información más profundo.

Otros investigadores, que buscaban rasgos innatos mediante la observación de niños pequeños, se percataron de que algunos niños lloraban más fácilmente, de tal modo que no dudaron en denominar «negatividad afectiva» a algunos casos con SPS elevada (Marshall y Fox, 2005). Como ya se ha mencionado, Kagan (1994) desarrolló el término «inhibición conductual ante lo no familiar» observando a niños y niñas desde los cuatro meses hasta la adolescencia, al descubrir que algunos de ellos hacían una pausa antes de entrar en un entorno de laboratorio, lleno de juguetes novedosos y complicados. Kagan relacionó el rasgo con el temor y con la amígdala. Sin embargo, recientes estudios con neuroimágenes (Bar-Haim *et al.,* 2009) han encontrado que las áreas de recompensa del cerebro en adolescentes «inhibidos» se activan con más facilidad, al igual que las áreas del temor. Es decir, estos adolescentes parecen responder más ante todo tipo de situaciones, como si su conducta inhibida pudiera describirse mejor como una pausa para observar una situación novedosa; y, dependiendo de lo que se encuentren, se activarán más que los demás ante potenciales recompensas o se sentirán más amenazados que otros ante potenciales peligros.

Pocos intentos se han hecho para comprender el temperamento en adultos. La personalidad en la etapa adulta se estudia normalmente sin intentar determinar lo que pueda haber de innato, salvo para señalar la heredabilidad de, por ejemplo, el Modelo de los Cinco Factores (o los «Cinco Grandes»). Sin embargo, la heredabilidad sólo hace referencia al grado en que un rasgo está presente debido a la genética, pero no significa que haya genes de la introversión o del neuroticismo. (Llevar falda es altamente heredable debido a su estrecha asociación con el género, pero no existe un gen que te haga llevar falda). Evans y Rothbart (2008) intentaron medir los rasgos de temperamento de Chess y Thomas con el Cuestionario de Temperamento para Adultos, reduciendo los nueve temperamentos originales a cinco: sensibilidad de orientación, control del esfuerzo, extraversión, afiliación y afecto negativo. Sin embargo, como se mencionó arriba, centrarse en el grado de conciencia de la estimulación de baja intensidad (sensibilidad de orientación), en vez de en la profundidad del procesamiento de la información sensorial, captará sólo un aspecto de un rasgo que es mucho más grande.

Carver y White (1994) desarrollaron una teoría y una medida de dos rasgos de temperamento en adultos tomando como base las descripciones de Gray (1985, 1991) sobre un supuesto sistema de inhibición conductual (SIC) y otros sistema de activación conductual (SAC). En teoría, tener uno de estos dos sistemas más activo supondría una diferencia individual innata básica. Sin embargo, Carver y White basaron su medida en la versión más antigua de la teoría de Gray, que sugería que tener un SIC activo generaba una mayor orientación al miedo. Aunque, en un principio, Gray equiparó el SIC con la ansiedad, él mismo había cuestionado esa idea en el artículo original (1981). Gray había dicho que su teoría supondría que una persona sería más sensible sólo ante una amenaza, pero que tal explicación sería «tortuosa, suponiendo que, para empezar, sea viable» (Gray, 1981, p. 270). Si la tarea del SIC fuera comparar el momento presente con el pasado (que es la formulación que hizo Gray en 1985), con el fin de detectar señales de amenaza o de castigo exclusivamente, todavía quedaría por examinar toda estimulación, no sólo los estímulos amenazadores. Además, el funcionamiento del SIC, si generara ansiedad, debería ser desorganizador en términos generales, interfiriendo con el proceso comparativo, pero no es ése el caso. Más bien, el sistema ralentiza la actividad, en la medida en que una persona con un SIC elevado «hace pausas para comprobar». En comparación, aquellas personas que están orientadas hacia la recompensa (SAC elevado), que se mueven con rapidez hacia su objetivo en lugar de detenerse a hacer comprobaciones, son las que se comportan de un modo más ansioso y desorganizado (Patterson y Newman, 1993).

No debería sorprender que la teoría del SIC de Gray fuera revisada (McNaughton y Gray, 2000), en parte recurriendo a observaciones con animales para diferenciar los *tres* sistemas. El SIC está compuesto por un interés de alerta y el procesamiento de la información, un equilibrado o negociación entre la simple urgencia por satisfacer unas necesidades (SAC) y la necesidad de detenerse y considerar el modo de aprovechar mejor la oportunidad inmediata, al tiempo que se atienden otras necesidades, como la seguridad. El tercer sistema gobierna el verdadero miedo, las reacciones de lucha o huida. Hasta la fecha, aquellas personas interesadas en las diferencias de personalidad siguen identificando el SIC con el miedo a una amenaza y la retirada. Sin embargo, como señala el propio Gray en su modelo revisado, en cuanto una persona se detiene para hacer comprobaciones, esta persona está tan preparada para avanzar como para emprender la retirada, dependiendo de lo que observe.

La discusión más interesante acerca de lo que pudiera ser este rasgo procede de estudios realizados con otras especies. Más de 100 especies diferentes (Wolf *el al.,* 2008) parecen utilizar la estrategia de observar antes de actuar, en contraposición a la de actuar con rapidez y casi al azar. Ambas estrategias tienen sus ventajas, dependiendo del momento y el lugar. Desde el campo de la biología no consideran que se pueda atribuir la diferencia estratégica a unos sentidos más agudos. Por ejemplo, hay «halcones» y «palomas» (Korte *et al.*, 2005) en diversas especies, comparables a los sensibles y los no sensibles. Las «palomas» prestan una mayor atención a los detalles del entorno –ubicación de la comida, agresividad de otros animales, momentos en que las potenciales parejas no están bajo la vigilancia de machos dominantes–, pero también utilizan esta información para desarrollar diversas estrategias de acuerdo con lo que las «palomas» hacen en su propia especie. Esta perspectiva neutral del rasgo –útil en ocasiones, no en otras– nos lleva hasta las teorías acerca del rasgo en humanos que resaltan la posibilidad de obtener resultados altamente positivos o negativos, sobre todo en la infancia, dependiendo del entorno donde se encuentren los individuos sensibles.

Conclusión: Las investigaciones sobre el temperamento comenzaron con estudios sobre niños, y se extendieron a los adultos a través del Cuestionario de Temperamento para Adultos de Evans y Rothbart, y de la medida de Carver y White basada en el SIC y el SAC. Todos hablan de rasgos estrechamente relacionados con el constructo de la SPS.

Los que consideran el rasgo potencialmente positivo y negativo a un tiempo

La perspectiva más reciente sobre la sensibilidad la contempla como un rasgo diferencial neutral, que puede suponer tanto ventajas como inconvenientes, dependiendo del entorno. Esta tendencia tuvo su inicio, posiblemente, con Boyce y sus colegas (1995), quienes, junto con Gannon *et al.* (1989), utilizaron el término «reactividad psicobiológica» para describir a aquellos niños y niñas que, si se hallaban bajo estrés en casa o en la escuela, sufrían más lesiones y más enfermedades que los otros niños, pero menos que éstos si no se encontraban bajo estrés. Tras explorar el fenómeno a fondo, tanto en animales como en humanos, desarrollaron el término «sensibilidad biológica al contexto»

(SBC; Boyce y Ellis, 2005) y equipararon o vincularon estrechamente la SBC con la alta sensibilidad (p. 286). En estas investigaciones se sugiere que la SBC puede estar gobernada por un gen que permite a la descendencia humana y de determinadas especies (a destacar los monos Rhesus) adaptarse al entorno en el que se encuentran después de nacer. Esto contrastaría con la transmisión genética de una estrategia de supervivencia fija, como hacen algunas especies, que funciona muy bien en determinadas condiciones.

Boyce y Ellis (2005) sostienen que tal plasticidad y maleabilidad son necesarias en los seres humanos y otros primates, especies en las cuales el apego madre-bebé es prolongado y esencial para el posterior bienestar social y psicológico. Esta relación madre-bebé puede variar desde la que proporciona una fuerte protección frente al estrés hasta la que no le proporciona nada al bebé, o incluso se convierte en una fuente de estrés en sí misma. Un gen de la SBC proporcionaría la capacidad para «monitorear detalles concretos de los distintos entornos en la infancia como base para calibrar el desarrollo de los sistemas de respuesta ante el estrés, a fin de que se ajusten a esos entornos» (Boyce y Ellis, 2005, p. 271).

Boyce y Ellis argumentaban a continuación que un gen de la SBC daría cabida a tres escenarios potenciales en relación con la crianza y el estrés precoz. En un entorno muy estresante, la SBC se activaría de tal modo que el individuo estuviera en nivel de máxima alerta ante las más sutiles señales de peligro. Sin embargo, esta vigilancia, por necesaria que pueda ser, tendría muchos efectos perniciosos para la salud y para el desarrollo posterior de la personalidad. Un segundo escenario, en un entorno sumamente protector y lleno de atenciones ante las necesidades del bebé, también activaría este gen, lo cual le permitiría obtener el máximo beneficio de unos excelentes progenitores. Un tercer escenario sería aquél en el cual el estrés en la relación progenitor-hijo o hija sería moderado. En este caso, el gen no se activaría, en tanto en cuanto el uso de la energía necesaria para mantener una elevada sintonía con el entorno tendría pocas ventajas.

Siguiendo una misma línea, Belsky y sus colegas (Belsky, 2005; Belsky *et al.,* 2007; Pluess y Belsky, 2009) hicieron una revisión de evidencias para propugnar un cambio de términos en el rasgo, con la intención de que no se asociara exclusivamente a una emocionalidad negativa. Así, propusieron dejar de llamarlo «vulnerabilidad diferencial» ante la depresión y la ansiedad, para llamarlo más bien «susceptibilidad diferencial» ante entornos tanto positivos como negativos.

Lo que viene a continuación son algunas de las investigaciones que llevaron reconceptualiza el rasgo en cuanto a sus ventajas, y no sólo en función de sus inconvenientes. En un estudio sobre la interacción de la crianza con un temperamento temeroso en la formación de la conciencia, Kochanska y Thompson (1997) descubrieron que, entre los dos y los tres años de edad, los niños y niñas que mostraban una mayor inhibición en entornos novedosos y que eran más conscientes de los desperfectos en los juguetes (conscientes de las sutilezas) también se mostraban más disgustados si la situación se organizaba de tal manera que parecieran ser ellos los causantes del desperfecto. A los cuatro años de edad, estos mismos niños eran menos proclives a engañar, a saltarse las normas o a ser egoístas cuando no temían ser descubiertos, y daban más respuestas prosociales ante dilemas morales. Sin embargo, esta diferencia se mantenía a los cinco años sólo si la madre había utilizado una disciplina suave, sin recurrir al ejercicio del poder. La cooperación mutua entre la madre y el hijo o la hija, y la seguridad del apego, tuvieron unos efectos similares en su interacción con el temperamento a la hora de generar comportamientos inusualmente positivos y conscientes en estos niños.

Quas, Bauer y Boyce (2004) descubrieron que, comparados con los no sensibles, los niños sensibles tenían mejores recuerdos de un acontecimiento estresante cuando se daba en un entorno propicio que cuando se daba en un entorno no propicio, indicando que estos niños pudieran necesitar defensas tales como la represión y la disociación cuando los progenitores no eran capaces de ayudarles a procesar el acontecimiento estresante, pero que lo procesaban más a fondo que los demás si se encontraban en un entorno propicio.

Boyce y Ellis (2005) y Ellis, Jackson y Boyce (2006) revisaron también un buen número de investigaciones con animales demostrando el mismo tipo de interacción, ofreciendo peores o mejores resultados que los individuos del grupo de control dependiendo del entorno. Un detalle importante de los estudios con animales es que permiten la asignación experimental de animales «reactivos» a diferentes estilos de crianza materna. Por ejemplo, como se mencionó en el capítulo 1, Suomi (1997) cruzó monos Rhesus criados selectivamente para tener una reactividad alta o baja –es decir, monos de cada una de las dos cepas fueron criados bien por madres promedio o bien por madres muy hábiles en la crianza–. Los monos reactivos criados por madres promedio tuvieron los peores resultados, en tanto que los monos de baja reactividad mostraron pocos efectos diferenciales, fuera cual fuera la habilidad de la madre para la crianza. Pero los monos altamente reactivos que habían sido criados desde el nacimiento por madres con habilidades de crianza mostraron una marcada precocidad evolutiva y resiliencia conductual ante el estrés, además de ascender más dentro de la jerarquía de dominancia del grupo, convirtiéndose frecuentemente en líderes de éste.

Gunnar y colegas (Gunnar, 1994; Nachmias *et al.*, 1996) realizaron diversos experimentos para determinar las condiciones en las cuales, en un entorno novedoso, un niño sensible («inhibido») se acomoda rápidamente tras la reacción de estrés inicial o bien se siente cada vez más amenazado. En un experimento (Nachmias *et al.*, 1996), se introdujo a un grupo de niños pequeños en una sala llena de juguetes poco habituales y altamente estimulantes, mientras se llevaba control de sus niveles de adrenalina y cortisol. Los niños inhibidos tuvieron una subida inmediata de los niveles de adrenalina, algo que no se llegó a ver en los niños no inhibidos. Es decir, todos los niños inhibidos se sobresaltaron en un principio. Sin embargo, los niños inhibidos que, previamente, habían sido calificados entre los que tenían un apego seguro con la madre no tardaron en adaptarse y desenvolverse bien en aquel entorno de juegos novedoso, no encontrando nada amenazador en la situación una vez inspeccionada, tal como indicaron los niveles de cortisol, que fueron normales. Pero los niños inhibidos con apego inseguro con la madre no consiguieron relajarse en este entorno, mostrando niveles elevados de adrenalina y cortisol, indicando con ello que la pausa en la cual evaluaron la situación no hizo otra cosa que incrementar la sensación de peligro.

Gunnar (1994) hizo un experimento similar, dejando a un grupo de niños pequeños durante media hora con cuidadoras a las que se les había dado instrucciones de ser receptivas o no serlo, para luego introducirlos en la misma sala de juegos-laboratorio de alta estimulación. Cuando los niños no inhibidos entraban en la sala de juegos, su respuesta no se veía afectada por el tipo de cuidadora que hubieran tenido previamente. Los niños inhibidos que habían estado con una cuidadora receptiva se comportaron, y dieron niveles de adrenalina y cortisol, similares a los que tenían un apego seguro con sus madres. Sin embargo, los niños inhibidos que habían sido dejados con cuidadoras no receptivas se comportaron y dieron niveles de adrenalina y cortisol similares a los que habían dado los inhibidos con apego inseguro. Estos estudios sugieren que el grado en que un niño sensible o inhibido evalúe su apoyo social y su seguridad afectará en gran medida a su capacidad para adaptarse a nuevas situaciones.

Por último, numerosos estudios (p. ej., Canli, 2008; para una revisión, véase Belsky y Pluess, 2009) han vinculado ciertos genes (p. ej., el que codifica al transportador de serotonina, 5-HTT) con la depresión y la ansiedad. Durante años, esto se vio sólo como un factor de riesgo, pero en diversos estudios se ha descubierto que estos genes conceden también ciertas ventajas (Canli y Lesch, 2007; Strobel *et al.*, 2007) en conocimiento social y control cognitivo. Aunque todavía no es seguro, el transportador 5-HTT podría estar asociado con la sensibilidad de procesamiento sensorial. Ciertamente, nos suena familiar una característica que genera una vulnerabilidad ante la depresión y la ansiedad, pero que también resulta tener efectos positivos.

Conclusión: Diversas líneas de investigación indican que aquellas personas con una sensibilidad o susceptibilidad genética ante su entorno temprano pueden beneficiarse incluso más que las demás del hecho de haber crecido en una buena familia y de haber tenido una experiencia escolar relativamente poco estresante (estando más sanas, siendo menos depresivas y ansiosas, más competentes socialmente), al igual que pueden resultar especialmente perjudicadas por una mala versión de tal entorno.

Rasgos similares en animales

Aunque saber más acerca del rasgo en animales no es particularmente útil clínicamente, no cabe duda que fortalecerá la confianza del terapeuta en su realidad y le ayudará a clarificar su función. Hasta no hace mucho se daba por supuesto que cada especie ha evolucionado para encajar en un nicho ecológico en particular, y que existía un tipo ideal de esa especie viviendo en tal nicho, de tal modo que los que más se aproximaran a esa idea sobrevivirían y los que menos lo hicieran no sobrevivirían, al menos en tanto el nicho no cambiara. Pero, recientemente, ha quedado claro que existen variaciones o tipos dentro de cada especie en el mismo entorno, teniendo cada una de ellas unas ventajas sobre las otras en diferentes momentos o en diferentes regiones del entorno donde mora la especie. Por ejemplo, una variación conductual dentro de la misma especie de pez puede alimentarse en aguas abiertas en el centro de un estanque, en tanto que otro tipo se alimentará entre los carrizos de las orillas (Wilson *et al.*, 1993).

El primero en describir diferencias conductuales individuales estables dentro de una especie fue David Sloan Wilson, en su investigación sobre la perca sol (Wilson *et al.*, 1993). Si se ponía una trampa en un estanque donde habitaban estos peces, muchos se acercaban por curiosidad y terminaban siendo atrapados fácilmente. Otros no se acercaban, de modo que fueron capturados con una red con el fin de compararlos en un entorno de laboratorio, donde los peces «audaces» comenzaban a alimentarse cinco veces antes que las percas «tímidas». Cuando ambos tipos de percas se aclimataron al laboratorio, dejaron de mostrar diferencias en sus comportamientos exploratorios en un entorno nuevo, en sus respuestas cuando eran manejadas, en su reacción física ante el estrés y en la probabilidad de ser dominantes o subordinadas. (De hecho, en el caso de esta especie, el motivo más probable para el desarrollo de esta diferencia individual era que la perca sol tímida había elegido la parte más segura del estanque, obligando a la perca sol audaz subordinada a habitar zonas más peligrosas). Sin embargo, cuando volvieron al lago, las mismas percas tímidas recobraron su estilo original: no se acercaban a los bañistas y preferían estar cerca de otros peces. Cuando se emparejaba con un pez audaz, el pez tímido nadaba cerca de éste. Y si el pez audaz era capturado, el tímido se escondía bajo un tronco y no había manera de capturarlo.

Esta investigación pudo haber llevado al intento de aplicar el Modelo de los Cinco Factores en animales (Nettle, 2006), pero clasificar a las percas sol como extravertidas o introvertidas no hubiera tenido mucho sentido en una especie en la que los peces tímidos nadan en grupo mientras los audaces nadan solos. Probablemente sería mejor hablar de sensibilidad ante el entorno. Además, las cosas se complicaron aún más cuando se descubrió que, en estos peces, la valoración timidez-audacia cambia en función de la situación, como, por ejemplo, cuando los peces más audaces se muestran sólo moderadamente curiosos ante objetos nuevos (Coleman y Wilson, 1998). Los autores sugerían finalmente a los teóricos de la personalidad que estudian a los seres humanos que se preguntaran si la timidez no será una forma evolutiva de adaptación a contextos muy específicos. Otra posibilidad es que los peces tímidos sean realmente sensibles y que observen con más atención los objetos nuevos en los que los peces menos sensibles podrían estar menos interesados.

Dos estrategias parecen ser el fundamento de estas diferencias de «personalidad», aunque los comportamientos resultantes varíen ampliamente de situación a situación y de especie a especie, de modo que es difícil hacer generalizaciones acerca de los patrones de comportamiento que se heredan. Pero, sea cual sea el comportamiento real, las dos estrategias parecen representar dos posibles «apuestas» para la supervivencia, los dos tipos de apuestas que se pueden encontrar en cualquier juego de apuestas. Una consiste en «hacer una apuesta arriesgada que puede generar grandes ganancias» y la otra consiste en «examinar cuidadosamente la situación y apostar sobre seguro».

Por ejemplo, supongamos una especie que sobrevive en un entorno con ciclos variables de alimentos, recursos y depredadores. Si los alimentos son escasos, la situación le resultará más favorable al individuo de esa especie que esté dispuesto a asumir riesgos, actuando con rapidez o entrando en entornos novedosos. Y esto porque tal estrategia, que le llevará a aventurarse en lo que normalmente serían zonas peligrosas, le permitirá tomar los alimentos que puedan encontrarse allí, mientras que el tipo más conservador llegará más tarde y encontraría menos sustento. Sin embargo, en una situación de abundancia de alimentos y de depredadores, funcionará mejor la estrategia de ser más cuidadoso con los sitios donde te metes, dado que vas a poder encontrar sustento hasta en los lugares más seguros.

En otras especies y entornos, los tipos que utilizan estrategias conservadoras se alimentan en áreas más pobres en tiempos de abundancia para evitar conflictos, pero en los años de escasez saben mejor que los demás dónde encontrar comida, por haber tenido que buscar más en otros momentos. De ahí la dificultad para asignar comportamientos específicos a cada estrategia de forma generalizada entre las especies.

Estos dos estilos conductuales se han encontrado en numerosas especies (p. ej., en los primates, Higley y Suomi, 1989; Stevenson-Hinde, Stillwell-Barnes y Zung, 1980; Suomi, 1983, 1987, 1991; en cánidos, Beckoff, 1977; Fox, 1972; Goddard y Beilharz, 1985; MacDonald, 1983; Scott y Fuller, 1965; en ratas, Blanchard, Flannelly y Blanchard, 1986; Blizard, 1981; Cooper, Schmidt y Barrett, 1983; en cabras, Lyons, Price y Moberg, 1988; y, claro está, en la perca sol, Wilson *et al.,* 1993).

Estas diferencias podrían deberse a la evolución de variaciones reales en los genes o bien a un único gen que se encontraría en todos los miembros de una especie y que permitiría un amplio rango de respuestas en función de la situación. En el caso de la mosca de la fruta (Renger *et al.,* 1999), una única variante de alelo o gen parece ser la responsable de estas conductas, pues se ha llegado a identificar. Se sabe que hace que las moscas de la fruta se conviertan en sedentarias o exploradoras, dos estrategias distintas para la búsqueda de alimentos. En consonancia con la idea de que las sedentarias observan y procesan más la información que las exploradoras, parece ser que aquéllas disponen de una excitabilidad neuronal, una transmisión sináptica y una conectividad nerviosa mayores.

Existe una teoría (Wolf *et al.,* 2008) que sostiene que, evolutivamente, emergieron dos tipos de estrategias, reactivas y no reactivas, término inclusivo que se aplicaría a las más de 100 especies en las que se han constatado estas conductas diferenciales. La estrategia del primer tipo consiste en responder a los cambios en el entorno y adaptar el propio comportamiento a cada cambio. La no reactiva se enfrenta a cada situación de forma aleatoria, con una respuesta que no guarda relación con el pasado. Esta estrategia no reactiva puede parecer desventajosa, salvo por el hecho de que la estrategia reactiva tiene un mayor coste de energía. Así pues, reactividad y sensibilidad, tal como se utilizan aquí, parecen superponerse o, incluso, parecen ser conceptos idénticos.

Conclusión: En biología se han descubierto dos tipos de personalidad principales en más de 100 especies. Uno de estos tipos parece preferir observar y responder en función de la situación, y el otro observa menos y parece responder de forma más aleatoria. El éxito de ambos tipos de personalidad dependerá de las condiciones cambiantes o ligeramente diferentes en un mismo hábitat. En la medida en que cada tipo tiene sus ventajas y sus inconvenientes según sea la situación, ambos se consideran como variaciones evolutivas dentro de cada especie.

Algunas reflexiones sobre el vínculo entre sensibilidad e introversión

Dado que la introversión es un concepto muy familiar, convendrá hacer algún tipo de comparación con la sensibilidad.

La literatura académica sobre la introversión desde el interior, es decir, desde las diferencias fisiológicas en vez de desde las diferencias en la conducta social, la asemejan mucho a la sensibilidad. Después de la realización de numerosas investigaciones a lo largo de algo más de una década, el meta-análisis de Koelega (1992) y la revisión de literatura de Stelmack y Green (1992) venían a confirmar que el sello distintivo de la introversión es la sensibilidad. Por ejemplo, se comprobó que las personas introvertidas son más sensibles a las frecuencias auditivas bajas (Stelmack y Campbell, 1974; Stelmack y Michaud-Achorn, 1985) y que tienen un umbral más bajo de dolor (Barnes, 1975; Haier, Robinson, Braden y Williams, 1984; Schalling, 1971), electrocutáneo (Edman, Schalling y Rissler, 1979), olfativo (Herbener, Kagan y Cohen, 1989) y visual (Siddle, Morrish, White y Mangan, 1969). Como señaló Stelmack en 1997, «Desde mi punto de vista, existe un cuerpo de evidencias sustancial en las investigaciones sobre el rasgo de la extraversión que converge en un efecto general, a saber, la mayor sensibilidad (o reactividad) de las personas introvertidas sobre las extravertidas a la punción, a la estimulación física» (p. 1 239). Y luego añadió, «Lo que resulta sorprendente del efecto de la reactividad sensorial es que sea evidente para tan amplio rango de métodos psicológicos» (p. 1 240).

La investigación de Patterson y Newman (1993) apunta a una notable profundidad de procesamiento tras la reactividad sensorial. En sus estudios sobre el comportamiento impulsivo, estos autores se centraron en la desinhibición como un rasgo de la extraversión y en el cuidado como un rasgo de la introversión. En sus investigaciones, en las que se recompensaba o castigaba (ganar o perder dinero) el desempeño en una tarea, de la cual se daba retroalimentación después de cada intento, las personas introvertidas emplearon más tiempo para reflexionar sobre la información recibida, con el fin de identificar bien sus errores antes de proceder con el siguiente ensayo. Como resultado de ello, su desempeño fue mejor que el de las personas extravertidas. Patterson y Newman sugerían en su trabajo que tomarse tiempo para evaluar la información proporcionada por la retroalimentación «fomenta la profundidad y diferenciación semántica por medio de la reflexión» (p. 724). Es decir, las personas introvertidas procesan la información con mayor detalle y cuidado, lo cual las lleva a procesar aún con más cuidado la próxima vez. Estos comportamientos se contraponen, obviamente, a la impulsividad. Como consecuencia de ello, los autores reconceptualizaron la introversión como reflexividad (un excelente término, si no fuera por el hecho de que no se podría aplicar a todas las especies o que no podría explicar las rápidas respuestas de los sobresaltos ni la reacción ante la cafeína).

Parecería que la sensibilidad y la introversión fueran equiparables, si los investigadores se hubieran mantenido fieles a la definición original del término que hizo Jung (1921/1961), que no se basaba en la sociabilidad observable. Para Jung, la introversión era un método de conocimiento basado en la cuidadosa observación y procesamiento de un objeto, persona o situación, que no buscaría otra cosa que descubrir cómo se relaciona con las experiencias del pasado y con otros factores subjetivos. En contraposición a esto, Jung consideraba que las personas extravertidas preferían obtener tal conocimiento mediante contacto directo e inmediato. El problema, claro está, es que esta preferencia subjetiva de las personas introvertidas no es observable. (Antes de que Jung comenzará a resaltar los conceptos de introversión y extraversión, estuvo interesado en la sensibilidad en tanto que diferencia individual innata que interactúa con la experiencia para generar neuroticismo, y pudo haber recurrido a la introversión como un término más neutral [Aron, 2004b]). Dado que obtenemos la mayor parte del conocimiento de las personas que nos rodean a partir de lo que observamos, tendría sentido pensar que la introversión y la extraversión se hayan terminado convirtiendo exclusivamente en algo relacionado con la sociabilidad y el buen humor, que son conductas observables. Lo que ocurre dentro de las personas introvertidas, y el por qué ocurre, está aún por explorar, salvo por el hallazgo de que la sensibilidad es un factor determinante.

Conclusión: La introversión está asociada con una mayor sensibilidad en todos los ámbitos. No obstante, no podemos equiparar introversión y sensibilidad en tanto en cuanto la introversión y la extraversión hacen referencia principalmente a comportamientos sociales, y en que el 30 % de las personas sensibles son extravertidas según esa definición. Si pudiéramos utilizar el término tal como lo definió Jung en un principio, como una preferencia por la experiencia subjetiva del mundo, introversión y sensibilidad estarían describiendo una misma estrategia de procesamiento más profundo de la información.

La importancia del término que utilizamos

Tímida, introvertido, distante, estirada, lento, superdotada, estúpido, reflexiva, desconsiderado, inhibida, retraído, miedosa, neurótico, pesimista o simplemente callada, son algunos de los términos que se les suelen aplicar a las personas que optan por no actuar cuando los demás se lanzan de cabeza. Sin embargo, cada término es el reflejo de una teoría –implícita o explícita, popular o científica– acerca de lo que está sucediendo dentro de una persona que no actúa, o que no actúa con tanta frecuencia como los demás. Naturalmente, nos basamos en nuestra experiencia subjetiva o en lo que hemos aprendido en nuestra cultura acerca de las personas que no actúan. No hay mucho más que añadir.

Por ejemplo, en los estudios léxicos (Goldberg, 1990; Saucier y Goldberg, 2003) que llevaron al Modelo de los Cinco Factores de la personalidad, se da una especificidad conductual acerca de la descripción, casi universal, de las personas extravertidas. Tal como lo resumieron Mullins-Sweatt y Widiger (2006), se piensa de las personas extravertidas que son cordiales, afectuosas, cercanas, sociables, abiertas, dominantes, decididas, vigorosas, enérgicas, activas, imprudentes, atrevidas y entusiastas. En cambio, a las personas introvertidas, que hacen menos cosas, no se las puede describir en términos conductuales, de modo que las descripciones son más variables, e incluso contradictorias entre sí, dado que se formulan a partir de las diversas teorías existentes acerca de lo que está ocurriendo en su interior. La larga lista de descriptores de las personas introvertidas en el Modelo de los Cinco Factores comienza con frías, distantes e indiferentes, todas las cuales apuntan a la teoría de la persona que observa pero que no se une a los demás porque se siente superior. En segundo lugar, se las describe como retraídas y solitarias, dando por supuesta la teoría de que son incapaces de relacionarse socialmente por algún motivo. Modestas, calladas, resignadas –la teoría de que son menos asertivas o han renunciado a serlo y probablemente se sienten inferiores–. Pasivas, letárgicas –¿no será, simplemente, que les falta energía?–. Cautelosas, monótonas, sosas –siendo personas tan inactivas, hasta podrían resultar aburridas–. Sosegadas o anhedónicas –hacen menos porque tienen menos emociones y motivaciones intensas o, peor aún, porque son incapaces de obtener placer de lo que hacen o carecen de fuertes afectos positivos–. Aquí tenemos un surtido suficientemente amplio de descriptores y de las hipótesis subyacentes a éstos.

Estos términos e hipótesis se convierten en prejuicios en la vida diaria, prejuicios que afectan gravemente tanto a las personas calladas y tranquilas como a aquellas otras que podrían beneficiarse de su compañía. Por ejemplo, Paulhus y Morgan (1997) pasaron un test de inteligencia a un grupo de estudiantes antes de incluirlos en un grupo sin líderes que se reuniría en siete ocasiones a lo largo de siete semanas. Hicieron que los miembros del grupo se evaluaran unos a otros tras cada una de estas reuniones. Al principio, los grupos valoraron a las personas calladas como menos inteligentes; pero, hacia el final, las evaluaciones fueron mucho más precisas, pues las que fueron evaluadas por el grupo como menos inteligentes eran en realidad menos inteligentes según los tests, independientemente de lo mucho o poco que hablaran.

Pero lo más perturbador de todo esto es que los profesionales de la salud mental puedan cometer el mismo error. En una investigación llevada a cabo por Gough y Thorne (1986) se recurrió a grupos sin líderes como parte de una evaluación de personalidad de tres días y se descubrió que las evaluaciones que los profesionales de la salud mental habían hecho de las personas calladas (especialmente de los hombres) fueron significativamente más bajas en simpatía, inteligencia y salud mental. Sin embargo, las suposiciones de estos profesionales acerca de esos hombres estaban completamente equivocadas, si las comparamos con otras evaluaciones (SAT, GPA, MMPI, etc.) y con las valoraciones proporcionadas por aquéllos que realmente conocían a las personas calladas –parejas o pares en su sororidad o fraternidad.

Por tanto, convendrá que los y las psicoterapeutas pongamos en orden urgentemente nuestra terminología, porque los términos que utilizamos son una expresión de nuestras hipótesis de trabajo, actitudes, esperanzas y miedos acerca de un paciente determinado. Y esto será aún más importante, y más difícil, si los pacientes tienen ya hipótesis negativas acerca de sí mismos, expresadas a través de atribuciones propias como la de ser tímido, tener fobia social o tener un trastorno de la personalidad por evitación. Estas etiquetas pueden ser precisas, pero también puede identificar, al menos en parte, a una persona sensible que se tomó demasiado en serio las observaciones de los demás, como suele ocurrir, hasta que se convirtieron en profecías autocumplidas.

¿Es «sensibilidad» el mejor término? Es un término que tiene connotaciones tanto positivas como negativas, por lo que quizás refleje bien las investigaciones más recientes, así como la teoría que apunta a un rasgo que es esencialmente neutro, que trae consigo ventajas en algunos entornos e inconvenientes en otros, en vez de verlo meramente como un precursor innato del miedo, la ansiedad, la timidez, el neuroticismo y las emociones negativas en general.

Conclusión: Es de todo punto importante qué término le vamos a aplicar a este rasgo, sea alta sensibilidad de procesamiento sensorial, sensibilidad biológica al contexto, reactividad o cualquier otro, pues el término afectará al modo en que estructuremos posteriores investigaciones, al modo en que vemos a nuestros pacientes y a la forma en que, sutilmente, les estaremos diciendo que se vean a sí mismos. Esto, a su vez, podría tener efectos importantes en la sociedad, dependiendo de si desarrollamos los mejores o los más problemáticos aspectos potenciales del 20 % de la población.

Resumen general y conclusiones

Esta revisión de investigaciones sobre la SPS y rasgos relacionados ha examinado el tema desde diversas perspectivas. En primer lugar, parece ser una variación individual ciertamente real, no sólo en los seres humanos, sino también en muchas especies animales. Hemos considerado una forma de medir este rasgo, la Escala PAS, que parece disponer de algún valor en la predicción de diferencias individuales en la susceptibilidad ante el trauma infantil, así como en la actividad cerebral durante tareas perceptivas observadas a través de neuroimágenes. Sin embargo, otros enfoques de medición de este rasgo podrían resultar incluso más eficaces.

Hemos visto cómo la Escala PAS se ha utilizado en entornos aplicados y clínicos y bajo qué circunstancias el hecho de poseer este rasgo puede ser una ventaja o un inconveniente para la persona y para la gente que la rodea. De hecho, tener este rasgo parece llevar a resultados extremadamente dispares, desde convertirse en un líder sensible competente hasta verse terriblemente incapacitado por causa de un trastorno del estado de ánimo o de la personalidad. Los terapeutas pueden jugar un papel importante en estos resultados, comenzando con el modo en que denominamos el rasgo y en cómo lo comprendemos y se lo explicamos a los demás. Pero todo esto cambiará a medida que evolucionen las investigaciones sobre este rasgo temperamental. Este desarrollo será tan interesante como importante para nosotros y nosotras, como terapeutas.

Referencias

Acevedo, B.; Aron, E.; Pospos, S. y Jessen, D.: «The functional highly sensitive brain: a review of the brain circuits underlying sensory processing sensitivity and seemingly related disorders». *Philosophical Transactions of the Royal Society B: Biological Sciences*, vol. 373(1744), 20170161 (2018).

Alaerts, K.; Swinnen, S. P. y Wenderoth, N.: «Sex differences in autism: a resting-state fMRI investigation of functional brain connectivity in males and females». *Social Cognitive and Affective Neuroscience*, vol. 11(6), pp. 1002-1016 (2016).

Alloy, L. B. y Abramson, L. Y.: «Judgment of contingency in depressed and nondepressed students: Sadder but wiser?», *Journal of Experimental Psychology*, vol. 108, pp. 441-448 (1979).

American Psychiatric Association (APA): DSM-IV: *Manual diagnóstico y estadístico de los trastornos mentales*, 4.ª edición. Masson, Barcelona, 1995.

American Psychiatric Association (APA): *Guía de consulta de los criterios diagnósticos del DSM-5*. Washington DC, 2014.

Andrew, M. y Cronin, C.: «Two measures of sensation seeking as predictors of alcohol use among high school males», *Personality Individual Differences*, vol. 22(3), pp. 393-401 (1997).

Aron, A.; Aron, E. N. y Norman, C.: «Combating boredom in close relationships by participating together in self-expanding activities». En Harvey, J. H. y Wenzel, A. E. (eds.), *Close romantic relationship. Maintenance and enhancement* (pp. 47-66), Erlbaum, Mahwah, NJ, 2001.

Aron, A.; Ketay, S.; Hedden, T.; Aron, E. N.; Markus, H. y Gabrieli, J. D. E.: *Attentional processing neural independence of culture in highly sensitives individuals.* Presentado en el Simposium de la APA, San Francisco (2007).

—: «Temperament trait of sensory processing sensitivity moderates cultural differences in neural response». *Social Cognitive and Affective Neuroscience,* vol. 5(2-3), pp. 219-226 (2010).

Aron, A.; Mashek, D. y Aron, E. N.: «Closeness as including other in the self». En Mashek, D. y Aron, A. (eds.), *Handbook of closeness and intimacy* (pp. 27-41), Erlbaum, Mahwah, NJ, 2004.

Aron, A.; Norman, C. C.; Aron, E. N.; McKenna, C. y Heyman, R.: «Couples' shared participation in novel and arousing activities and experienced relationship quality», *Journal of Personality and Social Psychology,* vol. 78, pp. 273-283 (2000).

Aron, A.; Paris, M. y Aron, E. N.: «Falling in love: Prospective studies of self-concept change», *Journal of Personality and Social Psychology,* vol. 69, pp. 1102-1112 (1995).

Aron, E.: *The Highly Sensitive Person.* Birch Lane Press, Nueva York, 1996. (Trad. cast.: *El don de la sensibilidad.* Ediciones Obelisco, Barcelona, 2006).

—: *The Highly Sensitive Person's Workbook.* Broadway, Nueva York, 1999. (Trad. cast.: *Manual de trabajo para la persona altamente sensible.* Ediciones Obelisco, Barcelona, 2019).

—: «High sensitivity as one source of fearfulness and shyness: Preliminary research and clinical implications». En Schmidt, L. y Schulkin, J. (eds.), *Extreme Fear, Shyness, and Social Phobia: Origins, Biological Mechanisms, and Clinical Outcomes* (pp. 251-272) Oxford University Press, Nueva York, 2000.

—: *The Highly Sensitive Person in Love.* Broadway Books, Nueva York, 2001. (Trad. cast.: *El don de la sensibilidad en el amor.* Ediciones Obelisco, Barcelona, 2017).

—: *The Highly Sensitive Child.* Broadway Books, Nueva York, 2002. (Trad. cast.: *El don de la sensibilidad en la infancia.* Ediciones Obelisco, Barcelona, 2017).

—: «The impact of adult temperament on closeness and intimacy». En Mashek, D. y Aron, A. (eds.), *Handbook of Closeness and Intimacy* (pp. 267-284), Erlbaum, Mahwah, NJ, 2004a.

—: «Revisiting Jung's concept of innate sensitiveness», *Journal of Analytical Psychology,* vol. 49, pp. 337-367 (2004b).

ARON, E. y ARON, A.: «Sensory-processing sensitivity and its relation to introversion and emotionality», *Journal of Personality and Social Psychology,* vol. 73, pp. 345-368 (1997).

ARON, E.; ARON, A. y DAVIES, K. M.: «Adult shyness: The interaction of temperamental sensitivity and an adverse childhood environment», *Personality and Social Psychology Bulletin,* vol. 31, pp 181-197 (2005).

BADARACCO, J. L.: *Leading quietly: An unorthodox guide to doing the right thing.* Harvard Business School Press, Boston, 2002. (Trad. cast.: *Liderando sin hacer ruido.* Deusto, Bilbao, 2006).

BAR-HAIM, Y.; FOX, N. A.: BENSON, B.: GUYER, A. E.: WILLIAMS, A.; NELSON, E. E. *et al.*: «Neural correlates of reward processing in adolescents with a history of inhibited temperament», *Psychological Science,* vol. 20, pp. 1009-1018 (2009).

BARNES, G.: «Extraversion and pain». *British Journal of Social and Clinical Psychology,* vol. 14, pp. 303-308 (1975).

BARRETT, L. F.: «The relationships among momentary emotion experiences, personality descriptions, and retrospective ratings of emotion». *Personality and Social Psychology Bulletin,* vol. 23(10), pp. 1100-1110 (1997).

BATES, J. E., y Wachs, T. D.: *Temperament: individual differences at the interface of biology and behavior.* American Psychological Association, Washington, DC, 1994.

BEAUCHAMP-TURNER, D. L., y LEVINSON, D. M.: «Effects of meditation on stress, health, and affect». *Medical Psychotherapy,* vol. 5, pp. 123-132 (1992).

BECK, A. T.: *Beck depression inventory.* Psychological Corporation, San Antonio, TX, 1978.

BECK, A. T.; EPSTEIN, N.; BROWN, G. y STEER, R. A.: «An inventory for measuring clinical anxiety: Psychometric properties». *Journal of Consulting and Clinical Psychology,* vol. 56, pp. 893-897 (1988).

BECKOFF, M.: «Mammalian dispersal and the ontogeny of individual behavioral phenotypes». *American Naturalist*, vol. 111, pp. 715-732 (1977).

BELL, I. R.: «Allergens, physical irritants, depression, and shyness». *Journal of Applied Developmental Psychology*, vol. 13(2), pp. 125-133 (1992).

BELSKY, J.: «Differential susceptibility to rearing influence: An evolutionary hypothesis and some evidence». En Ellis, B. y Bjorklund, D. (eds.), *Origins of the social mind: Evolutionary psychology and child development* (pp. 139-163). Guilford, New York, 2005.

BELSKY, J.; BAKERMANS-KRANENBURG, M. J. y VAN IJZENDOORN, M. H.: «For better and for worse: Differential susceptibility to environmental influences». *Current Directions in Psychological Science*, vol. 16(6), pp. 300-304 (2007).

BELSKY, J.; JONASSAINT, C.; PLUESS, M.; STANTON, M.; BRUMMETT, B. y WILLIAMS, R.: «Vulnerability genes or plasticity genes?». *Molecular Psychiatry*, vol. 14, pp. 746-754 (2009).

BELSKY, J. y PLUESS, M.: «Beyond diathesis stress: differential susceptibility to environmental influences». *Psychological Bulletin*, vol. 135(6), pp. 885 (2009).

BENHAM, G.: «The highly sensitive person: Stress and physical symptom reports». *Personality and Individual Differences*, vol. 40, pp. 1433-1440 (2006).

BERENBAUM, H. y WILLIAMS, M.: «Extraversion, hemispatial bias, and eyeblink rates». *Personality and Individual Differences*, vol. 17, pp. 849-852 (1994).

BIRMINGHAM, F. A.: «Pearl Buck and the good earth of Vermont». *Saturday Evening Post*, Spring, p. 135 (1972).

BLANCHARD, R. J.; FLANNELLY, K. J. y BLANCHARD, D. C.: «Defensive behaviors of laboratory and wild Rattus norvegicus». *Journal of Comparative Psychology*, vol. 100, pp. 101-107 (1986).

BLIZARD, D. A.: «The Maudsley reactive and nonreactive strains: A North American perspective». *Behavior Generics*, vol. 11, pp. 469-489 (1981).

BOYCE, W. T.; CHESNEY, M.M.; ALKON, A.; TSCHANN, J. M.; ADAMS, S.; CHESTERMAN, B. *et al.*: «Psychobiologic reactivity to stress and childhood respiratory illnesses: Results of two prospective studies». *Psychosomatic Medicine*, vol. 57, pp. 411-422 (1995).

BOYCE, W. T. y ELLIS, B. J.: «Biological sensitivity to context: I. an evolutionary-developmental theory of the origins and functions of stress reactivity». *Development and Psycholpathology*, vol. 17, pp. 271-301 (2005).

BRODT, S. y ZIMBARDO, P.: «Modifying shyness-related social behavior through symptom misattribution». *Journal of Personality and Social Psychology*, vol. 41, pp. 437-449 (1981).

BROWN, C. y DUNN, W.: *The adult sensory profile.* Psychological Corporation, San Antonio, TX, 2002.

BUSS, A.: «Temperaments as personality traits». En Kohnstamm, G. A.; Bates, J. E. y Rothbart, M. K. (eds.), *Temperament in childhood* (pp. 49-58). Wiley, Chichester, England, 1989.

CANLI, T.: «Toward a neurogenetic theory of neuroticism». *Annals New York Academy Sciences*, vol. 1129, pp. 153-174 (2008).

CANLI, T. y LESCH, P.: «Long story short: The serotonin transporter in emotion regulation and social cognition». *Nature Neuroscience*, vol. 10, pp. 1103-1109 (2007).

CARTWRIGHT-HATTON, S.; HODGES, L. y PORTER, J.: «Social anxiety in childhood: The relationship with self and observer rated social skills». *Journal of Child Psychology and Psychiatry*, vol. 44, pp. 737-742 (2003).

CARVER, C. S. y WHITE, T. L.: «Behavioral inhibition, behavioral activation, and affective responses to impending reward and punishment: The BIS/BAS scales». *Journal of Personality and Social Psychology*, vol. 67, pp. 319-333 (1994).

CASSIDY, J. y SHAVER, P. R.: *Handbook of attachment: Theory, research, and clinical applications.* Guilford, Nueva York, 1999.

CHEEK, J. M.: «The revised Cheek and Buss shyness scale». Manuscrito no publicado, Wellesley College (1983).

CHEN, X.; HE, Y.; CEN, G. y LI, D.: «Social functioning and adjustment in Chinese children: The imprint of historical time». *Child Development*, vol. 76(1), pp. 182-195 (2005).

CHEN, X.; RUBIN, K. y SUN, Y.: «Social reputation and peer relationships in Chinese and Canadian children: A cross-cultural study». *Child Development*, vol. 63, pp. 1336-1343 (1992).

CHESS, S. y THOMAS, A.: *Know your child: An authoritative guide for today's parents.* Basic Books, Nueva York, 1987.

COLEMAN, K. y WILSON, D.: «Shyness and boldness in pumpkin seed sunfish: Individual differences are context-specific». *Animal Behavior*, vol. 56(4), pp. 927-936 (1998).

COOPER, D. O.; SCHMIDT, D. E. y BARRETT, R. J.: «Strain specific cholinergic changes in response to stress: Analysis of a time-dependent avoidance variation». *Pharmacology, Biochemistry and Behavior*, vol. 19, pp. 457-462 (1983).

CUTLER, S. E.; LARSEN, R. J. y BUNCE, S. C.: «Repressive coping style and the experience and recall of emotion: A naturalistic study of daily affect». *Journal of Personality*, vol. 64, pp. 379-405 (1996).

DENNING, P.: *Practicing harm reduction psychotherapy: An alternative approach to addictions.* Guilford, Nueva York, 2000.

EDMAN, G.M; SCHALLING, D. y RISSLER, A.: «Interaction effects of extraversion and neuroticism on detection thresholds». *Biological Psychology*, vol. 9, pp. 41-47 (1979).

EIKLEBERRY, C.: *The career guide for creative and unconventional people.* Ten Speed Press, Berkeley, 1999.

EISENBERGER, N.; LIEBERMAN, M. y WILLIAMS, K.: «Does rejection hurt? An fMRI study of social exclusion». *Science*, vol. 302, pp. 290-292 (2003).

ELLIS, B. J.; ESSEX, M. J. y BOYCE, W. T.: «Biological sensitivity to context: II. Empirical explorations of an evolutionary-developmental theory». *Development and Psychopathology*, vol. 17, pp. 303-328 (2005).

ELLIS, B. J.; JACKSON, J. J. y BOYCE, W. T.: «The stress response systems: Universality and adaptive individual differences». *Developmental Review*, vol. 26(2), pp. 175-212 (2006).

ERSNER-HERSHFIELD, H.; GHAHREMANI, D.; ARON, A.; ARON, E. N.; LICHTY, W.; MAZAIKA, P. K. *et al.*: «Using voxel-based morphometry to compare brain anatomy of adult humans across levels of the normal temperament trait of sensory-processing sensitivity».

Presentado en la Sociedad de Neurociencia, Washington, DC, (2007, Noviembre).

ERSNER-HERSHFIELD, H.; GHAHREMANI, D.; COOPER, J.; ARON, E. N.; HEDDEN, T.; KETAY, S. *et al.*: «Do highly sensitive people have different brains? A VBM study». Presentado en la Convención de la APA, San Francisco (2007).

EVANS, D. E. y ROTHBART, M. K.: «Development of a model for adult temperament». *Journal of Research in Personality*, vol. 41, pp. 868-888 (2007).

—: «Temperamental sensitivity: Two constructs or one?». *Personality and Individual Differences*, vol. 44, pp. 108-118 (2008).

EVERS, A.; RASCHE, J. y SCHABRACQ, M. J.: «High sensory-processing sensitivity at work». *International Journal of Stress Management*, vol. 15, pp. 189-198 (2008).

EYSENCK, H. J.: *A model for personality*. Springer-Verlag, Nueva York, 1981.

FELDMAN, L. A.: «Valence focus and arousal focus: Individual differences in the structure of affective experience». *Journal of Personality and Social Psychology*, vol. 69, pp. 153-166 (1995).

FORSTER, E. M.: *Two cheers for democracy*. Harcourt, Brace, Nueva York 1951.

FOX, M. W.: «Socio-ecological implications of individual differences in wolf litters: A developmental and evolutionary perspective». *Behaviour*, vol. 41, pp. 298-313 (1972).

FRABLE, D. E. S.: «Being and feeling unique: Statistical deviance and psychological marginality». *Journal of Personality*, vol. 61(1), pp. 85-110 (1993).

FUNDER, D. C.: «Global traits: A neo-Alportian approach to personality». *Psychological Science,* vol. 2, pp. 31-39 (1991).

GALEN, L. W.; HENDERSON, M. J. y WHITMAN, R. D.: «The utility of novelty seeking, harm avoidance, and expectancy in the prediction of drinking». *Addictive Behaviors*, vol. 22(1), pp. 93-106 (1997).

GANNON, L.; BANKS, J.; SHELTON, D. y LUCHETTA, T.: «The mediating effects of psychophysiological reactivity and recovery on the re-lationship between environmental stress and illness». *Journal of Psychosomatic Research*, vol. 33, pp. 165-175 (1989).

GODDARD, M. E. y BEILHARZ, R. G.: «A multivariate analysis of the genetics of fearfulness in potential guide dogs». *Behavior Genetics*, vol. 15, pp. 69-89 (1985).

GOLDBERG, L. R.: «An alternative "description of personality": The big five factor structure». *Journal of Personality and Social Psychology*, vol. 59, pp. 1216-1229 (1990).

GOTTMAN, J. M.: *The seven principles for making marriage work*. Crown Publishers, Nueva York, 1999. (Trad. cast.: *Siete reglas de oro para vivir en pareja*. Debolsillo, Barcelona, 2010).

GOTTMAN, J. M. y NOTARIUS, C. I.: «Decade review: Observing marital interaction». *Journal of Marriage and the Family*, vol. 62, pp. 927-947 (2000).

GOUGH, H. G. y THORNE, A.: «Positive, negative, and balanced shyness: Self-definitions and the reactions of others». En Jones, W. H.; Cheek, J. M. y Briggs, S. R. (eds.), *Shyness: Perspectives on research and treatment* (pp. 205-225). Plenum, Nueva York, 1986.

GRAY, J. A.: «A critique of Eysenck's theory of personality». En Eysenck, H. J. (ed.), *A model for personality* (pp. 246-276). Springer, Nueva York, 1981.

—: «Issues in the neurology of anxiety». En Ruma, A. H. y Maser, J. D. (eds.), *Anxiety and disorder* (pp. 5-25). Earlbaum, Hillsdale, NJ, 1985.

GRATZ, K. L.; Tull, M. T. y GUNDERSON, J. G.: «Preliminary data on the relationship between anxiety sensitivity and borderline personality disorder: The role of experiential avoidance». *Journal of Psychiatric Research*, vol. 42(7), pp. 550-559 (2008).

GRIFFIN, J. J.: *Sexual fantasy, extramarital affairs, and marriage commitment* (Tesis doctoral). California Graduate School of Family Psychology, 1990.

GROTSTEIN, J. S.: «Orphans of the "real": I. Some modern and post-modern perspectives on the neurobiological and psychosocial dimensions of psychosis and other primitive mental disorders». En Allen, J. G. y Collins, D. T. (eds.), *Contemporary treatment of psychosis: healing relationships in the «decade of the brain»*, (pp. 1-26). Jason Aronson, Northvale, NJ, 1995.

HADDON, M.: *The curious incident of the dog in the night-time*. Random House, Nueva York, 2003. (Trad. cast.: *El curioso incidente del perro a medianoche*. Salamandra Bolsillo, Barcelona, 2022).

HAGEKILL, B.: «Influences of temperament and environment in the development of personality». Ponencia presentada en la Occasional Temperament Conference XI, Eugene, OR, (1996, Octubre).

HAIER, R. J.; REYNOLDS, C.; PRAGER, E.; COX, S. y BUCHSBAUM, M. S.: «Flurbiprofen, caffeine and analgesia: Interaction with introversion/extraversion». *Personality and Individual Differences*, vol. 12, pp. 1349-1354 (1991).

HALLOWELL, E. M. y RATEY, J. J.: *Driven to distraction: Recognizing and coping with attention deficit disorder from childhood through adulthood*. Touchstone, Nueva York, 1995. (Trad. cast.: *TDA: Controlando la hiperactividad*. Paidós Ibérica, Barcelona, 2001).

HARROP, C.; JONES, D.; ZHENG, S.; NOWELL, S. W.; BOYD, B. A. y SASSON, N.: «Sex differences in social attention in autism spectrum disorder». *Autism Research*, vol. 11(9), pp. 1264-1275 (2018).

HAZAN, C. y SHAVER, P.: «Romantic love conceptualized as an attachment process». *Journal of Personality and Social Psychology*, vol. 52, pp. 511-524 (1987).

HEDDEN, T.; KETAY, S.; ARON, A.; MARKUS, H. y GABRIELI, J. D. B.: «Cultural influences on neural substrates of attentional control». *Psychological Science*, vol. 19, pp. 13-17 (2008).

HERBENER, E. S.; KAGAN, J. y COHEN, M.: «Shyness and olfactory threshold». *Personality and Individual Differences*, vol. 10, pp. 1159-1163 (1989).

HIGLEY, J. D. y SUOMI, S. J.: «Temperamental reactivity in non-human primates». En Kohnstamm, G. A.; Bates, J. E. y Rothbart, M. K. (eds.), *Temperament in childhood* (pp. 153-167). Wiley, Chichester, England, 1989.

HILLESUM, E.: *An interrupted life: The diaries of Etty Hillesum 1941–43*. Washington Square Press, Nueva York, 1981. (Trad. cast.: *Una vida conmocionada: Diario 1941-1943*. Anthropos, Rubí, Barcelona, 2007).

HOFMANN, S. G. y BITRAN, S.: «Sensory-processing sensitivity in social anxiety disorder: Relationship to harm avoidance and diagnostic subtypes». *Journal of Anxiety Disorders*, vol. 21, pp. 944-954 (2007).

HORTON, P. C.: *Solace: The missing dimension in psychiatry*. University of Chicago Press, Chicago, 1981.

JAEGER, B.: *Making work work for the highly sensitive person*. McGraw-Hill, Nueva York, 2004.

JAGIELLOWICZ, J.; ARON, E. y ARON, A.: «Sensory-processing sensitivity moderates health motivations and experiences». Presentado en la Society for Personality and Social Psychology, Memphis, 2007.

JAGIELLOWICZ, J.; XU, X.; ARON, A.; ARON, E.; CAO, G.; FENG, T. y WENG, X.: «The trait of sensory processing sensitivity and neural responses to changes in visual scenes». *Social Cognitive and Affective Neuroscience,* vol. 6(1), pp. 38-47 (2011).

JEROME, E. M. y LISS, M.: «Relationships between sensory processing style, adult attachment, and coping». *Personality and Individual Differences*, vol. 38, pp. 1341-1352 (2005).

JOCKIN, V.; McGUE, M. y LYKKEN, D. T.: «Personality and divorce: A genetic analysis». *Journal of Personality and Social Psychology*, vol. 71(2), pp. 288-299 (1996).

JOHN, O. P.; DONAHUE, E. M. y KENTLE, R. L.: *The "big five" inventory. Versions 4a and 54 (Tech. Rep.)*. Institute of Personality Assessment and Social Research, Berkeley, CA, 1992.

JUNG, C.: *Freud and Psychoanalysis: The Collected Works of C. G. Jung. Vol. 4*. Princeton University Press, Princeton, NJ, 1913/1961. (Trad. cast.: *Freud y el psicoanálisis: Carl Gustav Jung Obra Completa. Vol. 4*, 2.ª edición. Editorial Trotta, Madrid, 2011).

—: *Psychological Types: The Collected Works of C. G. Jung. Vol. 6*. Princeton University Press, Princeton, NJ, 1921/1961. (Trad. cast.: *Tipos psicológicos: Carl Gustav Jung Obra Completa. Vol. 6*. Editorial Trotta, Madrid, 2013).

KAGAN, J.: *Galen's prophecy: Temperament in human nature*. Basic Books, Nueva York, 1994.

KALSCHED, D.: *The inner world of trauma*. Routledge, Nueva York, 1996.

KARNEY, B. R. y BRADBURY, T. N.: «Neuroticism, marital interaction, and the trajectory of marital satisfaction». *Journal of Personality and Social Psychology*, vol. 72, pp. 1075-1092 (1997).

KEMLER, D. S.: «Sensitivity to sensoriprocessing, self-discrepancy, and emotional reactivity of collegiate athletes». *Perceptual and Motor Skills*, vol. 102, pp. 747-759 (2006).

KLEIN, M.: «A contribution to the psychogenesis of manic-depressive states». En Money-Kyrle, R. (ed.), *The writings of Melanie Klein* (vol. 1, pp. 262-289). Free Press, Nueva York, 1935/1984.

KOCHANSKA, G. y THOMPSON, R. A.: «The emergence and development of conscience in toddlerhood and early childhood». En Grusec J. E. y Kuczynski, L. (eds.), *Parenting and Children's Internalization of Values* (pp. 53–77). Wiley, Nueva York, 1997.

KOELEGA, H. S.: «Extraversion and vigilance performance: Thirty years of inconsistencies». *Psychological Bulletin*, vol. 112, pp. 239-258 (1992).

KORTE, S. M.; KOOLHAAS, J. M.; WINGFIELD, J. C. y MCEWEN, B. S.: «The Darwinian concept of stress: Benefits of allostasis and costs of allostatic load and the trade-offs in health and disease». *Neuroscience and Biobehavioral Reviews*, vol. 29, pp. 3-38 (2005).

KOWAL, K. T.: «How HSPs can get the most out of their medical visits». *Comfort Zone*, vol. 3, p. 13 (1998).

KRISTAL, J.: *The temperament perspective: Working with children's behavioral styles*. Brookes, Baltimore, 2005.

LARSEN, R. J.: «Neuroticism and selective encoding and recall of symptoms: Evidence from a combined concurrent-retrospective study». *Journal of Personality and Social Psychology*, vol. 62, pp. 480-488 (1992).

LARSEN, R. J. y PRIZMIC, Z.: «Affect regulation». En Baumeister, R. F. y Vohs, K. D. (eds.), *Handbook of self-regulation: Research, theory, and applications* (pp. 40-61). Guilford, Nueva York, 2004.

LEWIS, T.; AMINI, F. y LANNON, R.: *A general theory of love*. Random House, Nueva York, 2000. (Trad. cast.: *La mente enamorada: Una perspectiva Científica sobre el cerebro y los vínculos afectivos*. RBA, Barcelona, 2012).

LISS, M.; MAILLOUX, J. y ERCHULL, M. J.: «The relationships between sensory processing sensitivity, alexithymia, autism, depression, and anxiety». *Personality and Individual Differences*, vol. 45, pp. 255-259 (2008).

Liss, M.; Timmel, L.; Baxley, K. y Killingsworth, P.: «Sensory processing sensitivity and its relation to parental bonding, anxiety, and depression». *Personality and Individual Differences*, vol. 39, pp. 1429-1439 (2005).

Lynch, T. R.; Rosenthal, M. Z.; Kosson, D. S.; Cheavens, J. S.; Lejuez, C. W. y Blair, R. J. R.: «Heightened sensitivity to facial expressions of emotion in borderline personality disorder». *Emotion*, vol. 6(4), pp. 647 (2006).

Lyons, D. M.; Price, E. O. y Moberg, G. P.: «Individual differences in temperament of domestic dairy goats: Constancy and change». *Animal Behavior*, vol. 36, pp. 1323-1333 (1988).

MacDonald, K.: «Stability of individual differences in behavior in a litter of wolf cubs (Canis lupus)». *Journal of Comparative Psychology*, vol. 97, pp. 99-106 (1983).

Mangelsdorf, S.; Gunnar, M.; Kestenbaum, R.; Lang, S. y Andreas, D.: «Infant proneness-to-distress temperament, maternal personality, and mother-infant attachment: Associations and goodness of fit». *Childhood Development*, vol. 61, pp. 820-831 (1990).

Marshall, P. J., y Fox, N. A.: «Relations between behavioral reactivity at 4 months and attachment classification at 14 months in a selected sample». *Infant Behavior and Development*, vol. 28, pp. 492-502 (2005).

Martineau, F.: *The sensitive vein*. Moon Dance, Soquel, CA, 1992, cra.

McCrae, R. R. y Costa, P.T.: *Personality in adulthood. A five-factor theory perspective* (2.ª ed.). Guilford, Nueva York, 2003.

McGue, M. y Lykken, D.: «Personality and divorce: A genetic analysis». *Journal of Personality and Social Psychology*, vol. 71, pp. 288-299 (1996).

McNaughton, N. y Gray, J. A.: «Anxiolytic action on the behavioural inhibition system implies multiple types of arousal contribute to anxiety». *Journal of Affective Disorders*, vol. 61, pp. 161-176 (2000).

Mead, M.: *Sex and temperament in three primitive societies*. Morrow, Nueva York, 1935. (Trad. cast.: *Sexo y temperament en tres sociedades primitivas*. Paidós Ibérica, Barcelona, 2006).

MEHRABIAN, A.: «A questionnaire measure of individual differences in stimulus screening and associated differences in arousability». *Environmental Psychology and Nonverbal Behavior,* vol. 1, pp. 89-103 (1977).

MEYER, B.; AJCHENBRENNER, M. y BOWLES, D. P.: «Sensory sensitivity, attachment experiences, and rejection responses among adults with borderline and avoidant features». *Journal of Personality Disorders,* vol. 19, pp. 641-658 (2005).

MEYER, B. y CARVER, C. S.: «Negative childhood accounts, sensitivity, and pessimism: A study of avoidant personality disorder features in college students». *Journal of Personality Disorders,* vol. 14, pp 233-248 (2000).

MILNER, V.; MCINTOSH, H.; COLVERT, E. y HAPPÉ, F.: «A qualitative exploration of the female experience of autism spectrum disorder (ASD)». *Journal of Autism and Developmental Disorders*, vol. 49(6), pp. 2389-2402 (2019).

MOORE, M. T. y FRESCO, D. M.: «Depressive realism: A meta-analytic review». *Clinical Psychology Review*, vol. 32(6), pp. 496-509 (2012).

MULLINS-SWEATT, S. N. y WIDIGER, T. A.: «The five-factor model of personality disorder: A translation across science and practice». En Krueger, R. F. y Tackett, J. L. (eds.). *Personality and psychopathology* (pp. 39-70). Guilford, Nueva York, 2006.

MURAVEN, M.; TICE, D. M. y BAUMEISTER, R. F.: «Self-control as limited resource: Regulatory depletion patterns». *Journal of Personality and Social Psychology,* vol. 74, pp. 774-789 (1998).

MYERS, I. B.: *Manual for the Myers-Briggs Type Indicator.* Educational Testing Service, Princeton, NJ, 1962. (Trad. cast.: *MBTI: Inventario tipológico forma G. Manual.* TEA, Madrid, 1992).

NACHMIAS, M.; GUNNAR, M.; MANGELSDORF, S.; PARRITZ, R. H. y BUSS, K.: «Behavioral inhibition and stress reactivity: The moderating role of attachment security». *Child Development,* vol. 67, pp. 508-522 (1996).

NEAL, J. A.; EDELMANN, R. J. y GLACHAN, M.: «Behavioral inhibition and symptoms of anxiety and depression: Is there a specific relationship with social phobia?». *British Journal of Clinical Psychology,* vol. 41, pp. 361-374 (2002).

NERENBERG, J.: *Divergent Mind: Thriving in a World that Wasn't Meant for You.* HarperOne, San Francisco, 2020.

NETTLE, D.: «The evolution of personality variation in humans and other animals». *American Psychologist,* vol. 6, pp. 622-631 (2006).

PANAGIOTIDI, M.; OVERTON, P. G. y STAFFORD, T.: «The relationship between Sensory processing sensitivity and Attention Deficit Hyperactivity Disorder traits: a spectrum approach». *Psychiatry Research,* 113477 (2020).

PARK, L. C.; IMBODEN, J. B.; PARK, T. J.; HULSE, S. H. y UNGER, H. T.: «Giftedness and psychological abuse in borderline personality disorder: Their relevance to genesis and treatment». *Journal of Personality Disorders,* vol. 6(3), pp. 226-240 (1992).

PARKER, G.; TUPLING, H. y BROWN, L.: «A parental bonding instrument». *British Journal of Medical Psychology,* vol. 52, pp. 1-10 (1979).

PATTERSON, C. M. y NEWMAN, J. P.: «Reflectivity and learning from aversive events: Toward a psychological mechanism for the syndromes of disinhibition». *Psychological Review,* vol. 100, pp. 716-736 (1993).

PAULHUS, D. L. y MORGAN, K. L.: «Perceptions of intelligence in leaderless groups: the dynamic effects of shyness and acquaintance». *Journal of Personality and Social Psychology,* vol. 72, pp. 581-591 (1997).

PAVLOV, I.: *Conditioned reflexes.* Oxford University Press, Londres, 1927. (Trad. cast.: *Los reflejos condicionados.* Morata, Madrid, 1997).

PERERA, S.: *The scapegoat complex: Toward a mythology of shadow and guilt.* Inner City Books, Toronto, 1986. (Trad. cast.: *El complejo del chivo expiatorio: Hacia una mitología de la sombra y la culpa.* Sirena de los Vientos, Madrid, 2018).

PLUESS, M. y BELSKY, J.: «Differential susceptibility to rearing experience: The case of childcare». *Journal of Child Psychology and Psychiatry,* vol. 50(4), pp. 396-404 (2009).

QUAS, J. A.; BAUER, A. y BOYCE, W. T.: «Physiological reactivity, social support, and memory in early childhood». *Child Development,* vol. 75, pp. 797-814 (2004).

RAMMSAYER, T.; NETTER, P. y VOGEL, W. H.: «A neurochemical model underlying differences in reaction times between introverts and extraverts». *Personality and Individual Differences,* vol. 14, pp. 701-712 (1993).

RATEY, J. J. y JOHNSON, C.: *Shadow syndromes: The mild forms of major mental disorders that sabotage us.* Bantam Books, Nueva York, 1998.

REIF, A. y LESCH, K. P.: «Toward a molecular architecture of personality». *Behavioural Brain Research,* vol. 139, pp. 1-20 (2003).

REISSMAN, C.; ARON, A. y BERGEN, M.: «Shared activities and marital satisfaction: Causal direction and self-expansion versus boredom». *Journal of Social and Personal Relationships,* vol. 10, pp. 243-254 (1993).

RENGER, J.; YAO, W. D.; SOKOLOWSKI, M. y WU, C. F.: «Neuronal polymorphism among natural alleles of a cGMP-dependent kinase gene, foraging, in Drosophila». *Journal of Neuroscience,* vol. 19(RC28), pp. 1-8 (1999).

ROBBINS, R. N. y BRYAN, A.: «Relationships between future orientation, impulsive sensation seeking, and risk behavior among adjudicated adolescents». *Journal of Adolescent Research,* vol. 19(4), pp. 428-445 (2004).

ROBIN, M.; PHAM-SCOTTEZ, A.; CURT, F.; DUGRE-LE BIGRE, C.; SPE-RANZA, M.; SAPINHO, D. ... y KEDIA, G.: «Decreased sensitivity to facial emotions in adolescents with Borderline Personality Disorder». *Psychiatry Research,* vol. 200(2-3), pp. 417-421 (2012).

ROBINS, R. W.; JOHN, O. P. y CASPI, A.: «The typological approach to studying personality». En Cairns, R. B.; Bergman, L. R. y Kagan, J. (eds.), *Methods and models for studying the individual* (pp. 135-160). Sage, Thousand Oaks, CA, 1998.

ROTHBART, M. K.: «Temperament and development». En Kohnstamm, G. A.; Bates, J. E. y Rothbart, M. K. (eds.), *Temperament in childhood* (pp. 187-248). Wiley, Chichester, England, 1989.

SAUCIER, G. y GOLDBERG, L. R.: «The structure of personality attributes». En Barrik, M. y Ryan, A. M. (eds.), *Personality and work* (pp. 1-29). Jossey-Bass/Pfeiffer, Nueva York, 2003.

SCHALLING, D.: «Tolerance for experimentally induced pain as related to personality». *Scandinavian Journal of Psychology,* vol. 12, pp. 271–281 (1971).

SCHMAHL, C.; MEINZER, M.; ZEUCH, A.; FICHTER, M.; CEBULLA, M.; KLEINDIENST, N. ... y BOHUS, M.: «Pain sensitivity is reduced in borderline personality disorder, but not in posttraumatic stress disorder and bulimia nervosa». *The World Journal of Biological Psychiatry*, vol. 11(2-2), pp. 364-371 (2010).

SCOTT, J. P. y FULLER, J.: *Genetics and the social behavior of the dog*. University of Chicago Press, Chicago, 1965.

SETO, M. C.; LALUMIERE, M. L. y QUINSEY, V. L.: «Sensation seeking and males' sexual strategy». *Personality and Individual Differences*, vol. 19, pp. 669-675 (1995).

SIDDLE, D. A. T.; MORRISH, R. B.; WHITE, K. D. y MANGAN, G. L.: «Relation of visual sensitivity to extraversion». *Journal of Experimental Research in Personality*, vol. 3, pp. 264-267 (1969).

SIH, A. y BELL, A. M.: «Insights for behavioral ecology from behavioral syndromes». *Advances in the Study of Behavior*, vol. 38, pp. 227-281 (2008).

SILVERMAN, L.: «The moral sensitivity of gifted children and the evolution of society». *Roeper Review*, vol. 17, pp. 110-116 (1994).

SMOLEWSKA, K. A.; MCCABE, S. B. y WOODY, E. Z.: «A psychometric evaluation of the highly sensitive person scale: The components of sensory-processing sensitivity and their relation to the BIS/BAS and "big five"». *Personality and Individual Differences*, vol. 40, pp. 1269-1279 (2006).

SOBER, E. y WILSON, D. S.: *Unto others: The evolution and psychology of unselfish behavior*. Harvard University Press, Cambridge, MA, 1998. (Trad. cast.: *El comportamiento altruista: Evolución y psicología*. Siglo XXI de España, Madrid, 2000).

STAEBLER, K.; HELBING, E.; ROSENBACH, C. y RENNEBERG, B. «Rejection sensitivity and borderline personality disorder». *Clinical Psychology & Psychotherapy*, vol. 18(4), pp. 275-283 (2011).

STANSBURY, K.: «Attachment, temperament, and adrenocortical function in infancy». En Schmidt, L. A. y Schulkin, J. (eds.), *Extreme fear, shyness, and social phobia* (pp. 30-46). Oxford University Press, Nueva York, 1999.

STELMACK, R. M.: «Toward a paradigm in personality: Comment on Eysenck's view». *Journal of Personality and Social Psychology*, vol. 73, pp. 1238-1241 (1997).

STELMACK, R. M. y CAMPBELL, K. B.: «Extraversion and auditory sensitivity to high and low frequency». *Perceptual and Motor Skills,* vol. 38, pp. 875-879 (1974).

STELMACK, R. M. y GEEN, R. G.: «The psychophysiology of extraversion». En Gale, A. y Eysenck, M. W. (eds.), *Handbook of individual differences: Biological perspectives* (pp. 227-254). Wiley, Chichester, England, 1992.

STELMACK, R. M. y MICHAUD-ACHORN, A.: «Extraversion, attention, and habituation of the auditory evoked response». *Journal of Research in Personality,* vol. 19, pp. 416-428 (1985).

STERN, D.: *The interpersonal world of the infant.* Basic Books, Nueva York, 1985/2000. (Trad. cast.: *El mundo interpersonal del infante.* Paidós, Buenos Aires, 1991).

STEVENSON-HINDE, J.; STILLWELL-BARNES, R. y ZUNZ, M.: «Individual differences in young rhesus monkeys: Consistency and change». *Primates,* vol. 21, pp. 61-62 (1980).

STONE, M. H.: «Toward a psychobiological theory on borderline personality disorder: Is irritability the red thread that runs through borderline conditions?». *Dissociations,* vol. 1(2), pp. 2-15 (1988).

—: «Aggression, rage, and the "destructive instinct," reconsidered from a psychobiological point of view». *Journal of the American Academy of Psychoanalysis,* vol. 19, pp. 507-529 (1991).

STRELAU, J.: *Temperament, personality, activity.* Academic Press, San Diego, CA, 1983.

STROBEL, A.; Dreisbach, G.; Muller, J.; Goschke, T.; Brocke, B. y Lesch, K.: «Genetic variation of serotonin function and cognitive control». *Journal of Cognitive Neuroscience,* vol. 19(12), pp. 1923-1931 (2007).

SUOMI, S. J.: «Social development in rhesus monkeys: Consideration of individual differences». En Oliverio, A. y Zappella, M. (eds.), *The behavior of human infants* (pp. 71-92). Plenum, Nueva York, 1983.

—: «Genetic and maternal contributions to individual differences in rhesus monkey biobehavioral development». En Krasnoger, N.;

Blass, E. M.; Hofer, M. A. y Smotherman, W. P. (eds.), *Perinatal development: A psycholbiological perspective* (pp. 397-419). Academic Press, Nueva York, 1987.

—: «Uptight and laid-back monkeys: Individual differences in the response to social challenges». En Brauth, S. E.; Hall, W. S. y Dooling, R. J. (eds.), *Plasticity of development* (pp. 27-56). MIT Press, Cambridge, MA, 1991.

—: «Early determinants of behaviour: Evidence from primate studies». *British Medical Bulletin,* vol. 53, pp. 170-184, (1997).

THOMAS, A.; CHESS, S. y BIRCH, H.: *Temperament and behavior disorders in children.* University Press, Nueva York, 1968.

THOMAS, A.; CHESS, S.; BIRCH, M. G.; HERTZIG, M. E. y KORN, S.: *Behavioral individuality in early childhood.* University Press, Nueva York, 1963.

VAN DER KOLK, B. A.: «The complexity of adaptation to trauma: Self-regulation, stimulus discrimination, and characterological development». En Van Der Kolk, B. A.; McFarlane, A. C. y Weisaeth, L. (eds.), *Traumatic stress: The effects of overwhelming experience on mind, body and society* (pp. 182-213). Guilford, Nueva York, 1996.

VAN HORNE, B. A.: «Psychology licensing board disciplinary actions: The realities». *Professional Psychology: Research and Practice,* vol. 35, pp. 170-178 (2004).

WILSON, D. S.; COLEMAN, K.; CLARK, A. B. y BIEDERMAN, L.: «Shy—bold continuum in pumpkinseed sunfish (Lepomis gibbosus): An ecological study of a psychological trait». *Journal of Comparative Psychology,* vol. 107, pp. 250-260 (1993).

WINNICOTT, D.: *The maturational process and the facilitating environment.* Hogarth, Londres, 1965. (Trad. cast.: *El proceso de maduración en el niño.* Laia, Barcelona, 1979).

WOLF, M.; VAN DOORN, S. y WEISSING, F. J.: «Evolutionary emergence of responsive and unresponsive personalities». *Proceedings of the National Academy of Sciences,* vol. 105(41), pp. 15825-15830 (2008).

WOOD, V. R. y LAYCRAFT, K. C.: «How Can We Better Understand, Identify, and Support Highly Gifted and Profoundly Gifted Students? A Literature Review of the Psychological Development of

Highly-Profoundly Gifted Individuals and Overexcitabilities». *Ann Cogn Sci*, vol. 4(1), pp. 143-165 (2020).

WOODWARD, S. A.; LENZENWEGER, M. F.; KAGAN, J.; SNIDMAN, N. y ARCUS, D.: «Taxonic structure of infant reactivity: Evidence from a taxometric perspective». *Psychological Science,* vol. 11, pp. 296-301 (2000).

YERKES, R. M. y DODSON, J. D.: «The relation of strength of stimulus to rapidity of habit-formation». *Journal of Comparative Neurology and Psychology,* vol. 18, pp. 459-482 (1908).

ZAJONC, R. B.; ADELMANN, P. K.; MURPHY, S. T. y NIEDENTHAL, P. M.: «Convergence in the physical appearance of spouses». *Motivation and Emotion,* vol. 11, pp. 335-346 (1987).

ZUCKERMAN, M.: «P-impulsive sensation seeking and its behavioral, psychophysiological and biochemical correlates». *Neuropsycho-biology,* vol. 28, pp. 30-36 (1993).

Índice analítico

Índice